现代客户关系管理

（第二版）

周洁如 编著

内容提要

本书为21世纪创新管理教材，内容上理论与实践相结合，系统而有逻辑，与时俱进。每章附有生动鲜活的案例，并配有案例思考题和每章复习题，以帮助读者自主学习。

按照CRM的内涵和本质，本书分为上、中、下和综合篇。其中上篇为CRM核心理论，包括：CRM概述、顾客满意、顾客忠诚与顾客价值管理；中篇为CRM技术系统，包括：CRM的技术系统、CRM中的数据管理、大数据及其管理；下篇为CRM实施方案和策略，包括：CRM的实施、组织与CRM的匹配、CRM营销策略；综合篇，包括：CRM的绩效评估，CRM的现状与发展趋势，微信与CRM。

本书读者对象：高等院校经济与管理专业学生、企业各级管理者以及企业销售人员、客户服务人员等。

图书在版编目(CIP)数据

现代客户关系管理 /周洁如编著. —2版. —上海：上海交通大学出版社，2014(2018重印)
ISBN 978-7-313-12043-4

Ⅰ.现... Ⅱ.周... Ⅲ.企业管理—供销管理 Ⅳ.F274

中国版本图书馆CIP数据核字(2014)第207813号

现代客户关系管理
(第二版)

编　　著：周洁如
出版发行：上海交通大学出版社　　地　　址：上海市番禺路951号
邮政编码：200030　　电　　话：021-64071208
出 版 人：谈毅
印　　制：常熟市文化印刷有限公司　　经　　销：全国新华书店
开　　本：787mm×960mm　1/16　　印　　张：23.5
字　　数：436千字
版　　次：2008年1月第1版　2014年9月第2版　　印　　次：2018年8月第12次印刷
书　　号：ISBN 978-7-313-12043-4/F
定　　价：58.00元

前　言

如今，得客户者得天下，这是业界不争的事实。企业之间的竞争，早已从产品之间的竞争过渡到服务之间的竞争，进而到了当前与客户之间关系的竞争。如何获得新客户、维护老客户，并让客户不断升值，是每一个企业必须面临且要攻克的难题。

什么是客户？很多人会毫不犹豫地说：客户就是直接购买企业产品和服务的人或者组织。从狭义的角度来看，此话不假。那么供应商是不是企业的客户？经销商是不是企业的客户？竞争对手是不是企业的客户？从广义的角度来看，这些都是企业的客户，因为这些都与企业的经营活动密切相关，他们都是企业的利益相关者，与他们的关系不顺，最终皆会影响企业与终端客户的关系，从而影响企业的经营。所以，从此意义看，客户既是一个广义的概念，又是一个系统的定义。

什么是客户关系管理？客户关系管理，英文为 Customer Relationship Management，简称 CRM。尽管目前学术界、企业界从不同的角度定义客户关系管理，有的偏重 CRM 过程，有的偏重 CRM 策略，有的偏重 CRM 经营理念，有的偏重 CRM 技术系统，各自有自己的界定，但对于 CRM 的重要作用和意义却有共识：企业实施客户关系管理能发展与客户之间的长期合作关系，能提高企业以客户为中心的运营性能，能增加企业的核心竞争力，能降低成本、增加收入，因而能提高企业的盈利能力。企业要成功管理客户关系，就不能片面地看待和管理客户关系，而应该用系统的观念认识和理解客户关系管理。

客户关系管理是一个系统整合的概念。其理论体系包括三个方面：CRM 战略、CRM 信息技术系统和 CRM 实施方法和策略。对 CRM 全面系统的理解应该从这三方面进行。

首先，CRM 战略是 CRM 成功的关键，它是 CRM 实施应用的基础和土壤，是促成企业战略观形成的思想基础。客户关系管理的核心理念和重要思想可以高度概括为：

- 一切以客户为中心，这是客户关系管理的导向和核心；
- 了解客户需求，重视客户的个性化特征，实现个性化服务，这是企业保留客户、发展客户的重要策略；
- 为客户提供价值，这是建立高质量客户关系的基础；
- 不断提高客户的满意度和忠诚度；
- 与客户保持长期的、良好的、有利可图的关系始终贯穿企业市场营销的全过程。

其次，信息系统、IT技术、因特网、社交网甚至是微信等组成的CRM系统是CRM成功实施的手段和方法，此系统是辅助CRM这一企业战略观得以实现的有力工具。

最后，CRM实施和策略即是指CRM项目的具体实施和日常执行策略与方法，当战略既定的情况下，细节即决定成败。

以上三个方面就像CRM的三驾马车，互相依赖、互相关联，缺一不可。

实际上，客户关系管理的核心理念和思想由来已久，可追溯至商业经济时代。正如所有的"新"管理理论一样，客户关系管理绝不是什么新概念，它只是在新的环境下获得了新内涵。随着时代的变迁、技术的发展、商业的变革，其客户关系管理的思想不断充实完善、理念不断更新，管理客户关系的方法、手段、策略和技巧不断创新。

本教材既有别于传统的客户关系管理，又有别于市场上其他客户关系管理教材，因而在如下方面体现出现代特色，而有所差异和创新：

(1) 自成一体的CRM体系：该著作按照客户关系管理的内涵和本质的体系进行编排，系统而有逻辑性。也即按照客户关系管理理论体系概括为三位一体：即CRM核心理念、CRM技术系统以及CRM实施方案和策略，因此分为上、中、下篇，即上篇——CRM核心理念、中篇——CRM技术系统与管理、下篇——CRM实施与管理。其中，上篇包括：CRM概述、顾客满意管理、顾客忠诚管理、顾客价值管理；中篇包括：CRM的技术系统、CRM中的数据管理、大数据及其管理；下篇包括：CRM的实施、组织与CRM的匹配、CRM中的营销策略。在此基础上再续综合篇——即CRM现状和展望，探讨了CRM绩效评估，CRM的现状与发展趋势，微信与 CRM。

(2) CRM 理论体系中融入了现代营销管理理论：如关系营销、顾客关系寿命周期、顾客盈利率、网络营销、社交网营销、微信营销等，现代营销理论的成熟与完善为 CRM 体系的成形奠定了理论基础，CRM 则是市场营销理论的扩展和升华。

(3) 现代 CRM 技术系统融合了现代最新的科技发展。如：社交网、移动终端、云计算、微信、数据仓库、数据挖掘、专家系统和人工智能、呼叫中心以及大数据，使得企业管理客户关系的手段和方法更先进、更方便，更容易与顾客互动，因此这些都体现在内容上的诸多更新。如 CRM 技术系统，不仅介绍了传统的技术系统和模块，也增加了呼叫中心的最新技术和运用，而且还突出了与云计算相关的托管型的 CRM、与社交媒体相关的社交化的 CRM，与微信相关的微信 CRM，以及最热门的大数据及其管理。

(4) 由于客户对于企业生存、发展的重要意义，每个企业都在努力地进行着客户关系管理的实践，只是每个企业的实践水平不一，因而实践的效果也大相径庭。使得 CRM 的企业实践千姿百态、丰富多彩、千变万化的，因而，本著作增加了很多与时俱进的鲜活案例，每章开篇一个案例，结尾处一个案例分析，从而使得读者能够将理论与实践结合起来，不仅能加深对 CRM 的理解，也能增加 CRM 的行业视野。

本书在撰写过程中，得到了上海交通大学出版社编辑提文静博士的大力支持，我的学生荣峥华也参与了“微信与 CRM”章节的工作，在此一并表示感谢！

由于时间仓促，水平有限，难免有不足之处，在此敬请各位读者批评指正！

周洁如

上海交通大学安泰与经济管理学院

2014 年夏　于上海

目　录

上篇　CRM核心理念

中篇 CRM技术系统

下篇　CRM 实施与策略

综合篇　总结现状　展望未来

上篇　CRM 核心理念

第1章　CRM概述

导入案例

销量新纪录背后的逻辑

作为覆盖最广的汽车品牌,上海大众旗下VW品牌销售服务网点已超过1 000家(包括所有一二级网点和在建单位),在全国一二三线城市的网点覆盖率已达100%,在地级市的网点覆盖率也已超过80%。2014年VW品牌将实现对各区域市场的进一步覆盖,扩大自身竞争力的领先优势。

近日,乘联会公布2013年销售数据,上海大众VW品牌以终端销量1 305 450辆继续蝉联国内单一品牌销量冠军,这一成绩较上年同比增长26.7%,再创历史纪录。2013年,上海大众旗下各车型也全面出击,领衔各自细分市场,助力VW品牌在激烈的市场竞争中拔得头筹。

热销车型表现强势　全面领跑细分市场

作为最受欢迎的A0级产品,Polo品牌深谙年轻消费者情感诉求,稳居A0级两厢车市销量冠军。2013年累计销售155 728辆,继续引领细分车市的消费潮流。在A级车市场中,Lavida品牌以累计销售430 758辆的突出表现继续稳居细分市场首位。其中,新朗逸累计销售328 956辆,而6月推出的越级行旅车朗行也广受市场欢迎,累计销售56 683辆。

2013年Lavida品牌正式以家族形象面向市场,进一步丰富了产品矩阵,继新朗逸和朗行之后,11月初朗境、新朗逸运动版、朗行运动版、朗逸蓝驱技术版四位新成员的加入,将Lavida品牌的竞争力提升至新的高度,开创了国内A级车市的全新格局。而同属A级市场的全新桑塔纳全年累计销量166 578辆,9月份以来,单月销量更是连续突破2万,凭借一丝不苟的严谨理念及真诚可靠的卓越品质,再度成为国内中级车市的焦点车型,继续书写着新时代的辉煌篇章。

作为B级车市的领军者,帕萨特品牌在2012年夺得细分市场年度销售冠军宝座之后,2013年持续发力,全年累计销售达230 914辆,强势卫冕中高级车市销量冠军。不仅月销量屡次突破2万辆大关,新帕萨特更在5月份成功助力帕萨特品牌成为国内首个销量突破150万的中高级轿车品牌。而始终牢牢占据着国内高端智能 SUV 市场头把交椅的途观品牌，2013 年以 196 966 辆的累计销量，蝉联 A 级车市 SUV 市场最热卖的车型，更以 16%的同比增长宣告其王者之位。2013 年 6 月，全新途观进行了全面提升和突破的同时，更兼顾国内消费者独特的审美需求，充分体现了品质感，得到市场的广泛认可。在 MPV 市场，途安全年累计销量达到 37 554 辆，同比增长 11%。

服务提升满意度　实力成就新辉煌

再谱销量纪录新篇章的背后，是上海大众 VW 品牌对产品力与产品布局的不断优化。此外，2013 年上海大众 VW 品牌还全面启动进口车业务，为布局高端汽车市场打下坚实基础。

与此同时，上海大众 VW 品牌凭借“以客户为本”的宗旨，以更专业、更周到的服务在 2013 年实现了销售满意度的大幅提升。联信天下日前公布了 2013 年销售用户满意度调查结果，其中上海大众 VW 品牌以 834 分排名第 1，较去年提升 3 位。此外，在“2013 年中国汽车行业用户满意度测评(CACSI)”中，VW 品牌五款车型：途观、途安、新朗逸、新帕萨特、全新桑塔纳分列各自车型组别最高分，并且在合资品牌组别售后服务满意度排名第一。而在第九届“2013 年中国汽车品牌销售服务满意度”调研结果中，上海大众 VW 品牌以 846 分的综合评分荣膺中国合资品牌领域的榜首。旗下著名服务品牌“Techcare 大众关爱”已连续七年荣获“中国汽车服务金扳手奖年度优秀服务品牌”称号，堪称中国汽车工业的优质服务标杆。

在这些漂亮的销售数字背后，除了产品本土化革新所打下的坚实根基，CRM(客户关系管理)也功不可没。在上海大众，CRM 已经逐渐成为企业的核心战略之一，并在发展过程中逐步形成了自身特色。

事实上，上海大众的 CRM 从本质上讲是将企业的创新能力与消费者所珍视的价值联系起来，为消费者提供价值创新，使其获得最大程度的满足，从而使企业永远活跃在“与客户共鸣”的浪尖中。这样，就更为有效地实现了与客户的深层次沟通。

得客户者，得天下也！

(资料来源：根据《云南信息报》(2014 年 1 月 16 日)、《21 世纪经济报道》整理)

1.1　客户关系管理的系统概念与内涵

客户关系管理(CRM，Customer Relationship Management)最早由世界著名

IT系统项目论证与决策权威机构——Gartner Group于20世纪80年代提出，是90年代随着INTERNET和电子商务涌入中国的最重要的IT技术和管理理念之一，目前已经成为学术界及企业界研究的热点问题。

从字面上，客户关系管理可拆分成客户、关系、管理三个词组。要理解客户关系管理的概念与内涵首先就得对客户、关系与管理三个概念有深刻的理解。此外，还得从系统的角度去全面定义和理解客户关系管理的概念与内涵。

1.1.1　客户的系统概念

要界定CRM，首先要界定清楚客户的内涵。如果不将客户的范围界定清楚，就难免造成对CRM认识上的模糊和争论。理解"客户"的概念要从系统的角度去理解。客户有狭义与广义之分，也有个人和组织之别。狭义的客户是指产品和服务的最终使用者或接受者。广义的客户要结合过程模型来理解，任何一个过程输出的接受者都是客户。用系统的观点看，企业可以看作是由许多过程构成的网络，其中某个过程既是它前面过程的客户，又是它后面过程的供方。如果划定了系统的边界，在企业内部存在着内部供方和内部客户，在企业外部存在着外部供方和外部客户。因此，企业内部下一道工序是上一道工序的客户指的就是广义的客户。

客户也可以是一个人，一个目标群体，一个组织。个人客户是指消费者，即购买最终产品与服务的零售客户，通常是个人或家庭，他们构成消费者市场；企业客户是指将购买你企业的产品或服务并附加在自己的产品上一同出售给另外的客户，或附加到他们企业内部业务上以增加盈利或服务内容的客户，企业客户构成企业市场。

广义的客户不仅包括企业产品的终端消费者，还包括了与企业经营相关的任何组织和个人。如产品的供应商、经销商、企业的内部客户——员工等。此外还包括对企业经营产生重要影响的特殊利益集团，如政府、行业协会、企业所在社区、新闻媒体等。以上各关系在西方的关系营销中用SCOPE模型表示。S——Supplier，代表供应商；C——Customer，顾客（终端顾客），笔者认为还应代表另一角色，即Competitor，竞争者；O——Owner，企业所有者；P——Partner，合作伙伴，它既包括渠道商，又包括任何有利益关联的伙伴关系者；E——Employee，指企业内部员工。一般而言，企业的终端客户极其重要，但是，如今企业的经营与管理免不了要处理与各利益相关者的关系。任何一个关系方的关系发生问题，皆会影响企业的经营绩效。当今全球范围内的竞争，与其说是企业之间的竞争，不如说是一系列以核心企业为中心的供应链之间的竞争。对于一个核心企业，它处于供应商、分销商、零售商以及最终消费者的链条之上，它的客户不光是最终消费者，而且还包括它的分销商和零售商，而后者对它来说也非常重要。所以，CRM中的"客户"

主要应该包括供应商、分销商、零售商和最终消费者在内的企业外部客户。员工是企业的内部客户，而当前众多的CRM争论，大都隐含地将“客户”指定为最终消费者，也就难怪其将CRM界定为“一对一营销”了。

在客户关系管理的SCOPE模型中，企业应以客户为核心，关注战略性重要客户，提高客户满意度，进行客户组合分析并采取相应的策略。同时只有与供应商、企业主/投资商、员工、伙伴这四个方面相互协作、相互发展，才能为客户创造、提供价值，实现客户关系管理的成功。

罗纳德·史威福特(外文名)认为客户的范畴包括如下：

(1) 消费者：购买最终产品与服务的零售客户，通常是个人或家庭；

(2) B2B客户：将购买的产品或服务附加在自己的产品上一同出售给另外的客户，或附加到他们企业内部业务上以增加盈利或服务内容的客户；

(3) 渠道，分销商和特许经营者：不直接为企业工作，并且(通常地)不需要为其支付报酬的个人或组织。他们购买产品的目的是作为企业在当地的代表进行出售或利用企业的产品；

(4) 内部客户：企业(或联盟公司)内部的员工或业务部门，他们需要企业的产品或服务以实现他们的商业目标，这通常是最容易被企业忽略的一类客户，同时又是最具长期获利性(潜在)的客户。

韦伯斯特和温德(Webster and Wind)对客户的定义则为：所有本着共同的决策目标参与决策制定并共同承担决策风险的个人和团体，包括使用者、影响者、决策者、批准者、购买者和把关者。其中：

(1) 使用者是指那些将要使用产品或服务的人员，在多数情况下，由他们首先提出购买建议并协助决定产品价格；

(2) 影响者是指那些能够影响购买决策制定的人员，由他们提供营销活动所需要的评价信息；

(3) 决策者是指那些有权决定产品需求和供应商的人员，由他们提出采购方案；

(4) 批准者是指那些有权批准决策者或购买者所制定计划的人员，由他们最终决定是否购买；

(5) 购买者是指那些选择供应商并进行谈判的人员，由他们具体安排采购事项；

(6) 把关者是指有权阻止卖方及其信息到达采购中心那里的人员，如代理人、接待员、电话接线员都有可能组织销售人员和采购方的联系。

1.1.2　关系的概念

所谓关系是指两个人或两组人中的一方对另一方的行为方式以及感觉状态。如图1-1所示。

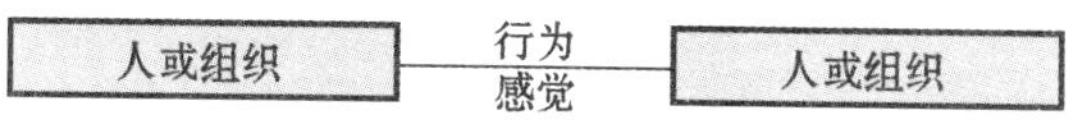

图1-1　关系的定义

在社会学中，关系有其特定的含义。社会学认为，人的一辈子要扮演诸多的角色：为人子女，为人夫妻，为人父母，为人下属，为人上司；与人为友，与人作对，与人为邻……不管你喜欢与否，由此而衍生出来的各种关系把你困在关系网的中央。

为官，要协调与上级、下级以及同级同事的关系；经商，要处理与竞争对手、合作伙伴、政府及企业内部员工的关系；持家，要能让自己的父母、爱人、儿女及其他亲属关系和睦。此外，还有同学关系、邻里关系等。

在企业的经营中，各利益相关者与企业之间的行为方式与感觉状态决定了企业的成败。企业与他们之间的关系非常重要。企业之间的竞争已经历了产品之间的竞争、服务之间的竞争，如今已到了客户关系之间的竞争。

关于企业与客户的关系，有如下要点：

(1) 关于关系的特征。一是行为特征，二是感觉特征。前者是指顾客对与企业关系程度的行为表现，如重复购买、交叉购买等。后者是指顾客对与企业关系程度的态度表现，如情绪上偏爱、口碑传诵、推荐等。一种关系应具备行为与感觉两种特征，缺乏任何一个特征，应该都是"欠缺的关系"。企业在加强关系的同时，不仅要关注关系的行为特征，更要考虑到关系的另一个特征，即客户的感觉等其他非物质的情感因素。从效果上来说，后者不易控制和记录，但是，如果企业一旦与其客户建立了情感关系，这样的关系就变成了企业的核心竞争力，企业的竞争对手就不易模仿。

(2) 关于关系的长度。任何关系都有一个生命周期，即从关系建立、关系发展、关系维持到关系破坏、结束，企业与客户的这种从关系建立到关系终止的时段，称之为客户关系生命周期。关系有时间跨度，好的感觉需要慢慢积累，因此，企业要有足够的耐心进行培养。

(3) 关于关系的投入与产出。企业与客户建立、发展与维持关系，需要投入大量的人力、物力、财力与时间。关系建立阶段，作为追求方的企业，即要求建立关系的一方，付出比较多。关系稳固以后，企业才开始获得回报，不过这个阶段，企业容易懈怠，以为大功告成，进而忽视了维持关系的必要。如今供过于求的时代，作为被追求方的客户一般是比较挑剔的，只要有一次让他们感觉不好，都有可能导致企业的努力前功尽弃。企业是商业利益的追逐者,因此企业在经营与客户的关系时,也应遵循利益最大化的原则。在关系成本一定的条件下,尽量使其关系受益最大化,或在关系收益一定的条件下,尽量使其关系成本最小化,从而使关系盈利最大化。

(4) 建立良好关系的因素。建立良好的人际关系有一些基本层面。不管是和个人的关系还是和组织的关系,其基本原理皆是一样的。那些让两个人之间产生强烈的、稳固的、真正的关系的因素也是让一个企业或组织与其客户之间产生同样关系的重要因素。守信,遵守承诺是关系建立中很重要的因素。信用即指一个人诚实、不欺骗、遵守诺言,从而取得他人的信任。人离不开交往,交往离不开信用。要做到说话算数,不轻许诺言,与人交往时要热情友好,以诚相待。企业在与客户建立关系的过程中要努力博取客户的信任,这样客户就能乐于与你交往,乐此不疲地购买你的产品,成为你忠诚的客户。

1.1.3 管理的概念

从字面上解释,管理即管辖、经营。管辖是一种行政权力,分权让别人操心动手去做,以达到组织目的;经营是一种运作,必须落到实处,重在效果。管理就是在特定的环境下,对组织所拥有的资源进行有效地计划、组织、领导和控制,以便达成既定的组织目标的过程。美国管理学家斯蒂芬·罗宾斯关于管理的定义则更加精辟:管理是指同别人一起,或通过别人使活动完成得更有效的过程。企业的管理也即在特定的环境下,企业从环境中获取各种资源,如人力、物力、财力、信息、时间等,通过技术、管理的各职能(计划、组织、领导与控制)的转换,从而有效与高效地达到企业既定目标的过程。如图 1-2 所示。

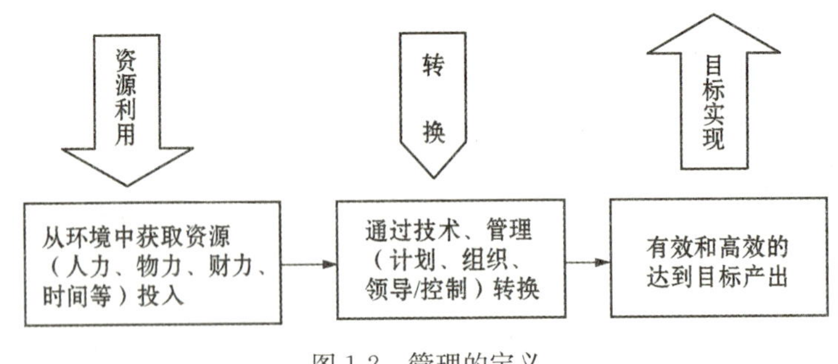

图 1-2 管理的定义

1.1.4 客户关系管理的系统概念与内涵

当今在竞争激烈的商业世界,如何强调企业与客户建立关系、维持关系与发展关系的重要性都不过分。从以上对客户、关系、管理的分析来看，笔者认为客户关系管理就是企业管理与客户的关系，包括建立、维持与发展关系。企业在管理与客户的关系过程中，在特定的环境下投入资源，包括人力、物力、财力、时间、甚至是情感等的投入，通过技术手段，各管理职能将投入的资源有效、高效地转化成产出——即良好的企业绩效，从而实现企业既定的经营管理目标。

实际上客户关系管理的理念由来已久，可追溯至商业经济时代，正如所有的“新”管理理论一样，客户关系管理绝不是什么新概念。它只是在新形势下获得了新内涵，充当了有效战略管理的工具，成为企业一种全新的管理模式。对CRM的定义，迄今还没有统一的表述。目前对于CRM的定义，从企业界、学术界皆有不同的定义与理解。

1. 企业界对CRM的定义与理解

企业从实践角度对CRM进行定义，如：

SAS是一家著名的统计软件及CRM方案平台的开发商，该公司从技术的角度定义了CRM的内涵，认为“CRM是一个过程，通过这个过程，企业最大化地掌握和利用顾客信息，以增加顾客的忠诚度，实现顾客的终生挽留”。[①]

SAS公司强调对顾客信息的有效掌握和利用，而要达到这一点，必须采用先进的数据库和决策支持工具，来有效地收集和分析顾客数据，将顾客数据转化成顾客知识，以更好地理解和监控顾客行为。

大型数据库供应商Sybase公司认为，CRM就是利用已有的数据仓库，整合相关的资料，使其容易进一步分析，让组织能确定衡量现有的潜在的顾客需求、机会风险和成本，从而实现最大化的企业价值。

Gartner则从战略角度出发，并从战术角度来阐述的定义为：“CRM是一种以客户为中心的经营策略，它以信息技术为手段，对业务功能进行重新设计，并对工作流程进行重组。”

麦肯锡公司则认为CRM应该是持续的关系营销，企业应该寻求最有价值的顾客，以不同的产品和不同的销售渠道来满足不通的顾客需求，并经常与顾客保持不同层次的沟通，进行反复的测试，进而随着顾客消费行为的改变调整销售策略，甚至是组织结构。

2. 学术界对CRM的定义与理解

科特勒和阿姆斯特朗(Philip Kotler and Armstrong)将CRM定义为：通过传递超级顾客价值和满意以建立和维持有利可图的顾客关系的整个过程(2004，p. 16)，此定义似乎包括了基础广阔的营销实质，即价值和满意为其显著特征。

---

① The Website of SAS Institute Inc，http://www.sas.com.

《哈佛商业评论》将 CRM 定义为:"CRM 将企业流程与客户战略相结合,以建立客户忠诚,增加利润"[①]。

美国营销学会(AMA)对 CRM 的定义很简单:认为是协助企业与顾客建立良好关系、使双方都得利的管理模式。

Zikmund,Mcleod 与 Gilbert 提出了以技术为导向的 CRM 定义,即"它是一个商业战略,此战略利用信息技术为企业提供一个基于顾客复杂的、可靠的和整合的观点以至于所有的过程和顾客互动,帮助维持和扩大双边利益的关系"。

但就其功能来看,CRM 是通过采用信息技术,使企业市场营销、销售管理、客户服务和支持等经营流程信息化,实现客户资源有效利用的管理软件系统。其核心思想是以"客户为中心",提高客户满意度,改善客户关系,从而提高企业的竞争力。

综合分析上述文献及观点,业界对 CRM 的理解分成三种观点:

一是从商业哲学的角度来理解,认为 CRM 是把客户置于决策出发点的一种商业哲学,它使企业与客户的关系更加紧密;

二是从企业战略的角度来理解,认为 CRM 是通过企业对客户关系的引导,达到企业最大化盈利的企业战略;

三是从系统开发的角度来理解,认为 CRM 是帮助企业以一定的组织方式来管理客户的互联网软件系统。

CRM 是一种战略观点(approach),它通过与关键顾客和顾客群的良好关系来提高为股东创造价值,整合关系管理与信息技术的潜力,创造与顾客和其他利益相关者有利可图的长期的关系。CRM 提供了更多的机会以利用数据和信息理解顾客并与顾客一起创造价值,这需要通过信息、技术和应用软件对经营过程、人员、运营和营销能力进行跨部门整合[②]。

图 1-3 描述了有关 CRM 定义的三种观点[③]。即从战术角度的 CRM,到 CRM 是一系列整合的技术方案的实施,最后到战略角度的定义。

3. 笔者的观点

综合上述各种观点,笔者认为:CRM 通过使企业组织、工作流程、技术支持和

---

① Darrell K Rigby, Frederick, Phil Schetter. Avoid the Four Perils of CRM[J]. Harvard Business Review, Feb. 2002.

② Adrian Payne & Pennie Frow. A Strategic Framework for Customer Relationship Management[J]. Journal of Marketing Vol. 69 (October 2005), p. 167-176.

③ Adrian Payne & Pennie Frow. A Strategic Framework for Customer Relationship Management[J]. Journal of Marketing Vol. 69 (October 2005), p. 167-176.

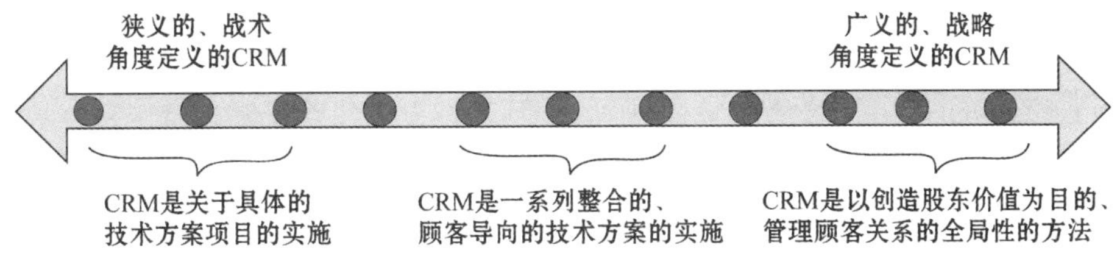

图1-3　CRM连续统一体

资料来源：Adrian Payne & Pennie Frow, A Strategic Framework for Customer Relationship Management, Journal of Marketing, Vol. 69(October 2005), p168.

客户服务都以客户为中心来协调和统一与客户的交互行动，达到保留有价值客户，挖掘潜在客户，赢得客户忠诚，并最终获得客户长期价值的目的。CRM是企业为发展与客户之间的长期合作关系、提高企业以客户为中心的运营性能而采用的一系列理论、方法、技术、能力和软件的总和。它既包括了以客户为中心的战略管理思想，又包含了各种信息、网络技术、应用软件系统等技术工具，而且还包括了一系列个性化的营销策略。企业在新的市场环境（高度扰动的市场环境）下，利用信息技术，通过对企业客户关系的互动引导、识别、保留和发展，与客户建立长期的良好的有利可图的关系，从而达到企业最大化盈利的目的。

笔者认为，客户关系管理是一个系统整合的概念。因而本书将CRM的理论体系概括为三个方面：CRM战略、CRM信息技术系统和CRM实施策略。CRM理念是CRM成功的关键，它是CRM实施应用的基础和土壤，是促成企业战略观形成的思想基础。信息系统、IT技术、因特网等组成的CRM系统是CRM成功实施的手段和方法，此系统是辅助CRM这一企业战略观得以实现的有力工具。实施即指CRM的营销策略，是决定CRM成功与否、效果如何的重要环节，也是直接影响因素。因此本教材借用三角图来阐述CRM中这三方面的关系，如图1-4所示。

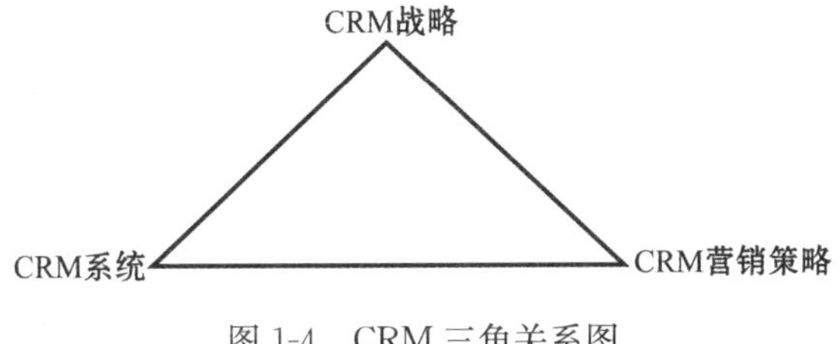

图1-4　CRM三角关系图

客户关系管理首先是一种管理理念，其核心思想是将企业的客户（包括最终客户、分销商和合作伙伴）作为最重要的企业资源，利用CRM系统，通过完善的客户服务和深入的客户分析来满足客户的需求，从而提高顾客满意度，进而提高顾客忠诚度，最终实现客户的终生价值最大化。客户关系管理应是一种旨在改善企业与客户之间关系的新型管理机制，它实施于企业的市场营销、销售、服务与技术支持等与客户相关的领域。一方面通过向企业的销售、市场和客户服务的专业人员提供全面、个性化的客户资料，并强化跟踪服务、信息分析的能力，使他们能够协同建立和维护一系列与客户和生意伙伴之间卓有成效的“一对一关系”，从而使企业得以提供更快捷和周到的优质服务、提高客户满意度、吸引和保持更多的客户，从而增加营业额；另一方面则通过信息共享和优化商业流程来有效地降低企业经营成本。

1.2 客户关系管理的误区

从以上企业界与学术界对CRM的多角度的定义可知，对于CRM，没有系统、全面、统一的认识，而且现实中还有很多误区。主要的误区如：CRM是一个销售系统；大企业才需要CRM；呼叫中心就是CRM系统；CRM与数据库差不多，等等。这些都是对CRM的片面理解。

国外学者Peter C，Verboef与Fred Langerakd等认为业界对客户关系管理有11个误区：

误区1：仅仅使用客户关系软件就可以提高绩效。

人们往往把客户关系管理简单地认为使用客户关系管理软件。但是客户关系管理不仅仅是建立并实施软件。它还受到信息技术、企业分析能力、营销数据以及市场营销活动的影响。此外，客户关系管理比较注重与客户建立长期关系，而客户关系软件侧重于实现短期关系的最优化。

误区2：企业只需要关注客户关系进展情况就可以了。

客户关系管理的假设之一：吸引新的客户要比维持已有的客户花费更多的精力，所以很多管理者认为客户关系管理只需要将现有客户保持住就可以了。但是不管怎样，企业总会存在客户流失的现象，所以需要吸引新的客户以补充企业的客户资源。由于有些产品的消费周期很长，例如电冰箱，所以企业从现有客户中获利的可能性会非常有限。

误区3：新客户的获得和客户关系管理是两个不相关的过程。

新客户的获得和客户关系管理往往是由企业中不同的部门来实施的，而且具有不同的职能，一些管理者就认为获得新的客户与客户关系管理是两个相对独立的活动，这样的结果只会降低客户关系管理战略的效率。

误区4：认为客户希望与企业建立良好的关系。

社会学理论认为客户关系包括客户与供应商之间不断重复的社会交互关系。

但在大多数消费者市场中，这种交互关系几乎可以忽略不计。

误区5：长期客户关系更有利可图。

有些学者认为长期客户对价格的敏感度较低，向他们提供服务的成本也较低，而从他们身上获得的平均利润却较高，同时忠诚的客户还会向朋友推荐产品，这样一来长期客户的盈利能力相对较高。但是事实证明这种说法太过简单，仅仅关注对客户的维持并不是一个很好的市场战略。管理者还需要努力寻找向上销售、交叉销售的可能性，要让客户升级(提高价值)。

误区6：一般来讲满意的客户具有较高的忠诚度。

客户导向的企业往往将使客户满意作为企业的一个主要目标，他们往往认为满意的客户具有较高的忠诚度，但管理者却发现客户满意度和客户忠诚度之间并不总是存在这种正向关系。

误区7：企业应该把重点放在盈利能力比较强的客户上。

企业往往根据二八定理建立起自己的客户金字塔，他们会将重心放在忠诚度最高、盈利能力最强的客户身上，并维持与他们的良好关系。但是实践证明客户是由于惰性才没有转移购买。大多数情况下，他们的忠诚度与企业的努力无关，所以在这方面的过多投资是没有多大意义的。

误区8：客户金字塔是对客户进行细分的好方法。

客户金字塔根据客户盈利能力的强弱将客户进行区分，是客户关系管理中一种很重要的分析工具。但是这种方法也存在着局限：①客户盈利能力很难估计。②只估计了客户的货币价值。一个较好的方法就是根据客户盈利能力与客户需求细分客户市场。

误区9：企业有关客户忠诚度的活动能提高客户的忠诚度。

客户关系管理的主要手段是实施能够提高客户忠诚度的活动。但是这些活动成本高、客户的反应却比较消极，而且事实证明效果也不明显。

误区10：客户生命周期价值是可以估计的。

客户关系管理中用来测量绩效的最重要的指标是客户生命周期价值(CLV，往往以净现值表示)。但是估计该值需要大量的数据，而且受到诸如客户满意度、竞争性活动等因素的影响，所以估计比较困难。

误区11：互联网能够最有效地提高客户的忠诚度。

互联网提供了客户化的服务，因而往往被认为是建立客户关系的终端渠道。但是互联网同时便于客户了解企业的成本、比较商品的价格，这样一来客户忠诚度反而可能降低。

1.3 客户关系管理的意义与作用

1.3.1 客户的重要意义

高价值的、回头的、满意的、创利的客户是全世界所有盈利型和增长型公司的焦点。美洲航空公司首席执行官 Donald J. Carty(1999)说过：自由市场竞争的精灵就是客户，是他们决定着谁输谁赢。而且最终，客户将是最大的赢家。客户的重要意义主要体现在客户资源对企业的重要性上。

在当今买方市场环境下，市场竞争越来越激烈，因此获得和维持竞争优势便成了企业生存和发展的基础。资源能力学派认为：在今天形成企业竞争优势和核心竞争力的再也不是那些有形的机器设备、厂房、资本、产品等物资资源，而是管理、人才、技术、市场、品牌形象、客户等无形资源，其中客户资源对企业具有重要的价值，是企业最重要的战略资源之一。拥有客户就意味着企业拥有了在市场中继续生存的理由，而保留住客户是企业获得可持续发展的动力源泉。当前企业的核心任务一方面是提升企业核心竞争力适应客户需求的变化，以提高市场竞争力，另一方面以先进的管理思想为指导，采取科学的技术手段，科学地处理企业与客户之间的关系来维持老客户，提高客户的价值。客户关系成为新的客户经济中基本的价值来源，客户资本至少与投资资本一样重要，一个公司现在和将来的客户关系将决定公司的价值，客户永远是企业存在的理由。

客户资源对企业的价值，主要体现在：

(1) 成本领先优势和规模优势。

客户能够提供成本优势，从而也就提供利润优势。为新客户服务花费的费用比老客户昂贵得多，因为为新客户服务需要更高的初始成本，如果公司能够增加回头客的比例，那么总成本会呈现出戏剧性的下降趋势。另外如果企业的忠诚客户在企业的市场中占据相对较大的份额，那么就会为企业带来相应的壁垒，形成规模优势，这也会降低企业的成本。由于顾客有从众心理，企业拥有大量的客户群也会成为他们考虑的重要因素。

(2) 品牌价值。

客户不仅是企业收入的来源，而且是提高市场价值的宝贵财富，这主要是通过品牌价值表现出来。品牌价值是一个企业与其消费者或与起决定作用的客户之间相互发生联系的产物，品牌因客户的认可而存在。没有客户认可，企业便不能创造或维持品牌的价值。较大的市场份额本身代表着一种品牌形象，另外客户的口碑对企业的品牌形象也有重大作用。

(3) 客户信息价值。

客户信息对企业来讲是最为重要的价值,它会直接影响到企业对客户消费行为的把握,影响企业的经营行为。企业通过对消费者的需求、购买行为、消费习惯等信息的分析,提供个性化的产品服务组合以及相应的企业关怀,从而让客户满意以致忠诚。

著名的管理大师彼得·德鲁克(Peter. Drucker)说过:“企业经营的真谛是获得并留住顾客。”客户是企业存在的基础,与公司长期利润相关的唯一因素往往是客户忠诚,而不是销售量、市场份额。椐美国专家 Fredrick Reichheld 研究,美国的公司每五年就要损失一半顾客,这一损失足以使公司的增长率放慢35%。在经济全球化、企业间竞争越发激烈的情况下,任何一家公司都无法承担失去顾客的损失。Deloitte 咨询公司的近期报告指出,客户忠诚是影响全球股票价值的一个关键因素,顾客利润率主要来源于老顾客的保留。因此,高度忠诚的客户是企业最重要的资产。越来越多成功企业的实践证明,企业成功的关键在于关注顾客需求,为顾客提供适销对路的产品与服务,有效地管理与顾客的关系,以确保顾客有较高的满意度,从而有较高的忠诚度,对企业的产品和服务保持持续地购买行为。

1.3.2 客户关系的重要意义

随着市场环境的变化,企业管理理念逐渐从单纯关注内部管理转向内外兼顾,以“产品为中心”转向“以客户为中心”。因为在当今快速发展和高度竞争的市场空间中,产品不断更新换代,新产品层出不穷,单纯依靠产品已很难延续持久的竞争优势,而忠诚的客户关系却具有相对的稳定性,能消除环境变化带来的冲击,通过关注顾客的需求,提供个性化的产品与服务,保持与客户亲密的、个性化关系,从而提高顾客满意与忠诚,最终实现企业与客户的“双赢”。图1-5说明了企业经营中心从产品向客户的转移。

图1-5 企业经营中心的转移

如今,企业的产品优势、服务优势已不复存在,或者只能存在很短的时间,因为它们很容易模仿,可很快被竞争对手复制,而企业与客户的关系则是不能复制的,它是企业的核心竞争力。因此,企业与客户关系的重要性则不言而喻。

1.3.3 客户关系管理的重要意义

1. CRM有利于提高企业的盈利能力

(1) 实施CRM可以降低企业的经营成本。

有资料表明,企业用于增加一个新客户的成本是维护一个老客户成本的5～8倍。哈佛商学院曾经在1990年对顾客整个购买生命周期内服务于顾客的成本和收益进行了分析,并得出结论:对于每个行业来说,在早期为赢得顾客所付出的高成本使得客户关系不能盈利;但在随后几年,随着服务老顾客成本的下降及老顾客购买额的上升,这些客户关系带来了巨大收益。Reichheld和Sasser(1990)的研究表明:每增加5%的客户保持率将使客户净现值增加35%～95%,从而导致公司利润大幅度增加,其增加的幅度依行业不同而不同。因为寻找新的客户需要花费,CRM通过满意服务和客户忠诚计划维系企业的现有客户并通过老客户的口碑效应扩大企业影响、提升企业形象、吸引新客户,大大降低了企业的经营成本。

(2) 实施CRM可以使企业获得更多的收入。

因为客户关系管理会为企业带来忠诚客户。忠诚客户会重复购买,会增加钱包份额,对价格的敏感程度低,会推荐其他人前来购买。CRM使企业的管理重点由短期交易变为长期交易,并通过客户分类,识别最有价值的客户。客户关系管理对客户份额的关注,能为企业带来更高的投入回报。它强调企业客户在该行业高价值客户总体中所占的份额,此份额越高,企业获利能力就越强。

2. CRM有利于降低企业的经营风险

当今企业的经营环境高度不确定,不稳定,变化迅速。表现在客户需求的不确定性增加、多元化趋势加剧、变化快。企业传统的"为产品找客户"的"以产品为中心"的经营理念将承受极大的风险,因为产品一旦开发失败,将受到灭顶之灾。而"为客户找产品"的"以客户为中心"的经营理念却成为了企业缓冲市场扰动造成的冲击、最大限度地降低企业的经营风险的有效途径。

3. CRM有利于为企业创造竞争优势

开发1个新客户的成本等于留住5个老客户的成本,也就是说留住老客户是企业最具有性价比的选择,但是如果老客户每年都在流失的话,则每年都必须加倍开发新的客户。如何留住老客户,如何提高重复购买率,这些也许是很多企业都存在问题,或者叫做营销难题。

因此,客户关系管理是企业竞争的利器,它既节约成本又提高收入,从而提高企业的利润。因为CRM关注识别、保留和发展有价值的客户,通过顾客满意计划和忠诚计划提高客户满意度和忠诚度。为新客户服务所花费的费用,比起现有的客户来说,要昂贵得多。这是因为为新客户服务,需要更高的初始准备成本,他们需要更多的服务，服务成本高于老客户，并且现有的客户比新客户更能够有效地解决他们自己的问题。另外老客户还能够创造出成本节余的方法。他们能参与企业的产品及服务的创造。通过参与日常事务的实施，老客户能够起到比降低成本还要多的作用。在服务中，由于客户已经接受了教育，有心理状态准备承担作为服务过程一部分的新任务。在以目录营销为基础的商业企业里，客户可从目录上挑选他们想要的产品，在收款台支付费用，然后到仓储柜台去收集这些货物。在更加传统一些的商业企业里，所有这些活动都由营业员承担，但是由于可以将这些活动交回到客户的手中，所以这家企业能够以相对来说更低的成本去管理更大的业务量。

CRM能为企业带来可持续的竞争优势。CRM关注与客户的长期关系，一旦企业与客户建立了长期持久的关系，那么企业就具有了可持续的竞争优势。研究表明，长期的客户关系与企业的长期盈利能力具有高度正相关关系。鉴于优势在于与竞争对手相比有所不同这一原理，所以当你拥有了竞争对手难以模仿和替代的某些不同之处的时候，优势的持续性便来到了。客户的易变性和复杂性，与供应类企业的易变性和复杂性相结合，使得客户关系成为最难管理的领域之一，但也是最难拷贝的领域之一，因此企业的CRM能力是企业的核心竞争力，它为企业带来独特的竞争优势。它不易为竞争者模仿，这就为企业营造了很好的市场壁垒，使其享受创新的垄断收益，对企业的竞争力影响重大。

CRM大大增强了企业在新经济环境中的竞争力。有研究表明，在新经济环境下，相对于有形资产，无形资产对企业竞争力的贡献更大，而且其贡献份额呈上升趋势。客户资产作为企业的一项重要的无形资产，其重要性已经受到了广泛的关注，成为企业市值的要素之一。CRM战略，对于企业在新经济时代，有效地管理企业客户资产，具有重大的作用。

4. 企业实施CRM是提高交易效率的重要途径

尽管信息时代买卖双方可以不断增加交易对方的信息，激烈的竞争和技术的突飞猛进使得顾客的选择权越来越大，但要实现交易的高效率还是很困难的。一方面交易的双方依然处于信息不对称的环境下，因为获取信息需要成本，对买卖双方而言，不惜代价地获取信息、传递信息并不是经济的行为。再者要获取交易双方的所有信息也是不可能的，因为交易双方的信息存在很多变数，受很多不确定因素的影响，人们难以预料和控制，另一方面除了信息成本还有其他的交易费用。企业实施CRM就有效地解决了这一问题。CRM从长期的投资回报考虑，架构企业与客户不可或缺的互动关系，企业充分考虑到客户的各种要求，为客户创造性的设计各种交易结构，使买卖双方均为了支持对方即为对方创造价值而进行专有性的投资，形成一种持续性的依赖关系，这种治理结构有助于降低交易成本，提高交易的效率。这种依赖关系越持久双方从此获得的收益也越大。

1.3.4 CRM对企业的作用

企业实施客户关系管理对企业的具体作用体现在：

(1) 管理客户资料：将零散、不集成的客户资料集中管理，可以及时、准确地了解老客户和新客户的准确信息；

(2) 增加销售机会，提高销售额：利用CRM系统的跟踪、管理销售机会，确切了解客户的需求，增加销售的成功率，进而提高销售收入；

(3) 提高客户满意程度：CRM系统提供给客户多种形式的沟通渠道，同时又确保各类沟通方式中数据的一致性与连贯性，利用这些数据，销售部门可以对客户要求做出迅速而正确的反应，让用户在对购买产品满意的同时也认可并愿意保持与企业的有效沟通关系；

(4) 降低市场销售成本：利用CRM的数据挖掘和分析功能可以分地区、类别等特征进行分析，从而辅助企业进行决策，使企业进行市场推广和销售策略时避免了盲目性，节省时间和资金；

(5) 提高员工的工作效率：利用CRM系统，可以了解员工每天的工作情况，及时得到员工的合理建议，修改公司的销售策略，使公司获得更多的利润；

(6) 资源共享：利用CRM系统可以在涉及跨部门的业务时，协调好各部门的运作。

1.4 客户关系管理的动因

当企业的产品差异日渐缩小，企业把目光投向了企业内部的管理上。管理驱动型企业通过加强管理充分整合企业内部资源来降低成本，从而赢得竞争优势，这就是我们平常所说的“向管理要效益”。这个时期企业信息化建设的首选是企业资源管理系统ERP。

当企业之间的产品差异与管理差异日渐缩小，企业内部资源的挖掘潜力不大而企业面临的竞争更加激烈时，企业自然把目光投向了企业最重要的外部资源——客户资源的挖掘上来。客户关系管理是一种以客户为中心的企业经营理念。重视客户关系管理的企业认为客户资源是企业最重要的核心资源。客户关系管理的核心是客户价值管理。企业通过从市场营销、销售过程到技术支持的全程客户管理来满足客户的个性化需求，提高客户满意度和忠诚度，缩短销售周期、降低销售成本、增加销售收入、扩展客户市场，从而全面提升企业的盈利能力和竞争能力。CRM正是管理企业的客户资源的信息系统。

下列因素催生了客户资源在企业中日益显现的重要性，从而加快了客户关系管理的进程。

1. 顾客行为的变化

随着经济的发展、技术的进步、产品的不断推陈出新，消费者的思维方式、生活方式和行为方式不断发生变化，因而消费者的需求和购买方式也不断变化着，尤其是信息技术的飞速发展，带来了客户消费行为历史性和根本性的变革。互联网技术使客户选择权空前加大，消费者价值观的变迁，使得快速、容易、便宜、人性化、方便、熟悉、安全成为新时代的客户购买行为的七大准则。面对顾客需求的多变与复杂性，企业间竞争日益激烈，企业必须积极采取措施应对消费观念和行为不断变化的客户，时刻准备着与消费者的沟通与互动，密切注视消费者变化的需求，因而这种市场对企业的客观要求对客户关系管理的发展起了推动作用。而且，社交网的快速发展，微信用户的日益增多，尤其是移动互联网的普及，使得人们的需求、消费行为、传递信息的方式、互动的模式发生深刻的变化，这些都对企业管理客户关系提出了新的要求和挑战。

2. 企业内部管理的需求

通常，在很多企业，我们仔细地倾听一下，会从顾客、销售、营销和服务人员、企业经理那里听到各种抱怨。

来自销售人员的声音：从市场部提供的客户线索中很难找到真正的顾客，我常在这些线索上花费大量时间。我是不是该自己来找线索？出差在外，要是能看到公司电脑里的客户、产品信息就好了。我这次面对的是一个老客户，应该给他什么样的报价才能留住它呢？

来自营销人员的声音：去年在营销上开销了 2 000 万元。我怎样才能知道这 2 000万的回报率？在展览会上，我们一共收集了 4700 张名片，怎么利用它们才好？展览会上，我向 1 000 多人发放了公司资料，这些人对我们的产品看法怎样？其中有多少人已经与销售人员接触了？我应该和那些真正的潜在购买者多多接触，但我怎么能知道谁是真正的潜在购买者？我怎么才能知道其他部门的同事和客户的联系情况，以防止重复地给客户发放相同的资料？有越来越多的人访问过我们的站点了。但我怎么才能知道这些人是谁？我们的产品系列很多，他们究竟想买什么？

来自服务人员的声音：其实很多客户提出的电脑故障都是自己的误操作引起的，很多情况下都可以自己解决，但回答这种类型的客户电话占去了工程师的很多时间，工作枯燥而无聊；怎么其他部门的同事都认为我们的售后服务部门只是花钱而挣不来钱？

来自顾客的声音：我从企业的两个销售人员那里得到了同一产品的不同报价，哪个才是可靠的？我以前买的东西现在出了问题。这些问题还没有解决，怎么又来上门推销？一个月前，我通过企业的网站发了一封EMAIL，要求销售人员和我联系一下。怎么到现在还是没人理我？我已经提出不希望再给我发放大量的宣传邮件了，怎么情况并没有改变？我报名参加企业网站上登出的一场研讨会，但一直没有收到确认信息。研讨会这几天就要开了，我是去还是不去？为什么我的维修请求提出一个月了，还是没有等到上门服务？

来自经理人员的声音：有个客户半小时以后就要来谈最后的签单事宜，但一直跟单的人最近辞职了，而我作为销售经理，对与这个客户联系的来龙去脉还一无所知，真急人；有三个销售员都和这家客户联系过，我作为销售经理，怎么知道他们都给客户承诺过什么；现在手上有个大单子。我作为销售经理，该派哪个销售员我才放心呢？这次的产品维修技术要求很高，我是一个新经理，该派哪一个维修人员呢？

上面的问题可归纳为两个方面的问题。首先，企业的销售、营销和客户服务部门难以获得所需的客户互动信息。其次，来自销售、客户服务、市场、制造、库存等部门的信息分散在企业内，这些零散的信息使得无法对客户有全面的了解，各部门难以在统一的信息的基础上面对客户。信息不准确导致营销预算浪费严重，一般性事务耗时太多，使得销售人员的效率低下，销售人员占有关键客户信息。

另一方面，在竞争日益激烈的买方市场环境下，在控制权逐渐从供应商向顾客手中转移的同时，选择权也日益转移到顾客手中，顾客角色正在发生巨大变化，顾客不再是被动的和单纯的交易者，已经发展成为企业增强网络的关键组成部分，他们参与企业产品与服务的开发，是企业的合作者，与企业一起创造价值，他们迫切需要与企业建立良好的持久的关系以创造更优的价值。

这需要各部门对面向客户的各项信息和活动进行集成，组建一个以客户为中心的企业，实现对面向客户的活动的全面管理。

3. 竞争的压力

现代企业所面临的市场竞争无论在广度还是深度上都在进一步扩大，竞争空前激烈，竞争全球化，市场范围已经从区域扩展到全球，不仅仅包括行业内部已有的或潜在的竞争对手，在利益机制驱动下，许多提供替代产品或服务的竞争者、供应商和客户也加入了竞争者的链条。产品本身差异降低，竞争由产品转向服务，且随着产品的同质性越来越强，生命周期越来越短，竞争也越来越激烈、灵活，因此竞争的压力越来越大。很多企业在产品质量、供货及时性等方面已经没有多少潜力可挖。低成本、高质量的产品不再是保证企业立于不败之地的法宝，如何有效地避免客户的流失，强化企业与客户的关系已成为竞争的标准。内部挖潜已不足以产生明显竞争优势；

竞争的观念逐渐由以利润为导向发展到以客户为导向、保持持续竞争力为导向。因此企业开始意识到良好的客户关系在客户保留中所起的关键作用,并着手提升客户对企业的忠诚。越来越多的企业认识到实施客户关系管理将大大有利于企业赢得新客户、保留老客户,提高客户利润贡献度,从而提高企业的核心竞争力。

4. 信息技术的推动

计算机、通信技术、网络应用的飞速发展使得关系营销的理念发展到一个新的阶段,在某种程度上催生了客户关系管理的发展。随着企业办公自动化程度、员工计算机应用能力、企业信息化水平、企业管理水平的不断提高,为客户关系管理的实现创造了现实的条件。电子商务改变了企业做生意的方式,通过因特网、社交网、移动互联网,尤其是微信即可开展丰富多彩的营销活动:如向客户销售产品,提供售后服务,收集客户信息,与客户互动等,更重要的是这一切的成本可以很低。由于客户信息是客户关系管理的基础,所以随着信息技术中数据仓库、商业智能、知识发现等的发展,使得收集、整理、加工和利用客户信息不仅更加容易,而且也使质量得以大大提高,使企业在客户关系管理上的投入不仅可能而且时机成熟。另外,随着通信技术的发展,各类企业的通信成本将会不断降低,这将推动电话和网络进一步发展,进而推动类似于呼叫中心等客户关系管理模块的发展。而电话和网络的结合,也使得企业可以以统一的平台面对客户和管理客户。因特网、社交网、微信迫使每一个人改变生活行为方式,它将主动权从经营者手中转移到客户手中,使企业的顾客距其竞争者仅点击一下鼠标之遥。虽然信息技术不是客户关系管理的全部,甚至不是决定性的要素,但客户关系管理所涉及的全部方法,无论是收集、分析信息、建模,还是数据挖掘或者数据仓库,都是基于信息技术来展开的。

近年新的信息技术对企业的客户关系管理又提供了更强大的技术支持。如云计算、大数据管理等。云计算的出现,为 CRM 满足各种需求提供了可能。不管是在业务成本上还是业务敏捷性上都得到极大的满足,并开创出了新的商业模式和市场机会。可以说,云计算将催生 CRM 产业发生一系列新的变革,CRM 服务提供商将突破传统 CRM 产品理念的局限,积极地向 SaaS、在线、托管、SNS 等新的领域扩展。而在线 CRM 是基于互联网模式、专为中小企业量身打造的在线营销管理、销售管理、整合客户生命周期管理工具。

综上所述,客户决定着企业的一切:经营模式、营销模式、竞争策略。客户的一举一动都应该引起企业的特别关注,否则企业有可能会失去稍纵即逝的发展机遇而无论企业的产品好到什么程度。客户就是市场,是企业竞争的唯一导向。如何才能在强者如云的竞争环境中捕捉到客户的有效需求、维持长期的合作关系呢?企业迫切需要一个崭新的经营指导思想和一个可操作的指导方法来帮助提升处理客户关系的能力。这些都是“客户关系管理”理论所要解释的内容。

案例分析

倾听客户的声音为捷豹路虎注入能量

走进捷豹路虎中国上海总部办公室，首先映入眼帘的是一面贴满员工故事和照片的布告墙，这里不仅展示公司成就，还会分享员工们新婚燕尔或是喜得贵子等人生的重要时刻。

这样的设计让人对捷豹路虎中国的企业文化印象深刻——在这里销售业绩和增长数据并不是首要目标，这里更注重的是实现公司的成长和员工个人发展之间的平衡。这也正是捷豹路虎在中国整个汽车行业增速放缓的大背景下仍能持续保持活力的要义，捷豹路虎中国总裁高博(外文)这样告诉记者。

自2010年开始掌舵捷豹路虎中国，高博将这家公司引入销售稳健增长的轨道，并着力建设遍布全国的经销商网络，忠实客户群体显著扩大。去年，公司发展再创新的里程碑——中国于2013年成为捷豹和路虎两个品牌全球最大的市场。高博将其归功于公司始终坚持"客户至上"的业务理念。

2010年来华之前，高博在英国和拉丁美洲市场工作多年，深谙将商业战略与本地市场个性化需求结合之道，并且擅长与合作伙伴建立互信关系。掌舵捷豹路虎中国之后，高博对了解中国文化表现出极大的热忱，并身先士卒、亲历亲为地积极探求并维护包括客户、经销商伙伴和公司员工等相关利益群体的关注点。

高博表示："了解中国消费者的想法和需求对公司发展助益良多。通过这些深刻的理解，我们及时推出优秀的定制化新车型以满足市场需求，持续加大对经销商的支持力度以保障我们的高品质服务，并不懈打造品牌形象以进一步贴近消费者。"

镌刻着独树一帜的低调奢华，捷豹路虎如今已经成为备受中国消费者青睐的汽车品牌。

"客户至上"的经营哲学

高博是正宗的英式橄榄球爱好者，并曾担任过橄榄球队的队长。他将在运动中表现出的卓越领导力同样贯彻于一切以客户为中心的公司经营哲学与管理过程中。

高博说："我们的理念就是通过向客户提供有针对性的捷豹路虎产品体验，实现客户满意度最大化，并且与客户建立起长期的伙伴关系。维系这样的关系就像婚姻一样，需要我们的用心倾听与呵护。"

为了更好地了解客户，听取他们最直接的反馈，并向他们提供高品质的服务，捷豹路虎发起了客户交流活动，通过圆桌会议的形式与数十位捷豹路虎车主展开面对面交流。

与此同时，捷豹路虎持续不断地面向中国市场投放多种定制化车型，除了长轴距版之外，还有借助更小的发动机以及采用轻量化全铝车身架构实现高燃油经济性的新车型。捷豹路虎还专门成立专属服务定制部门(ETO)为客户提供一系列个性化选项，让客户可以按个人喜好，自定义配置自己的爱车。

“中国消费者的需求和偏好同样是我们全球产品研发的重要考量因素。中国消费者喜欢空间宽敞的汽车，因此我们的长轴距版捷豹 XJ 在中国市场非常受欢迎，此外，我们的全新一代揽胜长轴距版去年在广州国际车展上亮相后也备受关注。”高博表示。

去年公司发布的包括捷豹 F-TYPE、全新一代揽胜和全新一代揽胜运动版在内的优秀车型，在中国消费者中间的反响热烈。高博透露说：“今年我们将继续向市场投放出色的新产品，包括捷豹 F-TYPE Coupe 和路虎混合动力 SUV。我相信它们会在中国消费者中赢得热烈反响。”

健康的经销商网络发展

加强经销商网络建设是捷豹路虎公司的另一项重要举措，此举除了确保客户满意度之外，也是为经销商的切身利益和业务发展考虑。

高博认为公司的可持续发展建立在相互信任和深入了解本土市场的基础之上。他十分看重每个客户、经销商、业务合作伙伴和员工的意见，因此，经销商新店开业典礼上，都可以看到高博的身影。

高博说：“每次参加经销商开业典礼，与合作伙伴和客户交谈，都可以深刻感受中国汽车市场的活力。”高博看重脚踏实地的感觉，希望亲自见证公司业务的发展。

为了保证客户在购买和使用捷豹路虎汽车时能获得始终如一的卓越体验，捷豹路虎定期举办针对经销商员工的各项培训和技能拓展活动，全面提升经销商员工业务能力。而捷豹路虎遍布全国的销售网络则保证了公司能快速及时地回应身处各地的客户反馈。

只有确保公司的网络发展同步于销售增长，才能让客户获得最佳的服务。截至 2014 年 2 月底，捷豹路虎在国内已拥有 242 家授权经销商，其中 139 家已经投入运营。

“在各级城市逐步渗透和拓展经销网络是我们维持业务增长的根基。到 2015 年，我们在全国各地将拥有 250 个店面，销售网络将覆盖国内一线、二线和三线城市，同时还将涉足四线及五线城市。”高博说。

进一步贴近消费者

为了进一步提升服务质量和客户体验，在过去三年里，捷豹路虎还致力于发展其各项基础设施建设。

目前捷豹路虎中国在华建有3个顶级路虎体验中心和5个零配件配送中心。未来公司计划在中国建立7家路虎体验中心，其中位于成都的路虎体验中心正在积极筹建中。与此同时，公司位于广州的培训学院已经完工，将于今年启用。不久的将来，公司在成都的区域办公室也将投入运营。

高博表示："我们的目标很明确，那就是通过最佳体验和前所未有的优良设施服务客户。"

中国之道诠释英伦风范

随着经销商网络的拓展，捷豹路虎也加快了在各地开展市场活动的步伐，通过有针对性的市场活动，发掘不同市场的独特活力。去年这些定制化的市场活动对提升捷豹路虎品牌的客户体验来说居功至伟。

2013年，捷豹路虎开足马力实施捷豹和路虎双品牌的本土化战略，借助形态各异的品牌活动形式，用中国之道诠释了捷豹"ALIVE"以及路虎"Above and Beyond"独具英伦风范的品牌理念。从精英阶层到成功人士，捷豹路虎为中国不断增长的客户群体带来各具特色的品牌活动与服务。

2013年3月，公司在北京启动"英伦传奇　捷豹挑战赛"，张扬捷豹汽车不断创新而富有魅力的性能表现。中国知名作家兼职业赛车手韩寒参加了此次活动，体验了捷豹与生俱来的优雅传承与运动风采。这场为期6个月的活动让中国27个城市的车迷们一睹捷豹赛车基因的风采。

两个月后，"传奇·未来　捷豹文化之旅"在京正式启动。中国第二位击剑运动奥运会冠军仲满、华谊兄弟传媒创始人之一王中磊、奥运会游泳金牌获得者庄咏以及其他众多名人，与捷豹充满传奇色彩的C、D、E、F-TYPE以及2013款捷豹XF和捷豹XJ进行了近距离接触。

2013年圣诞节前夕，"身心驭享捷豹挑战赛"于沪正式启动，著名赛车手林志颖倾情助阵并带来了精彩绝伦的漂移特技表演。该活动将在接下来的4到5个月里陆续在全国15个城市展开。

上个月，捷豹还启动了"捷豹XF|英伦新锋尚"线上互动活动，在微博、微信等最受欢迎的多元化社交网络上塑造了捷豹XF充满活力的英伦标志形象，成功地为捷豹XF打造了品牌标签。

为了更好的传递捷豹内蕴的英伦精髓，在3月7日，捷豹正式宣布大卫·贝克汉姆成为捷豹中国品牌大使，并将全方位参与捷豹中国的各项市场活动，深层解读“成就不止”的捷豹精神。

至于路虎品牌活动的特色，高博认为：“路虎标志性的‘发现无止境’等系列活动，充分彰显了路虎的品牌精神。”

去年路虎启动了“发现无止境　中国最美前线”的试驾活动，这是一场为期40天的旅程。2013款揽胜极光和神行者2从风光旖旎的边疆伊犁出发，经过文化重镇腾冲，最后抵达时尚前沿上海。

马年新年到来之际，路虎与EquexChina合作举办了上海国际马文化节，致力于推广马术文化。客户们通过参与活动，共同庆祝中国农历新年的到来，也借此感受了独特的马术体验。

目前，路虎新一期“发现无止境”试驾活动的后期准备工作也正在紧锣密鼓地进行当中，活动计划于今年3月～5月份在国内展开。

高博介绍说：“我们今年将继续开展大量个性化的体验式市场活动，积极为客户提供试驾机会。”

尊重员工

捷豹路虎举办的各项活动也得到了员工的大力支持，他们以此为荣并积极推广和参与其中。而员工对公司活动的热情投入，要归功于捷豹路虎将员工视为最宝贵的财富，不断增强员工主人翁意识的企业文化。

作为5个孩子的父亲，高博十分热爱自己的小家，并对捷豹路虎大家庭和每一位成员们也关爱有加。他关注并确保公司为员工提供各类人才培训项目，如MBA课程、海外工作等多种发展机会，帮助员工根据自身发展需求，规划自己的职业生涯。这也正是捷豹路虎“完美平衡”的企业文化理念最佳体现。

致力于可持续发展

放眼未来，高博表示捷豹路虎中国将一如既往地秉持“客户至上”的企业理念，实现企业的可持续发展。

他表示：“我的目标是确保通过捷豹路虎和经销商伙伴的精诚合作，使客户无论在购车时还是购车后，都能享受捷豹路虎为其提供的最佳服务体验。”

作为在中国可持续发展战略至关重要的组成部分，备受关注的捷豹路虎与奇瑞汽车合资项目进展顺利，工厂预计将于今年完工。合资企业将实现捷豹路虎“为中国市场提供中国制造”的目标，新工厂将成为捷豹路虎在英国本土之外第一家全新的制造工厂。

据高博透露，今年年中，首批量产原型车就会在这家位于常熟的合资工厂亮相。

成为负责任的企业公民

在中国市场屡创佳绩的同时,捷豹路虎坚定不移的以负责任的行动积极回馈社会,并在过去一年中,以自己的实际行动践行着企业的社会责任承诺。

对此高博表示:"捷豹路虎致力于成为值得信赖的长期合作伙伴,和投身本地社会发展的全球品牌。"

2013 年 8 月,捷豹路虎中国宣布向雅安地震灾区捐款 400 万元人民币,为希望学校建造一座 2200 平方米的教学楼,帮助那里的学生恢复正常的校园生活。这笔捐款还将用来为雅安地区的 20 所小学捐建 20 个"快乐体育教室",给 6000 多名学生带来正规的体育教育。

高博也针对这一项目做出了郑重的个人承诺。"英语里有句俗语叫'行动胜于空谈'。希望学校建成之后,我将会去那里亲自为学生们教授一堂英文课,届时大家可以为我做见证。"高博说。

远大蓝图

高博出生于捷豹路虎总部所在地英格兰的考文垂,作为这家跨国车企全球最大市场——中国业务的掌门人,他表示:"中国发展飞速,在短时间内完成了其他国家二十、三十甚至四十年才能完成的发展历程。"

中国的精英阶层是捷豹和路虎这两个英国品牌展翅高飞的原动力,他坚信捷豹路虎在中国拥有光明的未来。对于新一年的工作,高博表示:"实现可持续发展仍将是我们工作的重中之重。我们的所有努力都将立足于中国,我希望我能与家人、员工和所有利益相关者共同经历这段令人激动的旅程。"

(资料来源:中国经营报,总第 2051 期,2014-3-17)

案例思考题

1. 以本案例为例,讨论客户的系统概念。
2. 以你所在或者熟悉的企业为例,说明在经营管理中,企业是如何体现"客户至上"的经营哲学的。
3. 你从该案例中得到何启示?

复习思考题

1. 如何全面系统地理解客户关系管理?
2. 客户关系管理发展的动力是什么?它对企业的重要意义何在?

第2章　顾客满意度管理

导入案例

解密招商银行“顾客满意度第一”背后的力量

近日，由国家标准化研究院发布的2013年《中国顾客满意度手册》显示，在银行服务类中，招商银行凭“品牌形象”、“网点设施及环境”、“工作人员效率与态度”、“服务可靠性”等指标的综合测评，连续五年问鼎“中国顾客满意度排行榜”行业之首。

招行作为国内银行业服务标杆之一，通过不断完善客户分层服务体系，加强服务创新，客户满意度一直领先于同业。多年来，招行秉持“因您而变”的理念，从客户需求出发，不断变革和发展，在服务方式、服务团队、金融产品、渠道体系和内部管理等多方面构建了服务体系化的竞争优势，树立了行业优质服务的良好口碑。

坚持贴近市场　不断革新服务方式

招行将优质服务作为安身立命之本，多年来，率先于国内同业开展了关键性的服务改进。当中国银行业还普遍处于“门难进、脸难看、事难办”的情况时，招行在营业网点摆放了鲜花、牛奶，实施了站立服务、微笑服务和上门服务。

上个世纪90年代中期，招行引进开发了出纳业务电子化操作系统、电脑验印系统等，进一步完善了柜面服务流程，全面启动了包括客户关系管理系统在内的管理信息系统建设，大大提升了服务效率。针对客户日益增长的理财需求，招行不断细分市场，推出差异化、个性化的服务，形成了包括“一卡通”普卡、金卡、“金葵花”、钻石、私人银行在内的完整的客户分层服务体系。当年的这些服务改进，受到社会各界的广泛赞誉。

近年来，招行顺应客户理财需求的变化，大力发展财富管理，建立了完整、领先的财富管理体系，致力于为客户提供最优质的理财服务，打造中国最好的财富管理银行。

持续打造专业　高素质的服务团队

专业化的服务能力已经成为决定银行服务竞争力的重要因素。为提升专业化水平，招行不断完善业务管理体系，推动前中后台相分离，打造了一支数量充足、综合素质高、专业能力强的专业团队。

在《福布斯》“2012 年中国优选理财师全国 50 强”评选中，招行有 18 名客户经理入选，以 36%的占比高居国内金融业榜首。在财富管理方面，2012 年，招行成立了“财富管理投资决策委员会”及下属三大产品工作室，将研究、产品开发与资产配置策略紧密结合，进一步提升了财富管理专业能力。各类财富管理产品也赢得了客户的广泛欢迎，销售量位居同业前列。

招行私人银行为客户提供了顾问式的服务，是目前国内私人银行中在顾问服务体系上最为完善的银行。招行在私人银行工作方法、产品体系、管理运营等方面的工作获得了同业、客户、市场的一致肯定。

围绕客户需求　持续创新金融产品

招行构建了包括财富管理、零售贷款、信用卡、私人银行、电子银行在内的种类丰富、同业领先的零售银行产品体系。其中，“一卡通”、“一网通”、“金葵花理财”、信用卡、私人银行等产品和品牌，均在业内具有广泛的影响力。

近年来，招行在同业中率先推出“随借随还”、“消费易”、“周转易”、“i 理财”网上互动银行、iPhone 版手机银行等创新产品，引领了国内零售银行产品创新的潮流。在财富管理产品方面，招行建立了涵盖货币市场、固定收益、权益投资、另类投资、境外投资等各种大类的完整而开放的财富管理产品体系。尤其是私人银行产品的盈利水平、发行规模和产品创新水平均居同业前列。在小微企业贷款方面，招行建立了包括抵押贷、配套贷、AUM 信用贷、POS 贷、小额信用贷、供销流量贷的六大标准化产品以及分行区域化产品在内的贯通企业与个人的完整小微产品制度。在电子银行方面，招行紧紧把握市场时机，加快了创新步伐。2012 年推出了手机钱包、iPad 银行、专业版超级网银跨行资金归集等令人耳目一新的产品，进一步提升了用户体验。

构建全方位、立体化、高效率渠道体系　挖掘服务潜能

招行紧紧抓住互联网兴起的机遇，率先在国内大力发展电子银行，通过“水泥＋鼠标＋拇指”的模式，走出了一条差异化的渠道建设道路，构建了包含物理网点、网上银行、电话银行、自助银行、手机银行、“i 理财”在内的全方位、立体化、高效率的渠道体系，网点渠道效率和网均产能大幅领先同业。

2012 年，网银专业版有效客户突破 1 000 万大关，发展速度在同业中首屈一指。零售电子银行非现金业务替代率超过 90%，遥遥领先于同业。此外，远程客户服务渠道屡获殊荣，连续 8 年荣获“中国最佳呼叫中心”，并获得“亚太最佳呼叫中心"、"全球最佳呼叫中心"等荣誉称号。

向国际化管理迈进　大力提升服务形象

招行通过制定统一的服务标准，对营业网点的营业环境、服务质量、柜台人员服务、网点服务管理等各个方面进行规范管理，并建立了从客户发现、客户关系建立到客户关系发展和深化的一整套服务流程，形成了从了解客户需求到满足客户需求的完整的循环体系。同时，招行通过柜面、电话和网络三大主要渠道，受理客户口头、书面、电子等方式的抱怨和投诉，在认真及时解决客户问题的同时，改进服务工作中存在的问题，不断完善的客户投诉管理体系。

为了解客户对服务的期待与服务差距，招行率先在国内银行业开展客户满意度测评，通过客户回访、电话外呼、问卷调查等形式，及时了解客户的期望及影响顾客满意度的因素，并聘请独立的第三方组织实施顾客满意度调查和研究，建立模型，形成"客户满意度指标体系"。从历年委托 AC. 尼尔森公司所做的调查结果来看，招行的客户满意度与国内同业比较，也有明显的领先优势。

据了解，"中国顾客满意度调查"是由国家质检总局下属的中国标准化研究院顾客满意度测评中心和清华大学联合发起，是目前业界公认的权威调查之一。此次"中国顾客满意度测评"面向全国 31 个省(区、市)的 200 个城市，完成调查样本 6.6 万余个，通过"中国顾客满意指数模型"从品牌形象、预期质量、感知质量、感知价值、顾客满意度和顾客忠诚度等 6 个结构变量展开分析测评，真实反映了当前市场上消费者的认可情况。

(资料来源：《证券日报》，2013 年 4 月)

在客户关系管理的逻辑中，企业通过利用实施 CRM 战略和策略，为顾客提供价值，增加顾客满意度，保留顾客，以至于提高其忠诚度，从而实现顾客为企业提供价值、企业达到利润最大化的目的。在市场竞争中，让顾客满意和忠诚，已成为世界各国企业追求的共同目标。满意、忠诚的顾客群体是企业的无形资产，谁能满足顾客的需求、使顾客满意、实现顾客的忠诚，谁就拥有市场。因此顾客满意、忠诚、顾客价值及其管理是 CRM 的核心理念。

2.1　顾客满意度的重要意义

顾客满意(Customer Satisfaction)理论被誉为 20 世纪 90 年代管理科学的最新发展之一，它抓住了管理科学以人为本的本质，如今顾客满意已经形成一种全新的大质量观。质量应是消费者满意的质量，质量指标应该以顾客满意为评价基础。

对顾客满意的重视体现在各国评审质量奖的标准中。如欧洲质量奖的9大指标中,仅“顾客满意”一项的分值就定为200分,占整个质量奖总分(1 000分)的20%,还不包括在“领导”、“政策和战略”、“过程”、“实施结果”等其他指标中有关顾客满意的要求,是9大指标中分值最高的一项重点指标。

2.1.1 关于顾客满意的名人名言

许多著名的学者和企业家都视顾客为企业的重要资源,他们非常重视顾客对企业及其产品的满意程度,如:

(1) 菲利普·科特勒:除了满足顾客以外,你还必须取悦他们。

(2) 李·亚柯卡(克莱斯勒公司前总裁):这家公司中每一个人所拥有的唯一的保证来自于质量、生产率和满意的顾客。

(3) 简·卡尔森(斯堪的纳维亚航空公司):在资产方面,我们应该填的内容是:去年我们的班机共有多少愉悦的乘客,因为这才是我们的资产——对我们的服务感到高兴,并会再来买票的乘客。

(4) 佛莱德·史密斯(联邦快递的创始者):“想称霸市场,首先要让客户的心跟着你走,然后让客户的腰包跟着你走。”

(5) 施乐前董事兼创办人约瑟夫·威尔森:“我们究竟有没有饭吃,最后还是由客户来决定。”

从以上名言可知这些专家和学者对顾客满意的重视,也从一个侧面反映了顾客满意对企业的重要意义。

2.1.2 许多国家将顾客满意度指标作为测量标准

顾客满意度指数(CSI)是目前国内外质量领域和经济领域一个非常热门而又前沿的话题,顾客满意度成为各国宏观质量指标评价体系中的一项重要指标。从世界范围看,瑞典与1989年建立起顾客满意度指数模型,美国于1994年建立了自己的ACSI。其后,设立在美国Michigan大学商学院的国家质量研究中心,先后在台湾、新西兰、韩国等国家和地区选择一定数量的行业进行满意度调查,计算该地区的顾客满意度指数。1999年欧盟11个国家也分别在本国试点调查,计算自己国家的顾客满意度指数,至今为止全球共22个国家设立了全国性的顾客满意度指数。2005年5月12日,中国标准化研究院顾客满意度测评中心。这是一家专门从事顾客满意度理论研究和调查测评的专业机构,是由中国标准化研究院与清华大学合作组建的。这个新成立的测评中心将对全国范围内主要产品和服务开展顾客满意度的研究和测评。向社会发布顾客对产品质量和服务质量进行直接评价的信息,可以引导消费,促进企业改进质量,提高经济效益。

为什么会有日益增多的国家在经济统计指标中增加顾客满意度指数呢？这是因为：生活水平的提高和经济竞争能力的增强，不仅依赖于经济资源的生产效率，而且依赖于这些资源的产出质量。所以只研究生产效率问题而不研究产出质量的变化是不足以深入分析原因所在的。

世界各国多年研究和应用的实践表明，在市场经济体制下建立运用顾客满意指数有如下重要意义：

（1）CSI 是一项可靠的宏观经济指标：美国的研究发现，它和纽约股票市场道琼斯工业指数呈现较显著的相关关系。目前在我国实施可持续发展战略下，还缺少一个对经济运行质量进行检测和调控的有效手段，CSI 正好填补这个空缺，具有十分巨大的潜在应用价值。

（2）CSI 是一个有效的宏观调控工具：CSI 作为一个测评系统，可以被政府利用来对优势企业进行激励，对平庸企业进行刺激或警告，能够有效地帮助政府对市场的规范和引导。

（3）CSI 是一个有用的企业管理工具：通过和竞争对手在 CSI 上的比较，可以帮助企业了解其市场地位和薄弱环节，完善企业经营机制，并制定有效的发展战略和市场策略。

（4）CSI 也是一个对经济和市场进行研究的新工具：随着 CSI 覆盖领域的扩大（即向非家庭生活直接接触的产品或服务领域发展，如建筑业、冶金业、各种中间产品制造业等），它将为宏大复杂的市场提供一个微观切片，为经济和社会研究打开一个新的窗口。

总之，CSI 是对全国范围内产品和服务的全面评价。宏观上能够有效地评测经济发展质量，有助于国家经济结构、产业结构的调整；微观上可帮助企业了解行业发展趋势和提高企业本身市场竞争力，帮助判断企业经营业绩或股票走势，还可以为广大用户提供科学的消费指导。

2.1.3　顾客满意度与企业业绩的关系

1. 顾客满意度与客户保留率

顾客满意的程度与顾客保留率成正比。有研究表明，顾客满意与顾客保留率有如表 2-1 所示的关系。

从表 2-1 中可知，随着满意程度从 1～5 的提高，一年后客户的保有率从 0～5%上升到 92%～97%，说明了顾客满意对客户保有率起着决定性的影响作用。

表 2-1 顾客满意与顾客保留的关系

计分(5 分制)	客户保有率(一年后,%)
5 非常满意	92～97
4 满意	80～85
3 中立	60～65
2 不满意	15～20
1 非常不满意	0～5

2. 顾客满意与股价

顾客满意对企业股价的影响是通过顾客满意影响顾客忠诚,然后增加市场份额,从而使企业盈利,最终实现企业股价上升。

发达国家有学者对 CSI(顾客满意指数)与企业股价进行了研究。如伊特拉(Itter)和拉卡科尔(Larcker)等人以股价作为变量研究了 CSI 对股价的影响。他们分析了瑞典一些上市公司一段时间的资料,并对此进行回归分析,得出结论:回归系数为 7.36(P 值小于 0.05),即表明 1%的 CSI 变化意味着大约 7%的股东价值变化。他们同样对美国公司做了分析。他们研究了 130ASCI 公司从 1994 年 7 月到 1995 年 1 月的股价和 CSI 的原始数据,得出的结果是:130 家公司中,1/4 满意度指数得分高的公司,其股票价格超过了股指中得分最高的公司,CSI 得分最高的公司在 CS 测评后股价收入通常超过市场收入的 1%～2%。上述研究是基于不同的公司和他们的股票绩效。还有人研究了 CSI 与道琼斯指数的相关性,即研究了 1994 年第四季度开始实施 ACSI 到 1997 年第二季度的资料。结果很有趣:即 1%的 ACSI 在某一季度的变化会引起道琼斯指数在下一季度百分率的变化。

由此可见,CSI 在统计学上显示出了其与各种经济绩效测量之间的关系具有显著的相关性。顾客满意度的增加实际上是通过投资收益率、股票价格收益、市场占有率、价格收益和资产净值的增加来影响经济绩效,顾客满意指标是预测和提高公司未来盈利能力和增值能力的深层次指标。

有人对企业高股票价格与公司 ACSI 的低计分进行了对比研究,发现当公司或组织具有较高的客户满意度时,他们的股票价格水平提高了 4.6%,而且实际的公司业绩也有所上升。而 ACSI 计分低的公司的股票价格则平均下降了 0.4%。

3. 顾客满意与企业绩效的关系

提高顾客满意度是否会真正导致经济回报和企业的价值增值?专家学者通过研究 CSI 与企业间的经济资料,得出两者的相关性。安德森(Anderson)等人根据对 SCSB(瑞典顾客满意度指数)所涉及的 77 个公司的调查情况,对过去的 CSI 与 ROI(投资收益率)的时间序列数据进行回归分析,结果表明 ROI 受 CSI 影响,其弹性系数为0.4(P值小于0.001),这一研究提供了"一个大样本的,关于CS与企业绩效是相关的"证据。

2.2　顾客满意度的概念

顾客满意度理论研究有其悠久的历史和社会背景。早在1802年英国的Bentham就提出用户满意的研究问题,但是没有得到当时学术界的认可。一直到20世纪中后期,一方面,人类行为学(Human Behavior)方面的理论研究逐步成形,另一方面,市场经济的充分发展使消费者的地位得到进一步提高,在这种情况下顾客满意度研究的问题又得到肯定并发展。到80年代末,顾客满意度理论研究已经比较成熟并应用于许多国家和区域的实践,如:瑞典的SCCB模型,美国的ASCI模型和欧洲的ECSI模型等。西方发达国家在国家和行业层次广泛应用顾客满意指数作为国家经济参数,企业也把顾客满意度研究的成功经验应用于市场营销和企业计划当中,并取得很好的效果。

我国在20世纪90年代,开始了顾客满意度理论研究工作。通过借鉴国外经验,根据我国国情对顾客满意度模型进行了建立、测试、修正和再测试的研究过程,目前已经形成了可以在多个行业中实际应用的中国顾客满意度模型(CCSI)。

在2000版的ISO/DIS 9000中,顾客满意被定义为:"顾客对某一事项已满足其需求和期望的程度的意见",并注明:"某一事项是指在彼此需求和期望及有关各方对此沟通的基础上的特定事件。"

菲利普·科特勒认为:满意是指一个人通过对一种产品的可感知的效果(或结果)与他或她的期望值相比较后,所形成的愉悦或失望的感觉状态。Barky等认为顾客满意是指顾客使用前的预期与使用后所感知的效果相比较的结果。而顾客满意度是顾客满意水平的量化。如果可感知的效果低于期望,顾客就会不满意,可感知的效果与期望值相匹配,顾客就会满意,若感知的效果超过期望值,顾客就会高度满意或欣喜。因此满意水平是可感知的效果与期望值之间的差异函数,用公式表示为:

顾客满意水平$=f$(事前预期,可感知的效果)

理查德·奥利弗(Oliver)认为满意度是一种影响态度的情感反应。针对某种产品和服务的消费,他提出了一个具有扩展性的客户满意度定义:满意是客户对于自己愿望的兑现程度的一种反映,是一种判断方式。这种判断方式的对象是一种产品和服务的特性以及这种产品和服务本身,判断的标准是看这种产品和服务满足客户需求的程度,包括低于或高于客户的预期。该定义包含了三种满意情况:未达到客户要求、达到客户要求和超出客户要求。未达到客户的要求客户就会不满,达到客户要求就会使客户勉强满意。

综上所述,顾客满意的基础理论是心理学上的差距理论,即顾客感知价值与顾客预期的差距决定了顾客满意程度。

顾客满意一般包括如下5个方面的内容:

(1) 理念满意:这是企业经营理念带给顾客的满足状态;

(2) 行为满意:这是指企业全部的运行状态带给顾客的满意状态;

(3) 视听满意:这是企业可视性和可听性外在形象带给企业内外顾客的满足状态;

(4) 产品满意:这是企业产品带给顾客的满足状态;

(5) 服务满意:这是企业的服务带给顾客的满意状态。

笔者认为实际上顾客对企业的满意大多是以上各个层面顾客满意的综合,是总体满意。各层面上不仅有关联性,而且有很强的层次性,从而形成了一个有序的、功能耦合的顾客满意系统结构,这是一个十分复杂的系统工程。

2.3 影响顾客满意度的因素

影响顾客满意度的因素很多,许多学者从不同的角度对此进行了研究,其中客户满意的双因素模型、差距模型以及卡诺模型是典型的对其解释的理论。

1. 客户满意的双因素模型

这是赫兹伯格的双因素理论在顾客满意上的运用。运用该理论,本文把影响客户满意的因素分为两类不同性质的因素,一类是保健因素(卫生因素),另一类是激励因素(愉悦因素)。保健因素是顾客所期望的,没有满足的话,顾客就不满意;激励因素是雇员提供给顾客的,提供后,顾客很是愉悦和满意。这两类因素对顾客满意度的影响是完全不同的。保健因素是引起顾客满意度低的因素,激励因素是导致顾客满意度提高的因素。也即没有提供保健因素,顾客很不满意,提供后,顾客只是没有不满意,而并不是满意。反过来,企业若提供了激励因素,顾客很是满意,若没有提供激励因素,顾客只是没有满意而已,而不会不满意。也就是说无论企业在保健因素上如何出色,结果只是顾客没有不满意而已,并不会因此有很高的满意度。而顾客没有得到激励因素也并不会因此对企业怨恨,只是有些遗憾而已,并不会导致顾客的不满意。

在此利用顾客满意的双因素来分析行业内公司业绩的类型。如图2-1所示。

图中的四个角代表了完全不同的情况,尽管行业不同或商业类型不同:

(1) 处于左下角的情况:公司面临危机,客户的满意度低,将会流失更多的顾客。尽管公司可以随便应付一阵,但是长期的前景是暗淡的,除非处于这种情况的

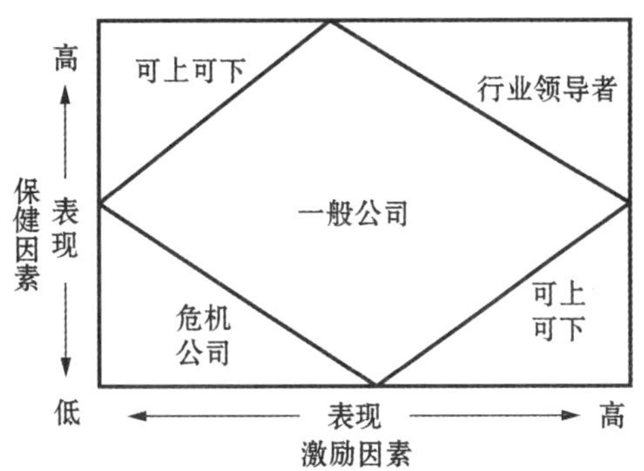

图2-1　顾客满意度坐标方格

公司进行根本的变革去接近客户，否则过不了多久就会倒闭。

(2) 处于左上角的情况：公司较之前者生存的机会大一些，这样的公司能够满足顾客的基本需要，但忽略了其他因素。如一家餐馆，可以提供可口的食物，但是用餐环境很差，而且服务也很差。竞争的激烈程度决定了公司的生存机会。若其竞争者没有获得较高的客户满意度，它还有可能维持现状，但当其竞争对手的绩效更好，能够提供更好的服务时，它就会在市场竞争中迅速衰败。

(3) 在右下角的情况：公司所处的局面是很令人困惑的。公司的业绩水平在某些甚至所有愉悦度方面都是很高的，然而保健因素方面却不完善，这些公司只需要在保健因素上努力得到顾客的认可，即可摆脱困境。

(4) 处于右上角的是创新的企业领袖，处于这种情况下的企业，掌握了所有客户的期望，形成并贯彻了有效的增殖传运系统，这样的企业，已经形成了持久的、有竞争力的优势。

行业内大多数公司处于中间状态，无论是在保健因素还是激励因素上都是表现平平，是一般公司。

2. 差距模型

Parasuraman，Zeithaml 和 Berry(1985)三位教授(简称 PZB)认为，服务质量体现了顾客所期望的服务与商家提供的实际服务之间的差距——这一差距发生在企业内部，以及企业与顾客交互过程中的其他四个差距累计造成。GAP 模型描述了这四个差距累计形成服务质量差距的过程，如图 2-2 所示。

此模式提出服务质量有五个差距(GAP)，而这五个差距就是服务业的服务质量无法满足顾客需求或期望的原因。如果企业要让顾客的需求达到满意水平，就必须缩小这五个差距。而这五个差距中，前四个差距是服务业者提供服务质量的主要障碍，第五个差距是由顾客认知服务与期望服务所形成的，且第五个差距是前面四个差距的函数。

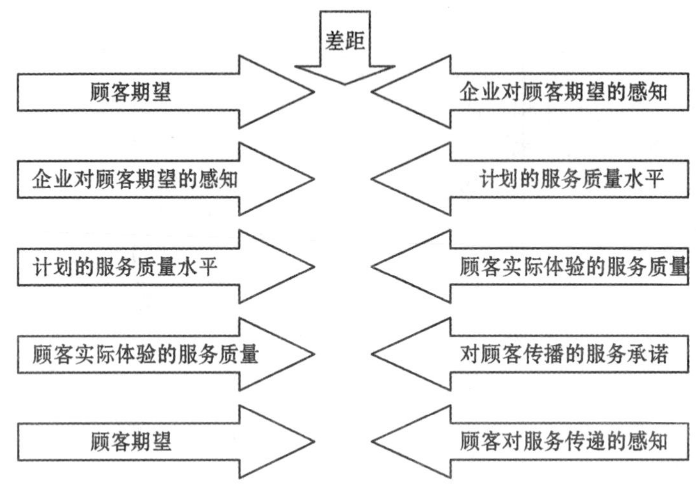

图 2-2 描述服务质量差距的 GAP 模型

(1) 差距一:顾客对企业产品的期望与企业对顾客期望的感知存在差距。很多企业不能满足顾客的需求,是因为他们根本不了解顾客的期望。如果企业不注重顾客满意度的话,企业可能是在为它的产品寻找顾客,而不是为其顾客生产产品;

(2) 差距二:虽然企业知道顾客的期望,但可能由于成本、企业资源等问题无法满足顾客的全部期望,企业所提供的服务质量水平达不到顾客的要求;

(3) 差距三:企业原计划向顾客提供的服务质量水平,经过员工、渠道传递后,顾客实际感受到的水平可能会小于计划水平,这方面的差异体现了企业的执行力的强度,著名的大企业在这方面要比小企业做得出色;

(4) 差距四:是从顾客的角度出发,顾客购买产品或者服务后,他实际体验到的感受会与企业所宣传的承诺有差别。例如企业承诺七天内无条件退货,但顾客购买后,企业却拒绝退货,顾客就会不满意;

(5) 差距五:是顾客对事前的服务期望和感知的服务之间的差距,此差距是顾客对接受服务前预期的服务水平和接受服务后认知到的服务水平之间的差距。如果事后的认知大于事前的期望,则顾客对企业提供的服务质量会感到满意;如果事后的认知未达事前的期望时,则顾客对企业所提供的服务质量会感到不满意,而口碑、个人需求、过去经验都会影响到顾客的期望。因此得知,要使顾客达到满意的服务质量,必须缩小这一差距,因为顾客对服务的期望和认知的差距,决定了顾客对服务质量满意的程度。

此外 Parasuraman,Zeithaml 和 Berry 将第五个差距独立出来,认为单从顾客的期望服务和认知的差距来衡量顾客感知的服务质量,并归纳出十个影响服务质量的决定因素，并在 1988 年对五家服务公司（电器维修公司、银行、电信公司、证券经纪商、信用卡公司）做实证研究后发现，有些因素可以合并成一个新的因素，于是将服务质量的十个因素缩减成五个因素，即：

(1) 可靠性(Reliability)：提供服务的及时性、承诺履行情况；

(2) 反应性(Responsiveness)：企业主动帮顾客解决问题并提供迅速的服务；

(3) 保证性(Assurance)：员工用其专业知识和礼貌等唤起顾客的信任和信心；

(4) 移情性(Empathy)：对顾客关心，使顾客感受到具有个人色彩的特别关注；

(5) 有形性(Tangibles)：设备完好率、工作人员的精神面貌、其他服务设施的完好状况。

这五个因素形成衡量服务质量的量表，称为 SERVQUAL(Service Quality)。笔者认为，影响顾客对某种产品的感知价值的因素有很多，其中顾客使用产品或服务的目的，顾客所掌握的信息的多少，顾客的消费偏好，市场供给情况以及代替品的可获得性，顾客购买和使用体验等为其主要因素。

3. 卡诺(KANO)模型

KANO 模型是由日本的卡诺博士(NORITAKI KANO)提出的，KANO 认为产品和服务质量分为三类：当然质量、期望质量和迷人质量，具体内容如下。

(1) 当然质量：是指产品和服务应当具备的质量，对这类质量顾客不做任何表述，因为顾客假定这是产品和服务所必须提供的，如电视机的清晰度，汽车的安全性等。顾客认为这类质量特性的重要程度很高，如果在这类质量特性上企业的业绩很好，并不会显著增加顾客的满意度，但反之，即使重要程度不高，如果企业在这类质量特性上的业绩不好，则会导致顾客的极度不满。当然质量和顾客满意度非线性相关。

(2) 期望质量：是指顾客对产品和服务有具体要求的质量特性，如汽车的省油，服务的快捷性，高的可靠性，这类质量特性上的重要程度与顾客的满意度同步增长。顾客对产品和服务的这种质量特性的期望，以及企业在这种质量特性上的业绩都容易度量，这种质量与顾客满意线性相关。

(3) 迷人质量：是指产品和服务所具备的超越了顾客期望的、顾客没有想到的质量特性，这类质量特征（即使重要程度不高）能激起顾客的购买欲望，并导致顾客十分满意，如 3M 公司的“方便帖”，索尼公司的随身听等皆是典型例子。此类质量与当然质量一样，与顾客满意成非线性相关（见图 2-3）。

上述三种顾客满意影响因素理论都从不同角度定性地对其影响因素进行了分析。笔者认为，顾客满意是顾客的一种心理感受，是一个复杂的心理过程，不同的顾客其心理过程都不一样，即使是同一顾客在不同的情景消费同一产品和服务，其

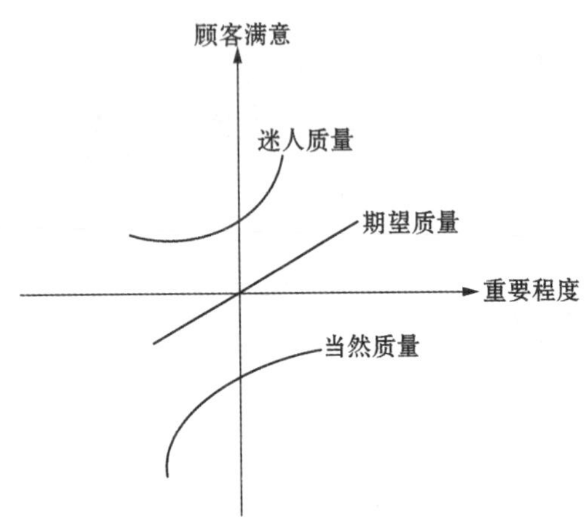

图 2-3 卡诺顾客满意模型

满意度也会不一。而且根据顾客满意的定义,顾客满意度是顾客对产品和服务的期望与顾客对产品与服务的感知效果的差距,亦即顾客满意是顾客期望与感知效果的比较结果,顾客期望是属于顾客心理范畴的概念,而感知效果既取决于企业提供的产品与服务实绩,又取决于顾客的感知水平(感受性),还取决于当时双方关系的情景。

因此分析顾客满意的影响因素应从顾客感受与公司表现两个角度去衡量:

1) *从顾客感受角度看*

(1) 顾客期望。顾客期望是指市场上的顾客从各种渠道获得企业及产品、价格、服务等信息后在内心对企业及产品服务等形成一种“标准”,进而会对企业的行为形成一种企盼。顾客获得这些信息的渠道包括顾客过去购买的经验、周边人们的言论、该公司发布的广告以及公司对产品的许诺等。由于顾客对其产品或服务形成的标准高低不一,因而其期望的等级也不一。可以分为如图 2-4 不同等级的期望水平,期望的满足程度分别影响着客户的满意度和惊喜度。

除了各种渠道收集的有关产品和服务的信息影响顾客的期望外,产品或服务属性对顾客的重要程度也影响其期望。对顾客越是重要的产品或服务属性,顾客的期望越是高。反之,顾客认为对其不太重要的属性,对其期望也越小。

顾客期望影响顾客满意,从而影响企业的销售量和收入。根据顾客满意的定义,当顾客感知的实绩效果一定时,顾客的期望与顾客满意成反方向变化,即降低顾客期望有望提高顾客的满意度,但是这样愿意前来尝试的顾客就少。即使顾客满意,因而重复购买率高,但由于其基数小,从而销售量就少。相反提高顾客期望值有利于吸引顾客购买,但顾客满意度低,从而将来愿意重复购买率就低。两者的关系如图 2-5 所示。

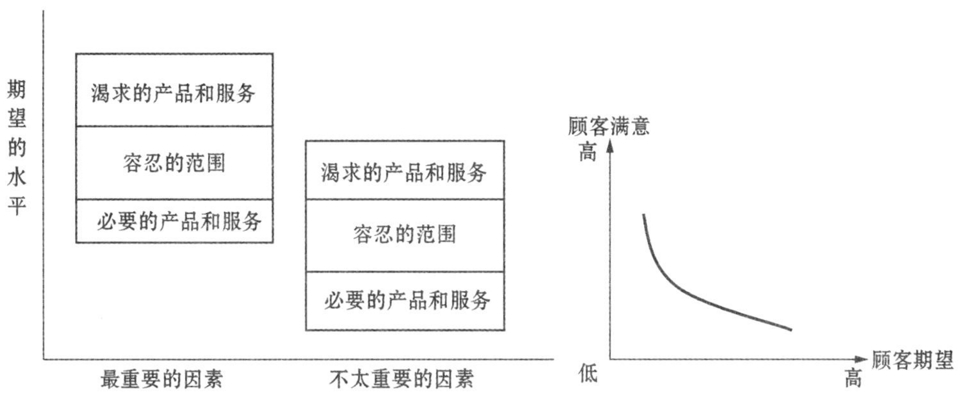

图 2-4　不同要素的容忍范围　　图 2-5　顾客满意与顾客期望之间的关系

(2) 顾客感受水平。由于顾客的经历、背景、需求等方面的差异性，不同的顾客对同一产品和服务的感受水平不一。

2) 从公司角度看

让顾客满意的关键是要理解哪些因素对顾客重要，要尽力满足他们的那些期望，这些需求不仅仅是相关的产品和服务，许多核心产品之外的因素也会影响到满意度。如餐馆的食品可能不错，但是整个经历却可能令人沮丧，因为服务在餐馆中具有中心地位。因此深刻理解顾客的需求和期望是非常重要的。公司正是通过满足和超过顾客的期望和迎合他们的需求来提高顾客满意度，从而提升其忠诚度，直至增加顾客盈利率。

从公司的产品与服务的构成来看，影响顾客满意的因素分为五个层次：

(1) 核心产品和服务：这是为顾客提供供给的本质。由于技术的进步、激烈的竞争导致产品越来越同质化，其质量出色不太可能会出问题，在此层面上同竞争对手的产品和服务太相似了，以致于它提供不了任何价值，顾客对核心产品通常不太关心或者完全不关心。技术和其他方面的发展已经到了这样的境界，即相互竞争的公司所供给的产品和服务实际上是相同的，特别是对加工工业来说，质量标准已经被提高到了很高的地步，卓越的质量已经变得稀松平常。在许多行业，优秀的核心产品和服务只能是成功的基础，只能代表进入市场的基本条件，而非企业的核心竞争力，因为向客户证明价值的增加或者一家公司的产品和服务特别优于另一家是非常困难的。

(2) 服务和系统支持：这个层次包括了外围的和支持性的服务，这些服务有助于核心产品的提供。如运输和记账系统、定价政策、实用性和便利性、服务时间、员工的水平、信息沟通、储存系统、维修和技术支持、求助热线以及其他支持着核心的计划。

(3) 技术表现:如坚持标准、按时供应、信守承诺、降低产品和流程失误。

(4) 与顾客互动的要素:如员工服务的水平、注意力、服务的速度、接触的一般质量、人们如何被接待和服务。

(5) 情感因素:服务的感性因素。感觉与情感的沟通,本质上是企业给顾客的感受。这是建立顾客关系进行价值创造的重要组成部分,没有顾客的这种情感,就没有真正的顾客关系,而只有一系列的交易。很多公司没有意识到他们的工作所产生的负面情感,丧失了很多业务机会,也没有抓住能够创造正面情感的那些重要机会。

有研究表明:过程失误之后的满意度要低于结果失误之后的满意度,即虽然将核心产品做好很重要,但对顾客的满意度来说,服务的供应才是最重要的。研究进一步表明,顾客的不满通常与核心产品、服务、支持系统以及表现无关,而与员工的互动和得到的感受通常是使顾客满意或者不满意的最终决定因素。因此企业要特别重视在这两类因素中的表现。

2.4 顾客投诉及其管理

任何公司皆有失误之处,很难让每一个顾客都满意,再优秀的公司也难免有不满意的顾客存在,因而会有不满意的顾客投诉。然而很多公司都不愿听到顾客的不满、抱怨,尽量避免任何消极的反馈,以为没有顾客的投诉,一切皆顺利。他们犯了"把头埋进沙坑,也许能使一切问题消失"的错误。其实顾客投诉并不可怕,关键是如何正确看待顾客投诉,如何管理顾客的投诉,并从顾客投诉中挖掘出对企业的价值,将顾客投诉作为衡量其质量的尺度,使企业发现问题,提高质量,化顾客的不满为满意甚至是忠诚。

2.4.1 顾客投诉对企业的意义

顾客投诉是顾客对企业管理和服务不满的表达方式,它为企业创造了各种各样的机会,既是企业发现问题和失误的机会,也是企业促进连续改进的机会,还是企业留住不满意客户的最后机会。因为:

(1) 顾客的投诉是因为企业的产品和服务有瑕疵、有不足,从而造成顾客的损失或对其的伤害,所以顾客的投诉可以使企业及时发现产品与服务的失误,及时采取措施修正或改进,从而提高企业产品与服务的质量,提高顾客的满意度;

(2) 顾客投诉可能反映了企业产品和服务未能满足的顾客需求,企业可以从中发现新的商业机会,故企业的产品创新往往来源于顾客的投诉;

(3) 顾客投诉可使企业避免流失顾客、再次获得顾客。有数据表明绝大多数的投诉者中对投诉处理结果感到满意的顾客有再次购买的意图。

因此顾客投诉是企业有价值且免费的信息来源,是企业了解顾客未满足的需求的渠道,是企业创新的来源,是使企业再次获得顾客的机会。有研究显示,与流失顾客做生意的几率是陌生人的2倍。另有研究表明:40%的顾客对服务的感知是受企业对不可预见问题反应的影响,由此可见管理顾客投诉对企业的重要意义。

雪佛莱公司研究发现:在遇到问题的客户中,真正愿意提出投诉的大约只有40%,但其中却有80%的客户表示,如果公司以一种专业的、有效的、关心的方式处理他们的问题,他们将再购买雪佛莱的产品,即公司并不需要彻底解决客户的投诉,就能实现较高的客户重度购买率。这些客户投诉的根本目的就是希望能促使公司倾听他们的抱怨并提供可能实现的帮助。在遇到问题而不投诉的60%的客户中,只有10%的客户再购买公司的产品。即100位遇到麻烦的客户中有60位客户不投诉,其中有6位会再购买公司的产品,而54位会选择竞争者的产品;在40位投诉的客户中,有32位愿意再购买公司的产品。由此该公司得出结论:公司需要鼓励所有遇到问题的客户主动投诉。

2.4.2 不满意顾客的投诉行为分析

大多数对企业产品不满意的顾客,其行为有如下几种:

(1) 不投诉。有两种情况:一是选择去别的地方购买东西,并告诉其他人他所遇到的麻烦;二是继续购买其产品和服务,但此类客户要么是对企业的不满在可接受的范围,要么是企业设置了退出壁垒,因而不得不被锁定在这样的关系中;

(2) 投诉。有如下几种情况:问题没有得到解决或对解决投诉的方式不满意,部分流失,部分保留;对于公司解决他们投诉的方式感到满意,少数顾客流失,但大多数顾客保留,并对公司保持忠诚;

据Mckinsey公司的统计数据,公司不满意客户不投诉者、投诉者再次购买其商品的比例如表2-2所示。

表2-2 不满意客户投诉比例及其再次购买商品的可能性

类　别	问题主次	购买该公司商品的可能性(%)
不投诉者	主要问题	9
	次要问题	37
投诉但没有得到解决者	主要问题	19
	次要问题	46

（续表）

类　别	问题主次	购买该公司商品的可能性(%)
投诉获得解决者	主要问题	54
	次要问题	70
投诉获得迅速解决者	主要问题	82
	次要问题	95

资料来源：厄尔·诺曼，斯蒂文·H.霍廷顿著：《以客户为中心的六西格玛》，机械工业出版社，2004

从上表可知，那些碰到主要问题不投诉的顾客再次购买的几率是9%，而投诉了但没结果的顾客再次购买的几率是19%；那些主要问题得到解决的顾客再次购买的几率是54%，那些投诉了而且主要问题得到马上解决后顾客再次购买的几率为82%，即只要顾客有个投诉的地方，再次购买的几率就会成倍增加(9%～19%)，一旦公司理会顾客的投诉，那么再次购买的几率同样增加得很快(54%～82%)。

另根据TARP(Technical Assistance Research Program)对顾客不满进行的调查研究结果显示：30%遇到问题的客户向产品或服务的直接供应者投诉；2%～5%的客户投诉递交给公司总部；一位满意的客户向四五个人讲述他或她的经历；一位不满意的客户向8～10人讲述他或她遇到的问题；70%～90%的投诉者在对投诉解决方式表示满意的前提下会与公司继续开展业务；20%～50%的投诉客户在不满于投诉解决方式的前提下会与公司继续开展业务；只有10%～30%的客户遇到问题而不投诉或者不要求协助的客户会再购买公司的产品。

综上所述，虽然顾客投诉是司空见惯的事情，但并不是不满意的顾客皆会投诉。而且由于行业的不同，顾客投诉的情况也不同。继TARP的调研之后，服务影响调查集团进行了进一步研究。研究显示，不同行业的客户在投诉问题的倾向上存在很大差异，如表2-3所示。

表2-3　不同行业客户不投诉的比例

类　别	不投诉比例(%)
化工产品	18
人身保险	43
财务服务	39
自动修理服务	26
电讯	45
旅游和休闲	55

资料来源：厄尔·诺曼，斯蒂文·H.霍廷顿著：《以客户为中心的六西格玛》，机械工业出版社，2004

所以如若将公司不满的客户比喻为一座冰山的话，投诉的客户则仅是冰山一角，不满客户这个冰山的体积和形状隐藏在表面上看起来平静的海面之下，不满意客户的情况只有在公司这艘大船撞上冰山后才会显露出来。如若企业之船在与冰山碰撞之后才想到补救，犹如试图修复一艘将沉的轮船，效果通常是微不足道、为时已晚。

2.4.3　不满意顾客投诉和不投诉的原因分析

1. 不满意顾客投诉的原因分析

不满意顾客投诉的原因多种多样，但大多有如下问题：产品问题，如产品的质量、性能、可靠性、耐用性、易用性等；服务问题，如人员的服务态度、服务技能、服务水准、服务的可靠性、及时性；还有虚假广告宣传，假劣产品，产品性价比低，售后服务不到位，不信守对顾客的承诺等问题，这些都致使顾客蒙受物质损失以及遭遇心理上的伤害。

2. 不满意顾客不投诉的原因分析

为什么顾客对公司的产品和服务不满，或是遭受损失后很多不投诉？其原因颇多，归纳起来有下列几类：

(1) 投诉成本：投诉要花去顾客很多时间成本，精力成本，货币成本，甚至心理成本；

(2) 没有适当的投诉渠道：企业没有向顾客明晰企业的义务和顾客的权益，致使问题发生后顾客不知道损失该由谁承担，应该通过何种渠道向谁反映问题；

(3) 投诉无用：顾客认为企业不会理会他们的投诉，企业并不会在乎他们的感受，也不会做出任何改进；

(4) 心理上的担忧：顾客害怕由于投诉遭到报复，使接下来的服务更糟糕，如病人对医护人员的恶劣服务不敢投诉，就是因为害怕投诉换来更加恶劣的服务；

(5) 其他原因：如文化因素。有时顾客不投诉是一种文化或背景的反映，日本的一项研究表明：有 21%的不满客户对投诉感到尴尬。又如在欧洲，顾客对餐馆进行投诉被认为是不礼貌的事情。还有顾客的个性差异也导致不投诉。不同类型的顾客对待不满意的态度不尽相同，理智型的顾客会不吵不闹，权衡投诉的得失，若值得投诉才会据理力争，寸步不让；急躁性的顾客大吵大闹，不计后果；忧郁性的顾客可能会无声离去，但会再不回来。

根据 Yankelovich Monitor 1993 年所作的一项研究，有 54%的成人赞同这样的话："当你对一种产品或服务不满意时，向一家大公司投诉通常是在浪费时间。"有关调查结果也表明了不投诉者的普遍心态，即：投诉是徒劳的，企业不会理睬，更不会公正处理；投诉可能遭到报复；客户对其权利和企业责任不了解；投诉是要浪费时间、精力和金钱的，为此而保持沉默，并以从此不再购买该公司的产品来处理自己的情绪。

2.4.4 顾客投诉的心理分析

顾客投诉有着较为复杂的心理过程，且因人因事因情景而异，但其投诉的心理却具有一些共性，顾客投诉的目的或是寻求情绪上的宣泄，或是寻求经济上的补偿，或是讨一种说法，或是希望企业能改进，或是以上各种目的的组合。

(1) 求尊重：顾客投诉肯定是自尊心受到伤害，很难平复，投诉的目的或目的之一就是要求当事人或管理人员当面认错并赔礼道歉，以维持其尊严；

(2) 求宣泄：顾客正当需求没有得到满足或受到不公正对待而产生挫折感，心生怒气、怨气，故去投诉以求发泄心中的不满与愤怒，以求情感上的补偿和慰藉；

(3) 求补偿：一般而言，顾客因受损失而投诉，除对物质损失要求补偿外，更多的是对精神损失要求进行物质赔偿，以求得心理的平衡。

顾客投诉，一则表明他对企业还没有绝望，企业还有机会与他做生意，他还想尝试一次；二则表明不仅仅是投诉顾客对该企业的产品不满，他还代表其他顾客的意见，因为并不是所有对你不满的顾客都会对你进行投诉；三则表明该企业存在许多经营管理问题，尤其是企业的产品和服务，企业必须马上改进。

2.4.5 顾客投诉管理

综上所述，顾客投诉是难免的，顾客投诉有其特殊的心理需求，如何管理顾客的投诉则是企业的一大课题。根据以上对顾客投诉的分析，笔者认为企业在管理顾客投诉上要做到如下几点：

1. 重视顾客投诉

企业要让全体员工认识到顾客投诉对企业的重要意义，认识到向企业投诉的顾客是企业的朋友，那些对企业“沉默”的顾客会给企业造成更大的损失。

2. 鼓励顾客投诉

企业应制定明确的产品和服务标准及补偿措施，告知顾客如何进行投诉及可能获得什么结果，在此基础上要增加接受和处理顾客投诉的透明度，设立奖励制度鼓励顾客投诉。

3. 建立高效的顾客投诉系统

(1) 设立处理顾客投诉的组织机构，由全职的、专一的、训练有素的员工处理客户的投诉，管理日常操作以及向公司的其他部门报告客户的相关信息，并设置监督执行官；

(2) 提供顾客投诉解决方案，尤其是为顾客进行物质赔偿的财政支持；

(3) 为客户提供便利的投诉通道。为此,公司必须了解客户更乐意用什么方式投诉,是邮寄、电话、电子邮件、传真还是面对面投诉,然后提供给顾客乐于接受的投诉渠道,告知顾客投诉的程序,许多大公司都设立了顾客投诉专用电话;

(4) 方便顾客投诉。企业应尽可能降低顾客投诉的成本,减少其花在投诉上的时间、精力、货币与心理成本,使顾客的投诉变得容易、方便和简捷,投诉系统不能向客户要求过多的文件证据和额外的努力;

(5) 同理心。站在顾客的角度思考问题,认同顾客的感觉,不要跟顾客辩解。

4. 快速回复

一个良好的投诉系统应能提供快速的、个性化的回复。一方面告知顾客公司已经收到了投诉,并且正在对问题进行调查;另一方面公司必须以某种方式快速处理投诉问题。

5. 合适的补偿

对投诉顾客进行必要的且合适的补偿,包括心理补偿和物质补偿。心理补偿是指客户服务人员承认确实存在着问题也确实对顾客造成了伤害,并道歉。心理补偿可以令顾客平静下来,为了提高心理补偿方式的效率,员工必须主动倾听客户的投诉并代表公司对客户表示歉意。员工应当体谅客户的处境,从而感受到快速解决问题的重要性。如果可能,员工应立即采取措施,进一步提供物理的或物质的补偿。所谓的物质补偿是指一种"让我们现在就做些实际的事情解决这个问题"的承诺,如经济赔偿,调换产品或对产品进行修理等。

2.5 顾客流失及其管理

对于公司来说,老顾客无论在数量和质量上,都比新顾客更具有吸引力。在数量上,作一个形象的比喻,一方面,企业开发新顾客,就像往一容器中加水;另一方面,老顾客的不断流失,就像容器底端有一个漏洞,使水不断地流失。而容器中水流失的速度是由漏洞的大小决定的。漏洞的大小实际就代表着公司顾客的流失速度或顾客流失率。老顾客的流失,往往使公司的市场开拓毫无收益。在质量上,老顾客为公司贡献更多的利润。公司保持老顾客的成本要比获取新顾客的成本低得多;老顾客随着与公司商业关系的延长,对公司的产品线和服务更加了解,他们消费更多的产品,学会更为高效地购买,节约公司的服务成本;对价格不像新顾客那样敏感;此外老顾客还把公司的产品和服务推荐给别人。以上这些优势,都是新顾客所不具备的。根据美国著名的忠诚管理学家 Frederic Reichheld 的研究成果表明,随着公司与顾客保持商业关系时间的延长,公司从顾客身上获取的利润额不断增大。因此,对老顾客的保持是一项十分重要的工作。而顾客流失的分析是顾客保持中非常重要的一环。

2.5.1 顾客流失对企业的影响

顾客的流失对于一个商业系统来说，就像摩擦力对于一个机械系统的作用，摩擦力损耗着机械系统的能量，顾客流失则不断损耗着企业的人力、财力和物力。首先，顾客流失率的提高，是顾客受让价值降低的一个标志；其次，不断攀升的顾客流失率预示了来源于顾客的现金流量的减少，即使公司及时地用新顾客取代了老顾客，但还是不经济。因为老顾客比新顾客更节约成本，能产生更多的现金流量。通过分析顾客流失的根本原因，企业可以发现其经营管理活动中真正需要改进的环节，有时甚至可以把流失的顾客挽救回来，并建立更为牢固的顾客关系。

2.5.2 导致顾客流失的原因分析

现实的情况是，大多数企业都没有把顾客流失的分析作为一项日常的必需工作，也缺乏富有经验和技能的顾客流失分析人员。因此在危机来临时，很难快速有效地发现导致顾客流失的真正原因并加以改正。

美国科罗拉多大学管理学院的市场学助理教授 Susan M. Keaveney 在 1995 年公布的一项研究成果中，总结了八项对顾客流失产生关键影响的因素：价格，不方便，核心服务的失误，服务人员的失误，对失误的反应，竞争，伦理道德，非自愿的流失，并提出了顾客流失行为的模型。

(1) 价格。价格因素是第三大导致顾客流失的因素。在对 500 名顾客的调查中，30%的人认为价格因素是导致他们转换商家的因素，9%的顾客把价格因素列为导致他们转换行为的唯一因素。

价格因素还细分成四种子因素：第一种子因素是“高价”。顾客由于价格高于自己的参考价格而转换商家。参考价格可以是某种标准价格，可以是相对于接受的产品或服务，顾客自我认知的价格，也可以是竞争对手的价格。第二种子因素是“价格提高”。顾客由于价格提高而流失。实际上，这一类顾客的参考价格是前一次购买时的价格。第三种子因素是“不公平的价格措施”。顾客认为受到欺骗或认为价格不公平。第四种子因素是“欺诈价格”。顾客因为感到价格有欺骗成分而流失。如顾客最后偿付的价格高于商家最初的报价。

(2) 不方便。不方便因素包括顾客对商家地理位置、营业时间、等待服务的时间、等待预约的时间等方面的不方便的感觉。20%的被访问者把“不方便”归为导致他们流失的因素，其中 21.6%的人认为不方便是导致其转换商家的唯一因素。

(3) 核心服务的失误。核心服务的失误是导致顾客流失的最大因素。44%的被调查者认为该因素是导致流失的重要因素，11%的被调查者认为该因素是导致流失的唯一因素。第一类失误是一系列失误屡次发生(顾客每月的银行对账单屡次出现错误),服务水平降低,在一次产品或服务过程中发生了多项失误,在一次产品或服务过程中发生一个大的失误(如药剂师提供了错误的药量),提供不完整的服务或无法提供服务(如某个汽车修理工由于经验技术的原因,无法修理顾客的汽车)等。第二类失误包括错误的账单和没有及时更正错误的账单。第三类失误指产品或服务对顾客个人、家庭、宠物或个人物品构成伤害,或导致顾客损失金钱。

(4) 服务人员的失误。服务人员的失误是导致顾客流失的第二大因素。34%的被调查者把该因素归入导致流失的原因,9%的被调查者认为该因素是导致他们转换商家的唯一原因。

"不关心"包括产品或服务的提供者没有倾听顾客意见。在提供服务时关注别人,对顾客草率、不友好和表现出冷漠、无兴趣。"不礼貌"的雇员被顾客描述成粗鲁、怨恨和缺乏耐心。"没有反应"的服务人员包括拒绝满足顾客的特殊需求,与顾客缺少沟通,忽视了顾客的提问。"无知无能"是指那些缺乏经验,能力不足,难以使顾客对产品和服务树立信心的服务人员。

(5) 对失误的反应。在一些顾客流失行为的研究中,顾客的流失并不是因为产品或服务的失误,而是因为产品和服务的提供者对失误所做出的不恰当的反应。17%的顾客流失行为是由于或部分由于商家对失误不恰当的反应造成的。

对失误的不恰当的反应包括:①产品和服务供应商对顾客指出的失误虽然做出正面反应(如改正错误或补偿损失),但这种反应十分勉强和被动,显示供应商缺乏诚意;②对顾客的抱怨和投诉没有反应;③对顾客指出的失误蓄意作出负面的反应,把错误归咎于顾客。

(6) 竞争。顾客被竞争者吸引,而转向竞争者的产品或服务,在顾客的流失行为中占10%的比重。顾客因为竞争对手提供更为个人化的,更可靠或更高质量的产品或服务,有时这种商家转换是以损失金钱和便利为代价的。

(7) 伦理道德问题。顾客由于产品或服务供应商在其经营行为中存在不合法、不道德、不安全、不健康和违背社会规范的因素,也会发生流失行为。由于该因素发生的流失行为占7%。

不诚实行为是指供应商欺骗顾客,偷窃个人财产,对没有提供的服务收费或建议顾客购买不需要的产品。强迫行为包括过分主动地兜售产品,向顾客高声叫卖或因为顾客不购买产品而恐吓顾客。如修理工因为顾客在一次汽车维修中拒绝接受一项暂不需要的维修,进而威胁顾客说,不接受这项维修开车就有危险。不健康和不安全的服务行为诸如餐厅里肮脏的台布,上菜的服务员用手接货币,安排顾客已经有人入住的房间等。有的商家根本不考虑顾客的利益,例如当一个顾客发现他的旅行社总是为他预定能给旅行社最高回扣的航空公司的机票时,这位顾客毫不犹豫地换了一家旅行社。

(8) 非自愿的流失。非自愿的流失是由于一些顾客和商家都无法控制的因素而导致的顾客流失。如顾客迁移或商家经营地点的转移。该因素占6%的比例。

根据对导致顾客流失的关键事件的研究分析,顾客流失有时是单一因素作用的结果,有些是多个因素共同作用的结果。根据Susan M. Keaveney的研究结果,在她运用关键事件方法(Critical Incident Technique简称CIT)所调查的468次顾客流失事件中,45%(211/468)的顾客流失是由于上述八种因素中的某个单因素导致的,36%(168/468)的顾客流失事件是由八种因素中的两个因素共同作用的结果,15%(69/468)的流失事件是三种因素导致的,还有4%的流失事件是四种或四种以上的因素导致的(见表2-4)。

表2-4 顾客流失原因分析

被调查者声明的流失原因	单因素流失事件		双因素流失事件		三因素流失事件	
	行为数量	行为比例(%)	行为数量	行为比例(%)	行为数量	行为比例(%)
价格	42	19.9	51	15.2	33	15.9
不方便	21	10.0	41	12.2	27	13.0
核心服务失误	52	24.6	96	28.6	45	21.8
服务人员失误	42	19.9	61	18.1	45	21.8
对失误的反应	0	0.0	38	11.3	31	15.0
竞争	14	6.6	7	5.0	11	5.3
道德伦理	9	4.3	11	3.3	7	3.4
非自愿	31	14.7	21	6.3	8	3.8
事件数量	211		168		69	
行为数量	211		336		207	

注:四因素流失事件的数据略。总事件数468,总行为数838。

资料来源:Susan M. Kcaveney, "Customer Switching Behavior in Scrvice Industries: An Exploratory Study", Journal of Markcting, Vol 59 (April 1995), P78.

从表2-4可知,导致顾客流失行为的因素十分复杂,不能一概而论,需要具体问题具体分析。不过,从上面的数量中,我们得到的一点启示:在八种因素中,除了竞争和非自愿流失两项外,其他都是企业的可控因素。而价格、方便性、核心服务和服务人员四项企业可控因素,在导致顾客流失的因素中占较大的比例。可以说,顾客流失在大部分情况下,是企业自身问题造成的,因此,也存在着进一步改进的可能性。

2.5.3 挽回顾客流失

由前述，老顾客对企业有着的重要意义，因此企业应致力于保持老客户。如若一旦老客户流失，只有挽回流失的客户所获的收益大于付出的成本，及应该尽力挽回流失的顾客。

挽回顾客流失的步骤：

(1) 仔细倾听顾客的诉说；

(2) 满足顾客的要求，就改进的地方与顾客进行沟通，再次表达你的诚意；

(3) 对待顾客要耐心、坦诚；

(4) 与流失的顾客保持联系；

(5) 给回归的顾客一个台阶下；

(6) 挽回顾客成功之后，继续保持生意的往来。

2.6 顾客满意度的测评

顾客满意的衡量指标是顾客满意度指数(Customer Satisfaction Index，简称CSI)。它指通过从各种物理意义的质量特性中，抽取潜在变量——顾客满意度，从而抓住对产品或服务的质量评价的本质，也是衡量顾客从企业得到价值的综合体现。从哲学意义上说，顾客满意度指数是人们对质量的认识的飞跃，它是对传统的、具有物理意义的产品或服务的质量评价标准的突破，使得不同的产品和服务质量之间具有质量上的可比性。

顾客满意度测评是指利用电话访谈辅助软件和先进的计算机辅助电话调查系统，通过测量顾客对产品或服务的满意程度以及决定满意程度的相关变量和行为趋向，利用数学模型进行多元化统计分析得出顾客对某一特定产品的满意程度。

企业进行客户满意度测评的目的如下：

- 确定影响满意度的关键决定因素；
- 测定当前的顾客满意水平；
- 发现提升产品或服务的机会；
- 从顾客的意见和建议中寻找解决顾客不满的办法，为管理者提供建议；
- 提升顾客的满意水平。

2.6.1 顾客满意度测评意义

在宏观上顾客满意度指数可以用来评价国民经济系统运行质量的好坏，即国民经济的运行质量，不仅决定于政府、部门、企业的满意，归根到底还要决定于全国消费者的满意。微观上企业一旦建立并采用顾客满意度指数模型，就可以持续地进行顾客满意度指数的测评活动，滚动发布顾客满意度测评结果，这些结果随时间推移追踪企业业绩，从而改进企业的经营管理反馈的情报系统，这种情报系统可以预测企业未来的发展前途，是顾客未来购买行为的指示器。可以帮助企业了解行业发展的趋势和企业未来的市场竞争力，帮助企业判断其经营业绩和股票走势。

从企业层面看，顾客满意度直接影响顾客忠诚度，并最终影响企业的利润水平和竞争能力。企业可以使用这一指数评估顾客忠诚度，确定进入市场的潜在障碍，预测投资回报、精确地找到市场切入点也就是未满足的顾客期望所在。

从区域和各行业角度看，运用顾客满意度指数的数据，可以对不同区域、不同行业的顾客满意程度进行对比，也可以拿各区域、各行业的顾客满意度指数与全国指数进行对比；还可以与公共部门提供的服务的顾客满意度指数与那些私有部门提供服务的顾客的满意度指数对比。同时，因为顾客满意度指数覆盖国内产品和进口产品，因此它也是一个可以拿国内制造的产品质量和国际竞争对手的产品质量进行对比，找出国内企业在国际竞争中的优劣势。

2.6.2 顾客满意度测评模型与方法

1. 各国顾客满意度衡量：理论模型和方法

瑞典于1989年在世界上率先建立了国家层次上的顾客满意度指数模型，此后，世界各发达国家如美国、德国、加拿大、日本、韩国、欧洲联盟纷纷建立了具有自己特色的国家顾客满意度指数测评体系，作为衡量经济增长质量的一个客观经济指标。中国国家范围的顾客满意度指数测评体系尚未建立，但在局部区域或某些行业已建立并成功运行顾客满意度测评，很多企业都在进行各自的顾客满意度测评，但对顾客满意的经济价值没有量化分析，不理解顾客满意所包含的有关未来的许多信息。

1) 瑞典顾客满意度指数(SCSB)模型

瑞典的顾客满意度指数模型是在美国密西根大学的福内尔(Fornell)教授等人的指导下开发的，该模型共有五个变量：顾客预期、感知质量、顾客满意度、顾客抱怨和顾客忠诚。其中顾客预期是外生变量，其他变量是内生变量。如图2-6所示。

图2-6 瑞典顾客满意度指数(SCSB)结构模型

2）美国顾客满意度指数(ACSI)模型

美国顾客满意度指数的出现，是美国经济发展的需要，也是美国企业发展的需要。美国顾客满意度指数则给国家和企业提供了一个从顾客满意的角度系统观测产品和服务质量的指标。这一指标的出台，给美国国家、10 个主要国民经济部门、40 多个行业和 200 多个企业及有关机构提供了关于质量方面非常有用的信息，完善了美国经济检测的指标体系。

美国顾客满意度指数是由设在 MICHIGAN 大学商学院的国家质量研究中心和美国质量协会共同发起并研究提出的一个经济类指数。从 1994 年 10 月开始调查、测算和发布，每季度更新一次数据。

美国顾客满意度指数是一个测量顾客满意程度的经济指标，是根据顾客对在美国本土购买、由美国国内企业提供或在美国市场上占有相当份额的国外企业提供的产品和服务质量的评价，通过建立的模型计算而获得的一个指数。

在计算美国顾客满意度指数时，首先选择 200 个左右的工业企业和提供服务的政府机构。列入美国顾客满意度指数调查的美国有关企业和机构的产值约占国内生产总值的 40%，拟调查企业中，还包括一定数量的在某一行业市场中占有率相当大的外国企业。

对于选定的大多数企业而言，大约要抽样访问他们的 50 名顾客；对于一小部分企业，则要对他们的 100～225 名顾客进行抽样访问。因此，美国顾客满意度指数是在电话访问全国 50 000 个顾客样本基础上计算出来的。所抽取的顾客样本必须是近期购买、消费过被列入调查企业名单中企业所提供的产品或服务。

这些工业企业和有关机构的顾客满意度是计算全国、部门和行业的顾客满意度指数的基础。对每一个企业或者机构的顾客的调查访问，可以包含多个问题，例如顾客的期望、感受到的质量、感受到的价值、顾客抱怨和顾客忠诚度等。他们之间的关系以及和顾客满意度之间的关系可以用图 2-7 所示的模型表示。

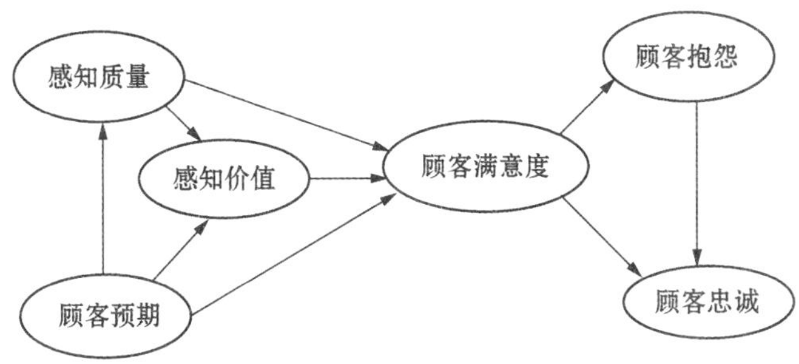

图 2-7　ACSI 结构模型

根据这一模型，可以建立一个可以检验的、由多元方程组成的计量经济模型。

该模型把顾客满意度及其决定因素——顾客的期望、感受到的质量、感受到的价值等联系起来，同时也把影响利润水平的顾客抱怨以及顾客忠诚度联系在一起。根据方程的变量，输入被访问者给出的分数就可以计算出每一个企业或者机构的顾客满意度得分。

在计算出企业顾客满意度指数以后，就可以计算出行业的顾客满意度得分、各部门的顾客满意度得分和全国顾客满意度得分。因此，美国顾客满意度指数有4个层次：全国顾客满意度指数、10大经济领域的顾客满意度指数、40多个行业以及这些行业内200个工业企业和有关政府机构的顾客满意度指数。

美国顾客满意度指数模型是以瑞典顾客满意度指数模型为原型建立的。在原有基础上增加了一个结构变量——感知价值，模型结构如图所示。6个结构变量中只有顾客预期是外生变量，其他变量皆是内生变量。ACSI被公认为是最为成功的顾客满意度指数，很多国家都借鉴其基础测量模型和方法。

3）欧洲顾客满意度指数(ECSI)模型

欧洲顾客满意度指数(ECSI)模型是借鉴了ASCI模型，在此基础上增加了形象作为结构变量，将感知质量分为感知硬件和软件质量两个部分，去掉了顾客抱怨这个结构变量。其结构模型如图2-8所示。

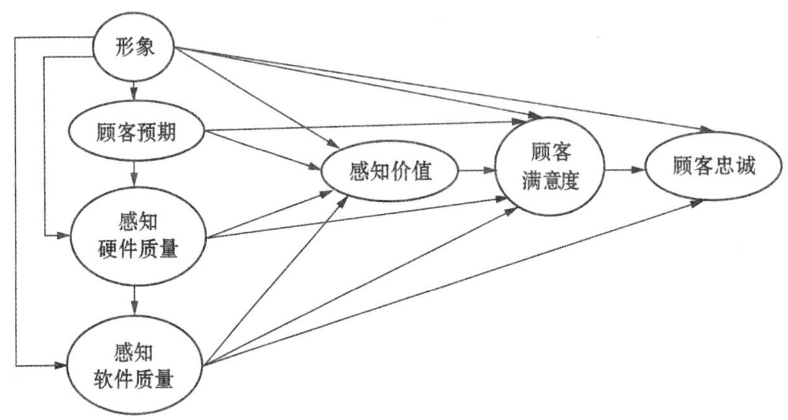

图2-8　欧洲顾客满意度指数(ECSI)结构模型

从以上三个模型可以看出，各国的CSI模型大同小异，都是综合运用PLS(偏最小二乘估计)方法和LISREL方法来建立模型的，只是模型中的变量和变量之间的关系略有不同，变化的趋势越来越复杂，模型中所包括的变量和观测变量越来越多。按照变量之间的因果关系，各国的模型可以分为三个部分，即顾客满意度形成的原因、顾客满意度和顾客满意度的结果。瑞典模型是世界上第一个国家级的顾客满意度指数，该模型中只有2个原因变量——预期质量与感知价值。但感知价值是感知质量与价格综合作用的结果。所以 SCSB 不能区分高质高价与低质低价产品的顾客满意度差异。ACSI 通过增加一个结构变量——感知质量，克服并弥补了瑞典模型的缺陷。并且在 1998 年修正的 ACSI 模型中，进一步将感知质量分为产品感知质量和服务感知质量，以适应服务的重要性在企业营销活动中日益增长的趋势。欧洲模型增加了结构变量——形象，以解释企业形象和品牌形象对顾客满意度的影响。其结构中没有顾客抱怨，其解释是顾客抱怨以及企业对其的处理应当作为服务的一个环节，是影响顾客满意度的一个因素，而不是其结果。

4）中国顾客满意度的指数

目前中国没有统一的满意度测评的模型和方法，但有中华人民共和国商务部发布的商业服务业顾客满意度测评规范。在其标准文本中包括三个核心内容：商业服务业顾客满意度测评的指标体系、顾客满意度调查方案设计、测评模型及其统计分析方法体系。该标准适用于中国境内的批发和零售业、住宿和餐饮业以及居民服务和其他服务业开展的顾客满意度测评。该标准采用商业服务业顾客满意度测评采用三级指标体系，针对八个二级指标，分别设立相应的三级测量指标，共 29 个。如表 2-5 所示。

表 2-5　顾客满意度测评指标体系及数学符号

一级指标	二级指标	三级指标
顾客满意度指数	企业/品牌形象 x_1	企业/品牌总体形象 x_{11}、企业/品牌知名度 x_{12}、企业/品牌特征显著度 x_{13}
	顾客预期 x_2	总体质量预期 x_{21}、可靠性预期 x_{22}、个性化预期 x_{23}
	产品质量感知 x_3	总体产品质量感知 x_{31}、产品质量可靠性感知 x_{32}、产品功能适用性感知 x_{33}、产品款式感知 x_{34}
	服务质量感知 x_4	总体服务质量感知 x_{41}、有形性质量感知 x_{42}、可靠性质量感知 x_{43}、保证性质量感知 x_{44}、响应性质量感知 x_{45}、关怀性质量感知 x_{46}
	价值感知 x_5	给定质量下对价格的评价 x_{51}、给定价格下对质量的评价 x_{52}、与同层次竞争对手相比下对价格的评价 x_{53}
	顾客满意度 x_6	总体满意度 x_{61}、实际感受同预期服务水平相比下的满意度 x_{62}、实际感受同理想服务水平相比下的满意度 x_{63}、实际感受与同层次竞争对手相比下的满意度 x_{64}
	顾客抱怨 x_7	顾客抱怨与否 x_{71}、顾客投诉与否 x_{72}、投诉处理满意度 x_{73}
	顾客忠诚度 x_8	重复接受服务的可能性 x_{81}、向他人推荐的可能性 x_{82}、价格变动忍耐性 x_{83}

中国商业部发布的商业服务业顾客满意度测评规范其原理与以上国家的一致,只是在变量的设置上综合了美国与欧洲模型中的变量。如模型中的自变量有5个,与欧洲一样,不同的是,欧洲模型中的硬件质量感知、软件质量感知换成了中国模型中的产品质量感知与服务质量感知,这在本质上与欧洲模型是一致的。在结果变量中,欧洲模型中只有顾客忠诚一个因变量,而中国模型和美国模型一样,是2个因变量:顾客抱怨与顾客忠诚。其结构模型如图2-9所示。

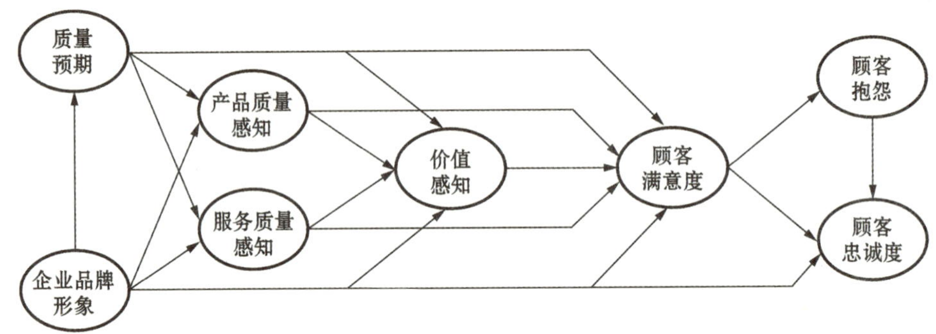

图2-9 中国商业部顾客满意度指数结构模型

图2-9模型是利用顾客在接受服务过程中满意度形成的因果关系来构建结构模型。企业/品牌形象是整个模型的外生变量,不受模型中其余变量的影响,但对其余变量会产生一定直接或间接的影响;质量预期仅受企业/品牌形象的影响,对质量感知、价值感知、顾客满意度有直接影响;质量感知具体分产品质量感知和服务质量感知来加以测量,对价值感知和顾客满意度有直接影响;价值感知则仅对顾客满意度产生直接影响。顾客满意度有两个结果变量,分别为顾客抱怨和顾客忠诚度,顾客抱怨进一步对顾客忠诚度也有直接影响。以上模型可以作为各行业进行顾客满意度测评的初始模型,最终采用的模型形式根据具体的调查数据加以调整。

2. 顾客满意度测量的一般模型和方法

综上所述,由于很多国家已经建立了CSI体系,其基础测量模型也比较成熟,对于顾客满意度的一般衡量可以借鉴国外的基本理论和方法,尤其是ACSI的基础测量模型。鉴于各个国家的具体情况不一,其基础测量模型也在借鉴ACSI的基础上进行了符合自身情况的修正。而且由于行业或区域的差异性,因此可在ACSI基础测量模型的基础上视具体情况或行业来做适当的修正,然后进行顾客满意度的测量。

1) 建立结构模型

根据顾客满意度指数测评的基本原理,结合国外顾客满意度指数模型和本国、本区域或本行业的实际，企业可建立自己的顾客满意度指数测量模型，如图 2-10 所示。

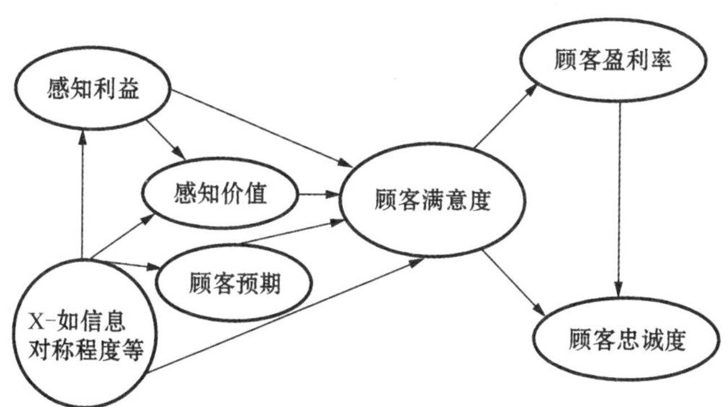

图 2-10　一般顾客满意度指数结构模型

图 2-10 中的 X 指根据具体情况进行修正的变量，在中国有的顾客满意度模型中突出市场环境（如中国石油兰州炼化提出的 CCSI 模型）、有的在 ACSI 模型基础上吸收了 ESCI 中的"形象"变量（清华提出的 CCSI 模型），本模型中以"信息的对称程度"为例，这符合中国的具体情况。模型中"信息对称程度"是外生变量，其余结构变量为内生变量。

2）确定观测变量

以上的结构变量是通过一系列观测变量来操作的，本结构模型的观测变量如表 2-6 所示。

表 2-6　顾客满意度指数模型中的结构变量和观测变量

结构变量	观测变量
信息对称程度	1. 企业（或产品/服务）的知名度 2. 企业（或产品/服务）的美誉度 3. 企业（或产品/服务）的认知度 4. 市场完善程度
顾客预期	5. 对产品/服务价值的总体预期 6. 对产品/服务个性化的预期 7. 对产品/服务可靠性的预期
顾客感知利益	8. 对产品/服务提供利益的总体评价 9. 对产品/服务个性化的评价 10. 对产品/服务可靠性的评价

（续表）

结构变量	观测变量
顾客感知价值	11. 产品/服务提供利益一定下对价格的评价 12. 价格一定下对产品/服务提供利益的评价
顾客满意度	13. 总体满意度 14. 产品/服务提供的利益同预期的比较 15. 产品/服务提供的利益同竞争对手的比较 16. 产品/服务提供的利益同理想的比较
顾客忠诚度	17. 重复购买的可能性 18. 向别人推荐的可能性
顾客盈利率	19. 顾客关系收入

3）模型设定

目前最为先进的评价质量——满意度——忠诚度模型的方法是偏最小二乘法(PLS：Partial Least Squares Regression)，它是通过在自变量和因变量中提取成分，使得所提取的成分一方面包含了原始资料里的最大信息，另一方面所提取的自变量对因变量又有最大的解释能力。假设模型结构变量之间，以及结构变量之间为线性加权关系，并考虑测量误差因素，根据 PLS 建模方法，将模型设定为一组线性结构方程，包括两个子模型，一是内部模型，用于表征模型结构变量之间的联系，另一个是外部模型，用于表征结构变量同显变量之间的联系。模型中的测量误差包括内部模型中引入的隐变量误差和外部模型中引入的显变量测量误差，分别用下列标记表示：

$$\psi=(\psi_1\sim\psi_4),\delta=(\delta_1\sim\delta_{15}),\zeta=(\zeta_1\sim\zeta_6)$$

模型中各潜在变量之间的结构方程为：

(1) 内部模型：见式(2-1)。

ε=信息对称程度　　η_1=顾客预期质量

η_2=顾客感知质量　　η_3=顾客感知价值

η_4=顾客满意度　　η_5=顾客忠诚度

η_6=顾客盈利率

$$\begin{bmatrix} n_1 \\ n_2 \\ n_3 \\ n_4 \\ n_5 \\ n_6 \end{bmatrix} = \begin{bmatrix} 0 & 0 & 0 & 0 & 0 & 0 \\ \beta_{21} & 0 & 0 & 0 & 0 & 0 \\ \beta_{31} & \beta_{32} & 0 & 0 & 0 & 0 \\ \beta_{41} & \beta_{42} & \beta_{43} & 0 & 0 & 0 \\ 0 & 0 & 0 & \beta_{54} & 0 & 0 \\ 0 & 0 & 0 & \beta_{64} & \beta_{65} & 0 \end{bmatrix} \begin{bmatrix} \eta_1 \\ \eta_2 \\ \eta_3 \\ \eta_4 \\ \eta_5 \\ \eta_6 \end{bmatrix} + \begin{bmatrix} \gamma_1 \\ \gamma_2 \\ \gamma_3 \\ \gamma_4 \\ 0 \\ 0 \end{bmatrix} \varepsilon + \begin{bmatrix} \zeta_1 \\ \zeta_2 \\ \zeta_3 \\ \zeta_4 \\ \zeta_5 \\ \zeta_6 \end{bmatrix}$$

或简写为：

$$\eta = B\eta + \Gamma\varepsilon + \zeta \tag{2-1}$$

模型中各潜在变量的观测变量如表 2-6 所示。

(2) 外部模型：对于外生变量同外生标识之间，有

$$\begin{bmatrix} x_1 \\ x_2 \\ x_3 \\ x_4 \end{bmatrix} = \begin{bmatrix} \lambda_1 \\ \lambda_2 \\ \lambda_3 \\ \lambda_4 \end{bmatrix} \varepsilon + \begin{bmatrix} \psi_1 \\ \psi_2 \\ \psi_3 \\ \psi_4 \end{bmatrix}$$

或者记作：

$$X = \Lambda_x \varepsilon + \psi \tag{2-2}$$

其中：

x_1 =企业(或产品/服务)的知名度

x_2 =企业(或产品/服务)的美誉度

x_3 =企业(或产品/服务)的认知度

x_4 =市场完善程度

对于内生变量与内生标识之间，有见(2-2)方程中的关系。其中：

y_1 =对产品/服务提供利益的总体预期

y_2 =对产品/服务个性化的预期

y_3 =对产品/服务可靠性的预期

y_4 =对产品/服务提供利益的总体评价

y_5 =对产品/服务个性化的评价

y_6 =对产品/服务可靠性的评价

y_7 =产品/服务提供利益一定下对价格的评价

y_8 =价格一定下对产品/服务提供利益的评价

y_9 =总体满意度

y_{10} =产品/服务提供的利益同预期的比较

y_{11} =产品/服务提供的利益同竞争对手的比较

y_{12} =产品/服务提供的利益同理想的比较

y_{13} =重复购买的可能性

y_{14} =向别人推荐的可能性

y_{15} =顾客关系收入

$$
\begin{bmatrix} y_1 \\ y_2 \\ y_3 \\ y_4 \\ y_5 \\ y_6 \\ y_7 \\ y_8 \\ y_9 \\ y_{10} \\ y_{11} \\ y_{12} \\ y_{13} \\ y_{14} \\ y_{15} \end{bmatrix} = \begin{bmatrix} \lambda_{11} & 0 & 0 & 0 & 0 & 0 \\ \lambda_{21} & 0 & 0 & 0 & 0 & 0 \\ \lambda_{31} & 0 & 0 & 0 & 0 & 0 \\ 0 & \lambda_{12} & 0 & 0 & 0 & 0 \\ 0 & \lambda_{22} & 0 & 0 & 0 & 0 \\ 0 & \lambda_{32} & 0 & 0 & 0 & 0 \\ 0 & 0 & \lambda_{13} & 0 & 0 & 0 \\ 0 & 0 & \lambda_{23} & 0 & 0 & 0 \\ 0 & 0 & 0 & \lambda_{14} & 0 & 0 \\ 0 & 0 & 0 & \lambda_{24} & 0 & 0 \\ 0 & 0 & 0 & \lambda_{34} & 0 & 0 \\ 0 & 0 & 0 & \lambda_{44} & 0 & 0 \\ 0 & 0 & 0 & 0 & \lambda_{15} & 0 \\ 0 & 0 & 0 & 0 & \lambda_{25} & 0 \\ 0 & 0 & 0 & 0 & 0 & \lambda_{16} \end{bmatrix} \begin{bmatrix} \eta_1 \\ \eta_2 \\ \eta_3 \\ \eta_4 \\ \eta_5 \\ \eta_6 \end{bmatrix} + \begin{bmatrix} \delta_1 \\ \delta_2 \\ \delta_3 \\ \delta_4 \\ \delta_5 \\ \delta_6 \\ \delta_7 \\ \delta_8 \\ \delta_9 \\ \delta_{10} \\ \delta_{11} \\ \delta_{12} \\ \delta_{13} \\ \delta_{14} \\ \delta_{15} \end{bmatrix}
$$

也可以记作：

$$Y = \Lambda\eta_y + \delta \tag{2-3}$$

由式(2-1)、式(2-2)、式(2-3)构成的方程组即是建立的衡量顾客满意度的 PLS 模型。

4) 数据调研和处理

最后，利用 SAS/STAT 软件中的 PLS 过程可以完成 PLS 分析，得到上述 3 个满意度指数(总体满意度、与预期的比较、与理想的比较)指标的拟合值后，可运用主成分分析法，并将得分转化成百分制即可。

2.7 提高顾客满意度的途径

从顾客满意度的定义可知：影响顾客满意度的因素有顾客的期望值和顾客感知价值，而顾客感知价值又取决于顾客感知所得与顾客感知所失的差值大小。因此，提高顾客满意度的逻辑即为：管理顾客的期望，增加顾客感知所得，减少顾客感知所失。

对于顾客期望的管理有如下考虑：

(1) 提高期望值有利于吸引顾客购买；

(2) 期望值定得太低，顾客满意度高，但销售量小；

(3) 期望值定得太高，顾客满意度低，顾客重复购买的少。

因此企业应酌情引导顾客的期望。

对于增加顾客感知价值，有如下途径：

(1) 增加顾客感知所得；

(2) 减少顾客感知所失；

(3) 既增加顾客感知所得，又减少顾客感知所失。

其实影响顾客感知价值的因素很多，但这些因素对企业顾客满意度的影响大小取决于其重要程度，因此分析提高顾客满意度途径时应考虑满意度重要性矩阵，也即在满意度调查收集的信息中，考虑两类，一类是顾客对于产品或服务的各主要因素的重要程度评价；另一类是对于各主要因素的满意度评价。

顾客重要性满意度矩阵是以产品和服务各因素对顾客的重要程度为纵坐标，用顾客对这些因素的满意度评价为横坐标建立的四个矩形组成的矩阵图，如图 2-11 所示。从而可以判断企业在哪些因素上具备优势、哪些因素上具有劣势并亟须改进。

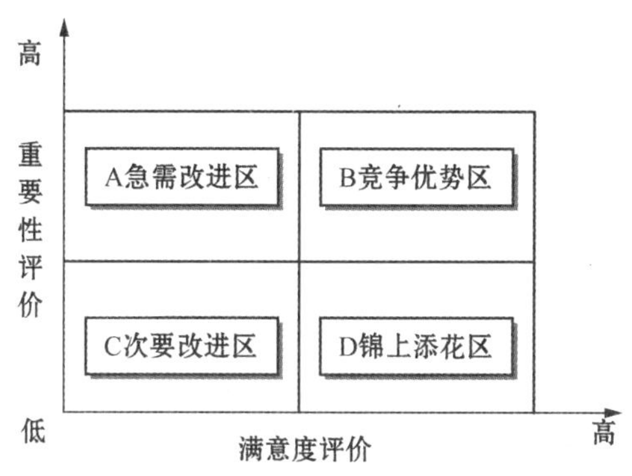

图 2-11　满意度重要性矩阵

在上述顾客满意度调查数据和影响企业的满意度重要性的四维矩阵中：

A：急需改进区（劣势）：这些因素决定整体顾客满意度非常重要，但企业在这些方面的表现比较差，需要重点修补、改进；

B：竞争优势区：这些因素决定整体顾客满意度非常重要，但企业在这些方面的表现比较有优势，有一定的竞争力；

C：次要改进区（机会）：这些因素决定整体顾客满意度重要程度低，企业在这些方面的表现也比较差，消费者和企业都忽略，可以挖掘出提升满意度的机会点；

D：锦上添花区（维持）：这些因素决定整体顾客满意度重要程度低，企业在这些方面的表现也比较好，对企业的实际意义不大，不需要花太大的功夫。

案例分析

加拿大歌手投诉美联航

加拿大歌手卡洛尔(Dave Carroll)在自己名贵的吉他被美国联合航空公司(United Air Lines, Inc.,简称“美联航”)的行李运输工摔坏后,历经九个月索赔未果。于是,卡洛尔制作了一首名为《美联航摔坏吉他》的音乐视频并上传到Youtube上。意想不到的是,这部视频竟在短短10天内就获得了近400万人次的点击量,后来获800万次的点击率,成了互联网上最红的视频之一,压力之下美联航被迫赔偿。

卡洛尔亲眼目睹了他的吉他在芝加哥机场被行李员在装卸时抛来抛去,在向机组投诉未果后,倒霉的卡洛尔在离开目的地奥马哈机场后才发现,吉他盒子完整如初,但里面伴随他十年的吉他几乎断掉。在事后九个月的时间中,卡洛尔都试图心平气和地和美联航进行交涉,希望美联航向他赔偿大约1 000英镑的吉他维修费用。在辗转反复的投诉后,卡洛尔得到的只有冷冰冰的一个字:“不!”

愤怒的卡洛尔决定用音乐的方法对美联航展开“报复”。他将美联航“拒赔”事件编成一首歌,精心制作了一部充满着幽默感的蓝调音乐视频并上传到Youtube视频分享网站上。在《美联航摔坏吉他》走红网络的几天内,美联航的股票价格也暴跌了10%,相当于蒸发了1.8亿美元的市值。美联航的高级主管全都惊呆了,他们确信公司股价暴跌是这段音乐视频惹的祸。

卡洛尔经历的行李被摔坏、索赔无门的事情绝不是个例。当今,航空公司变得越来越庞大,航线航班越来越密集,各类条例和规定变得越来越繁杂,预订和服务体系逐步被电脑和自助设备所取代,而旅客的投诉和处理过程也变得越来越繁琐和耗时。卡洛尔在九个月内,打了20个电话,发了30封邮件,并先后与加拿大航空(卡洛尔乘坐加航航班从哈利法克斯到芝加哥,再换乘美联航航班到奥马哈)、美联航的地面服务部门以及其位于纽约、印度的客户服务中心打交道,但在被像一只皮球一样踢来踢去后,他得到的依然只有一个“不”字以及一封来自芝加哥的邮件,大意是说,“我们也很抱歉,但是美联航不会为这件事承担任何责任或者赔偿,这是我们关于此事的最后一封回复。”在极度失望之后,卡洛尔感叹道“就像一场失败的战争。我明白所有他们的系统就是专门设计好了,用来打击消费者的,逼我们放弃投诉。美联航深谙此道。”

最后的结果虽然不是皆大欢喜,但也是各取所需。卡洛尔获得赔偿,他和他的乐队也由此走红乐坛,进入加拿大流行乐队排行榜前十名。而美联航则“亡羊补牢”,他们希望将《美联航摔坏吉他》用作内部培训的“反面教材”,从而对公司员工进行警示，确保该航空公司的所有顾客都能在未来得到更好的服务。

在各大航空公司积极推动网络直销的今天，在他们的网站上最难被找到的就是投诉电话，虽然很多公司的呼叫中心也同时接受旅客投诉，但几乎很少有几家公司的网站明确注明投诉电话。接下来的电话投诉的体验也不会好多少，在历经语音留言或者是人工的层层转接后，你听到的很可能还是语音留言或者是让你拿着话筒长达 5～10 分钟也无法接通的人工服务。而在投诉后，你得到的往往就是"我们将尽快致电给您"之类的没有任何时间期限的空洞承诺。而更痛苦的还在后面，当你再次致电查询投诉的处理情况时，你需要对另外一个坐席员再次重复一遍你的经历，而得到的很可能还是一句空洞的承诺以及像卡洛尔一样被踢来踢去和遥遥无期的等待，即使你有幸收到的一封道歉信或电子邮件也是毫无人情味的标准文本。相信有过这种体验的人绝对不在少数。

按照传统的客户服务理论，一个投诉不满的顾客背后有 25 个不满的顾客，其中:24 人不满但并不投诉，一个不满的顾客会把他糟糕的经历告诉 10～20 人。而在互联网高度发达的时代，各类网络社区、用户分享网站的蓬勃发展使得信息的传播速度更加惊人。在 10 天的时间内，已经有将近 400 万人次通过 Youtube 知道了卡洛尔的不满，随着视频在各个国家被不断地转帖，这一数字截至今天很可能已经超过 1 000 万人次。在品牌和声誉至上的美国，美联航的股票暴跌相信绝不是巧合，上座率的下跌也或许可期，美联航不知道要花费多少个 1.8 亿美元(损失的市值)来修复他们受损的品牌形象。

案例思考题

1. 企业是否应该鼓励顾客投诉？为什么？
2. 你如何评判此案例？
3. 美联航在此事件上应该有何反思？
4. 你是如何理解"顾客永远都是对的"或"客户从来没有错"的经营理念？
5. 在网络时代尤其是社交网络时代，企业正确处理好顾客投诉的重要意义何在？
6. 该案例对你有何启示？

复习思考题

1. 什么是顾客满意？影响顾客满意的因素有哪些？
2. 如何测评顾客满意度？
3. 企业应如何提高顾客满意度？

第3章　顾客忠诚度管理

导入案例

新加坡航空：两个忠诚度创造非凡价值

1993年，英国伦敦著名的杜莎夫人蜡像馆，出现了一尊东方空姐蜡像。这是杜莎夫人蜡像馆第一次以商业人像为原形而塑造的蜡像，其原形是美丽的新加坡航空公司小姐，人们称她们为“新加坡女孩”(SingaporeGirl)。杜莎夫人蜡像馆破例的原因，则是基于新加坡航空公司(简称新航)完善的机舱服务和长久以来成功塑造东方空姐以客为尊的服务形象。

新航的成功是与该公司致力于培养员工和客户对企业的忠诚度分不开的。

对于外部客户，在长达32年的经营中，新航总是果断地增加最好的旅客服务，特别是通过旅客的需求和预测来推动自身服务向更高标准前进。早在20世纪70年代，新航就开始为旅客提供可选择餐食、免费饮料和免费耳机服务；80年代末，新航开始第一班新加坡至吉隆坡之间的“无烟班机”；1992年初，所有飞离新加坡的新航客机都可以收看美国有线电视网络的国际新闻；2001年，新航在一架从新加坡飞往洛杉矶的班机上首次推出了空中上网服务——乘客只需将自己的手提电脑接入座位上的网络接口，就可以在飞机上收发电子邮件和进行网上冲浪。在过去3年内，新航花费将近4亿元提升舱内视听娱乐系统，为将近七成(所有远程飞机)飞机换上这个系统，花费了超过6亿元提升机舱娱乐设施和商务舱座位。力求把服务做到灵活且富有创造性，这一点也是新航对员工的要求。当一位乘客要求吃素食，而飞机上正好没有准备这种食物。新航希望乘务人员做到的是，返回厨房想办法找出一个解决方案。比如把各式各样的蔬菜和水果拼在一起，而不是告诉乘客没有准备这种食物。

对于内部客户，一方面，新航注意倾听一线员工的意见，因为机组人员和乘客的接触是最紧密的，他们是了解客户的“关键人物”。另一方面，新航给员工很多提升自我的机会，帮助他们成长。新航从上到下，包括高级副总，每个人都有一个培训的计划，一年会有9000名员工被送去培训。新航所属的新加坡航空集团有好几个培训学校，专门提供几个核心的职能培训：机舱服务、飞行操作、商业培训、IT、安全、机场服务培训和工程。即使在经济不景气时，员工培训仍然是新航优先投资的项目。假如你已完成很多培训课程,就可以去休息一段时间,甚至还可以去学习一门语言,做一点儿新的事情,其目的是"使员工精神振奋"。

3.1 顾客忠诚度概念与类型

3.1.1 顾客忠诚的概念

牛津词典对忠诚的定义:(对职责、爱或者义务)真诚或者守信;对效忠坚定不移,献身于一个人所在国家的合法统治者或政府。在商业字典中忠诚被解释为"相对于竞争者更偏爱购买某一产品或服务的心理状态或态度"、"对某种品牌的一种长久的忠心"。商业环境中的客户忠诚被定义为顾客行为的持续性。它是指顾客对某一企业的某一产品或服务形成偏爱并长期频繁地重复购买的行为。所以通常企业衡量顾客忠诚度的标志是顾客的长期光顾和重复购买。在其他情况下,忠诚被等价于甚至被定义为在某种产品或者服务上的支出占总支出的比重。时间和联系的持续性都可以是忠诚度的指标,但这些指标并不能断定一个客户是否忠诚。有的客户一直光顾一家公司,却并没有真正忠诚于它。实际上很多客户是很勉强地维持与公司的关系,因为他们被有些限制因素锁定在这样的关系中,不能轻易转移到其他公司。客户忠诚来源于多次愉快的购买体验,这些体验增加了客户的舒适感、信任感和忠诚感。忠诚的客户是这样的顾客:当他想买一种他曾经使用过的商品或者是将来可能需要的商品时,他首先想到的就是你的公司。

雅各比等人认为:"营销文献对顾客忠诚的定义主要有两种方式"[①]。第一种认为,"顾客忠诚是一种态度","不同的感觉造就个人对产品、服务或组织的整体依附感"[②],而"这种感觉就是个人完全感知性的忠诚度"[③];对顾客忠诚的第二种定义认为"顾客忠诚是一种行为",忠诚行为包括"重复购买、增加关系的程度和范围、自

---

① Jacoby, J. and Kyner, D. B(1973). Brand loyalty vs. Repeat purchasing behavior[J]. Journal of marketing research, February.

② Roger Hallowell(1996). The relationships of customer satisfaction, customer loyalty, and profitability: an empirical study[J]. International Journal of Service Industry Management, Vol 7. No. 4, 1996, p. 27-42.

③ Yi, Y. (1990). A critical review of customer satisfaction, in Zeithaml, V. (ed.)[J]. Review of marketing, 1990, Americal marketing Associate, Chicago, Il, p. 68-123.

愿的推荐等”①。

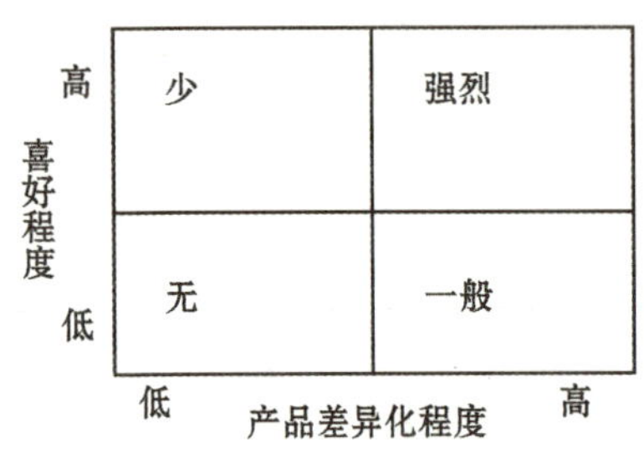

图 3-1 四种不同程度的依恋

一个顾客对产品或服务的依恋程度取决于两个方面:一是喜好程度——顾客对产品或服务承认的延伸;二是产品或服务的差异化程度——顾客对其产品或服务不同于其他类产品或服务的认知。这两种因素有高有低,交叉组合,就出现如图 3-1 所示的 4 种情况。

(1) 顾客对某种产品或服务非常喜好,同时又很清楚这种产品或服务的特别之处时,其依恋程度就很高(强烈)。

(2) 当顾客对公司的产品或者服务的态度比较淡薄(谈不上喜欢),但是对它与另外一些竞争公司的产品或服务相比差异性很明显,也会转化成一般程度的依恋,也可能进一步变为忠诚。

(3) 对公司产品强烈的喜好加上很少的区别特征,可能引起的则是对多个产品的忠诚。

(4) 对公司产品和服务的肯定加上没有任何区别特征,导致的是最低程度的依恋,此时重复消费的几率小很多。

3.1.2 顾客忠诚的类型

1. 从态度行为层面分

根据顾客对企业的态度和行为,可将顾客分为态度忠诚和行为忠诚。所谓态度忠诚是指顾客内心对企业及其产品和服务的积极的情感,是顾客对产品或服务的相当程度的依恋,而顾客的行为忠诚是指顾客对企业的产品和服务的不断重复购买。

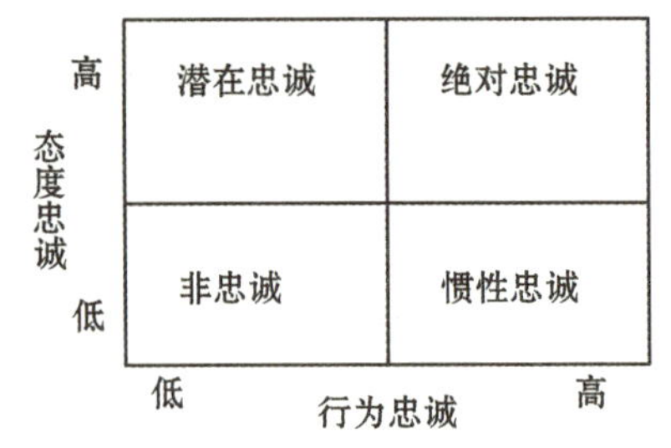

图 3-2 顾客忠诚分析

根据顾客态度和行为上忠诚高低的组合,可将顾客忠诚分成如图 3-2 所示的四种类型。

(1) 低态度忠诚、低行为忠诚——非忠诚:由于许多原因,某些顾客对一定的产品和服务不会产生忠诚感,这种顾客不能发展成为公司的忠诚客户,一般来说,企业要避免把目光投向这样的顾客。

① Jill Griffin and M. W. Lowenstein(2001). Customer Winback: How to recapture Lost customers-and keep them loyal. San Francisco: Jossey-bass, p. 23.

（2）高态度忠诚、低行为忠诚——潜在忠诚：这种类型的购买者对公司的产品和服务情有独钟。但是由于购买的产品属于耐用品，或消费的次数不多，需要重复购买的次数不多。但他们对此会广为宣传，极力推荐给亲戚、朋友和家人。这类顾客会成为公司的业余营销员，因而他们对公司而言也很有价值。

（3）低态度忠诚、高行为忠诚——惯性忠诚：其忠诚是来自于外在因素，一旦外在因素（如价格、地点等）发生变化时，他们就不再购买企业的产品和服务。例如垄断忠诚、惰性忠诚、激励忠诚、方便忠诚。垄断忠诚是指顾客别无选择。上百份客户满意度调查显示：选择权极小或者没有选择权的客户总是感到不满意。惰性忠诚是指顾客由于惰性而不愿意去寻找其他的供应商，但他们对公司并不满意，若其他公司能够让他们得到更多的实惠，这些顾客就很容易被人挖走。激励忠诚是指当公司有奖励活动的时候，顾客们都会来此购买，当活动结束时，顾客们就会转向其他有奖励的或是有更多奖励的公司。方便忠诚是指顾客由于公司提供的产品和服务有空间、时间等方面的方便性而重复购买，这样的顾客也很容易被竞争对手挖走。但是企业也可以通过积极地与顾客搞好关系，同时尽量显示出产品或服务有竞争对手的产品或服务没有的优点或长处，来争取将这种顾客发展成为绝对忠诚的顾客。

（4）高态度忠诚、高行为忠诚——绝对忠诚：真正的忠诚，既包括态度上的认同感，又包括行为上的持久性。这是一种典型的感情或品牌忠诚，这种忠诚对很多企业来说是最有经济价值的。顾客对其产品和服务不仅情有独钟，重复购买，而且乐此不疲地宣传他们的好处，热心地向他人推荐其产品和服务。这种顾客是任何企业都喜欢的一类顾客。

根据顾客的满意度和忠诚度的高低组合还可将客户忠诚分为四种类型：传道者、图利者、囚禁者和破坏者。传道者指那些不仅忠诚，而且对服务非常满意并会向其他人推荐的人；图利者指那些为谋求低价格而转换服务提供商的人，尽管他们的满意度可能很高；囚禁者指那些对产品或服务极不满意，但却没有或很少有其他选择的人；破坏者指有选择余地并利用的人，他们利用每一次机会来表达以前服务提供商的不满情绪，并转向其他供应商。

顾客忠诚度是企业长期盈利潜力的重要指标，是测量客户需要多大经济力量才能驱使其离开企业转向其他组织的态度倾向。

2. 顾客忠诚的特征

忠诚的顾客具有如下五个方面的特征：

（1）有规律地重复购买；

（2）愿意购买供应商多种产品和服务（交叉购买）；

（3）经常向其他人推荐；

(4) 对竞争对手的拉拢和诱惑具有免疫力；

(5) 能够忍受供应商偶尔地失误，而不会发生流失或叛逃。

3.2 顾客忠诚度的发展过程

培养忠诚顾客是一个过程，不仅需要时间，还需要精心培养，以及对每个环节的关注。一个顾客的忠诚发展过程包括图 3-3 所示的几个阶段。

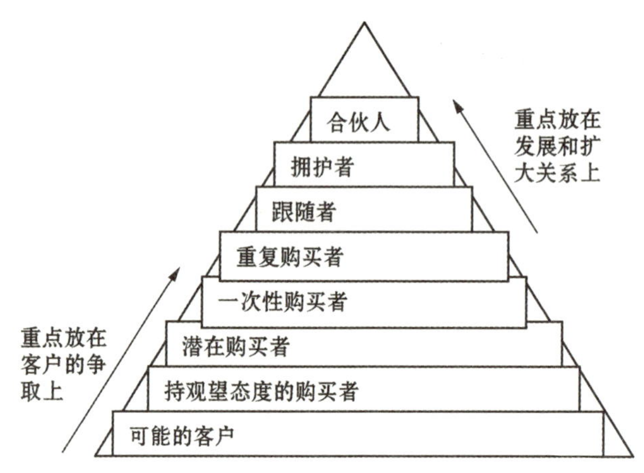

图 3-3 顾客忠诚度金字塔

每个环节都有特定的需求。明确了每个环节并满足了各环节的特定需求之后，一个公司才有更大的机会让一个买者变成一个忠诚的顾客或者客户。其中的每一个环节代表顾客与公司关系的级别，或者忠诚的程度。

(1) 可疑者——对企业的产品服务没有任何兴趣的个人或公司。企业不可能从这个群体中赚到一分钱，所以要慎重考虑对这些客户的营销成本。

(2) 持观望态度的购买者——企业的产品和服务能够满足这些客户的需要，只不过目前还没有与这类客户建立任何联系。企业应与这些客户建立联系，将他们发展成潜在客户，甚至是活跃客户。

(3) 潜在购买者——企业与这些客户有某些联系，但他们还未曾购买公司的产品和服务。企业应将类客户发展成为活跃客户。

(4) 首次购买者——对企业的产品和服务进行过首次购买的人或组织。

(5) 重复购买者——对企业的产品和服务进行过多次购买的人或组织。

(6) 跟随者——对企业有肯定的归属感的重复购买者，但他们除了购买以外对企业的支持不够主动。

(7) 拥护者——那些通过把企业推荐给别人来主动支持你的客户。

(8) 合伙人——最强的客户——供应商关系模式，这种模式是互利双赢的，而且能够长期进行下去。

从顾客忠诚的发展过程来看，笔者认为：

(1) 对于企业而言，拥护者和合伙人有极大的价值。

(2) 对任何一家企业而言，首先就要区分可疑者与持观望态度的购买者，然后努力将持观望态度的购买者发展成为新客户，这是市场营销中最具挑战性的也是投资成本最高的部分。

(3) 在关系的发展中，从可能性顾客到一次性购买者，企业的重点应放在如何吸引新客户，即客户的争取上；从一次性购买者到合伙人，企业的重点应放在如何维持和发展客户的关系，即顾客的保留上。

3.3　顾客忠诚度的驱动因素

许多学者研究了顾客驱动因素，典型的学者如美国密西根大学的 Fornell 与西北大学的菲利普・科特勒。

Fornell(1992)认为忠诚度由以下三项因素构成：

(1) 顾客满意度(Customer Satisfaction)；

(2) 转换障碍(Switching Barrier)；

(3) 顾客的声音(Customer Voice)。

从 Fornell 的观点来看，顾客忠诚度的提高除了受顾客满意度的影响外，还受到顾客转换品牌的机会成本和对抱怨的处理的满意度的影响。Jones, Mothersbaugh and Betty(2000)将转换成本的概念统称为“转换障碍”(Switching barriers)，并将转换障碍分为：①人际关系：指顾客与服务人员之间的互动的关系；②转换成本：消费者改变消费对象时，所需花费的时间、金钱、精神与努力等；③竞争对手的吸引力：即消费者可以替换的产品或服务的选择性，当替代对象越多，则消费者的品牌转移的可能性越大。

菲利普・科特勒认为影响顾客忠诚的因素有两个，一是顾客满意，另一个就是顾客的转换障碍。

以上学者对顾客忠诚的影响因素研究很有道理，笔者认为还可从另一角度来分，即从驱动顾客忠诚的作用力将顾客忠诚的驱动因素分为内在驱动因素与外在驱动因素。

1. 内在驱动因素

1) *顾客满意因素*

顾客满意程度越高，则该顾客的购买越多，对公司及其品牌越忠诚。大量的有关顾客满意和顾客忠诚的研究表明:无论行业竞争情况如何,顾客忠诚都会随着顾客满意度的提高而提高。如若顾客不满意,大多数顾客会无言地离去,不给公司任何留住他们的机会。所以说,顾客满意是推动顾客忠诚的最重要因素之一。

2) 顾客价值因素

企业和顾客间的关系终究是一种追求各自利益与满足的价值交换关系,顾客忠诚的是企业提供的优异价值,而不是特定的某家企业或某个产品。企业让渡给顾客价值的多少决定了顾客对其忠诚的程度。许多相关研究在一定程度上支持这一结论。如 Blackwell 等人在其提出的价值——忠诚度模型中就认为,感知价值对顾客的再购买意愿起决定性作用,情境因素在直接影响顾客忠诚度的同时,还通过作用于顾客感知价值的构成而间接地影响顾客忠诚。

3) 消费者个人特征

消费者个人特征也是影响顾客忠诚的重要因素。如消费者的经济条件、文化背景对消费者的忠诚影响很大。因为经济条件是品牌忠诚的基础,从总体情况来看,高收入人群对自己认可的品牌忠诚度高,低收入人群对自己认可的品牌忠诚度低。因为一旦竞争品牌提供优惠或折扣,低收入人群很容易转换品牌,而高收入人群相对来说对价格不太敏感。据抽样调查,中国和美国相比,中国人就喜欢转换品牌,竞争品牌只要提供一些额外的利益,消费者就会见"利"忘"义",弃自己偏爱的品牌而不顾。购买竞争者的产品和服务。

2. 外在驱动因素

外在驱动因素主要是指企业设置的顾客退出的壁垒,即转换成本。也即顾客如若要离开现有的品牌,必定要付出代价,如若这样的代价顾客不愿付出,或者是超出了顾客的承受范围,顾客则留下来继续购买原品牌。如忠诚计划,它就是通过维持客户关系和培养客户忠诚度而建立客户长期需求、并降低其品牌转换率的客户计划,该计划增加顾客从一个品牌转换到另一个品牌的成本,通常的形式包括客户分级会员制,累计消费奖励制度等。

3.4 顾客忠诚度的衡量

顾客忠诚度是顾客对公司产品或服务态度的倾向性或行为重复性的程度,没有一个指标能精确地衡量它,但笔者认为以下指标都与顾客的忠诚度相关,且一般而言,其关系呈现一定的规律性:

(1) 重复购买的次数。一段时间内,顾客对某一种产品或服务重复购买的次数越多,说明他对这一产品或服务的忠诚度可能越高。反之,则可能越低。

(2) 交叉购买的数量。交叉销售是指向一位客户销售多种相关的服务或产品。这一位客户必须是你能够追踪并了解的单位客户，而这里的相关因素可以有多种参数，例如销售场地相关、品牌相关、服务提供商相关，等等。

交叉销售是建立在双赢原则的基础之上的，也就是对企业和客户都有好处，客户因得到更加符合他需求的服务而获益，企业也因销售增长而获益。

(3) 增加购买的数量。与交叉销售不同，增量销售可能更好的理解应该是追加销售。增量销售是指向客户销售某一特定产品或服务的升级品、附加品，或者其他用以加强其原有功能或者用途的产品或服务。这里的特定产品或者服务必须具有可延展性，追加的销售标准与原产品或者服务相关甚至相同，有补充、加强或者升级的作用。

(4) 购买时挑选商品的时间。顾客在购买产品和服务时挑选的时间越短，忠诚度可能越高，反之，则可能越低。

(5) 对待竞争产品和服务的态度。顾客对竞争者表现出越来越多的偏好，则表明顾客对该企业的忠诚度下降。

(6) 对产品和服务价格的敏感程度。顾客对产品和服务价格的敏感程度也可以用来衡量其忠诚度的高低。敏感程度越低，其忠诚度可能越高，反之，则可能越低。

(7) 对产品和服务质量事故的宽容度。顾客对产品和服务或品牌的忠诚度越高，对出现的质量事故也可能就越宽容。反之，则越不宽容。

(8) 顾客生命周期。这是顾客与公司进行业务往来的时间长度的衡量指标。在多数公司中，能长期留在公司中的顾客满意度高，从而忠诚度也高，否则，他们早就离开这家公司了。在加拿大曾经有个关于远程通讯的调查，那些与地方远程通讯提供商往来15年的顾客，在范围为10分的满意度中平均得分8.1分，而那些往来只有5年甚至更少的顾客的得分只有7.3分。

(9) 顾客满意度。虽然顾客满意度与顾客忠诚度是两个不同的概念，且满意度与忠诚度的关系随行业的不同而各有不同，但在正常情况下(如非垄断行业)两者的关系是正相关却是毫无疑问的。CRM利润链揭示出企业收入和利润的增长来自于忠诚的客户，而忠诚的客户来自于客户的满意度。客户的满意度越高，越容易变得忠诚，从而为企业带来的收入和利润就越多。

(10) 顾客向其他顾客的推荐和介绍，即为顾客口碑。忠诚的顾客会对企业进行正面的口头宣传，会对其朋友或家人推荐公司的产品和服务，因此顾客忠诚度与顾客向其他顾客推荐和介绍的力度成正相关关系。口碑好的企业其顾客忠诚度将会高，口碑不好的企业其顾客忠诚度将必低无疑。

(11) 顾客保持率，指在一定时期企业顾客的保持程度。一般而言，顾客保持率与忠诚度成正相关关系，即保持率越高，其忠诚度有可能也越高，保持率越低，表明其忠诚度也越低。

(12) 顾客流失率。这是与顾客保持率相对应的指标。一般而言，顾客流失率越高，表明顾客的忠诚度越低；顾客流失率越低，其忠诚度有可能越高。

衡量顾客忠诚度的关键指标是：重复购买倾向、交叉购买倾向、转向竞争对手的倾向和将企业品牌向其他消费者推荐的倾向①。

实践中顾客忠诚度可以由客户调查、客户自愿反馈、正式市场研究、服务一线员工报告、客户实际参与及服务组织的特定活动等方式来测量。

3.5 顾客忠诚度的经济价值分析②

以下就极具经济价值的忠诚顾客——超值忠诚客户或传道者进行经济价值分析。

一般而言，企业的目标是追求利润的最大化。利润是企业优胜劣汰的信号：企业利润越大，表示市场越需要这个企业，此企业才会有条件更好地生存和发展。否则，企业就会被市场淘汰出局。

设企业的总收益为 TR，总成本为 TC，则

$$\text{利润} = f(TR, TC) = TR - TC$$

即企业利润是收入和成本的函数，其大小取决于收入和成本的差值。根据公式，在成本一定的情况下，收入越高，利润越大，收入越低，利润就越低；在收入一定的情况下，成本越低，利润就越高，成本越高，利润就越低。故企业增加利润有开源节流两个途径。忠诚的顾客，不仅能为企业带来可观的、有形的货币价值，还能为企业带来巨大的、无形的非货币价值，既可增加企业的收入，又可降低其成本，从而为企业带来巨大的利润空间。具体分析如下：

1. 货币价值

1) 增加收入

(1) 顾客重复购买：忠诚顾客往往会重复购买，重复购买的顾客对产品熟悉、满意，重复购买时购买量往往更大，这样就增加了企业的收入。

(2) 增加钱包份额：企业不仅从忠诚顾客的重复购买中增加营业收入，而且还会从忠诚顾客的关联消费中增加关联销售收入。当顾客对某一企业或者品牌感到亲切，或者和他们有着良好的客户关系时，他不仅总是选择这个企业，而且还会在

---

① Lars Grønholdt, 1 Anne Martensen & Kai Kristensen. The relationship between customer satisfaction and loyalty: cross-industry differences.

② 周洁如. 顾客忠诚的经济价值[J]. 上海管理科学，2002(5).

他的开销中给予此企业更大的比例，这一现象被称为钱包份额效应。如在保险业，很多人第一次买保险时主要根据价格来作出决定，而保险企业也主要通过价格吸引他们，然后以其他理由让他们留下来。当他们的收入增加，添置了大件商品，或购买了价值更大的资产时，其额外的保险需求就会随之增长，客户通常会在同一家保险企业中增加他们的业务。随着客户的成熟，他们对自己的需求得到满足会有信心，因而会把自己的消费对象锁定在一家企业上。有人研究，在汽车行业，按客户人均计算的营业收入第五年比第一年通常增长2倍。

(3) 对价格的敏感度低：根据经济学原理，在影响利润的其他因素不变的情况下，价格越高，单位产品和服务收入越高，因而利润也越高。忠诚的客户是因为获得了高水准的服务和体验了满意而留下来与企业交往的，他们不会等到甩卖的时候才去购买，也不会在有折扣时囤积产品和服务。他们更关心其他方面的价值，常常全额购买产品和服务，从而增加企业的收入，也就提高了企业的盈利能力。因为，在真正客户关系存在的情况下，决定客户满意度的因素中，产品和服务收取的价格可能是最不重要的。忠诚的客户对产品和服务的价格不敏感。

2) 降低成本

忠诚客户能从如下方面节约企业的成本：

(1) 节约获取新顾客的成本。吸引顾客的成本是巨大的。在许多企业和组织中，广告、促销、折扣、检查信用记录和处理申请等是与吸引新客户相关的一次性成本。如果客户与企业的业务往来时间很短，或者只进行一次性交易，企业就无法收回这些成本，而且必须再次支出新的成本吸引新的客户。开发一个新顾客的成本包括：显性成本，如广告、促销费用、每次销售访问的费用、销售人员的管理费用(包括工资、佣金、津贴和其他开支)；隐性成本，如经理亲自制定销售建议的时间成本、请潜在客户吃饭的成本等。如蜂窝电话的经营者每年为失去的25%的顾客而支付20亿～40亿美元的成本。根据西恩·杜根的说法，获得一个在线顾客的成本依行业不同大致为30～90美元，因此让一个顾客访问企业的网站并且进行第一次购买的成本是非常高的。

(2) 节约服务成本。由于员工不熟悉新的客户，需要花费时间成本去了解新的客户，而且由于新的客户不了解企业的产品和服务，需要企业提供更多的服务，从而增加企业的服务成本。而忠诚的客户已经被收录到了数据库中，员工很了解他们，熟悉他们的需求，甚至还可以预见他们的需求。企业更容易为他们提供服务，以至于与他们的交易可以形成惯例。另一方面，忠诚客户熟悉企业的各种产品和服务，客户不再过多地依靠企业员工来了解情况、获得咨询，这样就节约了企业为顾客的服务成本。

(3) 节约失误成本。没有建立忠诚关系的客户对失误非常敏感，甚至可能故意去寻找产品和服务的缺陷。企业为修复由于不熟悉这些客户的愿望和需求而产生的失误而增加失误成本。而对于忠诚客户，一方面，企业熟悉其需求甚至能预见其需求，产生失误的可能性较小。另一方面，即使有失误，真正忠诚的客户更愿意在合理的范围内再给企业一次机会或者忽略掉一些失误，从而可以节约因失误造成的成本。

(4) 节约营销成本。与专注于吸引新的客户群体的营销相比，对忠诚客户群体的营销效率更高。因为企业了解忠诚客户及其需求，营销活动有的放矢，且忠诚客户更善于做出反应，从而提高企业的营销效率，因而也能节约企业的营销成本。

表 3-1 为不同行业客户保持率每增加 5%，其客户净现值增加的情况，说明了客户忠诚对企业利润的影响。

表 3-1　客户保持率每增加 5%对客户利润的影响

行　业	客户净现值增长率(%)
广告业	95
人寿保险	90
银行	85
保险	84
汽车服务	81
信用卡	75
洗衣行业	45
FM	40
软件业	35

2. 非货币价值

忠诚客户的货币价值是显性的、巨大的，但代表的只是冰山一角。其无形的非货币价值，是隐性的，如同沉没在水底的冰山，价值更大。具体体现如下：

(1) 口碑效应：已经与企业建立了真正关系的忠诚客户带给企业的不仅仅是直接的货币收益，这种货币收益通常以增加的销售收入和降低的成本来计算。在一些情况下这种忠诚的顾客是企业免费的广告资源，他们会进行正面的口头宣传，他们会对其朋友或家人推荐企业的产品和服务，是企业业余的营销人员，是企业的无价资产。并且这种广告宣传比起企业出资进行的宣传，更可信，更易被人接受。尤其是超值忠诚顾客或传道者，他们对其产品和服务不仅情有独钟，而且乐此不疲地宣传他们的好处，热心地向他人推荐其产品和服务，是最有经济价值的顾客。在前面提到的加拿大的关于远程通讯的调查中还显示，在远程通讯中，与企业往来了

15年甚至更长时间的客户中，有75%的人愿意把这家企业推荐给其他人。与之相比，与企业往来5年甚至更少的客户中，只有45%的人这样做。

(2) 形象效应：顾客从购买到满意，再从满意到向自己的亲朋好友传播口碑，最后对企业超值忠诚，其中的每一过程都会给企业以利润。顾客满意带给企业的不仅仅是短期经济效益的提高，顾客会对该品牌留下较好的心理感受，进而会提高该企业在消费者心目中的形象，也即企业的商誉，从而有利于企业推出新产品和服务。

(3) 综合效应：顾客忠诚具有两重性，它既是防守战略，又是进攻战略。作为防守战略，高的顾客忠诚度使其他厂商需要花费更大成本才能获得本厂的现有顾客。作为进攻战略，高的顾客忠诚度可以提高产品和服务在市场上的形象，增加在现有和潜在顾客中对企业有利的积极信息的口头传播，并使得企业的广告更有说服力，更有成效，从而更容易吸引竞争对手的现有顾客。总之，高的顾客满意度可以提高企业的综合竞争力。

顾客对企业越忠诚，与企业的关系就越长，单位顾客为企业的盈利能力也就越强。如图3-4所示。

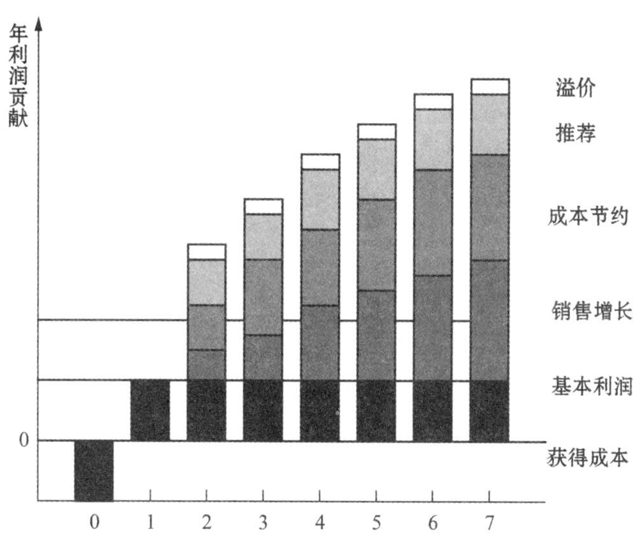

图3-4　长期客户关系的价值

资料来源：根据Reichard，F. F.，The Loyalty Effect. The Hidden Forces Behind Growth，profits，and Last value. Boston，MA：Harvard Business School Press，1996改编。

图的横轴为时间，以年为单位，纵轴为顾客每年为企业提供的利润，没有度量单位，这是因为不同行业、不同企业和不同的顾客影响企业盈利能力的因素是不同的,因而其对企业盈利能力的影响程度也是有差异的。图中没有定量显示,只有定性衡量,用图描述一般的规律性。纵轴上位置的高低,表明这些因素的影响程度。图中也显示了随着时间的推移,每位顾客为企业提供的利润逐年上升的原因。长期客户对企业盈利的影响的构成包括:争取新顾客的成本、基本利润、收入增长、成本节约、顾客推荐以及溢价等。

3.6 顾客忠诚度与顾客满意的联系与区别

按照传统的管理和营销理论,建立顾客忠诚和盈利的模式及途径是相对固定的,即通过顾客满意建立顾客忠诚,通过顾客忠诚获取利润并实现企业长久的发展。然而现实的情况是:满意的顾客不一定忠诚,而不满意的顾客也不见得不会重复购买企业的产品或服务。一项研究发现,在流失的顾客中有90%的顾客表明对以前获得的服务表示满意。那么顾客满意和顾客忠诚之间到底有何关系?顾客满意是如何影响顾客忠诚的?什么因素影响顾客满意向顾客忠诚转化?不同的行业两者的关系有何不同?

3.6.1 两者之间的区别

根据顾客满意和顾客忠诚的定义与内涵,我们可以看出顾客满意和顾客忠诚是两个层面的问题。如果说顾客满意是一种价值判断,是一种心理的感受,带有主观性,那么顾客忠诚则是顾客满意的行为化,是一种客观的标准。由于主观性的影响,作为顾客心理反应的顾客满意是非常难以衡量的。尽管企业可以采用大规模的市场调查和顾客询问等活动对顾客满意度进行调查,但对其准确性无法完全保证。相反,顾客忠诚是顾客的一种客观行为,其衡量的量化指标就是顾客的重复购买。而且满意是一种暂时的态度,而忠诚更关乎持久态度和行为。一个忠诚的顾客必然定时地进行再消费、交叉消费企业的其他产品或服务、向别人推荐购买同类产品或服务,同时不为竞争对手的蝇头小利所动心。

3.6.2 两者之间的联系

长期以来,人们普遍认为顾客满意与顾客忠诚之间的关系是简单的、近似线性的关系,即顾客忠诚的可能性随着其满意程度的提高而增大。如哈佛大学商学院服务管理信息小组James等总结的服务利润链理论模型,就揭示出了企业收入和利润的增长来自于忠诚的客户,而忠诚的客户来自于客户的满意度。顾客的满意度越高,顾客就越容易变得忠诚,从而为企业带来的收入和利润增长就越快。但近些年来,几项研究发现顾客满意对顾客忠诚的作用并不总是直接的,有很多因素成为这两者关系的中介。因此满意分值的高低并不一定直接导致忠诚度的高低，而只是提供了产品或服务的有效预警，满意顾客并不总是比不满意顾客购买更多产品。因此笔者认为，顾客满意与顾客忠诚的关系因其他影响因素如何发生作用而论。

1. 其他影响因素不发生作用的条件下

顾客忠诚是顾客满意的函数，两者有非常强的正相关关系。尤其是顾客感知效果超过其期望时，此时顾客会高度满意或欣喜。只有当顾客感知服务质量优异，并且顾客非常满意的情况下，顾客才能再次消费，并保持忠诚。

2. 其他影响因素发生作用的条件下

顾客满意与顾客忠诚的关系较为复杂。除了顾客满意度外还有如下因素影响顾客的忠诚度：

1）竞争程度

若行业内没有竞争者，单个企业垄断了市场，顾客没有选择，被锁定在与企业的关系中，则顾客满意度对顾客忠诚度的影响不大，也即尽管顾客对其产品不满，甚至是很不满，但还是不得不重复购买其产品。此种情况下顾客对企业产品或服务的态度和行为不一致。影响顾客竞争状况的因素有：

第一，政府限制竞争的法律。如：法律规定，电信业务为指定公司专营。

第二，专有技术。企业采用专有技术提供某些独特的利益，顾客要获得这些利益，就必须购买该企业的产品和服务。

第三，市场上产品的供求关系。如供不应求，导致顾客对产品没有选择，行业内没有竞争，顾客不得不对企业的产品忠诚；供过于求，行业内竞争激烈，顾客选择多，企业为顾客提供的产品或服务不能满足顾客的期望或为顾客提供的感知利益小于顾客感知的成本，则顾客不满，从而导致顾客不忠。

2）转换代价

如：患者在治疗过程中转院，或企业在广告协议未完成时更换广告公司。两者都要付出很大的转换代价。

3）有效的常客奖励计划

如：航空公司推出常客旅行计划，给予常客奖励，刺激他们更多购买其机票。

4）顾客对产品和服务质量的敏感状况

在顾客感知非常满意与顾客满意之间存在着所谓的“质量不敏感区域”。在质量不敏感区域，顾客满意水平尽管较高，但顾客并不一定再次购买企业的产品和服务，也没有向家人、朋友或他人推荐企业的产品和服务的愿望。只有当顾客满意水平非常高时，顾客忠诚现象才会出现，良好的口碑效应也才得以产生。美国贝恩公司的调查显示，在声称对公司产品满意甚至十分满意的顾客中，有65%～85%的顾客会转向其他公司产品。其中，汽车业 85%～90%满意的顾客中，再次购买的比例只有 30%～40%；而餐饮业中，品牌转换者的比例则是高达 60%～65%。

美国学者琼斯(Thomas O. Jones)和赛塞运用数据反映顾客满意与重构产品或服务意愿的关系，研究了汽车、商用电脑、医院、航空和本地电话服务 5 个行业的顾客满意与顾客忠诚之间的关系。根据分析的数据绘成如图 3-5 所示的图，向左上方弯曲的曲线所在的区为低度竞争区，向右下方弯曲的曲线所在的区为高度竞争区，曲线 1 和曲线 5 分别表示高度竞争的行业和低度竞争的行业中顾客满意程度与顾客忠诚度的关系。

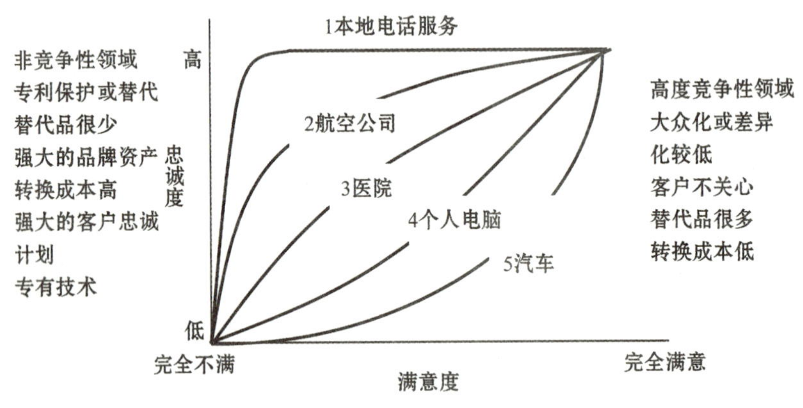

图 3-5 顾客满意与忠诚之间的关系

如曲线 5 所示，在高度竞争的行业中，完全满意的顾客远比满意的顾客忠诚。在曲线右端(顾客满意程度评分 5)，只要顾客满意程度稍稍下降一点，顾客忠诚的可能性就会急剧下降。这表明，要培育顾客忠诚感，企业必须尽力使顾客完全满意。如果顾客未遇到产品和服务问题，接受调查时他们会感到很难做出不好的评价，而会表示满意。但是，如果企业的产品和服务过于一般，未让顾客感到获得了较高的感知价值，就不易吸引顾客再次购买。

在低度竞争的行业中，曲线 1(本地电话)描述的情况似乎与人们传统的认识不吻合，即顾客满意程度对顾客忠诚感的影响较小。因为在低度竞争情况下，不满的顾客很难跳槽，他们不得不继续购买企业的产品和服务，但顾客心里并不喜欢这家企业的产品和服务。这种表面上的忠诚是虚假的忠诚，有一定的欺骗性。因此，处于低度竞争情况下的企业应居安思危，努力提高顾客满意程度，否则一旦竞争加剧，顾客大量跳槽，企业就会陷入困境。

琼斯和赛塞主要采用顾客再次购买意向来衡量顾客忠诚感。在市场竞争激烈，顾客改购容易的情况下，这种衡量方法可以较准确地反映顾客忠诚感，但在低度竞争情况下，它很难提示顾客内心的真正态度。这时顾客的再次购买意向主要是由外界因素决定的，一旦外界因素的影响减弱，顾客不忠诚的态度就会通过顾客大量跳槽表现出来。

根据图 3-5 所示顾客满意与忠诚度（行为忠诚或态度忠诚，或两者兼而有之）的关系，可以将客户分类为如图 3-6 所示的四种类型。

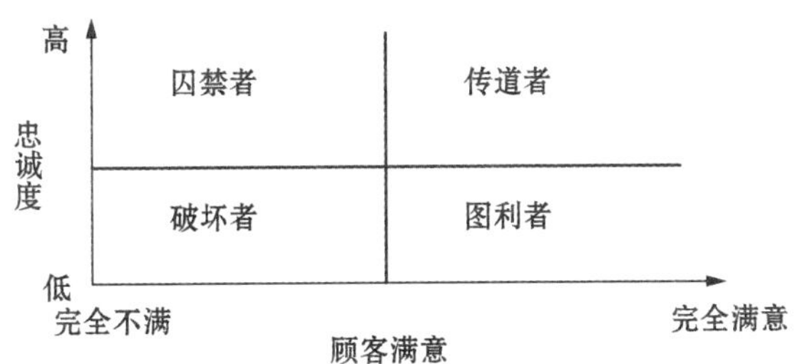

图 3-6　按顾客满意与顾客忠诚之间的关系分类

(1) 传道者，指那些不仅忠诚，而且对产品和服务非常满意的人，他们会向其他人推荐产品和服务；

(2) 图利者，即那些为谋求低价格而转换服务提供商的人，尽管他们的满意度可能很高；

(3) 囚禁者，指那些对产品或服务极不满意，但却没有或很少有其他选择的人；

(4) 破坏者，指有选择余地并利用每一次机会来表达对以前服务提供商的不满情绪，且转向其他供应商的人。

综上所述，顾客满意与忠诚的关系虽然随不同的行业各有不同，但是两者的关系相关是毫无疑问的，且一般情况下，两者的关系为正相关关系。客户满意是使企业获利的必要因素，客户忠诚则是使企业获利的充分条件。顾客满意是顾客真正忠诚的前提，没有满意的顾客便不会有顾客对企业的绝对忠诚，满意的顾客不一定是忠诚的顾客，而绝对忠诚的顾客一定是满意的顾客。

顾客忠诚不单单是顾客的重复购买，真正的顾客忠诚必须以顾客满意的情感和积极的态度取向为前提，顾客忠诚是顾客的内在积极态度、情感、偏爱和外在重复购买行为的统一。

在顾客忠诚的诸驱动因素中，顾客价值和顾客满意作为全驱动因素同时在内在态度和外在行为两个维度上推动顾客忠诚，而其他如高转换成本、高认知风险、高投入等半驱动因素只推动顾客的重复购买行为。

3.7　培养顾客对企业的忠诚

如前所述，忠诚的顾客能给企业带来很多好处：如他们重复购买，为企业带来更多的收入;他们对价格不敏感,消费能力更强;他们为企业带来极好的口碑效应,节省了营销费用;他们更愿意购买企业推荐的新产品,为企业带来其他潜在的业务收入;他们愿意向企业提建议,使企业改进服务。如何培养顾客忠诚?从顾客忠诚的驱动因素可知,培养顾客忠诚应从内外驱动力着手,即为顾客提供价值、提高顾客满意度、为顾客设置退出壁垒,这些途径或方法的前提是选择合适的目标顾客,并了解顾客的期望,笔者认为可从下列框架去思考:

1. 寻找正确的顾客

企业必须寻找与其定位相符的顾客,尽量避免接待与自身定位不相称的客源,从而更好地为目标市场客源提供规范的服务,提高顾客的满意度。如有一高档酒店宴会销售部为完成餐饮指标招徕了一个乡镇企业的订货宴会,那天碰巧下雨天,大批郊县农民脚穿雨鞋大声吵嚷地步入酒店,不仅弄脏了酒店光鉴照人的地面,还吸烟将地毯烧出了一个洞,引起了住店的日本旅游团客人的强烈不满,并遭到投诉。结果是,酒店因为接待了一个价值仅三万元的宴会,却失去了一个预计可以带来三十多为万元的日本系列团。

2. 管理顾客的期望,了解顾客的需求

顾客期望是影响顾客满意度很重要的因素,了解顾客需求是进行个性化营销的前提,两者皆是培养顾客忠诚的前提。

3. 定制个性化服务

个性化的服务主要体现在对细节的把握上,把服务过程当作个性的传递,融"个性"于服务中,让客人时刻感受个性,感受愉悦和惊喜。如酒店服务中为顾客提供的多种个性化的定制服务、服务员在为客人做夜床时,会放置天气预报卡和跑步路线图;VIP 客人会在浴室里发现绣着他名字的浴袍;客人去餐厅用餐,服务员会及时提醒客人点菜的营养搭配和分量是否适合。酒店提倡并鼓励员工与客人多交流,主动向客人介绍周边的景点,好吃的东西,与客人结成一种亲切、友好的关系,让客人信任与他接触的服务人员。由于员工是发自内心地为客人所想、急客人所急、帮客人所需,这样的个性服务赢得了顾客的广泛赞誉。如布什夫妇访问中国时,下榻的北京国际俱乐部就为其提供绣有各自名字的真丝睡袍,两人非常喜爱。临走时,酒店特意送给他们作为纪念。

4. 倾听顾客的投诉,并迅速解决问题

这样可留住投诉的顾客,提高顾客的保留率。

5. 为顾客设置退出壁垒

如实施忠诚计划等。运用类似的顾客忠诚计划可以将服务、利益、沟通、情感等因素进行整合,为会员客户提供独一无二的具有较高认知价值的利益组合,从而与客户建立起基于情感和信任的长期关系。如:持有民生银行贵宾卡的客户,在乘机登记前可去专门的贵宾室喝咖啡、免费上网。登机手续的办理也有服务员为其代劳;客户还可以免费参加民生银行定期举办的高尔夫培训课程;享受免费的理财服务,以及大医院的名医预约挂号、专人导医,优先就诊等服务。

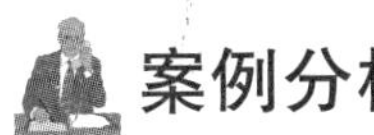

案例分析

TESCO的"忠诚计划":俱乐部卡

美国西北大学凯洛格商学院教授、整合营销创始人唐·舒尔兹(Don S chultz)曾预言:"零售商未来的成功模式只有两种,一种是沃尔玛模式,即通过提高供应链效率,挤压上下游成本,以价格和地理位置作为主要竞争力;另一种是TESCO模式,即通过对顾客的了解和良好的顾客关系,将顾客忠诚计划作为企业的核心竞争力。没有任何中间路线。"

在TESCO公司的官网上可以看到这样的一句话:"为了感谢您在TESCO购物,我们用积分卡的方式来表达我们的心意。"这句话正是对TESCO公司俱乐部卡项目的高度概括,时至2012年,TESCO公司推出的积分卡已经有17个年头。在这17年里,TESCO公司在积分卡的帮助下取得了一系列辉煌的成就。目前已经跃居财富杂志世界500强公司的第51位,它也是全球最成功的网上超市,英国最大的食品连锁店,欧洲增长最迅速的金融服务机构,世界上最成功的"客户管理商"等。俱乐部卡所提供的顾客数据和情况改变了TESCO的经营方式,因为它大大减少了经营风险甚至摆脱了零售商间的价格竞争,而通过俱乐部卡,TESCO将和顾客之间建立起情感依赖。与其他失败的忠诚计划相比,TESCO的俱乐部卡并不是一项庞大的运营开支,它能够发现顾客需要什么,并从满足这些需要产生足够的销售量来支付发现这些需要的开支。TESCO的忠诚计划成功模式已经被其他行业的很多公司所借鉴,成为一种广泛被采用的客户关系管理模式。

TESCO俱乐部卡于1995年推出,它是世界上最成功的零售忠诚计划。自从俱乐部卡推出以来,TESCO改变了它与顾客的关系。今天,它不仅是英国名列榜首的零售商,而且还是世界上最成功的网上超市、欧洲增长最快的金融服务公司,也是当之无愧的世界顾客关系管理(CRM)最成功的典范之一。TESCO的忠诚计划有什么与众不同的特点?与一般忠诚区别到底在哪?当时是如何成功实施客户忠诚计划?

TESCO公司的发展

TESCO(Tesco)始创于1919年,最初的形式是杰克·古汉先生在市场里设立的一个小货摊。"TESCO"作为一个店铺的品牌于1929年首次在伦敦艾奇韦尔

(Edgware)大街亮相,1932年正式成立TESCO(TESCO公司)。自此,TESCO不断发展壮大,抓住各种有利商机,在诸多领域引领创新潮流,在英国蓬勃发展。然而TESCO公司真正的发展期是在20世纪90年代,这时TESCO公司一方面确立了以顾客为中心的战略,另一方面也开始了其海外进军的计划。

TESCO近期获得了如下骄人的成绩:

- 财富杂志“2008年全球500强企业”排名第51位;
- 财富杂志“最受尊敬的全球500家企业”排行第30位;
- 财富杂志“全球最受尊敬的英国公司”专项排行第1位;
- 财富杂志“全球最受尊敬的食品及医药店铺”专项排行第1位。

目前TESCO集团是英国领先的零售商,也是全球三大零售企业之一。TESCO在全世界拥有门店总数超过3700家,员工人数超过500000人(2013年)。除英国外,TESCO还在其他13个国家开展业务。据统计,在2009至2010年度,尽管全球金融危机、经济低迷,TESCO全球业务增长迅速,集团销售额继去年增长后再度取得了骄人的成绩,销售总额突破625亿英镑,集团总利润达到31.76亿英镑。此外,公司近些年来获得了一系列的殊荣,例如在财富杂志“全球最受尊敬的英国公司”专项排行第1位,在财富杂志“全球最受尊敬的食品及医药店铺”专项排行第1位等。TESCO全球销售情况如图3-7所示。

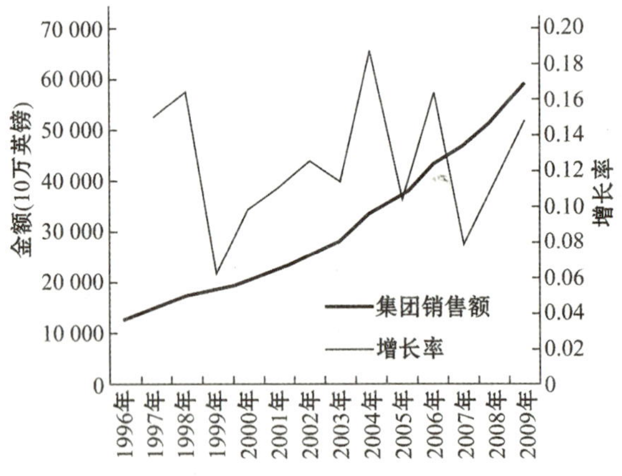

图3-7 1996—2009年TESCO集团全球销售情况

TESCO公司在中国的发展

在2004年7月之前,TESCO在中国几乎都没有留下什么痕迹,中国的消费者也很少听说过TESCO。2004年7月斥资21.3亿元RMB收购顶新-乐购50%的股权正式进入中国。2006年12月12日下午3点,TESCO于当地时间12日早上在伦敦交易所发布公告,公司再度出资1.8亿英镑(3.5亿美元)从顶新集团手上买入乐购40%股权,持有乐购股权从50%增加到90%。2009年底,TESCO从顶新国际集团收购了剩余的10%股份,实现对中国业务的完全控股。此外,TESCO于2008年开始购地自建商业地产项目的业务运营。现在,TESCO在中国采取租赁地产和商业地产相结合的发展策略。目前TESCO在中国的地产项目以"乐都汇购物中心"命名。

自2004年进入中国市场以来,截止2013年2月初,TESCO在中国已拥有115家乐购大卖场、1家乐购天地超级大卖场、8家乐都汇购物中心以及14家试验阶段的便捷店,会员总数超过七百万,零售面积超过800000平方米,拥有26000多名员工,每周为440多万名顾客提供服务,乐购现有"超值(Value)"和"标准(Tesco乐购)"两个系列的自有品牌产品。2010年、2011年,乐购连续两年获得由中国外商投资企业协会、中国慈善总会和中国企业报颁发的",乐购连中国社会责任优秀企业奖"。2011年、2012年,乐购连续两年荣登由第一财经联合艺康集团与中国食品科学技术学会举办的"中国食品健康七星奖——信赖100品牌榜单"。从TESCO进入中国后的"温水炖豆腐"似的市场推进速度,到现今的频频发力,加速开店,在此过程中"低价、扩张、节能、地产"成为用在TESCO乐购身上最能概括的词语,也是TESCO在中国攻城略地中出招的一系列妙棋。

理念:"我们服务的理念就是了解顾客的需求,我们会根据不同国家的特点来了解顾客的需求,在中国我们的理念就是'快乐购物每一天',这个理念就意味着我们为顾客提供经济实惠的价格、优质的服务、良好的购物环境。同时,作为国际零售企业我们还向顾客倡导节能环保的理念。"一直以来,正是由于TESCO坚持"为顾客创造价值"的核心理念,赢得了众多顾客的信任和支持。

扩张:从最初进入中国投石问路般的扩张速度,到2008年下半年开始的加速扩张,即使是在2009年金融危机的大背景下,更多的企业搁置扩张计划时,TESCO却选择逆市加速扩张,TESCO为中国市场制定了"张弛有度"的发展策略。

节能:在中国,TESCO不断努力打造节能门店,所有在2008年及其后新开的门店均沿用节能店的标准进行建设,现在TESCO中国已拥有27家节能门店,预计每家门店年能耗降低25%。不仅如此,TESCO还完成了所有2008年以前开设的门店的节能改造,共54家,预计单店年节能15%。环境问题一直是TESCO非常关注的企业社会责任的重点。

门店选择:中国是TESCO(在中国门店为"乐购超市")最为重要的市场之一,但TESCO在中国新增门店将慎重选择,专门独立的团队对地域选择进行研究,将主要集中在已有门店的城市增开新店。此外,城市的人口数量也是TESCO开店的重要考量指标。据悉,TESCO中国在2010财年将新增23家,至少将和去年的开店数持平，在这23家门店中将有9家左右的自有地产的项目。

TESCO公司的经营状况

除了在英国本土的691家大型购物中心外，该公司42%的店铺分布于中欧与东南亚各国，是个国际化的超市巨人。

TESCO超市连锁集团(Tesco)1995年开始实施忠诚计划——“俱乐部卡”(Clubcard)，并且根据俱乐部卡得到的信息数据细分的消费者数据来设立TESCO13个“利基俱乐部”，通过俱乐部提高客户对公司的忠诚度，帮助公司将市场份额从1995年的16%上升到了2003年的27%，成为了英国最大的连锁超市集团。

- 2001年7月，TESCO开始了在美国的网上食品零售业务；
- 2003年10月，电信业务开始营运，包括移动电话及家用电话的服务；
- 2004年8月，宽带业务正式营运；
- 2006年，TESCO出资3亿2 000万英镑收购乐购90%股份借道进入中国零售市场；
- 2007年，TESCO与英国电信公司O2在爱尔兰成立合资公司，经营其在爱尔兰的移动电话网络业务。

根据TESCO集团公布的2009/2010年度的全球财年报告，TESCO全球业务增长迅速，集团销售额继去年增长后再度取得了骄人的成绩，销售总额突破625亿英镑，集团总利润达到31.76亿英镑。

TESCO擅长数据库营销，通过架设EDMSYS平台，根据顾客的生理、心理、行为等特征，将数千万顾客划分为年轻学生、家庭主妇、注重健康的、爱好运动的、实惠的、情调的、忠诚的、游离的等80个顾客群类别。对这些数据的娴熟运用，使它获得了不可替代的竞争优势。

TESCO公司忠诚计划

1) 发展过程

在超市行业激烈竞争背景下，TESCO面临两种战略选择：①价格突围战；②服务持久战。然而以沃尔玛为代表的超级市场已然占据高供应链效率和低运营成本的绝对优势，其运营系统之庞大及完善难于超越。而在消费者数据管理及个性化市场细分领域，很多超市都尚停留在粗糙的积分制度以及简单的消费者身份信息记录程度上，顾客忠诚的长久建立与维系成为TESCO赢取核心竞争力的一大契机。

由此，TESCO公司率先推出了“俱乐部卡”。持有该卡顾客可以从他们在

TESCO消费的数额中得到1%的奖励，每隔一段时间，TESCO就会将顾客累积到的奖金换成“消费代金券”，邮寄到消费者家中。TESCO的营销人员注意到，很多公司积分计划章程非常繁琐，消费者往往是花很长时间也不明白具体积分方法，而另一些企业推出的忠诚计划奖励非常不实惠，看上去奖金数额很高，但是却很难兑换。这些情况造成消费者根本不清楚自己的积分，也不热衷于累计兑换，成为了“死用户”。而“俱乐部卡”的积分规则十分简单易懂，避免了以上情况。这种方便实惠的积分卡吸引了很多兴趣，产生了立竿见影的效果。据TESCO的统计，俱乐部卡推出的头6个月，在没有任何宣传的情况下，取得了17%左右的“顾客自发使用率”。

TESCO取得了骄人业绩增长后，Sainsbury、Asda等连锁超市也相继推出了类似的积分计划。但TESCO并没有陷入和它们打价格战、加大顾客返还奖励等，而是采取了精准营销的战略——TESCO通过顾客在付款时出示“俱乐部卡”，掌握了大量详实的顾客购买习惯数据，通过这些数据TESCO将超市中顾客经常购买的商品分为50种类别，每种类别和消费者的一种生活习惯和家庭特征相对应。系统运行了六个月，TESCO的数据库成功细分出了13个“利基俱乐部”，比如有单身男人的“足球俱乐部”、年轻母亲的“妈妈俱乐部”等。“俱乐部卡”的营销人员为这十几个“分类俱乐部”制作了不同版本的“俱乐部卡杂志”，刊登最吸引他们的促销信息和其他一些他们关注的话题。一些本地的TESCO连锁店甚至还在当地为不同俱乐部的成员组织了各种活动。现在，“利基俱乐部”已经成为了一个个社区，大大提高了顾客的情感转换成本（其中包括个人情感和品牌情感），成为了德士最高有效的竞争壁垒。图3-8为TESCO忠诚模式的四个关键步骤。

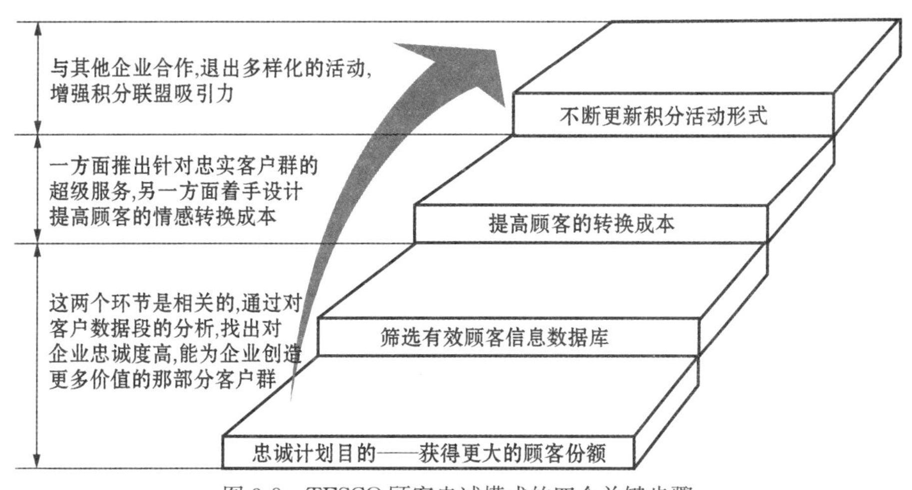

图3-8 TESCO顾客忠诚模式的四个关键步骤

2）忠诚计划的成本控制

TESCO的上述营销措施也需要消耗巨大的投入。TESCO维持的俱乐部约有1000万会员，而且是以现金返还为主要奖励方法。除此之外，TESCO还要为不同"利基俱乐部"成员提供量身定做的促销活动，这其中的日常管理和营销沟通非常庞大。如果不进行有效的成本控制，TESCO肯定会陷入自己设计的成本泥潭。

据TESCO自己的统计，"俱乐部卡"每年返还给顾客的折扣大约为1.5亿英镑，而TESCO自推出该卡以来随后的9年里共为此付出了10亿英镑的代价。为此，TESCO在执行该卡计划的同时也总结出了一整套成本控制方法。

首先，TESCO几乎从来不使用电视等大众媒介来推广"俱乐部卡"。TESCO"俱乐部卡"设计者Clive Humby解释说：TESCO以前是电视媒体的主要广告商之一，但是后来他们通过调查发现，直接给顾客寄信，信息到达率更高，更加能引起消费者的注意。并且，很多消费者认为，定期收到一些大公司的沟通信件，让他们有抬高了社会地位的感觉。在英国这个有限的市场里，TESCO的市场目标不可能是赢得更多的消费者，而是怎样增加单个消费者的价值，所以直接和消费者建立联系，既便宜又有效。

如果有的"利基俱乐部"要进行一次"获得新顾客"的营销活动时，他们往往会选择一两本这些细分市场经常阅读的杂志。然后花很低的广告费，在杂志中夹带"利基俱乐部"的促销信件。为了更好地控制成本，TESCO还经常和供应商联手促销，作为返还给消费者的奖励，把维系忠诚计划的成本转移到了供应商身上。由于TESCO这种按照消费者购买习惯细分市场的"利基俱乐部"数据库，内容真实详细，促销非常具有针对性，供应商十分愿意参加这样的促销活动，提高品牌知名度、加强与消费者的关系。较之沃尔玛强制供应商降价促销而言，TESCO的供应商基本上都是自愿与TESCO联手，实现了共赢。

3）忠诚计划中的数据库营销

TESCO会员卡上带有条形码，如果每位消费者每周购买30件商品，那么TESCO的数据库中每年就将增添180亿个新数据；而如果每位消费者每周购买40件商品，那么TESCO的数据库中每年就将增添240亿个新数据。这是个非常庞大的数据库，所以TESCO需要用最先进的统计和分析技术将其归类分析，得出有价值的信息。通过会员卡的记录，TESCO可以精确统计顾客在某段时间内购买了何种商品，以了解不同商品之间的潜在购买联系，并据此改变这些商品在店铺中的摆放位置。

庞大的数据库为TESCO带来了两点好处。第一，这些数据有助于公司向消费者提供特殊的、有针对性的优惠服务。每季度末，会员卡持有者都能收到TESCO寄来的现金折扣券，其价值相当于顾客当季消费金额的1%。第二，

TESCO还根据数据库中储存的顾客数据，查出顾客过往购买的商品，分析出顾客可能有兴趣购买的商品，并将这些商品的折扣券一并寄给消费者。

所以，这个系统有几个方面的功能：有针对性的客户服务、超市货品陈列的优化、对消费者需求做出更好的预测，这一切都是为了更好地服务客户。

4）忠诚计划的精确细分

TESCO最令人羡慕的还是在于它准确的客户细分，事实上，虽然人人都知道客户细分非常重要，但少有公司真正在这方面做得很好。从技术层面上来看，根据驱动消费行为的态度和习惯分析，TESCO要面对万种潜在的细分类别。到底该怎样才能将每一个客户放在合适的细分群体中？解决的办法就是“按图索骥”。“探索型”的客户会购买初榨橄榄精华油或者马来西亚咖喱，可以通过付款时检查他们的购物篮来了解他们购买的商品，而有些商品，比如人人都可能买的香蕉，被扔在一边，就可以帮助公司发现哪些是“探索型”的客户。一个相似的推理加上复杂的数学计算，最终可以分辨出他们更感兴趣的是“新鲜的”、而不是“新奇的”产品，后者恰好是“探索型”客户的最爱。

精确的细分另一个重要的议题是可以指导高效的定价。在市场中，有一家名为ASDA的大型连锁超市，是TESCO的竞争对手。由于没有花费多少费用在打造忠诚，它被视为价格领先的业内标杆。通常为了具有价格优势，大多数公司都会选择参考竞争者的价格，然后确定一个更低的价格，成为业内公认的价格标杆。但这样的结果往往是导致一场几败俱伤的价格大战。而TESCO却逃离了这样的厄运。它先是用已有的数据，找到那些对价格敏感的客户。“如果通过会员数据可以挑出哪些是价格敏感型的客户喜爱购买的商品，而不是其他的人和商品，然后给在公司可以接受的最低成本水平上为这些商品确定一个最低价来吸引这类‘价格敏感型’的客户”。实际上，由于不了解自己的客户，很多零售商都把钱浪费在降价促销一些人们其实必须购买的产品上了。这样有目标的降价让TESCO可以从竞争对手那里吸引来更多的顾客，更妙的是，这样的低价无损公司整体的盈利水平。

5）忠诚计划的继续发展

而从1996年开始，TESCO不满足于经营单纯的零售积分卡，而是把业务延伸到了金融服务领域，他们与苏格兰银行合作于当年6月推出了“Clubcard Plus”联名卡。

联名卡(Co-Branded Card)一般是非金融界的盈利性公司与银行合作发行的信用卡，近年来被市场广泛接受、发展很快。在管理方式上，联名双方(或多方签有详细的利润分成)，可以利用公司的品牌和忠诚顾客基数，针对有一定特殊共性的消费群体来设计品牌，是一个极好的市场细分的手法。

TESCO的“Clubcard Plus”推出时针对的是“俱乐部卡”会员中最忠诚、消费额度最高的那20%中产阶级家庭。而现在，不仅“Clubcard Plus”信用卡在英国颇受欢迎，2003年公司在“俱乐部卡”的基础上还推出了“TESCO个人金融服务”和“TESCO电信服务”等其他利润更高的衍生服务。推出不到一年，用户已经超过了50万。正如TESCO自己形容：“我们不仅仅是用‘俱乐部卡’的积分来奖励消费者，我们还根据它的数据来决定企业的发展方向。”

当前，全球零售业竞争异常激烈，然而TESCO却凭借着优秀的客户关系管理在行业中独占鳌头，戴维·里德作为TESCO公司的掌舵者带领着他的员工把TESCO的优质服务带到世界上的多个国家，而此时的戴维·里德也踌躇满志，他必将把TESCO带到一个更辉煌的明天。

案例思考题

1. 你所在或者熟悉的公司(组织)是如何进行顾客忠诚管理的?
3. 何谓忠诚计划?试举例说明一般忠诚计划的原理，并分析忠诚计划的利与弊。
4. TESCO的忠诚计划与一般忠诚计划有何不同?
5. 试分析TESCO忠诚计划的成功之处。
6. TESCO忠诚计划的成功对我国零售企业的启示何在?
7. 你若被指定为一公司忠诚计划的负责人，你将如何系统地思考你们的忠诚计划?

复习思考题

1. 何谓顾客忠诚?顾客忠诚对企业的意义何在?
2. 顾客满意与顾客忠诚有何联系和区别?
3. 企业应如何培养顾客的忠诚?

第4章　顾客价值管理

导入案例

王永庆买米的故事

在世界化工行业，台塑董事长王永庆在台湾是一个家喻户晓的传奇式人物。他把台湾塑胶集团推进到世界化工工业的前50名。而他的商业王国却是从经营米店开始。

俗话说：靠山吃山，靠水吃水。但是，如果没有山，没有水，靠什么？只能靠自己努力，白手起家。没有任何背景的王永庆，为了生计，最初只能在米店当学徒。通过给老板打工，他意识到，要想赚钱就要自己开店。从此，王永庆走上了艰辛而漫长的创业之路。

王永庆在米店当了一年学徒就对米店的经营运作了如指掌。创业的雄心在这个少年心中升起来了。他想："如果我开一家米店的话，我一定能做得跟老板一样好。"

那年的春节，王永庆回家乡直潭过年。他把自己想开米店当老板的想法告诉了父亲，他认为，米店的经营方法已经掌握，自己开店就缺本钱了。

王长庚对儿子的想法有些吃惊又有些高兴，他决定支持儿子创业。他筹到了200块钱给王永庆。这样，16岁的王永庆就辞去工作，开始他的创业之旅了。

王永庆的米店坐落在一个偏僻的巷子里，不是做买卖的好地段，但王永庆只有200块钱本钱，租不起好地方，只好暂时将就。当时，他也请不起伙计，于是一切亲力亲为，既当老板又当伙计。一个人实在忙不过来，他便将大弟王永成与二弟王永在带到他的米店帮忙。王长庚在从事茶叶生意，一到冬天无生意可做时也会到嘉义来协助儿子经营米店。

作为米粮集散地，小小的嘉义已有米店近30家，竞争非常激烈。城里的居民都有自己熟识的米店，而那些米店也总是紧紧地拴住这些老主顾。王永庆的米店开办最晚，规模最小，更谈不上知名度了，没有任何优势。在新开张的那段日子里，生意冷冷清清，门可罗雀。

刚开始，王永庆曾背着米挨家挨户去推销。一天下来，人不仅累得够呛，效果也不太好。谁会去买一个小商贩上门推销的米呢？为了打开销路，王永庆决定从每一粒米上打开突破口。那时候的台湾农民还处在手工作业状态，由于稻谷收割与加工的技术落后，很多小石子之类的杂物很容易掺杂在米里。人们在做饭之前都要淘好几次米，很不方便。但大家都已见怪不怪，习以为常。

王永庆却从这司空见惯中找到了切入点。他和两个弟弟一起动手，一点一点地将夹杂在米里的秕糠、砂石之类的杂物拣出来，然后再卖。一时间，小镇上的主妇们都说，王永庆卖的米质量好，省去了淘米的麻烦。这样，一传十，十传百，米店的生意日渐红火起来。

然而，王永庆并没有就此满足，他还要在米上下大工夫。那时候，顾客都是上门买米，自己运送回家。这对年轻人来说不算什么，但对一些上了年纪的人就是一个大大的不便了。由于年轻人无暇顾及家务，买米的顾客便以老年人居多。王永庆注意到这一细节，于是主动送米上门。这一方便顾客的服务措施更是大受欢迎。那时还没有“送货上门”一说，这一服务项目的出现等于是一项创举。

王永庆送米并非只送到顾客家门口，还要将米倒进米缸里。如果米缸里还有陈米，他就将陈米倒出来，把米缸擦干净再把新米倒进去，然后将陈米放回上层。这样，陈米就不至于因存放过久而变质。这一精细的服务令顾客深受感动，为王永庆赢得了很多的顾客。

他还注意收集顾客用米的情况：家里有几口人，每天大约要吃多少米估计哪家买的米快要吃完了，他就主动把米送到那户人家，甚至免费为顾客掏出陈米、清洗米缸等。

他的米店开门早，关门晚，比其他米店每天要多营业 4 个小时以上，随时买随时送。有时顾客半夜里敲门，他也总是热情地把米送到顾客家中。

在日本统治台湾的年代，一般台湾民众的生活相当拮据，因此免不了在买米时欠款赊账。为了及时回收米款，并避免给顾客造成不便，同时也给自己省去不必要的麻烦，王永庆总是先打听好顾客领薪的日子，然后再在次日登门送米时收账。

举例来说，当时服务于“铁道部”的顾客每月 21 日领薪水，他就在当天晚上或隔天去收款，因为这些顾客比邻而居，不但收款方便顺利，顾客对这种收款方式也很满意。如此一来，王永庆的米既卖得快又口碑好，生意自然蒸蒸日上。更重要的是，所谓“质优价廉”和“顾客导向”的经营策略也就由此在他的心中扎下了根。这种建立“顾客档案”的做法对台塑后来的“表单化”经营管理方式起到了至关重要的指导作用。

客户关系管理的真正内涵就是首先找到并获得价值客户，然后为客户提供价值，从而提高顾客的满意度，进而培养客户的忠诚度，提升客户的价值，达到企业的经营目标，这是一个双赢的过程。因此，客户关系管理就是价值创造与交换的过程，这一过程使企业与客户双方追求得到的价值最大化，双赢是 CRM 实施的最佳结果，也是使这样的过程循环往复的源泉和动力。所以企业对顾客的价值管理就分为两个方面：一是企业如何为顾客带来价值；二是如何让顾客为企业带来价值。

4.1　价值的定义与内涵

近年来，不论是学者还是企业家都对研究价值和价值创造表现了极大的兴趣。

什么是价值？对此众说纷纭。大多数文献、词典对价值的定义，一般是引用马克思政治经济学中的观点。如《辞海》对“价值”做了如下解释：“凝结在商品中的一般的、无差异的人类劳动……价值通过商品交换的量的比例即交换价值表现出来”[①]。这种定义主要在政治经济学领域，针对商品在其形成和交换中所体现的价值，对于在政治经济学理论的研究方面，揭示商品价值的本质具有重要意义。然而对于一般意义上的“价值”概念、现代市场经济及社会环境和企业市场经营的一些实际现象，或许通过上述定义的延伸能够得到一定的解释，但缺乏广泛的实用性。《中国大百科全书·哲学卷》对价值的解释为：“价值的一般本质在于：它是现实的人同满足其某种需要的客体的属性之间的一种关系”[②]。这种定义实际上把价值认同为满足人的某种需要的能力，明确价值是某个主体和某个客体属性之间的某种关系，价值具有相对性。但是这种解释仍然过于概念化，缺乏对企业经营等社会现实活动的具体指导意义。

国外管理与营销专家学者对价值给出了现实的定义。杰姆·G. 巴诺斯认为价值判断完全是个人化的事情。对一个人来说意味着有价值的东西对另一个人来说并不一定也意味着有价值。瓦拉瑞尔·泽斯曼尔和玛丽·乔·比特通过研究证实了消费者价值观念的多样性。他们发现价值的形成具有高度的个人色彩和习惯性特征。他们的价值观念与价格及支付货币后得到的东西密切相关。他们发现客户会从四个角度定义价值：低廉的价格；对产品和服务的需求；在支付的价格上得到的质量；付出与所得的比较。

莫里斯·霍尔布鲁克认为价值是一种相对的（可比较的、个人化的、条件性的）偏好，用来刻画主体与一些客体之间进行互动的经历。价值包含着偏好——一种偏爱的倾向，一种喜好，良好的影响，或者是好的判断。它也包括了主体与客体之间的互动，这里主体是客户，客体是产品或者公司。价值还有三方面的相对性——它是可比较的（可将一种选择和另一种选择进行排序），个人化的（在不同的客户之

---

① 辞海（缩印本）[M]. 上海：上海辞书出版社，1999：787.

② 中国大百科全书·哲学卷[M]. 北京：中国大百科全书出版社，1987：345.

间有差别)，和条件性的(随着条件的不同而改变)。霍尔布鲁克最终得出非常重要的结论，认为价值与经历有关，因为与它有关的不只是客体的取得，还包括消费和使用客体的服务。Anderson 给出的价值定义为：价值是客户在交易中通过为供应商提供的产品付费后收到的一系列经济、技术、服务与社会利益的可感知的货币单位。Prabakar Kothandaraman 与 David T. Wilson 认为价值是一种介于竞争市场提供物和其价格之间的关系，价值必须由客户来定义。

综合多种观点，且考虑企业经营管理的实际，笔者将价值理解为：

1) 价值概念的主体与客体

认识价值概念的主体(承受者)和客体(对象)是研究价值问题的前提。价值概念的主体或客体均可以是人或组织或事务。对同一价值问题，主、客体不同，其含义可能会完全不同。

企业实施 CRM 给顾客带来价值，这时顾客是价值的主体，而企业则是价值的客体。由于顾客得到了较高的价值，因而对企业或其产品与服务满意、忠诚，则重复购买企业产品与服务，企业因而获得较高的顾客盈利。此时企业是价值的主体，而顾客则为价值的客体。如在企业为顾客创造价值的过程中，顾客是价值的承受者，企业一定要明确顾客的需求，了解其对产品和服务的价值取向，从而提供给他们个性化的产品与服务，从而为其创造价值。

2) 价值具有相对性、主观性和动态性

价值对应的主体和客体可以是多样的，因此价值也就是相对的。对于有用性的判断，判断者的立场、角度、动机、追求、知觉、经验、信念、态度等不同，其结果也不相同，也就是说不同人对同一事物的价值的认识是不同的。此外，即使是同样的主体和客体，随着时间场景的变化，事物的价值也会随之改变。

3) 研究价值必须从分析价值主体的需要入手

价值表现在对主体的有用性上是由客体满足主体需要的属性决定的。因此，研究事物的价值就必须首先站在价值主体的角度，分析主体需要什么？如对企业而言，在明确目标顾客的前提下，站在顾客的角度充分认识目标顾客真正的需求，获得产品信息和产品本身的可能途径，以及掌握产品的使用方法的程度，才可能充分有效地为顾客创造和传递价值。

4.2 顾客价值理论

关于顾客价值，应从两个角度考虑：一是企业为顾客创造的价值；二是顾客为企业创造的价值。在当今市场竞争日趋激烈的情况下，只有企业首先为顾客提供价值，才会有可能让顾客满意，进而使顾客忠诚，顾客重复购买、或(和)交叉购买，或(和)增量购买,或(和)口碑传诵,或(和)为企业推荐新的顾客,从而使企业增加货币或非货币收益。如果企业没有给顾客提供他们所期望的价值,就不可能让顾客满意,不可能让顾客忠诚,从而也不太可能为企业带来收益,即使由于市场垄断等情况发生,企业短期有收益,但也不可能持续下去。

早在 1954 年,Drucker 就指出,顾客购买和消费的决不是产品,而是价值。菲利普·科特勒说:营销并不只是向客户兜售产品或者服务,而是一门真正为顾客创造价值的艺术。以后学者们都使用了顾客价值这一概念,并对其进行了详细的描述与解释,形成了顾客价值的理论。

Zaithaml 在 1988 年首先从顾客角度提出了顾客感知价值理论。她将顾客感知价值定义为:顾客所能感知到的利得与其在获取产品或服务中所付出的成本进行权衡后对产品或服务效用的整体评价。

在此后的顾客价值研究中,不同的学者从不同的角度对顾客价值进行了定义:①从单个情景的角度,Anderson,Jain,Chintagunta,Monroe 都认为,顾客价值是基于感知利得与感知利失的权衡或对产品效用的综合评价;②从关系角度出发,Ravald、Gronroos 重点强调关系对顾客价值的影响,将顾客价值定义为:整个过程的价值=(单个情景的利得+关系的利得)/(单个情景的利失+关系的利失),认为利得和利失之间的权衡不能仅仅局限在单个情景(episode)上,而应该扩展到对整个关系持续过程的价值(total episode value)衡量。此外,Butz 等也强调顾客价值的产生来源于购买和使用产品后发现产品的额外价值,从而与供应商之间建立起感情纽带。

在众多的顾客价值定义中,大多数学者都比较认同 Woodruff 对顾客价值的定义,并在其定义基础上进行了很多相关研究。Woodruff 通过对顾客如何看待价值的实证研究,提出顾客价值是顾客对在特定使用情景下有助于(有碍于)实现自己目标和目的的产品属性、这些属性的实效以及使用的结果所感知的偏好与评价。该定义强调顾客价值来源于顾客通过学习得到的感知、偏好和评价,并将产品、使用情景和目标导向的顾客经历相联系。

1. 载瑟摩尔的顾客感知价值理论

载瑟摩尔(Zaithaml)关于顾客感知价值理论得到了学术界广泛的认可,该理论认为顾客价值是由顾客而不是供应商决定的,顾客价值实际上是顾客感知价值(Customer Perceived Value,CPV),企业在为顾客设计、创造、提供价值时应该从顾客导向出发,把顾客对价值的感知作为决定因素。载瑟摩尔(1988)①根据顾客

---

① Zeithaml, V. A. (1988). Consumer perceptions of price, quality and value: a means-end model and synthesis of evidence[J]. Journal of Marketing, Vol. 52, July, p. 2-22.

调查提炼出顾客感知价值的四种涵义：

(1) 价值就是低廉的价格。一些顾客将价值等同于低廉的价格，表明在其价值感受中所要付出的货币是最重要的。

(2) 价值就是顾客想从产品中所获取的东西。与有些顾客关注付出的货币量不同，一些顾客把从产品或服务中所得到的利益看作最重要的价值因素。这类似于经济学中的效用，是对从消费产品或服务中获得满意程度的主观衡量。

(3) 价值就是我付钱买回的质量。有的顾客将价值概念化为“付出的金钱”与获得的“质量”之间的权衡。

(4) 价值就是用我付出的全部所能得到的全部。一些顾客描述价值时考虑的既有其付出的因素(时间、金钱、努力)，还有其得到的利益。

大部分顾客对价值的理解大体是以上定义的一种或几种，所有这些定义能总结成一个定义：即价值就是顾客根据他所付出的和所获得的感受而对品牌的主观评价。

另外，载瑟摩尔通过大量的实证研究得出如下结论：

(1) 顾客感知价值中感知所得成分既来自于显著的内部特性，又得益于外部特性和其他相关的高层次的抽象概念。如许多顾客既将产品和服务的质量(内部特性)作为价值收益中的主要部分，总体上又对诸如包装、颜色等外部特性和产品或企业的信誉、便利、形象等更高层次的抽象的利益十分关注。而且，产品的内部属性本身可能并不直接与顾客所感知到的价值相关，相反，它们往往要透过产品的外部特性甚至顾客个人所感知的抽象利益才能得到体现。

(2) 顾客感知的付出既包括货币成本又包括非货币成本。顾客付出货币和其他资源(例如时间、精力、努力)以获得产品或服务带来的利益。不同的顾客对这些付出的关注是不一样的。如对于价格敏感程度高的顾客而言，货币方面的付出是关键性的因素，减少货币上的支出对提高其感知价值显著；对于价格敏感程度低而对时间、精力、心理风险等因素特别关注的顾客，增加其购买或消费的便利性、减少时间、精力方面支出、品牌的形象等对其增加感知价值。

其实，在实际购买决策中，顾客往往依赖“价值信号”来简化其购买决策过程，因为“价值信号”如品牌、形象、信誉等能够在一定程度上取代顾客在收益与成本之间进行费神的权衡。在评价顾客感知价值时，顾客对各种要素的认知能力有限，大多数顾客并不也不可能精确计算其感知的所得与所失，而是依赖于一些信号——经常是外来的暗示——“不经意”地形成自己对价值的印象，他们只对已获取的信息进行少量加工便实施购买行为。他们重复购买一个信任的品牌，利用外部价值暗示来简化其购买决策过程，从而节约时间、精力和心理成本。

2. 格隆罗斯的顾客价值过程理论

格隆罗斯是资深的服务管理与营销专家，他从关系营销的角度阐述了顾客价值。由于关系是一个长期的过程，因此顾客价值需要在一个较长的时间内体现出来，他将此称之为价值过程。他认为，价值创造是关系营销的起点和终点，关系营销应该为顾客和其他各方创造出比单纯交易营销更大的价值。顾客必须感知和欣赏持续关系中所创造的价值。在紧密的关系中，顾客可能会将重点从独立的提供物转向评价整体的关系。如果关系被认为有足够价值的话，即使产品或服务不是最好的，参与交换的各方可能仍然会达成协议。所以价值是关系营销中的一个重要概念，企业提供给顾客超级价值的能力被认为是 20 世纪 90 年代最成功的战略之一。这种能力已经成为差别化的工具和建立持久竞争优势的关键。因此他认为将顾客感知价值定义为顾客根据付出了什么和得到了什么的感知而对产品的效用做出总的评价的观点，没有考虑到企业与顾客之间的关系因素，这是不够的，因为实际上关系本身对顾客总的感知价值有重要影响。

从关系营销的角度看，顾客感知价值可由以下等式①说明：

$$\text{顾客感知价值} = \frac{\text{交易利益} + \text{关系利益}}{\text{交易成本} + \text{关系成本} } \tag{4-1}$$

等式(4-1)表明，价值既受交易的利益与成本影响，又受感知的关系利益与成本影响，也就是说，关系本身既创造价值，又产生成本，包含在整个顾客关系生命周期中，会对整个可感知的顾客价值作出贡献。

另外，1996 年格鲁罗斯(Gronroos)和拉伍德(Ravald)从关系营销的视角提出了全情景价值的概念。他们认为顾客在感知价值时，除了关注企业供应物以外，还关注相互间的整体关系，顾客价值不仅来源于核心产品和附加服务，还应包括维持关系的努力，企业可通过发展良好而持续的关系来创造价值。传统的营销视角中的扩展产品概念所考虑的关系增值只是与顾客交易互动的一个“情景片段”，而在长期买卖关系中，需要关注“全情景价值”，全情景价值的公式表示为：

$$\text{全情景价值} = \frac{\text{情景所得} + \text{关系利益}}{\text{情景所失} + \text{关系成本} } \tag{4-2}$$

顾客感知价值不仅取决于某个服务情节的服务状况，而且取决于顾客对关系的认同和感知状况。强化顾客感知价值的要素存在于顾客关系发展过程中。这种关系收益也许只是顾客对供应商或服务提供者的一种信任感，或者是某些技术或某些社会因素对双方的关系所形成的某种约束。同样关系付出也是在顾客与服务

① Christian Gronroos. The relationship marketing process: communication, interaction, dialogue, value[J]. Journal of Business & Industrial Marketing, Volume 19, Number2. 2004.

提供者关系发展过程中形成的，要想与某个服务提供者建立起某种关系顾客知道自己必须要付出一些东西。顾客从每一次的服务接触中都会得到某种收益，即情节收益，同时也要有所付出，即情节付出。这种付出的一般形式就是价格，但在情节层次的价值感知是无法定量衡量的。

格鲁罗斯和拉伍德对于顾客感知价值的解释突出了长期关系的作用，为企业寻找顾客价值提升的途径指明了方向。

$$\text{顾客感知价值}(CPV) = \text{核心价值} \pm \text{附加价值} \tag{4-3}$$

等式(4-3)是另外一种研究顾客感知价值的方法。在此，价值被分解为核心价值和附加价值两部分。核心价值是顾客通过核心产品所获得的收益与顾客获得核心产品所支付的价格之比，而附加价值是由附加服务所得的收益与关系成本相比较的结果。附加价值可为正也可为负。服务态度好、送货迅速、服务有技巧等，则会促进顾客感知价值的提高；相反若服务体系过于繁琐复杂、服务技术令顾客不满、态度不友好、反应迟钝、送货不及时、技术不熟练等则会削弱或者是破坏顾客感知价值。即使企业的核心产品价值再大对顾客感知价值而言也是负面影响。

3. 服务营销顾客价值理论

从服务营销的角度看，顾客感知价值可由下式表示：

$$\text{顾客感知价值} = \frac{\text{效用}}{\text{成本}} = \frac{\text{为顾客创造的服务效用} + \text{服务过程质量}}{\text{服务的价格(货币)} + \text{获得服务的成本(非货币)}} \tag{4-4}$$

等式(4-4)显示：客户感知价值取决于得到的效用和所付出的成本的比较。效用的大小既取决于有形的产品部分，又取决于产品的服务过程。许多人对产品的生产过程并不在意，但对服务的过程质量却十分关心。服务的让渡方式与服务的效用同等重要。研究表明，在所有的医疗事故诉讼案中，有 80%不是因为医生疏忽而导致病人受到伤害引起的，而是因为病人的期望与医院提供的实际值之间存在的巨大差异，是由于病人对医疗服务的让渡方式有所不满，而并不涉及结果是否有害。

至于成本，很多企业习惯于只用货币价格来衡量成本，但顾客却非常看重非货币成本。在一些情景下，购买服务的成本要高于产品的价格，便利性要花费一些成本，且它对许多顾客都有价值，营销界将此定义为“地点，时间和形式等方面的效用”。对于不同的顾客便利性具有不同的价值量，这就要求服务供应商必须时刻注意不同顾客的需要。

因此等式(4-4)的意义在于：要提高客户感知价值，必须充分考虑到每一个重要的影响因素，要对客户获得的有形产品、无形的服务、服务效用、服务的过程质量、付出的货币与非货币成本等方面进行全面衡量。然而，实际上顾客评价成本减少甚于利益的增加，如果公司能根据降低顾客感知的代价而提供价值，将会大大提高顾客感知价值。

4. 盖尔的顾客感知价值理论

盖尔在其著作《管理顾客价值》一书中，借助质量来定义顾客价值①。他认为，市场感知质量(market-perceived quality)是顾客将企业的产品或服务与竞争者的产品或服务相比较得出的评价。而顾客价值则是对企业产品的相对价格进行调整后的市场感知质量。

企业和顾客对同样的产品和服务所提供的价值的知觉是不一样的，这种现象的存在对于在营销过程中区分顾客价值和顾客感知价值是非常必要的。顾客感知价值是顾客所认知的购买或消费某种产品或服务为其带来的相对利益。

Gayle 用价格和感知质量之间的比率来计算感知价值，如图 4-1 所示。

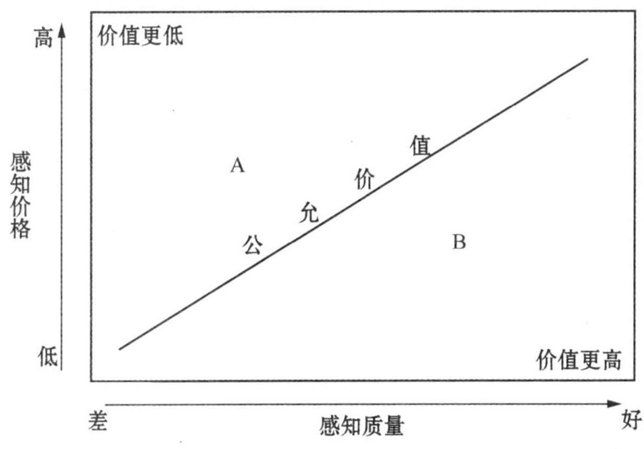

图 4-1　顾客感知价值

资料来源：Derek Allen，Morris Wilburn 著，武永红等译，《满意度的价值》，东北财经大学出版社，第 13 页

该图中的两个轴分别代表感知价格和感知质量，中间的对角线代表公允的市场价值(一分钱一分货)。随着市场的进步，各企业努力提高自身实力，能为顾客提供具有较高性价比的产品和服务，这条对角线会向右偏移。位于对角线以上表示价值较低。相反，如果一个公司的产品或服务位于对角线以下就代表有较高的价值。比如在图中 A 与 B 两个企业，此种类型的分析能够从顾客那里了解到竞争对手的评价。

5. Kotler 的顾客让渡价值理论

此外，还有 Philip Kotler 顾客让渡价值理论。他认为，消费者在选择卖主时价格只是考虑的因素之一，消费者真正看中的是“顾客让渡价值”，它是顾客“感知”的

---

① Bradley T. Gale. Managing Customer Value[M]. Preface, The Free Press, 1994.

总价值与顾客"感知"的总成本之间的差额。

尽管上述有关顾客感知价值的表述不同,但本质上是一致的,即顾客感知价值是顾客感知利益与感知成本之间的比率。顾客感知的总成本为所有付出的成本:产品价格、获取成本、交通成本、安装、预定、维修、失败的风险、差的功能、时间成本、体力成本;顾客感知的总利益为所有得到的利益:产品的物理属性、服务属性、技术支持(与产品特别用途有关),也包括购买时的优惠价格部分及较之竞争对手价格的差额部分、其他感知质量的指示器。顾客是价值最大化的追求者,在购买产品时,总希望用最低的成本获得最大的收益,以使自己的需要得到最大限度的满足。

与此同时,很多学者从不同角度对顾客价值进行了分类。Sheth 等人把客户价值分为五类:功能性价值、社会性价值、情感性价值、认知价值(epistemic)和条件价值。Burns 结合客户评价过程,把客户价值分为产品价值、使用价值、占有价值和全部价值。Woodruff,Flint 则将其分为实受价值和期望价值。通过以上分析不难看出,虽然学者们对顾客价值的理解有很多,但都是从交换的角度来看待价值,并认同感知价值的核心是感知所得与感知所失之间的权衡。

从以上各学者对顾客价值的界定中,我们总结出顾客价值具有如下几个基本特征:

(1) 顾客价值是顾客对产品或服务的一种感知,是与产品和服务相挂钩的,它基于顾客的个人主观判断;

(2) 顾客感知价值的核心是顾客所获得的感知利益与因获得和享用该产品或服务而付出的感知代价之间的权衡,即所得与所失之间的权衡;

(3) 顾客价值是从产品属性、属性效用到期望的结果,再到客户所期望的目标,具有层次性。

4.3 顾客价值的驱动因素

顾客价值从顾客角度和从企业角度看,有完全不同的内涵。那么驱动顾客价值的因素以及这些因素在其价值构成中的权重完全不同。而且不同的顾客其价值驱动因素不同。

从顾客角度看,企业给顾客的价值大小取决于顾客感知所得减去顾客感知所失的差。顾客感知所得包括顾客从企业得到的任何对其有益的产品和服务。而感知所失就是顾客为得到企业所给予的任何利益必须付出的代价,如货币成本、时间成本、精力成本、心理成本、各种风险等。

在大多数文献中,对价值增值战略的讨论主要集中在如何增加核心产品的价值。诚然,为顾客提供更多的所得无疑可以增加顾客价值,但是,如果在顾客感知所得不变的情况下，降低顾客的感知所失无疑也是增加顾客价值的一条绝好途径。为了减少顾客的感知所失，企业必须全面了解顾客的价值链及构成价值链的活动，掌握有关顾客需求和偏好的知识。实际上，购买价格和在时间和空间上的方便程度也是影响顾客感知所失的主要因素。同时，因延迟交货而发生的成本、因错误的订货处理而发生的成本和因担心供应商是否能履行承诺而耗费的精力或增加的心理负担等间接关系成本和心理关系成本也是十分重要的因素。在各项与感知所失相关的因素中，非货币因素往往处于举足轻重的地位，如许多顾客把时间等看做是比金钱更重要的资产。

Wolfgang Ulaga 等人对德国流体食品制造产品的顾客价值主要驱动因素进行了研究，并调研了各主要驱动因素的重要性[①]，其结果见表 4-1。从表中可知：

表 4-1　德国流体食品制造产品顾客价值主要驱动因素及其重要程度

<table>
<tr><th colspan="5">主要驱动因素</th><th colspan="2">其中主导因素</th></tr>
<tr><td rowspan="5">从供应商角度看100%</td><td rowspan="4">质量50%</td><td colspan="3">产品相关因素 51%</td><td colspan="2" rowspan="3">技术特征 20%
产品范围 14%
技术支持 13%
快速服务与响应 10%
交货的速度与可靠性 8%
……</td></tr>
<tr><td colspan="3">服务相关因素 34%</td></tr>
<tr><td colspan="3">促销相关因素 15%</td></tr>
<tr><td colspan="5">总计 50%，即(51＋34＋15)%×50%</td></tr>
<tr><td>价格 50%</td><td colspan="5">50%</td></tr>
<tr><td colspan="2" rowspan="4">从顾客角度看100%</td><td rowspan="3">质量63.3%</td><td>产品相关</td><td colspan="2">产品一致性
产品的技术特性
使用方便性
产品范围</td><td>19.8%
18.4%
4.9%
3.0%</td></tr>
<tr><td>服务相关</td><td colspan="2">交货的速度与可靠
性技术支持与运用、
快速服务与响应、
产品创新
技术信息提供</td><td>7.8%
6.8%
6.5%
3.7%
2.3%</td></tr>
<tr><td>促销相关</td><td colspan="2">公司的可靠性
个人关系
ISO9001 认证</td><td>6.9%
4.1%
2.9%</td></tr>
<tr><td>价格</td><td colspan="4">36.7%</td></tr>
</table>

资料来源：根据杨龙等的“顾客价值及其驱动因素剖析”，《管理世界》，2002 年第 6 期等整理。

① 杨龙，王永贵. 顾客价值及其驱动因素剖析[J]. 管理世界，2002(6).

(1) 他们把顾客感知价值的驱动因素分成两大类：感知所得（产品质量）和感知所失（价格），而在产品质量中又将其驱动因素分成三类：一是产品相关特性，如产品的一致性、产品特征、产品范围、产品使用的方便性；二是服务相关特性，如供应的可靠性与敏捷性、技术支持、快速响应、产品创新、技术信息；三是与促销相关的特性，如形象、个人关系、公司的可靠性、公共关系、上游整合等。

(2) 供应商和顾客对感知价值的认知不同，在顾客感知所得和感知所失上，从供应商角度看，其产品质量（所得）与价格（所失）的比重各为 50%，而从顾客角度看，前者是 63.3%，后者为 36.7%，其他次一级的指标也大不相同。

(3) 影响顾客感知价值的因素很多，各因素对顾客价值的重要性大不相同，如从企业角度看，其主导因素有技术特征（20%）、产品范围（14%）、技术支持（13%）、快速服务与响应（10%）、交货的速度与可靠性（8%）。从顾客角度看，主要驱动因素为：产品相关中有产品一致性（19.8%）、技术特性（18.4%），服务相关中有交货的速度与可靠性（7.8%）、技术支持与运用（6.8%）、快速服务与响应（6.5%），促销相关中有公司的可靠性（6.9%）。

因此，从根本上讲，顾客价值创造的途径有两大类：提高顾客的感知收益和降低顾客的感知付出。图 4-2 说明了增加顾客感知价值的途径，也即顾客感知价值的指标体系。

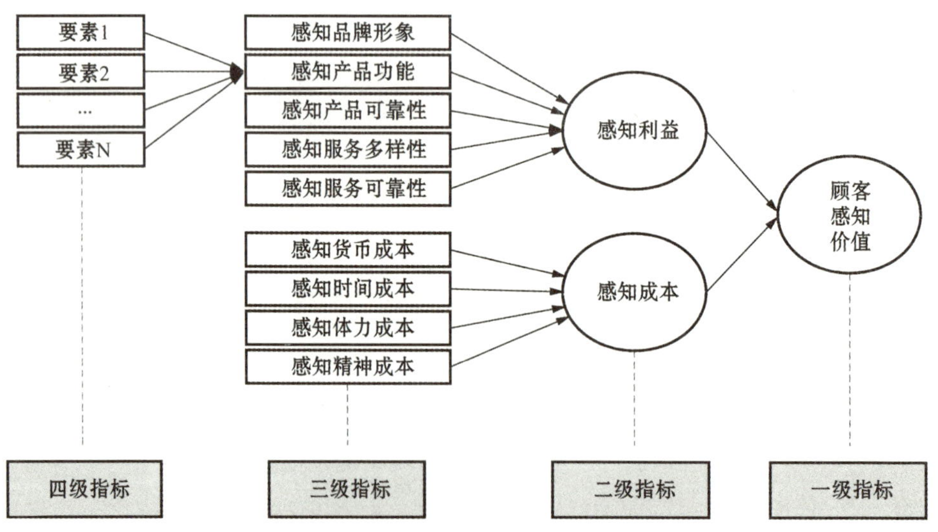

图 4-2　顾客感知价值指标体系

4.4 顾客细分(按价值细分)

传统的细分变量包括地理变量、人文变量、心理变量和行为变量。客户对企业的价值是不尽相同的,很多公司或企业 80%的盈利,只来自 20%的客户。因此细分顾客的另一变量为顾客价值变量。按照顾客价值细分顾客,形成一个"金字塔"式的客户结构,我们将此法称为顾客金字塔法,如图 4-3 所示。此法将顾客细分为如下 4 类:

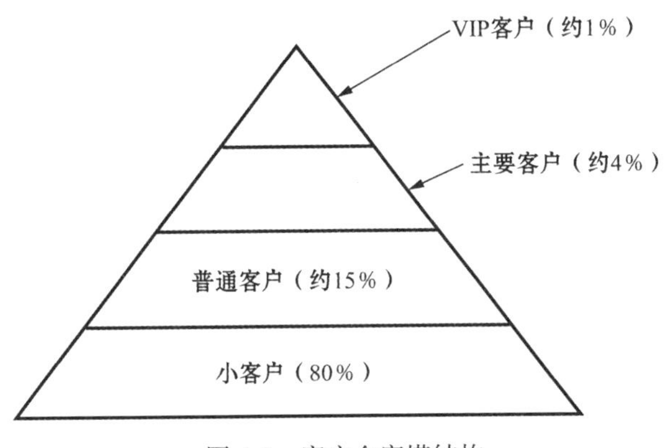

图 4-3　客户金字塔结构

VIP 客户——这种类型的客户数量不多,但消费额在企业的销售额中占有的比例很大,对企业贡献的价值最大,他们位于金字塔的顶层,一般情况下占企业客户总量的 1%左右。

主要客户——指的是除 VIP 客户外,消费金额所占比例较多,能够为企业提供较高利润的客户。这种类型的客户约占企业客户总量的 4%。

普通客户——这些客户的消费额所占比例一般能够为企业提供一定的利润,占企业客户总量的 15%左右。

小客户——这类客户人数众多,但是能为企业提供的盈利却不多,甚至企业不盈利或亏损,他们位于金字塔的底层。

另有将顾客细分为黄金、钢铁两层的方法,也有在其基础上将其分为铂金、黄金、钢铁与重铅四种类型的分法,分别见图 4-4、图 4-5 所示。各层含义如下:

铂金层级:铂金层级代表那些盈利能力最强的顾客,典型的是产品的重度用户,他们对价格并不十分敏感,愿意花钱购买,愿意试用新产品,对企业比较忠诚。

黄金层级:黄金层级和铂金层级不同,这个层级的顾客希望价格折扣,没有铂金层级顾客那么忠诚,所以他们的盈利能力没有铂金层级顾客那么高。他们也许

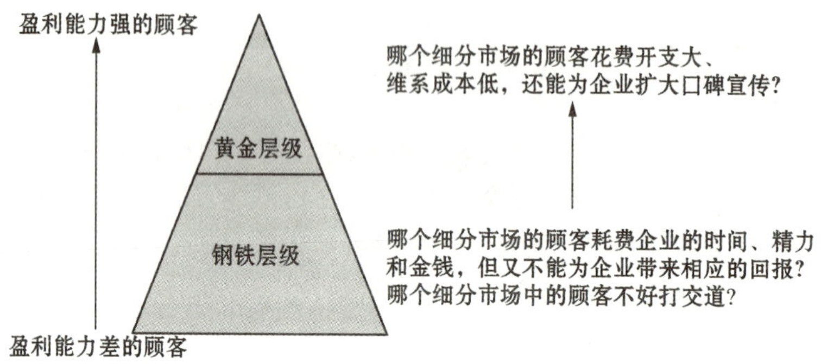

图 4-4　80/20 分布的顾客金字塔模型

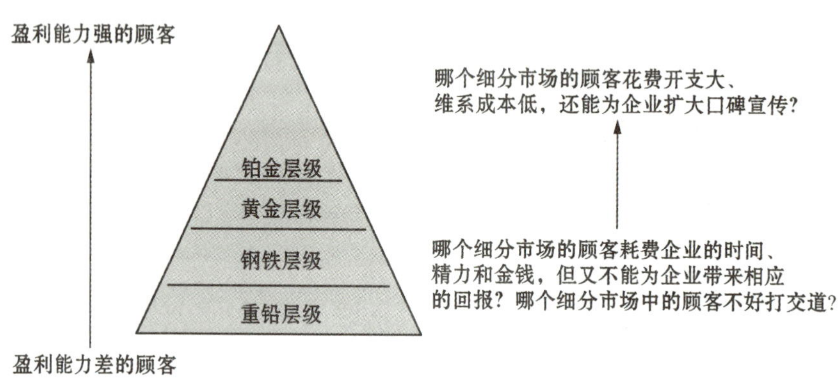

图 4-5　扩大的顾客金字塔模型

是重度用户，他们往往与多家企业而不是一家企业做生意，以降低他们自身的风险。

钢铁层级：钢铁层级包含的顾客数量很大，能消化企业的产能，但他们的消费支出水平、忠诚度、盈利能力不值得企业去特殊对待。

重铅层级：重铅层级不能给企业带来盈利。他们的要求很多，超过了他们的消费支出水平和盈利能力对应的要求，有时他们是问题顾客，向他人抱怨，消耗企业的资源。

并不是任何情况下按顾客价值细分顾客皆有用。顾客金字塔模型在下列情形下有用：

- 当顾客需要不同或需要不同水平的服务时；
- 当顾客愿意为不同水平的服务付费时；
- 当服务资源（包括雇员时间）有限时；
- 当顾客以不同方式来定义价值时；

➢ 当顾客能彼此区别开来时；
➢ 当差别服务能使顾客升级到另一层级时。

4.5 顾客价值分析

以下是关于顾客价值的一些说法：
➢ 公司收入的80%来自顶端20%的客户；
➢ 顶端20%的客户其利润率超过100%；
➢ 大部分的营销预算经常被用在非现有客户上；
➢ 5%～30%的客户在客户金字塔中具有升级潜力；
➢ 客户满意度是客户升级的根本所在；
➢ 勉强满意的客户会经常转向你的竞争。

尽管企业想向所有顾客提供优质服务，但他们发现：满足（当然不可能超出）所有顾客的愿望既不现实，也不经济。另外，大多数情况下企业应该疏远甚至“远离”某些顾客（这也许会受到质量信奉者地反对）。

4.5.1 顾客盈利能力分析

1. 顾客价值的衡量指标——顾客终生价值

顾客盈利率（customer profitability，或称顾客盈利能力）在学术期刊上有许多其他的代名词，如：生命周期价值（lifetime value，Keane and Wang，1995），顾客生命周期价值（Customer lifetime value，Berger and Nasr，1998），顾客评价（customer valuation，Wyner，1996），顾客生命周期评价（customer lifetime valuation，Dwyer，1989），顾客关系价值（customer relationship value，Wayland and Cole，1997）以及顾客资产（customer equity，Blattberg 和 Deighton，1996）。顾客盈利率的概念是Storbacka（1998）提出来的。一般用顾客生命周期来度量。它是指在企业与顾客关系生命周期内顾客为企业所带来的盈利多少。

2. 企业的顾客盈利率分析(80/20原则)

1) 80/20 原则

不同的行业，甚至同一行业不同的企业，以及同一企业中不同的顾客其盈利水平是不同的。通过顾客盈利能力的研究，发现企业大都依从帕累托规律：20%的顾客创造公司80%的利润，而其利润的一半又被处于底端的顾客（不盈利的）顾客消耗。也即企业少数顾客创造了公司大多数利润。企业的利润和损失在顾客分布中的不平衡性，已经成为影响企业生存和发展的战略性问题。如图4-6所示。该图是 Sheth 和 Sisodia（1999）描绘的公司客户的典型利润曲线。当营销者采用大众化、甚至以市场细分为基础的营销手段时，一小部分顾客却占据了大部分营业额和利润。这一小部分顾客创造的利润却要对大部分不盈利的顾客进行补贴。花费在不盈利的顾客身上的成本与花费在这一小部分顾客身上的成本相当，甚至前者还超过后者。

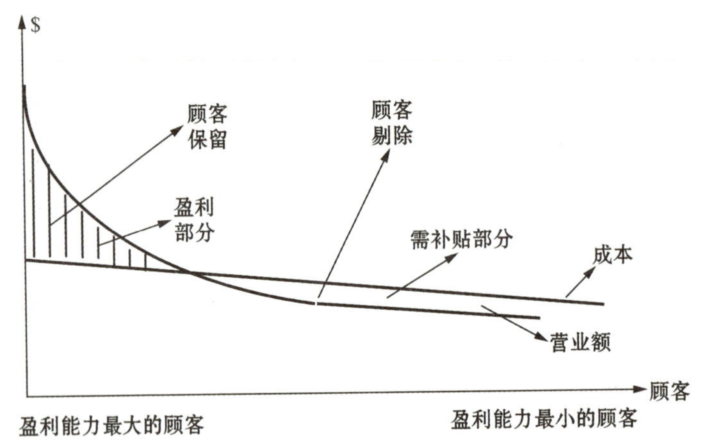

图 4-6 顾客盈利率

资料来源：Arun Sharma R. Krishnan, Value Creation in Markets, Industrial Marketing Management, 30. p. 391-402,2001.

因此企业应识别具有不同盈利能力的顾客，从而使企业有限的资源集中于小部分最盈利的顾客身上，从而增强竞争力，使其价值最大化（利润最大化）。

2) 顾客盈利率案例分析

顾客研究公司（CRI，Customer Research Inc.）通过分析其顾客的不同盈利能力来分析顾客、筛选顾客，从而将公司资源合理分配给具有不同盈利能力的顾客。该公司于 1974 年成立，并选择为财富 500 强中的一群公司提供营销研究、顾客满意测量和数据分析服务。起初，该公司集中于新获取的顾客身上，但从这些客户身上获得的利润与所付出的成本并不相称。该公司对其 157 个客户根据收入和边际贡献进行分类研究。

CRI 的 157 个客户，根据收入、利润的高低组合有如下四类客户：

(1) 高额、低利润客户 11 个；

(2) 高额、高利润客户 10 个；

(3) 低额、低利润客户 101 个；

(4) 低额、高利润客户 35 个。

将上述四类顾客分为 A、B 两类客户，其中 A 类指第 3 类顾客，共 101 个，B 类指第 1、2、4 三类顾客，共 56 个。根据分析发现，两类顾客的盈利能力相差甚远。

具体分析见表4-2。

表4-2　CRI顾客盈利率分析

	顾客 A	顾客 B
营业额	$ 203 320	$ 156 000
直接成本	$ 174 856	$ 113 162
销售成本	$ 14 232	$ 3 120
毛利	$ 14 232	$ 39 718
毛利占营业额百分比	7%	25%

研究发现,该公司对资源的利用没有效率,太多的资源分配在A类顾客上,这类顾客平均收入低,平均成本高。因此其毛利占销售收入的百分比也低。对此,CRI公司进行战略决策调整,与有限数量的客户建立一对一的长期客户关系,并将更多的资源分配在精选的顾客身上。结果表明公司的净收益提高,成为了其所选客户的偏爱的研究伙伴。该公司1996年获得了Malcolm Baldrige国家质量奖,成为唯一获得该奖的服务公司。

4.5.2　顾客盈利率度量

1. 度量顾客盈利率(顾客终生价值)

通常企业用顾客盈利率来定量分析进行CRM为企业带来的货币价值。从理论逻辑上看顾客盈利率取决于企业与顾客的关系期间关系收益与关系成本之间的差值。具体而言计算顾客盈利率绝大多数用顾客终生价值表示,它是指在与一个客户关系的整个生命周期中所能给企业带来的净收益,即企业能从一个客户那里获得的收益减去与该客户相关的成本支出后的收益净值。不同的客户获利能力是不同的,因为日新月异的市场和个性化的消费追求,决定了客户对企业所提供的产品或服务必然存在着差别化要求。

*CLV*用数学公式表达为:

$$CLV = (RR - TRC)T - AC \quad (4\text{-}5)$$

$$TP = CLV \times N \quad (4\text{-}6)$$

$$TP = [(RR - RC)T - AC] \times N \quad (4\text{-}7)$$

其中CLV—单个顾客终生价值(顾客盈利率),RR—获得的收入,TRC—单个顾客总的关系成本(包括发展成本DC与保留成本RC),T—顾客寿命,TP—总的利润,AC—获取成本,N—总的顾客数。

2. 影响顾客盈利率(顾客终生价值)的因素

从上述计算顾客终生价值的公式可知,影响顾客盈利率的因素有:关系成本和关系收入。关系成本项目包括：客户获取成本、维持成本与营销成本；关系收入项目包括：客户重复购买、交叉购买和增量购买、客户推荐、价格优惠部分。收入和成本决定了特定时期企业赚取利润的多少。随着客户与企业交往时间的增加，双方的关系更密切，这种良好的关系使得企业的成本不断减少，收入不断增加。因此，企业与客户之间关系的持续期也是影响顾客终生价值大小的重要因素。随着企业与客户关系时间的延长，客户为企业带来的年利润贡献将逐年增加。关系收入的大小可归结为顾客关系维度：即关系广度、深度和长度，如图 4-7 所示。

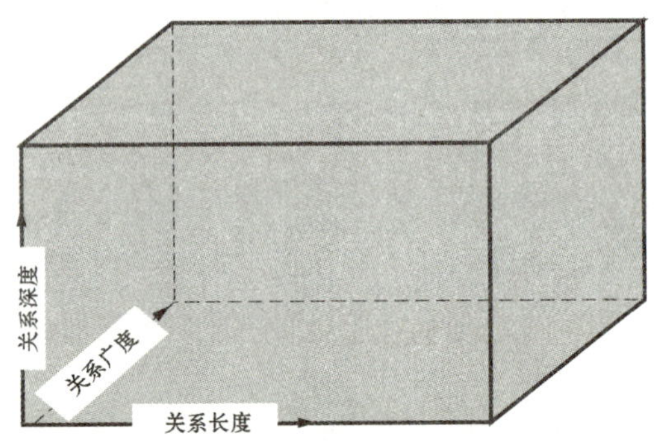

图 4-7 客户关系立体图

(1) 关系广度：即顾客关系的数量(新顾客、老顾客以及赢返的流失顾客)，即总的顾客数－N，在其他因素不变的情况下顾客关系收入与关系广度为正相关关系。

(2) 关系深度：它直接影响顾客关系的收入：如重复购买的收入、交叉购买收入、增量购买的收入以及推荐与口碑带来的收入。关系收入 TR 与关系深度为正相关关系。

(3) 关系长度：即顾客寿命 T，也即顾客与企业保持交易关系的时间长度。顾客关系收入与关系长度为正相关关系。

以上客户关系广度、深度与长度组成了客户关系立方图，立方体的大小决定了客户关系收入的大小(见图 4-7 客户关系立体图)。

(4) 关系成本 TC：企业与顾客发生关系的所有成本，既包括获取顾客的成本 AC，又包括发生关系的成本 RC，顾客终生价值与关系成本成反方向变化。

3. 成本的计算

企业为客户的投入成本包括：获取成本、交易成本、价格优惠部分、推荐破坏成本等。具体的成本估算和分配一般用作业成本法——Activity-based Cost，简称 ABC 法，即以作业为对象来归集、分配和计算成本。所谓作业是指企业为达到其生产经营目标所进行的各项活动，作业链则是指企业为最终满足顾客需要而完成的一系列作业。运用这一方法分析客户获利能力，首先需要分析每一客户的具体需求及相应产品或服务的“作业链”，其次需要分析这种“一对一”产品按作业链归集的成本，以及该客户给企业提供的收入。

4. 企业客户生命周期的计算

（单个）客户生命周期是指当一个客户开始对企业进行了解或企业欲对某一客户进行开发开始，直到客户与企业的业务关系完全终止且与之相关的事宜完全处理完毕的这段时间。

企业客户群体生命周期的计算是建立在单个客户生命周期的基础之上，它与单一客户生命周期不同的是，它计算出的是企业整个客户群体的平均生命周期。先算出客户流失率，即企业客户单位时间内流失的数量占总客户量的比率，然后算出其客户群体的生命周期。如某企业的年客户流失率为 10%，10 年这群客户流失掉，则其客户群体生命周期为 10 年。

5. 客户生命周期利润的计算

将客户为企业带来的收入减去企业为开发、维系、发展客户的成本，即是客户生命周期利润。客户终生价值就是指客户在其整个生命周期过程中，为企业所作贡献的总和。由于在客户生命周期的不同时间内，对企业所作的贡献亦有所不同，同时由于时间价值的存在，所以计算客户终生价值时，必须要对不同时期的贡献进行贴现，计算出客户的终生价值的现值。

6. 顾客终生价值的度量模型

根据顾客终生价值的定义可知，顾客终生价值是为企业带来预期收益的客户资源中进行资产化处理的部分。可见，通过对顾客终生价值的量化计算，可以评估出客户能够给企业带来的预期经济效益，即为企业所作贡献的大小。评估顾客终生价值主要是计算客户终生价值。客户在其整个生命周期内给企业带来的所有贡献称为客户终生价值。由于国内外学者对顾客终生价值概念内涵理解的不同，以及对客户终生价值、企业运作成本的细分办法的差异，他们从不同的角度探讨了顾客终生价值计算的方法。归纳起来，顾客终生价值计算方法大致分为两大类：一类是根据顾客终生价值的概念而形成的关于客户终生价值的计算方法；另一类是将顾客终生价值分为获取资产和维系资产两部分分别进行计算。本书就第一种方法进行探讨。

1）模型变量

由上所述，模型变量除了考虑上述顾客终生价值的影响因素外，还得考虑税收、贴现率等因素。故设：关系的持续期为 t；各期的购买概率为 P_t；各期的购买量为 Q_t；每次购买的税后收入为 I_t；企业的资金成本率，即贴现率为 i。企业为开发并保持客户关系而必要的成本为：获取成本 AC_t，指对企业进行投资，用于产品设计、市场营销等以吸引客户并使之满意的支出。这一成本发生在期初，是沉没成本，在获取客户之后不再发生；发展成本为 DC_t（简称 D_t），指企业用来加强和维持现有关系价值的支出，如：进一步了解客户需求，提高客户购买率等；保持成本为 RC_t（简称 R_t），指为延长关系持续的时间、降低客户不满意程度或重新激活客户等发生的支出，客户在期间 t 内产生利润为 m_t，顾客保留率为 r。

2）度量的数学模型

严格来讲，客户群体终生价值的计算，应该是先算出企业每个客户的终生价值，然后求和。但由于企业的客户数量较多，分别计算难度较大。就顾客终生价值的概念而言，公司客户基础的价值是其当前和未来客户终生价值之和。下面以一个客户群的客户终生价值为基础建立数学模型，考虑当前和未来客户群的终身价值，通过计算客户关系产生的现金净流量，建立顾客终生价值的计算模型。

若客户保持率为 100%，则客户终生价值简单表示为未来收入流的当前价值：

$$CLV = \sum_{t=0}^{\infty} \frac{m_t}{(1+i)^t} = \sum_{t=0}^{\infty} \frac{(P_t \times Q_t \times I_t - D_t - R_t)}{(1+i)^t} \tag{4-8}$$

若公司的客户保持率为 r，则上述模型修改为如下：

$$CLV = \sum_{t=0}^{\infty} m_t \frac{r^t}{(1+i)^t} = \sum_{t=0}^{\infty} (P_t \times Q_t \times I_t - D_t - R_t) \frac{r^t}{(1+i)^t} \tag{4-9}$$

上述模型以无限时间计算（简化计算）。

由于公司会在各阶段内获得新客户，因此各客户群的流失和边际利润模式见表 4-3。从表 4-3 中可见，公司在时间 0 内以每个客户 c_0 的获取成本获得了 n_0 个客户，边际利润为 m_0，随着时间的推移，客户的流失使该客户群在期间 1 最后所留存的客户数为 $n_0 r$，在期间 2 最后留存 $n_0 r^2$ 个客户，相应的边际利润为 m_1，m_2。以此类推其他期间如期间 3，…等的最后留存客户数为 $n_0 r^3$，…等，边际利润为 m_3，…等。对于客户群 1、2 的情况也以此类推。

表 4-3 客户数量和每一客户群的边际利润

	客户群 0		客户群 1		客户群 2	
时间	客户	边际利润	客户	边际利润	客户	边际利润
0	n_0	m_0				
1	$n_0 r$	m_1	n_1	m_0		
2	$n_0 r^2$	m_2	$n_1 r$	m_1	n_2	m_0
3	$n_0 r^3$	m_3	$n_1 r^2$	m_2	$n_2 r$	m_1
…	…	…	$n_1 r^3$	m_3	$n_2 r^2$	m_2

(续表)

	客户群 0		客户群 1		客户群 2	
…	…	…	…	…	n_2r^3	m_3
…	…	…	…	…	…	…

注:假设各客户群遵从同样的利润模式($m_0,m_1,m_2,\ldots m_n$)。

因此,客户群 0 从时间 0 始的终生价值为:

$$CLV_0 = n_0\sum_{t=0}^{\infty}(P_t \times Q_t \times I_t - D_t - R_t)\frac{r^t}{(1+i)^t} - n_0c_0 \tag{4-10}$$

这里 n_0c_0 为客户群 0 的获取成本。

客户群 1 的情况与客户群 0 的情况相似,但每个期间都有变化,因此,客户群 1 从时间 1 始的客户终生价值为:

$$CLV_1 = n_1\sum_{t=1}^{\infty}(P_{t-1} \times Q_{t-1} \times I_{t-1} - D_{t-1} - R_{t-1})\frac{r^{t-1}}{(1+i)^{t-1}} - n_1c_1 \tag{4-11}$$

这里 n_1c_1 为客户群 1 的获取成本;很容易通过贴现率计算其在时间 0 的价值,换句话说,客户群 1 在时间 0 时的终生价值为:

$$CLV_1 = \frac{n_1}{1+i}\sum_{t=1}^{\infty}(P_{t-1} \times Q_{t-1} \times I_{t-1} - D_{t-1} - R_{t-1})\frac{r^{t-1}}{(1+i)^{t-1}} - \frac{n_1c_1}{1+i} \tag{4-12}$$

此处$\frac{n_1c_1}{1+i}$为客户群 1 在时间 1 时的获取成本在时间 0 时的折现值。

总之,客户群 k 在时间 0 时的终生价值为:

$$CLV_k = \frac{n_k}{(1+i)^k}\sum_{t=k}^{\infty}(P_{t-k} \times Q_{t-k} \times I_{t-k} - D_{t-k} - R_{t-k})\frac{r^{t-k}}{(1+i)^{t-k}} - \frac{n_kc_k}{(1+i)^k} \tag{4-13}$$

这里$\frac{n_kc_k}{(1+i)^k}$为客户群 k 在时间 $t-k$ 时的获取成本在时间 0 时的折现值。

故企业总的客户终生价值就是所有客户群终生价值之和:

$$CLV_{总} = \sum_{k=0}^{\infty}\frac{n_k}{(1+i)^k}\sum_{t=k}^{\infty}(P_{t-k} \times Q_{t-k} \times I_{t-k} - D_{t-k} - R_{t-k})\frac{r^{t-k}}{(1+i)^{t-k}} - \sum_{k=0}^{\infty}\frac{n_kc_k}{(1+i)^k} \tag{4-14}$$

本模型对预期的顾客终生价值均采用了折现的方法。需要说明的是由于顾客终生价值是一个较新的概念,其计算过程中涉及的许多指标在现行财务报表中并未全部反映出来,使得实际操作较为困难。目前根据顾客终生价值计算公式所得出的计算结果只是概念性的,与实际运作的结果存在一定的差距,而且短期内,企业财务报表上也难以反映顾客终生价值的有关数据。然而对顾客终生价值的概念及其计算方法的探讨,是一种非常有益的尝试,它为企业的运作提供了颇具价值的决策依据。

4.6 提升顾客价值的途径

顾客是最大效用的追求者,企业是最大利润的探寻者,企业提升顾客价值,在增加顾客的效用,提高顾客满意度的前提下,提高顾客的忠诚度,增加企业价值,使企业获利。

根据顾客让渡价值理论,提高顾客的让渡价值有如下途径:

(1) 增加总顾客价值。总顾客价值包括:产品价值、服务价值、形象价值与人员价值,企业增加其中一种获同时增加几种价值都能增加总顾客价值。

(2) 减少总顾客成本。总顾客成本包括:货币成本、时间成本、体力成本、精神成本,企业减少其中一项或同时减少几项成本都能增加顾客价值。

(3) 既增加总顾客价值,又降低总顾客成本。也即企业即增加上述任何一种或几种价值,同时减少其中一种或几种成本皆能增加顾客价值。

根据 Banwari Mittal Jagdish N. Shesh 的观点,企业给顾客创造的价值空间(途径)如下:

1. 效用价值空间

效用价值空间有三个动力来源:质量、创新、量身打造。

质量是指产品或服务要能持续可靠地发挥作用,而且终其一生都能保有相同的水准。定义简单,但却非常重要。如隔夜包裹必须准时送达,通讯网络要通畅。对质量的要求有不同的层面。最基本的层面是指减少生产制品的欠缺,使产品或服务符合设计规格。对汽车而言,它就是指零件、组装等没有次品,没有错误。在第二个层次:质量能满足客户对产品和服务的所有要求。就汽车而言,它不仅要可靠有用,而且还要让驾驶与乘客觉得舒适;在第三个层次上,质量的观点更扩大到不只包括产品,还包括其他会影响客户的东西,如产品的交付、账务、技术支援,等等。在质量的最后一个层次上,质量成了公司的生活方式。公司会改善所有的作业流程,并接纳“内部客户”概念,使每个流程与活动都获得改善,进而满足服务对象的要求,全面质量管理则是这个转型阶段的主要工具。

坚持质量可以确保产品或服务符合客户对品牌的期望,给顾客创造效用价值,但要扩大这个价值空间的范围,就必须创新。创新的目标是要提高产品或服务的功能水准,以便为顾客创造出更大的效用价值空间。

量身打造是指产品与服务针对个人的需要来设计,使其带给顾客超越质量与创新的效用价值。

2. 价格价值空间:要素有目标成本、需精益运营

目标成本是指把成本控制在固定的范围内,使公司制定出对客户有吸引力的产品价格,从而使公司得到预定的利润。目标成本最适合在首次设计产品时使用,以便让设计与制造符合目标成本的规定。精益运营则更进一步,连后续的产品与流程都在应用范围内。由于设计与制造的规定不变,因此生产流程的效率便得以提高。生产流程包括所有的流程,不仅包括工厂流程,也包括办公室流程和管理流程。所有的流程和作业都必须消除浪费,工厂本身必须现代化并符合成本效益,员工的工作必须靠必要的电脑与科技辅助设计,以发挥最大的生产力,管理成本必须削减,一般销售与行政支出必须加以控制。

3. 个人化价值空间

个人化价值空间有三个构成要素:容易接近、迅速回应、培养关系。

容易接近是指客户要以简单的方式与公司接近,也即客户要求与公司随时随地以任何方式来做生意。企业可以靠建立多种渠道与顾客接近。

但是如果客户的交易需求得不到回应,或是回应得过于迟缓或十分粗糙,即使是容易接近也无济于事。如安装有线电视,过去由于经营者不能确定安装人员何时到现场,只能在家等待一天。如若现在改善了本身的作业,使客户能把等待维修人员到达的时间控制在2小时以内,则会大大提高给客户的价值。再如在中国银行的客户无不要求能缩短排队等待的时间,如需花很长时间排队才能办理,这大大降低了银行带给客户的价值,这也是近期上海各银行致力要解决的问题,目前中央银行要求各大银行开办各银行间通存通兑的业务,从而减少业务量,为客户提供方便,增加客户价值。企业要做到迅速回应,必须具备多项基本资源,如:与客户联系的人员要有专业能力和才干,充分了解产品,并有能力解决问题;要有适当的CRM系统,使客户服务人员可以靠桌上的终端机查询相关的客户与产品信息,且有权采取行动,电话或邮件便能迅速解决问题。

培养关系是指公司与客户建立关系。关系的核心要素是信任。公司若能取得客户的信任,就比较容易获得客户的忠诚。此外尊重、重视客户、同理心、人情味等皆是培养与客户良好关系的要素。

不论是菲利普·科特勒的价值让渡理论,还是Banwari Mittal Jagdish N. Shesh的再造价值空间的观点,都是从不同的角度提供了公司增加顾客价值的途径。

上述企业提高顾客价值的途径皆是从公司为客户提供的价值入手来获得企业的价值的。笔者认为还应结合企业按顾客价值细分市场,选择盈利客户,了解客户的期望与需求,在此基础上以创新的方式为客户提供价值。因此笔者认为企业提升顾客价值的要点如下：

(1) 按顾客价值细分市场，精心筛选盈利顾客；

(2) 了解顾客的期望，重视目标市场顾客的需求，尤其是其最重视的需求；

(3) 以创新的方式为顾客创造价值，给顾客提供满足其需求的产品和服务。

因此企业必须对顾客进行价值细分，选取盈利客户，了解顾客的价值偏好，然后在顾客看重的“价值”领域里，集中提供一流的产品和服务，消除或尽量减少顾客成本和冲突。最后，要把企业的注意力从单纯关注产品价格转移到企业的总成本上来，力争比对手为顾客带来更大的价值。

沃尔玛就是为顾客带来卓越价值的公司。沃尔玛长期以来围绕着价廉、方便、满意的顾客价值范畴，充分运用科技进步带来的可能性，压缩供应链上游的成本，持续地改进流程，改善组织领导方式，对内过站式物流管理技术、员工持股和参与分红，对外“天天低价”，从而使得公司以顾客价值为导向建立起核心能力，赢得了竞争优势。

再如宜家，依靠前卫的设计风格，设计出让人耳目一新、实用而简单，且体现品质和品位的产品，以科技照顾生活的每个细节，创造独特的产品展示方式，营造独特的体验式购物环境，把“简洁、美观而价格合理”的商品带到全球市场，成就了人们的美好生活，从而给顾客全新的价值体验，从而赢得了顾客的忠诚，进而也获得了丰厚的回报。

案例分析

国航 CRM 直指 VIP

周超是国内某大型民营企业的 CEO，上周他乘坐中国国际航空公司的航班前往纽约。他经历了一次昂贵的飞行旅行，机票价格从过去的 3.5 万元人民币涨到 7.5 万元人民币，但他也体验了头等舱的“物有所值”。国航专用奥迪车来接他到首都国际机场，走过快速 VIP 安检通道，坐在头等舱后，座椅新式、宽敞，让他感觉非常惬意，座椅可伸展至 180 度，成为一张真正的“空中睡床”。乘务员还为他提供了新配备的睡衣；舱内可模仿日出、日落的灯光，让他觉得很人性化；飞行过程中，他从几十部电影中选择了两部自己喜欢的；餐食是他在登机前就预定好的北京烤鸭、法国红酒。这次，周超觉得漫长的 13 小时航行居然轻松度过。到纽约后，国航又派奥迪车将他从机场送到了目的地。

这是国航相对于两舱改造后对 VIP 顾客提供的价值增值服务。

两舱改造

过去，国内大多数航空公司认为，只有将客座率提高到 70%～80%，才不会亏损。但国航根据对飞机不同舱位带来的收入状况进行深入分析，发现头等舱、公务舱的座椅最多不过 50 把，但它们对整个飞机的收入贡献却最大。比如北京—纽约航线，“两舱”带来的收入近一半。这是因为近半数的头等舱、公务舱乘客为商务乘客，其中有 40%～50%的旅客是各航空公司的常旅客，他们的价格敏感性低。此外，他们为了累计航程积分，不太会因为价格而轻易选择别的航空公司。不过，这部分人对航空公司的服务敏感度却很高。国航改造“两舱”的决策就是为了更好地满足这些高端人群的需求。

于是，国航于 2004 年下大力气开始改造部分飞机的“两舱”。

在国航提出改造“两舱”计划之前，对国际知名航空公司，如汉莎航空、美联航等的“两舱”做过实地考察和深入的数据分析。在这些数据的基础上，国航确定了“两舱”改造方案，制定了周密的改造后定价方案。“我们有一套科学的计算方法，使得定价又能保证盈利，还比同行的价格具有竞争力。”张春枝说。IT 工具在定价这个环节，显现出了它的价值。

“两舱”改造并不是简单地提高座舱硬件水平那么简单，它是国航市场策略的重要一步棋。国航的根据地是首都国际机场，国航根据调查发现，在这里上下飞机的公务和商务旅客占全部旅客一半以上。于是，国航“明智”地将企业的目标客户锁定为商务旅客群体。

中国国际航空股份公司总裁马须伦曾明确表示：“国航的 4 大战略目标之一就是让主流旅客认可，使国航要成为一家以公商务旅客为主的航空公司。”目前，在国内 3 大航空公司(国航、东航、南航)中，国航的商务旅客比例最高，超过 70%，南航和东航大约在 60%左右。因此，改造商务旅客聚集的头等舱和公务舱的软硬件条件，对提高 VIP 客户的忠诚度和市场竞争优势大为有利。

国航这次改造头等舱、公务舱，单个座椅投入资金分别是 60 万和 40 万元。配合“两舱”的硬件改造，国航还在餐食、酒饮、杂志、电影等方面配套进行了精心提升。如今，凡乘坐国航新“两舱”的头等舱乘客均由国航派出的奥迪车接送，公务舱客人由帕萨特接送。所有航班的乘务员由电脑按照年龄、所掌握的语言、职位等合理搭配。

从 2006 年 7 月开始到年底，国航斥资 6.88 亿元进行“两舱”(头等舱、公务舱)改造的 15 架飞机将陆续投入中美、中欧航线，将有更多的乘客享受到张先生式的贵宾服务。

随着“两舱”改造的完成，国航的两舱票价也上升了 1 倍左右。但对于像张先生这样的商务人士对国航的价格上升并不敏感，其满意度也没有随着票价的升高而降低。“只要服务好，价格贵点可以接受，而且这条航线上外国航空公司的头等舱价格还更贵。”张先生说。

改造效果

仅仅两个月，国航的“两舱”改造效果已经开始显现。据国航统计，其北京—纽约、北京—法兰克福航线，来自新“两舱”的收入分别占整个飞机的48%和30%。“目前，我们的两舱还没有坐满，一旦坐满，其占总收入的比例可能更大。”中国国际航空股份公司市场部总经理张春枝充满自信地说。目前，这两条航线的“两舱”客座率在70%左右。

国航“两舱”改造可谓是一次成功的客户关系管理，达到了客户满意度和利润提高的效果。国航关注客户关系管理至少5年时间，涉及常旅客管理、直销客户管理、渠道管理等各层面。在他们看来，“所谓的客户关系管理就是找到高价值客户、获得高价值客户，培养客户的忠诚度和提高客户的价值。”至于用什么工具(如呼叫中心、数据挖掘、网站)实现则是次要的。这是国航客户关系管理的真正内涵。因此，在国航的客户关系管理中，很多是围绕“高价值客户”的市场策略和计划，IT工具则隐于幕后。

对国航而言，提升VIP的满意度，比降低经济舱价格、一味强调客座率，所获得的收入更多。

锁定目标客户，发展VIP

分析国航客户管理主线，可以简单概括为“找到商务客户，让他们成为知音卡会员，进而成为VIP会员，最后激励旅客频繁飞行”。因此，对常旅客的管理是国航客户关系管理中，最重要的工作。

目前，国航的常旅客数据管理是由国航信息技术中心负责，他们利用IT系统管理着超过350万的知音卡会员，且向业务部门定期报送会员统计分析数据，供相关部门决策。而国航的会员咨询服务呼叫中心，则外包给了贝塔斯曼。无疑系统分立，会形成客户信息孤岛。对此国航也很无奈，但它现阶段还没有足够人力、财力整合客户信息系统，他们只能先牢牢抓住高价值客户。

国航在1994年就开始实施国内第一个常旅客计划——知音卡。目前，其发放的知音卡已超过350万，预计到今年年底将达到400万。对于如何提高会员的贡献度，国航也经过一番摸索。最初，国航只是单纯地根据飞行里程来判定会员的贡献度——飞行里程多贡献就大。但是他们通过会员信息分析，发现很多会员几年才有一次飞行行为，尽管这次飞行距离很远，但对国航的贡献度反而不如那些经常乘坐国内航班的客户。于是，国航改变策略，对会员的飞行里程和频率都做统计，并按新标准将会员分为4级：普通知音卡会员、银卡会员、金卡会员及白金卡会员，级别越高的会员获得的奖励也越多。目前，国航VIP会员（包括白金卡、金卡、银卡）共有6万人，这部分高端客户以每年10%以上的速度增长着。据悉，他们每年贡献给国航的收入达六七十亿元。

对于常旅客会员，国航并不看重6万会员的数量，而更看中这些会员中有多少在“活动”、有多少在“睡眠”。国航将VIP会员划分为活动和睡眠两类状态，那些在一定时间内没有航空活动的会员被认为处于“睡眠”状态。对国航来说，只有活动的会员才是有价值的会员。

专家也提出，里程积累和奖励只是航空公司常旅客计划的第一步，而挖掘常旅客信息的含金量，分析常旅客的构成、流向、流量，考察常旅客的收益状况，评估奖励政策，采取相应的措施，创造更大收益，才是常旅客计划的最终作用。国航市场部门对客户数据的敏感让常旅客客户关系管理找对了方向。

现在，他们又在大量的数据支持下，主动出击，以让更多的常旅客成为“活动”客户。今年下半年，国航在去年电话回访150名VIP会员的基础上，采取更多举措，将6万VIP会员按照联系地址划分到国航位于全球的6大分公司、142个营业部。各营业部和分公司的老总将知道其所管辖的区域有多少白金卡、金卡、银卡会员，并且要主动电话问候这些VIP会员，了解他们新的需求。国航将这次活动叫做“亲切关怀”，以鼓励和刺激会员提高每年的飞行数目。

“对高收益、高价值旅客，投入更多的成本和精力；对低价值的客户则通过电话、网络等低成本手段提供更便捷的服务”，是国航全面客户关系管理的准则。

通过几年来对各层面客户的细分，国航除了正确识别出VIP客户群，还在直销客户管理、渠道管理环节中，尝试挖掘出高价值客户。

比如，国航实施了协议大客户计划，以让国航更直接地获得了解企业、政府机构中的公商务群体。为此，国航将售票终端搬进这些组织的办公室，为高端旅客群体进行一对一服务。由于省去了中间环节，客户的满意度大大提高，国航也因此获得了稳定的销售收入。

此外，国航还针对不同的协议大客户，设计了个性化服务，如提供订座、出票、候补机票的优先保证及行前机场取票等服务。那些直销大客户中的重要旅客还可享受免费候机休息及代办行李交运、值机手续、导乘和快速通道登机等服务。国航还为每个直销大客户建立了专门的电子档案，定期对他们进行回访，了解他们的需求，以便及时为他们设计满足其需求的个性化行程。目前，国航协议大客户负责部门正在利用信息系统对全部1000多家客户进行评级，从而深度挖掘他们的价值。

（资料来源：根据网上资料整理）

案例思考题

1. 分析国航所处的行业背景、市场竞争状况。
2. VIP客户对于航空公司的经济意义何在?
3. 试分析国航管理客户关系的实践活动。
4. 国航是如何为高价值客户提供增值服务的?
5. 该案例给你的启示如何?

复习思考题

1. 企业是否要按顾客价值进行顾客细分和管理?为什么?
2. 要想在竞争中获胜,企业就必须对顾客的价值进行价值创新。请联系企业管理实践,谈谈"价值创新"的途径有哪些。
3. 你所在的或是你熟悉的企业是如何按顾客价值进行细分,并对细分顾客进行管理的?

中篇　CRM 技术系统

第 5 章　CRM 技术系统

导入案例

张冬的烦恼

最近，Y 公司 CRM 项目主管张冬头大了。自从 CRM 风风火火地上了之后，公司领导对实施一直不太满意，这套 CRM 系统的硬伤显而易见。首先，体现在需求方面。最初是市场部门提出要更快地了解全国各地的市场信息、销售信息，更方便快速地统计。IT 部门接到需求后，从长远考虑出发，推荐了 CRM 系统，希望第一期实现市场部信息需求，接着是客户管理……而不想简单地上一个数据收集系统，造成太多的信息孤岛，不利于公司信息化整体建设。想法本身很好，但是项目实施之后，结果却是：CRM 系统并不擅长实现市场信息的收集和处理，需要大量的二次开发。勉强实现的功能扩展性不好，不能适应公司不断增长的需求。

更让张冬愤怒的是系统的开发。客观地说，公司选择的 CRM 平台很好，据说在国际上名列前茅，但负责开发的人员却令人失望，技术和态度都差，一点也不从操作者的角度考虑。他们设计的数据录入介面十分繁琐，如输入销量时，要从每个零售店的界面中选择弹出一个窗口，然后再一个机型一个机型地录入，假设一个分公司管理 200 个零售店、10 个机型，意味着要进入 2 000 次界面。再如，报表输出部分，每种查询只能按固定的格式输出，如果公司要按机型、网型、分公司、零售店、促销员等多个角度来查询，开发人员说要开发数千个表，最后，原 CRM 项目组主管找到一个解决方法：找一个编程高手另外编一个报表形成程序，这样，CRM 系统就分成了两部分，一部分是由原供应商提供的数据录入、原始数据管理系统。另一部分是高手开发的报表查询系统。面对这些问题，张冬觉得很头疼。

本来关系融洽的 IT 部和市场部也因为这个系统产生了一些冲突，IT 部门责怪市场部门需求变得太快、各地操作人员太笨，每天都要应付来自全国大量的很简单的操作问题。市场部门责怪 IT 部门不了解需求，不能耐心地提供服务，对新需求的开发进度太慢……一位参与实施的员工在多次申请，终于“脱离苦海”后抛下一句话：“以后再也不跟 IT 人员打交道了！”

这一切让张冬陷入了深深的焦虑。现在再埋怨当初选型、实施过程中的种种失误，已经没有意义。他现在最想知道的是这个病入膏肓的 CRM 系统是否还有药可医，以及如何医治。

（资料来源：根据佳工机电网的《如何让人们放心使用CRM系统》改编）

在本案例中主人公遇到的困境产生的主要原因是CRM系统的设计不完善，从CRM技术上讲，该公司业务部门的需求是要实施一套事务操作型CRM系统，而信息技术部门推荐给业务部门使用的是一套分析型CRM信息系统。分析型CRM的信息来源于操作型CRM的数据信息，如果操作型CRM的数据信息不完整，那么分析型CRM将成为无源之本，其结果是可想而知的。

本章从CRM的系统特点出发，首先从宏观上描述CRM系统结构模型，然后分析CRM的软件系统，最后在此基础上分析CRM软件系统的技术功能模块和CRM系统分类，国内外领先的CRM软件企业，以帮助读者全面了解和掌握CRM的技术系统和模块。

5.1 CRM系统的特点

现代的CRM是一种以客户为中心的业务模式，由多种技术手段支持、通过以客户为中心达到增强企业竞争力的目的。所以CRM不仅是一种管理理念，也是一种管理技术。其本质上是以客户关系为导向的一套计算机化的网络软件系统，其目的是为了有效地收集、汇总、分析和共享各种顾客数据，积累顾客知识，有效地支持客户关系策略。对顾客数据的收集、分析、处理和共享手段决定了CRM的功效，因此CRM系统是确保企业成功实施CRM战略的技术保证，是CRM战略的使能者(enabler)。好的CRM系统应该能够很好地处理客户的数据，具有平台、接触、运营和商业智能四大层面的功能，实现企业市场营销、销售和服务等各个系统的无缝连接。在数据仓库技术、数据挖掘技术和Web技术下实现企业快速、正确的决策和经营。主流的CRM系统具有以下特点：

1. 综合性

完整意义上的CRM系统不仅使企业拥有灵活有效的客户交流平台，而且使企业具备综合处理客户业务的基本能力，从而实现基于因特网和电子商务应用的新型客户管理模式。它能综合企业客户服务、销售和营销行为优化的自动化要求，在统一的信息库下开展有效的顾客交流管理，使得交易流程成为综合性的业务操作方式。

2. 集成性

在电子商务背景下，CRM系统具有与其他企业级应用系统(ERP—企业资源规划、SCM—供应链管理)的集成能力。对于企业而言，只有实现了前后端应用系统的完全整合，才能真正实现客户价值的创造，如 CRM 与 ERP 的集成。ERP 的实施给企业带来内部资源的优化配置；CRM 则从根本上改革企业的管理方式和业务流程，因其具备的强大工作引擎，其解决方案可以确保各部门各系统的任务都能动态协调和无缝完成。如 CRM 系统中的销售自动化系统，能够及时向 ERP 系统传送产品数量和交货日期等信息，营销自动化和在线销售组件，可使 ERP 订单与配置功能发挥到最大，客户可以真正实现按需要配置产品，并现场进行订购。

3. 智能化

成熟的 CRM 系统不仅能完全实现商业流程的自动化，而且还能为管理者的决策提供强大的支持。因为 CRM 获得并深化了大量客户的信息，通过成功的数据仓库建设和数据挖掘对市场和客户需求展开了完善的智能分析，为管理决策提供参考信息，从而提高管理者经营决策的有效性。此外，CRM 的商业智能还可以改善产品的定价方式、发现市场机会，从而提高市场占有率。

4. 高技术含量

CRM 系统涉及种类繁多的信息技术，如数据仓库、网络、语音、多媒体等多种先进技术，同时，为了实现与客户的全方位交流，在方案布置中要求呼叫中心、销售平台、远端销售、移动设备以及基于因特网的电子商务站点的有机结合，这些不同技术和不同规则的功能模块和方案要被结合成为一个统一的 CRM 环境，就要求不同类型的资源和专门的先进技术的支持。CRM 为企业提供的数据知识的全面解决方案中，要通过数据仓库、数据挖掘和决策分析工具的技术支持，才能使企业理解统计数据和客户关系模式、购买行为等的关系，在整合不同来源的数据并以相关的形式提供给企业管理者或客户方面，IT 技术的影响是巨大的，当然也是最终的。

5.2　CRM 系统的结构

5.2.1　CRM 的体系结构和系统功能

从逻辑模型的角度来讲，一个完整的 CRM 系统可以分为三个层次：界面层、功能层与支持层。如图 5-1 所示。

界面层是 CRM 系统同用户或客户进行交互、获取或输出信息的接口。通过提供直观的、简便易用的界面，用户或客户可以方便地提出要求，得到所需要的信息。这一层的模块有呼叫中心和电子商务两部分。

功能层由执行 CRM 基本功能的各个系统构成，主要包含销售自动化、营销自动化和客户服务与支持自动化。

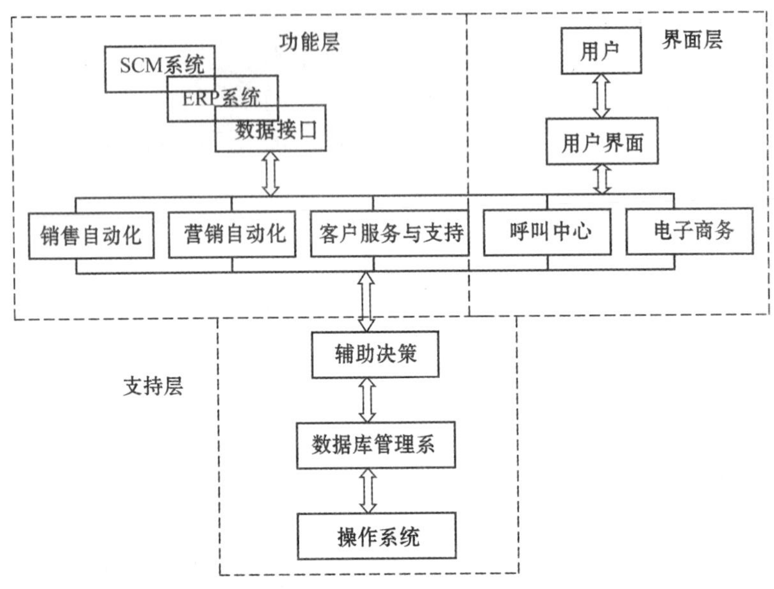

图 5-1 CRM 的逻辑体系结构

支持层则是指 CRM 系统所用到的数据库管理系统、操作系统、网络通信协议等，是保证整个 CRM 系统正常运作的基础。

与这三个层次相对应，可将 CRM 系统大致分为如下三个模块，在小型的 CRM 系统中也可将其当作三类系统：

- 对应功能层：对销售、营销和客户服务三部分业务流程的信息化——操作型 CRM。
- 对应界面层：与客户进行沟通所需要的手段（如电话，传真，网络，Email 等）的集成和自动化处理——协作型 CRM。
- 对应支持层：对前面两个部分功能所积累下的信息进行加工处理，产生客户智能，为企业的战略战术决策作支持——分析型 CRM。

下面详细分析这三个模块。

1. 操作型 CRM

应用此模块的目的是为了让这些部门的业务人员在日常的工作中能够共享客户资源、减少信息滞留、从而力争把一个企业变成单一的“虚拟个人”呈现在客户印象中，它是 CRM 软件中最基本的应用模块。它通过基于角色的关系管理工作平台实现员工的授权和个性化，使前台交互系统和后台的订单执行可以无缝集成链接，并同步所有客户的交互活动，以此使相关部门的业务人员在日常的工作中能够共享客户资源，减少信息流动的滞留点，从而使企业作为一个统一的信息平台面对客户，大大减少客户在与企业的接触过程中产生的种种不协调。主要包括：销售自动化、营销自动化、服务自动化。

这种系统的使用人员主要有以下几类：

- 销售人员。使销售自动化，包括订单处理、发票处理及销售机会管理。
- 营销人员。使营销自动化，如促销活动管理工具，用于计划、设计并执行各种营销活动，寻找潜在客户，并将他们自动集中到数据库中，通过自动分配工具派给销售人员。
- 现场服务人员。使服务自动化，包括自动派给工具、设备管理、服务合同及保质期管理等。

2. 协作型 CRM

协作型 CRM 一般有呼叫中心、客户多渠道联络中心、帮助台以及自助服务帮助导航，具有多媒体多渠道整合能力的客户联络中心是其主要发展趋势。它将市场、销售和服务三个部门紧密地结合在一起，支持他们之间的协作，使企业各个部门之间协作畅通，数据一致，从而使 CRM 为企业发挥更大的作用。它能够让企业客户服务人员同客户一起完成某项活动，比如支持中心人员通过电话指导客户修理设备，因为这个修理活动要有员工和客户共同参与，因此是协同的。

3. 分析型 CRM

分析型 CRM 以数据仓库和数据挖掘为基础，支持、发掘和理解顾客行为。主要原理是将交易操作所积累的大量数据进行过滤，然后存贮到数据仓库中去，再利用数据挖掘技术建立各种行为预测模型，最后利用图标、曲线等对企业各种关键运行指标以及客户市场分割情况向操作型模块发布，达到成功决策的目的。应用此模块的人员不同客户直接打交道，而是从运营型系统所产生的大量数据中提取有价值的各种信息。如销售情况分析和对将来的趋势做出的必要预测，是一种企业决策支持工具。

这三大功能统一于 CRM 总体系统结构图中，如图 5-2 所示。

从全局角度看，在完整的 CRM 系统中包含以下四个分系统：

(1) 客户协作管理分系统。客户协作管理分系统主要实现了客户信息的获取、传递、共享和应用；支持电话中心、WEB 服务、电子邮件服务、传真等多种联系渠道的紧密集成；支持客户与企业的互动。

(2) 业务管理分系统。业务管理分系统主要实现了市场营销、销售、客户服务与支持等三种基本商务活动的优化和自动化，包括市场营销自动化（MA），销售自动化（SFA）和客户服务自动化（CSS）等三个功能模块。随着移动技术的快速发展，销售自动化可进一步实现移动销售（MS），客户服务自动化则将实现对现场服务（FS/D）的支持。

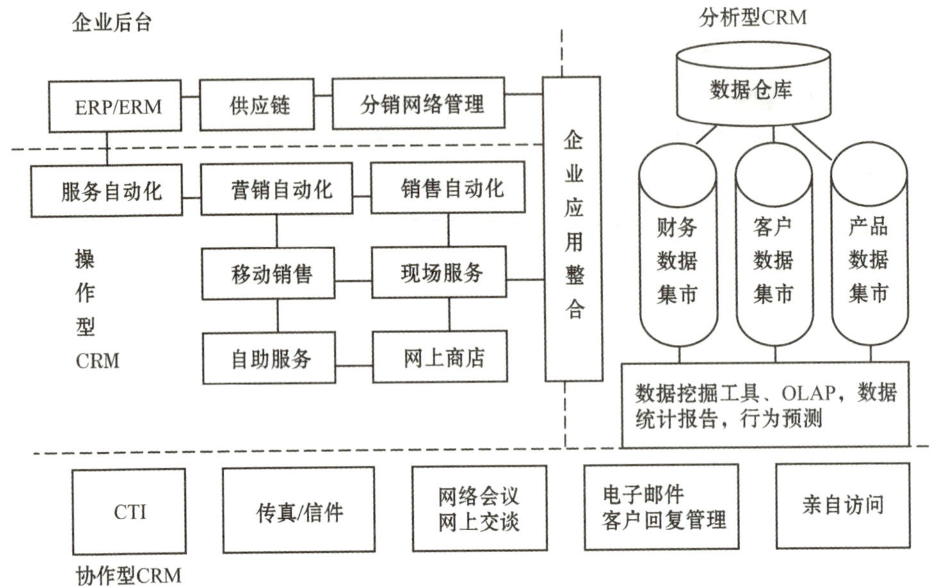

图 5-2 三类 CRM 应用的功能定位

(3) 分析管理分系统。分析管理分系统将实现客户数据仓库、数据集市、数据挖掘等工作，在此基础上实现商业智能和决策分析，实现分析管理分系统的核心技术数据仓库和数据挖掘技术。

(4) 用集成管理分系统。应用集成管理分系统将实现与企业资源计划(ERP)、供应链管理(SCM)等系统的紧密集成，直至实现整个的企业应用集成。

CRM 系统在这四个分系统的支持下，实现与客户的多渠道紧密联系、客户订单的流程追踪、客户市场的划分和趋势研究、在线数据联机分析和支持智能决策，以及实现与企业其他系统的集成。

5.2.2 呼叫中心

1. 呼叫中心概念

呼叫中心(Call Center，又称客户服务中心)起源于发达国家对服务质量的需求，其主旨是通过电话、传真等形式为客户提供迅速、准确的咨询信息以及业务受理和投诉等服务，通过程控交换机的智能呼叫分配、计算机电话集成、自动应答系统等高效的手段和有经验的人工座席，最大限度地提高客户的满意度，同时自然也使企业与客户的关系更加紧密，是提高企业竞争力的重要手段。

随着近年来通信和计算机技术的发展和融合，呼叫中心已被赋予了新的内容：分布式技术的引入使人工座席代表不必再集中于一个地方工作；自动语音应答设备的出现不仅在很大程度上替代了人工座席代表的工作，而且使呼叫中心能 24 小时不间断运行；Internet 和通信方式的革命更使呼叫中心不仅能处理电话，还能处理传真、电子函件、Web 访问，甚至是基于 Internet 的电话和视频会议。因此，现在的呼叫中心已远远超出了过去的定义范围，成为以信息技术为核心，通过多种现代通信手段为客户提供交互式服务的组织。

呼叫中心就是在一个相对集中的场所，由一批服务人员组成的服务机构，通常利用计算机通讯技术，处理来自企业、顾客的电话垂询，尤其具备同时处理大量来话的能力，还具备主叫号码显示，可将来电自动分配给具备相应技能的人员处理，并能记录和储存所有来电信息。一个典型的以客户服务为主的呼叫中心可以兼具呼入与呼出功能，当处理顾客的信息查询、咨询、投诉等业务的同时，可以进行顾客回访、满意度调查等呼出业务。

从管理方面，呼叫中心是一个促进企业营销、市场开拓并为客户提供友好的交互式服务的管理与服务系统。它作为企业面向客户的前台，面对的是客户，强调的是服务，注重的是管理。充当企业理顺与客户之间的关系并加强客户资源管理和企业经营管理的渠道。它可以提高客户满意度、完善客户服务，为企业创造更多的利润。

从技术方面，呼叫中心是围绕客户采用 CTI 计算机电话集成技术建立起来的客户关照中心；对外提供话音、数据、传真、视频、因特网、移动等多种接入手段，对内通过计算机和电话网络联系客户数据库和各部门的资源。

呼叫中心的主要任务将影响许多重要决定，这些决定关于呼叫中心功能、呼叫处理措施、内部或外部联络措施，以及呼叫中心结构，即集中型或分散型。

呼叫中心通常首先处理大多数客户询问或是基本种类的服务。这说明呼叫中心 80%或以上的呼叫可以得到回复，而不需要分配到公司的其他部门。通过进行足够的培训和发展技术系统，也可以处理更为复杂的询问。

呼叫中心的首要目标是提供高质量的服务令客户满意。提供高品质服务的基础是增加与客户的联系。

同时也必须决定在整个组织结构安置呼叫中心的地点。这可有助于在公司各级管理结构中呼叫中心直接向行政主管汇报。这样确保了呼叫中心的完整性从而取得客户服务成果。

2. 呼叫中心的类型

呼叫中心按采用的技术可以分为：

1）基于 Internet 的呼叫中心

基于 Internet 的呼叫中心能够将呼叫中心与 Internet 集成在一起，可以让客户直接通过访问企业的 Web 站点接入呼叫中心。这种呼叫中心还集成了 IP 电话、IP传真、文本交互、网页浏览自助服务、呼叫恢复、电子邮件等众多功能，可为客户提供更为广泛的服务。主要有电子邮件、互联网电话、文字交谈、业务代表回复、网页同步等功能。

2）多媒体呼叫中心

多媒体呼叫中心将语音、数据和视频集成，不再局限于语音和数据的传输，使得交换系统和语音资源之间不仅可以传输电话，而且还可以快速而准确地传输数据、图像等丰富的多媒体信息。

3）虚拟呼叫中心

虚拟呼叫中心也叫分布式呼叫中心，是指在多个场点建立的、能够互连互通的呼叫中心。这种技术可以帮助企业提供高度统一的呼叫中心服务，优化和协调呼叫中心资源，提高服务水平，降低呼叫中心的运营成本。由于代理技能差异、语言差异、呼叫量的差异，以及客户所在地的变化，虚拟呼叫中心往往能够提供更好的服务。利用这种虚拟呼叫中心技术，同一个呼叫可以在多个呼叫中心之间自由切换，对于多场点、多分支机构的企业或由多个企业合并而产生的新企业有更重要的意义。

同时虚拟呼叫中心还可以根据业务量的大小来灵活、动态地配置呼叫业务，可以使业务代表的工作不受时空的限制。

4）支持WAP业务的呼叫中心

WAP（Wireless Application Protocol，无线应用协议）就是移动Internet应用程序的标准协议，它的主要设计目的是为了移动设备访问Internet或Intranet提供一种经过优化的开放标准。支持WAP业务的呼叫中心一方面具有普通呼叫中心的功能，可以通过移动电话接入呼叫中心；另一方面，更为重要的是客户可以直接用手机屏幕接收来自呼叫中心的各种不同形式的信息，包括文字、数据和视频信息。

按呼叫中心的建立主体归属权限分类：

在呼叫中心产业中，存在着自建（In-House Call Center）、外包（Out Sourcing Call Center）、托管及设备租赁（或有称应用服务提供商型，即Application Service Provider）等多种分类与形态。

3. 呼叫中心的功能和作用

1）呼叫中心的功能

一个完整的呼叫中心系统一般包括智能网络、前端和后端系统。前端部分一般由自动呼叫分配系统、交互式语音应答系统和计算机集成系统等组成；后端部分则由各类数据库系统、来话呼叫管理系统、去话呼叫管理系统以及业务代表等组成。

呼叫中心平台有如下主要功能:CTI智能中间件、IVR语音导航、ACD智能排队、REC录音功能、系统运营监控、电话报表统计、坐席软电话等。

2) 呼叫中心的作用

呼叫中心系统的作用主要体现在提高客户服务水平、获取客户信息、改善内部管理和创造利润四个方面。

(1) 提高客户服务水平。呼叫中心向客户提供了一个交互式、专业化、集成式的服务窗口,不但能缩短客户请求的响应时间,而且由于信息技术的应用,后台数据库的支持,使客户的问题基本上都能得到满意的解决,从而可以极大地提高了客户满意度。同时不仅能给客户提供全天候的服务,而且主动与客户联系,了解存在的问题与理解他们的需求。

(2) 获取客户信息。在互动的过程中,系统可以收集客户方方面面的信息,如客户消费偏好、产品和服务的使用情况等,对这些信息加以加工整理,将对企业的新产品研发和营销活动等产生极为重要的影响。

(3) 改善企业内部管理。由于呼叫中心是建立在全局的服务,把企业的生产、研发、销售、配送和售后服务等各个环节整合在一起,可以及时发现不同部门出现的问题,也能对各种资源的管理和利用做出更科学的评估。

(4) 创造利润。呼叫中心虽然需要企业投入不少成本,但在提高客户忠诚度和改善企业内部管理的许多方面将有深远的影响,从长远来看,将给企业带来丰厚的利润回报。

电话呼入型呼叫中心的特点是接听顾客来电,为顾客提供一系列的服务系统图片与支持,例如在IT行业中的技术支持中心,保险行业中的电话理赔中心等。而电话呼出型呼叫中心一般说来,以从事市场营销和电话销售活动为主,是企业的利润中心。

4. CRM与呼叫中心

广义而言,呼叫中心为CRM的一部分,由于其突出的作用和功能,呼叫中心常常独立于CRM模块发挥自身的作用,市场上也有专门经营呼叫中心的企业,经营外包呼叫中心的业务。

CRM技术的引入将使呼叫中心的价值得以大幅提升。呼叫中心系统与CRM系统的整合,主要应该实现两个系统后台业务数据的整合,即客户资源信息以及联络过程中产生的新的信息。CRM系统通过统计分析,得出待访问的客户群,利用呼叫中心系统联络;呼叫中心系统再将相应的联络信息反馈回CRM系统分析。这仅仅是两个系统结合的一个简单应用。通过客户资源信息的整合,应该可以挖掘更加深入的信息,从而产生信息的价值!帮助企业由“以产品为中心”的商业模式逐渐转变为“以客户为中心”的商业模式。

CRM与呼叫中心的关系非常密切，呼叫中心主要用于提供客户服务或电话营销，而良好的客户关系是呼叫中心成功的关键。CRM技术通过建立客户数据库，对信息的统计分析、处理、采掘和提炼，使呼叫中心业务代表可以得到每个客户的详细信息、过去交往记录、客户爱好等信息，因此，可以为客户提供个性化的服务，节省通话时间，既可以提高业务代表的工作效率，也提高了客户满意度。

CRM是呼叫中心和企业后端数据库的联系纽带。呼叫中心对外面向用户，对内与整个企业相连，与企业的管理、服务、调度、生产、维修结为一体，它还可以把从用户那里获得的各种信息全部贮存在企业的数据仓库(data warehouse)中，供企业领导者做分析和决策用。如果要让呼叫中心发挥出应有的效力，就必须与CRM有机地结合起来，在建设呼叫中心时，应同时考虑CRMO呼叫中心是客户关系管理的实验室。大多数公司和组织建立在模拟商业模型上。决策过程和权利是金字塔结构，由于决策步骤的原因，增加了决策时间要素。由于商业模型基于数字网络，会立即响应，因此可省掉决策过程中的部分时间。

当CRM引入整个组织时，呼叫中心面对的每一个挑战将会增强。CRM不只是一个软件策略，它是混合模拟企业与数字网络过程的挑战，是改变决策过程的挑战，也是为客户节省时间的挑战。这是一种思想的转变，只有主要管理者重视并负责实施所需的改变，这项计划才会成功。

5. 呼叫中心的应用

呼叫中心的应用行业非常广泛。我国呼叫中心行业分布如下：电信运营商、金融机构(银行、保险、证券、基金)、电视购物、互联网、IT、消费电子、政府及相关事业单位、邮政、物流、民航、零售业、交通旅游(航空、订房订票、城市交通)、传媒、公共事业(电力、自来水和燃气)、烟草、石化、制造业、医疗卫生、统计调查、外包、咨询服务(数据调研、客户访谈)等行业。

《2013—2017年中国呼叫中心产业市场前瞻与投资战略规划分析报告》数据显示，由于电信运营商重组、座席利用率的提高、集中式趋势等各种因素，到2015年，电信业呼叫中心的座席总数将上升到20万，累计投资额将接近270亿元。报告认为，“十二五”期间，金融业的发展重心应在银行业和保险业，相对应地，这两个行业的呼叫中心业务规模也是金融业呼叫中心行业发展的主要拉动力。

中国呼叫中心发展速度超过世界平均水平2倍以上，近几年增长率近16%左右，受一线城市人员、场地成本等制约，外包及集中式运营中心向二线城市迁移以呼入为主的被动服务向外呼为主的主动服务转变。

5.2.3 CRM的网络结构

随着Internet与电子商务的蓬勃发展，企业的商务运作环境和信息技术应用环境都发生了巨大的变化。企业在规划CRM应用系统时也越来越注重Internet对CRM的重要意义，开始在Internet和Intranet等Web技术基础上建立CRM系统。成功的CRM系统必须应用基于Internet/Intranet网络的技术来实现客户数据、信息、知识同步化，使每一次与客户的互动都能从对客户的全面了解开始，并且当客户转向网上渠道时，CRM不会因为出现信息缺陷而无法应对。

根据客户关系数据的特征（分散性、动态性、复杂性），从企业的实际环境（生产集中、市场分散）出发，目前主要建立在基于Internet和Intranet等Web技术基础上的CRM系统必须选择适合自己的网络结构。当前，CRM系统可以采用的网络体系结构有客户机/服务器（Client/Server，C/S）模式和浏览器/服务器（Browser/Server，B/S）模式。

1. C/S结构

早期的软件大多采取主机/终端体系结构，直到20世纪90年代大都变为两层的C/S结构。它将复杂的网络应用的用户交互界面GUI和业务应用处理与数据库访问以及处理相分离，服务器与客户段之间通过消息传递机制送回客户端。但由于应用处理留在客户端，限制了对业务处理逻辑变化适应和扩展的能力。为了解决这类问题，出现了采用三层式程序架构（3 Tire Client/Server）的趋势，如图5-3所示。它使用户直接通过应用程序向客户机提出数据请求，客户机通过网络将用户的数据请求提交给服务器，服务器的数据库管理系统执行数据处理任务，然后把经过处理的用户需要的那部分数据传输到客户机上，最后由客户机对其所需数据加工。

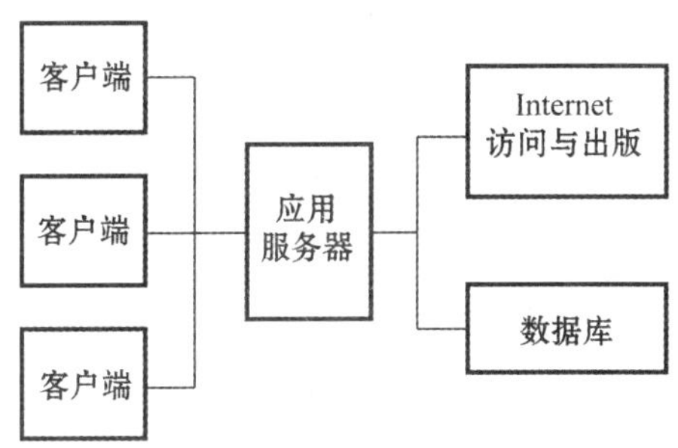

图5-3 三层式程序架构

2. B/S结构

相对于C/S结构而言，B/S体系结构大大简化了客户端，它把C/S结构中的服务器分解为数据服务器和应用服务器（Web服务器），把所有的开发、维护等工作都集中到服务器端，同时将原来在客户机一侧的应用程序模块与显示功能分开，将应用序模块放到Web服务器上单独组成一层，客户机上只需安装单一的浏览器即可实现显示功能。当企业对网络应用进行升级时，只需要更新服务器端的软件，而不必更新客户端的软件，减轻了系统维护与升级的成本与工作量，使用户成本大大降低。

B/S结构分为如下的四层结构：客户端、表示层、应用层和数据层。这四层分别由浏览器、WWW服务器、应用服务器和数据库服务器构成。各层负责自己的任务，层间具有成熟的协议，形成一个完整的有机整体。其结构如图5-4所示。

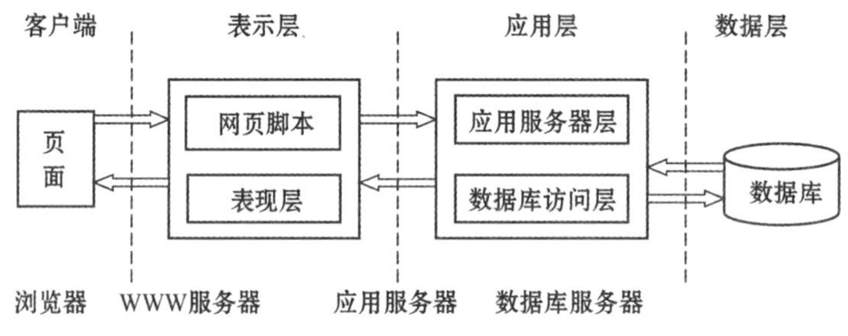

图5-4 CRM的B/S系统

在实际运行过程中，CRM的内部用户需要处理的数据量大，而且处理频繁，需要建立交互的并且使用者单一的系统管理模块，此时可以采用C/S模式。同时，即使是企业内部用户，也要保证不同地域的用户处理的是相同的信息，即保证数据的一致性和同步性，此时就需要B/S的支持。对于外部客户而言，B/S模式能大大降低他们所在客户端的要求，便于CRM系统与客户交互以获得更多的客户数据。同时CRM系统往往需要同其他局域网或ERP、SCM等系统实现无缝连接，此时依然需要B/S的支持。因此，现实应用中CRM系统的网络体系结构可以采用B/S和C/S相结合的模式。

5.3 CRM的软件系统

5.3.1 CRM软件系统的一般模型

CRM软件系统的一般模型反映了CRM最重要的一些特性，如图5-5所示。

这一模型阐明了目标顾客、主要过程以及功能之间的相互关系。CRM的主要过程由市场、销售和客户服务这三部分业务流程的信息化构成。首先，在市场营销过程中，通过对客户和市场的细分，确定目标客户群，制定营销战略和营销计划。而销售的任务是执行营销计划，包括发现潜在客户、信息沟通、推销产品和服务、收集信息等，目标是建立销售订单，实现销售额。最后，在客户购买了企业提供的产品和服务后，还需对客户提供进一步的服务与支持，这主要是客户服务部门的工

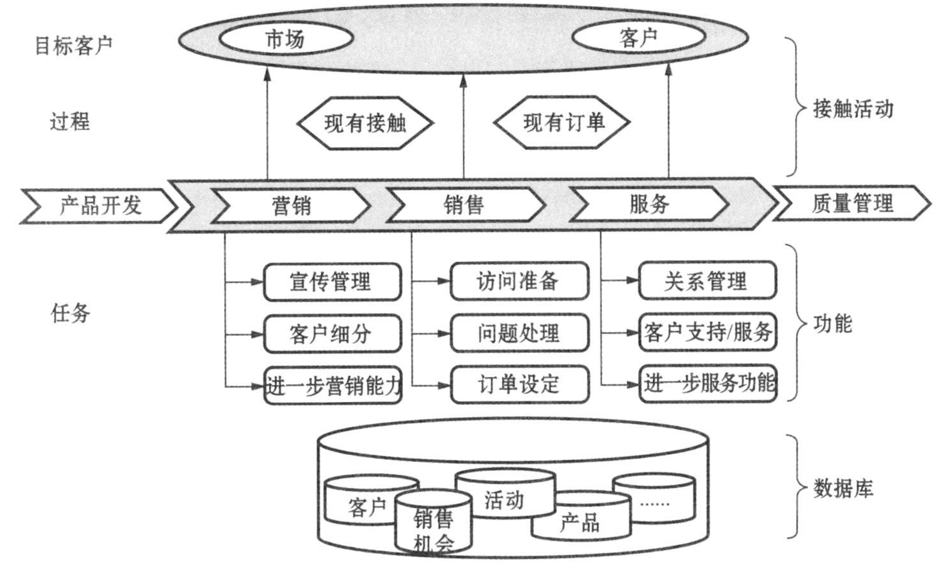

图 5-5　CRM 软件系统的一般模型

作。产品开发和质量管理过程分别处于 CRM 过程的两端，由 CRM 提供必要的支持。

在 CRM 软件系统中，各种渠道的集成是非常重要的。CRM 的管理思想要求企业真正以客户为导向，满足客户多样化和个性化的需求。而要充分了解客户不断变化的需求，必然要求企业与客户之间要有双向的沟通，因此拥有丰富多样的营销渠道是实现良好沟通的必要条件。

CRM 改变了企业前台业务运作方式，使得各部门间信息共享，密切合作。位于模型中央的共享数据库作为所有 CRM 过程的转换接口，可以全方位地提供客户和市场信息。过去，前台各部门从自身角度去掌握企业数据，业务割裂。而对于 CRM 模型来说，建立一个相互之间联系紧密的数据库是最基本的条件。这个共享的数据库也被称为所有重要信息的“闭环”(Closed-loop)。由于 CRM 系统不仅要使相关流程实现优化和自动化，而且必须在各流程中建立统一的规则，以保证所有活动在完全相同的理解下进行。这一全方位的视角和“闭环”形成了一个关于客户以及企业组织本身的一体化蓝图，其透明性更有利于与客户之间的有效沟通。这一模型直接指出了面向客户的目标，可作为构建 CRM 系统核心功能的指导。

5.3.2　CRM 软件系统的组成

根据 CRM 系统的一般模型，可以将 CRM 软件系统划分为接触活动、业务功能及数据库三个组成部分。下面主要介绍各个部分功能及其技术功能。

1. 接触活动

CRM 软件应当能使客户以各种方式与企业接触，典型的方式有 Call Center、面对面的沟通、传真、移动销售(mobile sales)、电子邮件、Internet 以及其他营销渠道，如金融中介或经纪人等，CRM 软件应当能够或多或少地支持各种各样的接触活动，如图 5-6 所示。企业必须协调这些沟通渠道，保证客户能够采取其方便或偏好的形式随时与企业交流，并且保证来自不同渠道的信息完整、准确和一致。今天，Internet 已经成为企业与外界沟通的重要工具，特别是电子商务的迅速发展，促使 CRM 软件与 Internet 进一步紧密结合，发展成为基于 Internet 的应用模式。

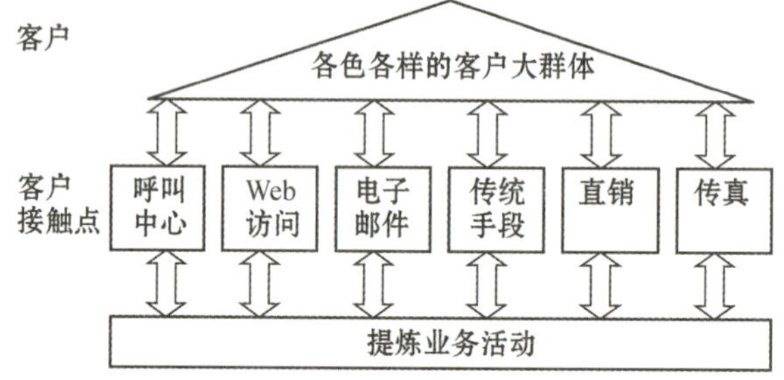

图 5-6 不同层次的接触活动

在与客户接触阶段，CRM 软件系统主要包含以下内容：

(1) 营销分析。包含市场调查、营销计划、领导分析以及活动计划和最优化，并提供市场洞察力和客户特征，使营销过程更具有计划性，达到最佳化。

(2) 活动管理。保证完整营销活动的传送，包括计划、内容发展、客户界定、市场分工和联络。

(3) 电话营销。通过该渠道推动潜在客户的产生，包含名单目录管理，最好一个企业多个联系人。

(4) 电子营销。保证互联网上大量的个性化的营销活动的实施。开始于确切、有吸引力的目标组，通过为顾客定制的内容和产品进行进一步交互。

(5) 潜在客户管理。通过潜在客户资格以及从销售机会到机会管理的跟踪和传递中对潜在客户的发展。

2. 业务功能

企业中每个部门必须能够通过上述接触方式与客户进行沟通，其中市场营销、销售和服务部门与客户的接触和交流最为频繁，因此，CRM 软件主要应对这些部门予以支持。

然而，并不是所有的 CRM 软件产品都能覆盖所有的功能范围。一般地，一个软件最多能够支持两至三种功能，如市场营销和销售。因此，在软件评价中，功能范围可以作为决定性的评判依据。

CRM软件系统的业务功能通常包括市场管理、销售管理、客户服务和支持三个组成部分。市场管理的主要任务是:通过对市场和客户信息的统计和分析,发现市场机会,确定目标客户群和营销组合,科学地制定出市场和产品策略;为市场人员提供制定预算、计划、执行和控制的工具,不断完善市场计划;同时,还可管理各类市场活动(如广告、会议、展览、促销等),对市场活动进行跟踪、分析和总结以便改进工作。

销售管理部分则使销售人员通过各种销售工具,如电话销售、移动销售、远程销售、电子商务等,方便及时地获得有关生产、库存、定价和订单处理的信息。所有与销售有关的信息都存储在共享数据库中,销售人员可随时补充或及时获取,企业也不会由于某位销售人员的离去而使销售活动受阻。另外,借助信息技术,销售部门还能自动跟踪多个复杂的销售线路,提高工作效率。

客户服务和支持部分具有两大功能,即服务和支持。一方面,通过计算机电话集成技术(CTI)支持的呼叫中心,为客户提供每周7×24小时不间断服务,并将客户的各种信息存入共享的数据库以及时满足客户需求。另一方面,技术人员对客户的使用情况进行跟踪,为客户提供个性化服务,并且对服务合同进行管理。其实,上述三组业务功能之间是相互合作的关系,如图5-7所示。

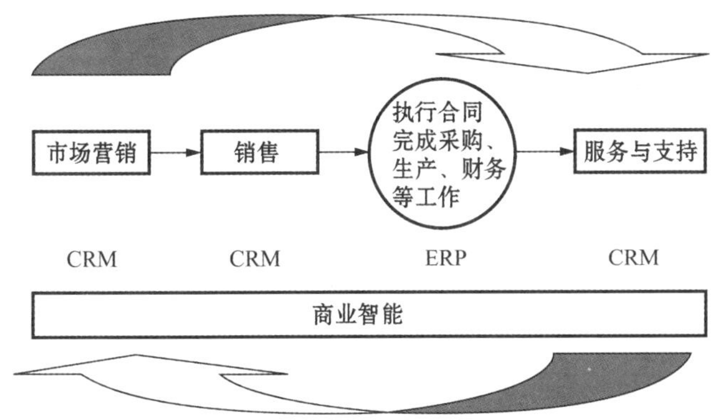

图5-7　客户关系管理与客户生命周期

3. 数据库

一个富有逻辑的客户信息数据库管理系统是CRM系统的重要组成部分,是企业前台各部门进行各种业务活动的基础。从某种角度上讲,它甚至比各种业务功能更为重要。其重要作用体现在帮助企业根据客户生命周期价值来区分各类现有客户;帮助企业准确地找到目标客户群;帮助企业在最合适的时机以最合适的产品满足客户需求,降低成本,提高效率;帮助企业结合最新信息制定出新策略,塑造客户忠诚。运用数据库这一强大的工具,可以与客户进行高效的、可衡量的、双向的沟通,真正体现了以客户为导向的管理思想;可以与客户维持长久的、甚至是终身的关系来保持和提升企业短期和长期的利润。可以这样说,数据库是CRM管理思想和信息技术的有机结合。

一个高质量的数据库包含的数据应当能全面的、准确的、详尽的和及时的反映客户、市场及销售信息。数据可以按照市场、销售和服务部门的不同用途分成三类:客户数据、销售数据、服务数据。客户数据包括客户的基本信息、联系人信息、相关业务信息和客户分类信息等,它不但包括客户的基本信息,还包括潜在客户、合伙伙伴和代理商的信息等。销售数据主要包括销售过程中相关业务的跟踪情况,如与客户的所有联系活动、客户询价和相应报价、每笔业务的竞争对手以及销售订单的有关信息等。服务数据可放在同一个数据库中实现信息共享,以提高企业前台业务的运作效率和工作质量。目前,飞速发展的数据仓库技术(如OLAP、数据挖掘等)能按照企业管理的需要对数据元进行再加工,为企业提供了强大的分析数据的工具和手段。

4. 技术功能

对CRM的技术要求主要是六个方面,一般包括分析信息的能力、对客户互动渠道进行集成的能力、支持网络应用的能力、建设集中的客户信息仓库的能力、对工作流进行集成的能力、与ERP进行无缝连接的能力。Hurwitz Group给出了CRM的六个主要功能和技术要求,如图5-8所示。

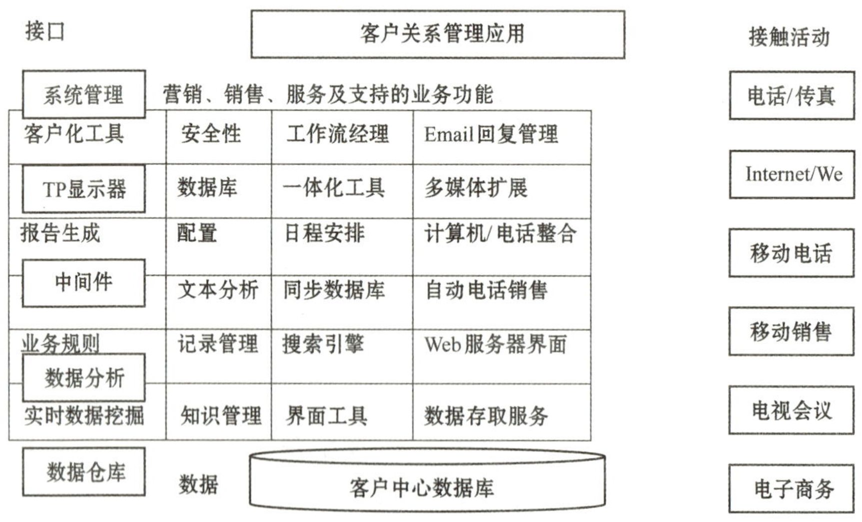

图5-8 CRM软件系统的技术功能

(1) 信息分析能力。尽管CRM的主要目标是提高同客户打交道的自动化程度，并改进与客户打交道的业务流程，但强有力的商业情报和分析能力对CRM也是很重要的。CRM有大量关于客户和潜在客户的信息，企业应该充分地利用这些信息，对其进行分析，使得决策者所掌握的信息更完全，从而能更及时地做出决策。良好的商业情报解决方案应能使CRM和ERP协同工作，这样企业就能把利润创造过程和费用联系起来。

(2) 对客户互动渠道进行集成的能力。对多渠道进行集成与CRM解决方案的功能部件的集成是同等重要的。不管客户是通过Web与企业联系，还是与携带有SFA功能的便携电脑的销售人员联系和与呼叫中心代理联系，与客户的互动都应该是无缝的、统一的、高效的。如前所述，统一的渠道还能带来内外效率的提高。

(3) 支持网络应用的能力。在支持企业内外的互动和业务处理方面，Web的作用越来越大，这使CRM的网络功能越来越重要。为了使客户和企业雇员都能方便的应用CRM，需要提高标准化的网路浏览器，使用户只需很少的训练或不需训练就能使用系统。另外，业务逻辑和数据维护的集中化，减少了系统的配置，以及维持和更新的工作量。

(4) 建设集中的客户信息仓库的能力。CRM解决方案采用集中化的信息库，这样所有与客户接触的雇员都可获得实时的客户信息，而且能使各业务部门和功能模块间的信息统一起来。

(5) 对工作流进行集成的能力。工作流是指把相关文档和工作规则自动化的(不需人的干预)安排给负责特定业务流程中的特定步骤的人。CRM的解决方案具有很强的功能，为跨部门的工作提供支持，使这些工作都能动态的无缝完成。

(6) 与ERP功能的集成。CRM要与ERP在财务、制造、库存、分销、物流和人力资源等连接起来，从而提供一个闭环的客户互动循环。这种集成不仅包括低水平的数据同步，而且还应包括业务数据的集成，在各系统间维持业务规则的完整性，这样工作流才能在系统间流动。这二者的集成还使企业能在系统间收集商业情报。

CRM的主要目的就在于在适当的时间，通过适当的渠道，将合适的产品提供给合适的客户。通过CRM软件系统的应用，企业提高了前台业务的运作效率。客户信息可以从中央数据库完整的获取，而不依赖于销售渠道；产品及客户分析结果，以及产品销售、地区销售等的预测能够非常容易且实时地得到利用；企业可以通过CRM软件系统来对销售进行管理，使得能在有很多决策部门的大型组织中实现复杂的销售过程；能简化识别目标客户的工作，加强与目标客户的联系；能更为合理地分配营销资源，提高反馈率，并加强宣传的作用，从而减少市场营销成本。

5.4 CRM 系统的模块

CRM 是一套先进的管理思想及技术手段，它通过将人力资源、业务流程与专业技术进行有效的整合，最终为企业涉及客户或消费者的各个领域提供完美的集成，使得企业可以以更低的成本、更高效率地满足客户的要求，并与客户建立起基于学习型关系基础上的一对一营销模式，从而让企业可以最大程度地提高客户满意度及忠诚度，保留现有的客户，不断发展新的客户，发掘并牢牢地把握住能给企业带来最大价值的客户群。CRM 将先进的思想与最佳的实践具体化，通过使用当前多种先进的技术手段最终帮助企业来实现以上的目标。

CRM 软件系统的几个主要模块分别是：销售自动化、营销自动化、客户服务与支持和商业智能。

5.4.1 销售自动化

CRM 系统中的销售自动化（Sales Automation，SA）是指在所有的销售渠道（现场/移动销售、内部销售/电话销售、销售伙伴、在线销售）中，运用相应的销售技术来达到提升销售和实现过程自动化的目的，其目标是把技术和优化的流程整合起来，实现销售队伍绩效的不断提高，同时平衡和最优化每一个销售渠道。

销售自动化是 CRM 应用中最为困难的一个过程，这不仅因为销售能力关系到企业发展的速度、质量等方面的问题，还因为销售过程本身具有动态性，如不断变化的销售模型、地理位置及产品配置等，对其进行流程优化和自动化，较之客户服务等相对静态的业务流程要困难得多。而且销售部门已习惯了一些传统的观念和运行方式，面对突如其来的变革，往往会竭力抵制这些外部强制性的变化，阻碍销售过程的自动化进程。

作为 CRM 系统的一个重要组成部分，SA 并不意味着只是一个独立的解决方案。企业为最大限度地实现销售自动化，要特别注意与营销过程自动化和客户服务与支持系统的集成，以实现一个协同级的，甚至企业级的 CRM 解决方案，只有这样才能帮助企业顺利推行销售过程的自动化。

1. 销售自动化的作用

销售自动化优势有：

- 灵活、实用的销售过程管理；
- 实用的过程绩效考核目标设定与排名；
- 简单配置、符合销售人员操作习惯；
- 预置提供合同审批流程与账款统计和应收提醒；

➢ 可快速定制实施各种费用审批控制类需求模块。

1）销售自动化对销售经理的作用

（1）实时获得信息：即时了解评估企业主要销售活动标准，例如：销售渠道、销售预测和销售代表工作表现。迅速察看团队成员的活动、工作进度表、任务完成和沟通情况。

（2）合作与协调：通过客户数据共享来促进销售、市场销售和支持部门的合作。

（3）预测和报告：只需点击几下就可以获得销售预测。相关数据生成报告。

（4）有效沟通：销售代表使用统一、强大的销售工具与客户进行沟通。通过给客户留下相同的公司印象来增加客户的满意度和忠诚度。无论员工如何流动，公司都能与客户进行同一的、前后相继的沟通。

2）销售自动化对销售团队的作用

（1）增加销售：销售自动化的销售机会管理能够根据定制的业务规则分配、管理销售机会，让销售代表集中精力完成交易。

（2）完成交易：通过了解、学习成功的销售经验加快销售进程。另外，企业内各部门小组还可以使用销售自动化管理销售机会、建立工作日程表、分配任务、协调会议、标识新机会并更新每个客户的文件（包括新客户和老客户），更好地促成交易。

（3）提高工作效率：销售自动化易于使用，有效提高销售代表的工作效率。

（4）了解你的客户：销售自动化提供重要客户相关信息，让销售小组使用专业技能更好地为客户服务。

2. 销售自动化的主要功能

1）账户管理

这里的账户一般指企业的单位客户或个人客户，也可以是合作伙伴，甚至是竞争企业。销售人员不仅要管理企业的直接客户（包括现实客户和潜在客户），也要管理一些合作伙伴和竞争者，而这些都必须在系统里建账才能管理，也就是说账户更贴近于数据库里的一个记录。账户管理主要记录单位或个人的地址、电话、传真、网页、所属行业和组织结构等一个组织层面的各种信息，是客户数据中的第一类。

2）联系人管理

一般情况下，一个联系人可以有多个客户，而一个客户一般只属于一个联系人。联系人管理信息主要是一些个人的诸如姓名、地址、电话、电子邮件和公司职位等信息，也可以将它当作“电子地址本”来看待，联系人数据也是客户数据中很重要的一项。

3) 销售机会管理

销售机会是指潜在的、能为公司带来营业收入的事件,它可以同系统里某一个客户的账户有关,对于在系统里尚未建立的客户账户,它也可以是指一个单纯的生意机会。销售机会信息主要包括机会名称、潜在的生意额、获得机会的可能性大小、机会有效期、机会负责人和计划采取的销售方法等。在数据库的业务实体上它与系统账户是多对一的关系,即一个账户可以有多个销售机会,而一个销售机会只对应于一个系统账户。

4) 活动管理

活动管理是销售人员计划、执行及存储各个日常销售活动的主要工具。每个活动都可以同某个账户、某个销售机会、某个联系人或某个售后服务相关。活动信息包括活动名称、活动类型、活动起始日、活动负责人和活动优先级别等内容。账户、售后服务和销售机会同联系人都可以对应于多次活动,所以他们与活动的关系都是一对多的关系。从图 5-9 可以看出,销售人员可以利用 SA 系统的活动管理追踪对于某个客户的所有发生过或将要发生的活动细节,不论这个活动是由销售人员自己输入的,还是由其他人。例如已离职的销售人员或呼叫中心人员输入的,这些数据都集中存储在统一的关系数据库里。由于企业各部门人员之间互不通气导致的信息块被很好地整合起来,使得用户对发生的事情一目了然。

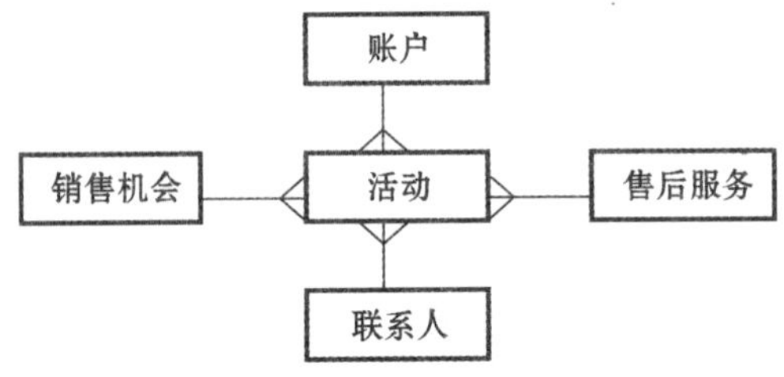

图 5-9 实体关系:活动——账户、机会、联系人和服务

除上述四大功能外,SA 还有日历管理、报价管理、销售预测管理、佣金管理、竞争管理、报表管理、开支报销管理和数据同步功能等。

5.4.2 营销自动化

CRM 系统中地营销自动化(Marketing Automation,简称 MA),也称作辅助式营销(Technology-enabled Marketing),其着眼点在于通过设计、执行和评估市场营销行动和相关活动的全面框架,赋予市场营销人员更强的工作能力,使其能够对直接市场营销活动的有效性加以计划、执行、监视和分析,并可以应用工作流技术,优化营销流程,使一些共同的任务和过程自动化。其最终目的是企业可以在活动、渠道和媒体间合理分配营销资源,以达到收入最大化和客户关系最优化的效果。

1. 营销自动化的作用

营销自动化的优势有：

- ➢ 增强市场营销部门执行和管理通过多种渠道进行的多个市场营销活动的能力，包括基于 Web 的和传统市场的营销宣传、策划和执行。
- ➢ 可对活动的有效性进行实时跟踪，并对活动效果做出分析和评估。
- ➢ 帮助市场营销机构管理、调度其市场营销材料等库存宣传品及其他物资。
- ➢ 实现对有需求客户的跟踪、分配和管理。
- ➢ 把市场营销集成到销售和服务项目中去，以实现个性化营销。

销售自动化对营销人员的作用：

- ➢ 定位最佳客户：帮助营销人员通过促销、电话访谈以及电子邮件联系等方式来轻松定位最佳客户。
- ➢ 实施有效营销活动：帮助营销人员在各个销售渠道中确定、执行以及开展重复有效的营销活动，使相关人员可以分配、安排并跟踪营销活动，进而衡量活动绩效。
- ➢ 发起公司营销活动：可以帮助营销人员更有效地将销售、营销和服务流程相集成，从而在客户面前树立专业的公司形象。

2. 营销自动化的主要功能

1）促销项目管理

促销项目管理包括促销项目的目标制定、项目的起始日期、定义促销对象、制定销售建议、选用促销渠道、促销预算的报批、促销活动人员分工等管理内容，是整个促销过程的第一个环节。

2）促销活动管理

促销项目计划得到批准以后，营销人员要计划安排促销活动的整个工作流程。促销活动管理提供工作流程设计软件，对各个促销实施环节的活动进行协调与分工。

3）市场分块管理

市场分块管理可以对企业产品的用户群通过各种标准进行细分，如按用户年龄、地域、教育程度、公司大小和所属行业等进行定量分析，在进行促销活动时，就可以做到有的放矢，最大限度地减少营销预算的浪费。

此外还有促销评估管理、营销文本资料管理、潜在客户管理、销售建议管理、客户来源管理和竞争管理等。

5.4.3 客户服务与支持

CRM系统的客户服务与支持(Customer Service and Support,简称CS&S)子系统可以帮助企业以更快的速度和更高的效率来满足客户的独特需求,以进一步保持和发展客户关系。它可以向客户服务人员提供完备的工具和信息,以帮助客户服务人员更有效、更快捷、更准确地解决用户的服务咨询。同时,它可以支持多种与客户交流的方式,并根据客户的背景资料和可能的需求向用户提供合适的产品和服务建议。其主要功能包括现场服务与分配管理和呼叫管理。

1. 现场服务与分配管理

现场服务与分派管理也称作"服务传递链管理",是指用以配置、派遣、调度和管理服务部门、人员和相关资源,负责完成高效率的服务与支持活动。现场服务与分配管理的应用必须与呼叫中心管理系统整合起来,同时在一定程度上与销售和营销系统整合起来。现场服务与分配管理根据服务方式的不同可以分为两种模式:

1)现场服务管理模式

这是现场服务与分配管理系统的核心,包括:

(1) 服务合同管理。针对不同的客户和不同的产品,企业可以设计不同的服务标准。例如:是否包含非工作日服务,最低反应时间多长,是否包含免费配件等。服务合同的主要属性包括服务合同号、所定合同的客户、合同所规定的服务标准等。

(2) 预防维护管理。对于需要定期维修和保养的产品或设备,预防维护管理将有效管理资产维护历史记录,并制定资产定期维护计划,规定何时由谁进行维护工作,以批处理或自动触发的方式向系统提交维修工作请求。

(3) 服务请求管理。服务请求管理即有效管理从客户向公司提出服务请求开始,系统记录和追踪请求从产生到结束的整个生命周期的各个状态。包括故障描述、产品序列号请求时间等。

(4) 维修管理。对于简单的故障通过电话在线就可以指导客户解决,严重的则需要更换产品。将每一个维修记录同资产、服务请求、维修地点和复制维修的技术人员挂钩。

(5) 产品质量管理。现场服务管理的另一个好处是可以对产品的质量进行有效跟踪,通过各种服务请求以及维修记录,企业可以收集产品在设计、安全和易故障点等方面的有用信息,为以后产品设计进一步满足客户的需求、减少故障等提供了基本的依据。

此外,还有订单和发票管理、技术人员管理和知识管理等。

2）移动现场服务管理

这种模式可以支持移动计算、网络计算和数据信息同步，利用无线设备可使在现场的服务技师或工程师实时访问服务、产品和客户信息。同时，企业CS&S部门还能通过此系统与他们保持联系。

2. 呼叫管理

呼叫管理是CS&S子系统的应用功能的核心，它的作用是处理所有登记客户的接触信息和交易信息。呼叫管理是基于企业呼叫中心的功能。呼叫管理在呼叫中心的联络环境下处理所有有关销售、客户服务、营销、电话营销以及其他功能等方面的信息。

主要功能有：

1）电子邮件管理

客户利用电子邮件与企业联系日益成为一个主要的手段，电子邮件管理就是为了帮助企业对电子邮件进行有效的处理。主要业务功能有：

➢ 邮件信箱监控；
➢ 邮件处理；
➢ 邮件模版设计与管理；
➢ 来件自动确认。

2）客户抱怨管理

处理好客户的抱怨对企业有着重要的意义，而如果抱怨得到有效的解决，会极大地影响着企业的利润。CRM的抱怨管理就是为了实现妥善解决客户抱怨而设计的。由于抱怨管理具有本身的特点，往往无法利用"非人化"的计算机数据很好地解决。针对其特点有以下特定功能：

➢ 多渠道抱怨；
➢ 抱怨级别管理；
➢ 抱怨补偿。

3）网络自助服务

网络自助服务是企业利用互联网技术向客户提供的一个全天候的"自己动手"的服务形式。自助服务应用于企业的业务领域可以是售前、售中和售后服务。售前服务是企业为帮助客户作出购买决定提供的各种信息和资源；售中自助服务可以让客户自己跟踪产品的订购进展，随时掌握产品递交情况；售后自助服务则为客户提供售后网上服务与支持。

网上自助服务具有服务内容常规性、服务时间不受限制和服务费用低廉的特点，在如今人们生活节奏加快、网络得到普及应用的情况下，网络自助服务会有更大的发展空间。同时对于企业来说，网络自助服务不但可以大幅度降低服务费用，还可以利用自助网站的数据捕获功能获得大量的原始数据，对这些数据进行分析和处理可以提高企业对客户服务经验及知识的积累能力，为进一步拓宽自助服务的范围、提高自助服务的成功率打下基础。

5.4.4 商业智能

在企业的信息技术基础设施中，以数据仓库为核心的商务智能可以将大量信息转换为可利用的数据，并允许决策者从企业过去的经验记录中查找适用于当前情况的模式，通过这一方法可使决策者更好地预测未来。

商务智能是指利用数据挖掘、知识发现等技术分析和挖掘结构化的、面向特定领域的、存储在数据仓库内的信息，它可以帮助企业认清发展趋势、识别数据模式、获取智能决策支持、得出结论。商务智能的范围包括客户、产品、服务和竞争者等。在 CRM 系统中，商务智能主要是指客户智能。利用客户智能可以收集和分析市场、销售、服务和整个企业的各类信息，对客户进行全方位的了解，从而理顺企业资源与客户需求之间的关系，增强客户的满意度和忠诚度，实现获取新客户、支持交叉销售、保持和挽留老客户、发现重点客户、支持面向特定客户的个性化服务等目标，提高盈利能力。

5.5 CRM 系统的分类

CRM 涵盖了直销、间接销售以及互联网等所有的销售渠道，能帮助企业改善包括营销、销售、客户服务和支持在内的有关客户关系的整个生命周期。在新技术和新应用的推动下，全球 CRM 市场正以每年 50%的速度增长，逐渐成为一个价值数十亿美元的软件和服务大市场。

随着 CRM 市场不断发展，新公司的加入和现有公司以合并、联合以及推出新产品的方式重新定位，这一领域可谓日新月异，CRM 解决方案呈现出多样化的发展。下面从几个角度对 CRM 分类进行了分析。

1. 按目标客户分类

并非所有的企业，都能够执行相似的 CRM 策略，这又相应地意味着，当同一公司的不同部门或地区机构在考虑 CRM 实施时，可能事实上有着不同的商务需要。同时另一个经常出现的因素是不同的技术基础设施。因此，根据客户的行业特征和企业规模来划分目标客户群，是大多数 CRM 的基本分类方式。在企业应用中，越是高端应用，行业差异越大，客户对行业化的要求也越高，因而，有一些专门的行业解决方案，比如，银行、电讯、大型零售等 CRM 应用解决方案。而对中低端应用，一般采用基于不同应用模型的标准产品来满足不同客户群的需求。

一般将CRM分为三类：

(1) 以全球企业或者大型企业为目标客户的企业级CRM；

(2) 以200人以上、跨地区经营的企业为目标客户的中端CRM；

(3) 以200人以下企业为目标客户的中小企业CRM。

在CRM应用方面，大型企业与中小企业相比有很大的区别。大型企业在业务方面有明确的分工，各业务系统有自己跨地区的垂直机构，形成了企业纵横交错的庞大而复杂的组织体系，不同业务、不同部门、不同地区间实现信息的交流与共享极其困难；同时，大型企业的业务规模远大于中小企业，致使其信息量巨大；其次，大型企业在业务运作上很强调严格的流程管理。而中小企业在组织机构方面要轻型简洁很多，业务分工不一定明确，运作上更具有弹性。因此，大型企业所用的CRM软件比中小企业的CRM软件要复杂、庞大得多。而一直以来，国内许多介绍CRM的报道和资料往往是以大型企业的CRM解决方案为依据的。这就导致一种错觉：好像CRM都是很复杂、庞大的。其实，价值几千美元的面向中小企业的CRM软件也不少，其中不乏简洁易用的。

不过，有关公司规模方面的要求现在越来越随意，因为越来越多的CRM供应商是依据不同情况来提供不同产品。主要的CRM提供商一直以企业级客户为目标，并逐渐向中型市场转移，因为后者的成长潜力更大。以企业级客户为目标的公司包括Siebel，Oracle等。另外一些公司，如Onyx，Pivotal，用友iCRM等则与中型市场相联系，并试图夺取部分企业级市场。MyCRM，Goldmine，Multiactive和SalesLogix等公司瞄准的是中小企业，他们提供的综合软件包虽不具有大型软件包的深度功能，但功能丰富实用。

2. 按应用集成度分类

CRM涵盖整个客户生命周期，涉及众多的企业业务如销售，支持服务，市场营销，订单管理等等。CRM既要完成单一业务的处理，又要实现不同业务间的协同。同时，作为整个企业应用中的一个组成部分，CRM还要充分考虑与企业的其他应用，如与财务、库存、ERP、SCM等进行集成应用。

但是，不同的企业或同一企业处于不同的发展阶段时，对CRM整合应用和企业集成应用有不同的要求。为满足不同企业的不同要求，CRM在集成度方面也有不同的分类。从应用集成度方面可以将CRM分为：CRM专项应用；CRM整合应用；CRM企业集成应用。

1) CRM专项应用

以销售人员主导的企业与以店面交易为主的企业，在核心能力上是不同的，销售能力自动化(SFA)是以销售人员主导的企业的CRM应用关键，而客户分析与数据库营销则是以店面交易为主的企业的核心。

在专项应用方面，还有著名的CALL Center(呼叫中心)。随着客户对服务要求的提高和企业服务规模的扩大，呼叫中心在20世纪80年代得到迅速发展，与SFA和数据库营销一起成为CRM的早期应用。到目前为止，这些专项应用仍然具有广阔的市场，并处于不断地发展之中。代表厂商有AVAYA(call center)，Goldmine(SFA)等。

对于中国企业特别是对于中小企业而言，CRM的应用处于初期阶段，根据企业的销售与服务特点，选择不同的专项应用启动CRM的实施不失为一条现实的发展之路。当然，在启动专项应用的同时，应当考虑后续的发展并选择适当的解决方案，其中特别是业务组件的扩展性和基础信息的共享。

2) CRM整合应用

由于CRM涵盖整个客户生命周期，涉及众多的企业业务，因此，对于很多企业而言，必须实现多渠道、多部门、多业务的整合与协同，必须实现信息的同步与共享，这就是CRM整合应用。CRM业务的完整性和软件产品的组件化及可扩展性是衡量CRM整合应用能力的关键。这方面的代表厂商有，Siebel(企业级CRM)，Pivotal(中端CRM)，MyCRM(中小企业CRM)。

3) CRM企业集成应用

对于信息化程度较高的企业而言，CRM与财务，ERP，SCM，以及群件产品如Exchange/MS-Outlook和Lotus Notes等的集成应用是很重要的。这方面的代表厂商有Oracle，SAP等。

3. 根据服务器来划分，可分为产品型CRM和租用型CRM

产品型CRM，服务器架设在企业内部，CRM系统安装在企业内部的服务器上，数据由自己来保管。一般是一次性购买终身使用，每年只需交少量的服务费。代表品牌：用友Turbo CRM，知客CRM，微软CRM。

租用型(托管型)CRM，CRM系统和服务器都由软件供应商提供，采取月付费或是年付费方式，数据保存在软件供应商处。对于短期内预算较少的企业比较好，不过在软件使用2～3年后，总计的价格可以买一套比较好的产品型CRM了。代表品牌：八百客CRM，Xtools，salesforce。

4. 根据产品功能划分，可分为应用型CRM和分析型CRM

应用型CRM，也有人称之为管理型CRM，功能比较简单，基础的CRM功能：客户资料管理、行动记录管理、销售数据管理和订单合同管理等。相比之下，应用型CRM价格较低，只是企业用来统一掌控客户资源和管理员工日常工作的工具。

分析型CRM，除了CRM的基础功能外，更侧重于对企业数据的综合分析，找出重点客户的特征，销售波动周期，畅销的产品等。帮助管理者分析重点，制定出相应的市场规划和战略决策，真正地抓住客户，抓住市场，抓住效益。目前国内最好的分析型CRM应该是知客CRM，自主开发的分析功能如："二八分析"、"同比环比"、"企业诊断"、"企业标尺"、"战略地图"等，都是独有的，并得到客户的高度评价。

5. 按照系统架构划分，可分为B/S架构和C/S架构

目前国际上主流的系统架构都是采用B/S架构，国内也是如此。但很多特定的情况下是必须使用C/S架构的。

除了这些分类外，还有按照企业所在行业分类等。无论采用何种方式分类，最终要达到的目的只有一个，就是帮助企业寻找设计一个真正适合它的CRM系统，使企业能够在CRM系统的帮助下，切实改善客户关系，走上以客户需求为导向的生产运营模式，最终实现利润和品牌的共同发展。

5.6 主要的CRM软件供应商

目前没有哪个CRM软件包可提供有关客户关系整个生命周期的全部主要功能。即使是功能最强的软件包，也仍然需要通过量身定制和/或整合才能提供一套完整的CRM功能。通常一个公司实施各种CRM解决方案的能力将依赖于该公司的规模。公司规模越大，就越容易找到功能齐全的软件。另一方面，公司规模越大，其整合的程度越深，在实施方面下的工夫也越大。

大多数的CRM软件包以三种类型的公司为目标：一是企业或员工人数超过500的组织；二是员工人数为100到500的中型市场；三是员工人数少于100的商业机构。有关公司规模方面的要求现在越来越随意，因为越来越多的CRM供应商是依据不同情况来提供不同产品。主要的提供商一直以企业为目标，并逐渐向中型市场转移，因为后者的成长潜力更大。以企业为目标的公司包括Siebel、Vantive、Clarify、Oracle和Peoplesoft。另外一些公司，如Servicesoft、Onyx、Pivotal、Remedy和Applix则一直与中型市场相联系，并试图夺取部分企业市场。最后，Goldmine、Multiactive和SalesLogix等公司瞄准的是小型商业机构，他们提供的综合软件包不具有大型软件包的深度功能，但内容包罗万象。下面主要介绍几个大型的软件供应商。

1. Salesforce. com

Salesforce又译作软件营销部队或软营，是全球按需CRM解决方案的领导者。它拥有业界无可比拟的客户成功率。当前，全球有29800多家公司和646000名注册用户正使用Salesforce的强大功能分享客户信息，以及开发具有更高收益的客户关系。

Salesforce是创建于1999年3月的一家客户关系管理(CRM)软件服务提供

商，宣称可提供随需应用的客户关系管理（On-demandCRM），其产品家族基于sforce客户/服务整合平台，允许客户与独立软件供应商定制并整合其产品，同时建立他们各自所需的应用软件。对于用户而言，则可以避免购买硬件、开发软件等前期投资以及复杂的后台管理问题。因其口号“软件的终结”，故在业内常被称作“软件终结者”。现任董事会主席兼CEO MarcBenioff。2004年6月，该公司在纽约证券交易所成功上市，2004年的收入达到1.75亿美元。公司现有13900家企业客户，注册用户达到227 000名。据悉，今年6月该公司将开始为用户提供管理软件服务。

Salesforce如何能提供比别人更多的成功机会？方法很简单：

(1) 强大的功能：当今业界技术最先进的产品——第20代产品具有1 000多种功能，因此具有统领全球业务的能力。

(2) 灵活的定制：这是业界灵活度最高的CRM解决方案，独有的自定义选项卡和全新设计的Customforce令自定义灵活度显著提高，用户可深度扩展，因此能满足各种规模的企业的需求。

(3) 最佳的用户体验：方便易用，简洁的界面一目了然。多语言支持：支持14种语言。

(4) 按需应用、按需付费。

(5) 快速实施：多数公司在30天之内把Salesforce成功融合于企业运转之中。

(6) 快速回报：通常在实施后的几个月之内，客户即可获得可观的回报。没有安装费：软件托管于Salesforce公司的强大数据中心，用户只需登录即可使用，免除软硬件购买、安装、调试过程高度安全：系统和数据处于层层保护之中。

(7) 免费版本更新，免费用户支持。Salesforce CRM价格分别有5美元、17美元、65美元、125美元和250美元\每用户每月的不同版本，当然功能也不相同。Salesforce CRM根据客户需求定制需求而分不同价格区间，用户可以根据需要在线免费试用30天。

2. Oracle

Oracle，甲骨文公司，全称甲骨文股份有限公司（甲骨文软件系统有限公司），是全球最大的企业软件公司，总部位于美国加利福尼亚州的红木滩。1989年正式进入中国市场。2013年，甲骨文已超越IBM，成为继Microsoft后全球第二大软件公司。

甲骨文公司产品主要有以下几类：

(1) 服务器及工具（主要竞争对手：IBM、微软）。

➢ 数据库服务器：2013年最新版本Oracle 12C；

➢ 应用服务器：Oracle Application Server；

- 开发工具:OracleJDeveloper,Oracle Designer,Oracle Developer,等等。

(2) 企业应用软件(主要竞争对手:德国SAP公司)。

- 企业资源计划(ERP)软件。已有10年以上的历史。2005年,并购了开发企业软件的仁科软件公司(PeopleSoft)以增强在这方面的竞争力。
- 客户关系管理(CRM)软件。自1998年开始研发这种软件。2005年,并购了开发客户关系管理软件的希柏软件公司(Siebel)。

(3) Oracle职业发展力计划(Oracle WDP)。

Oracle WDP全称为Oracle Workforce Development Program,是Oracle(甲骨文)公司专门面向学生、个人、在职人员等群体开设的职业发展力课程。

Oracle的优势是客户支持、销售、营销和分析。Oracle希望为所有的人提供所有的产品。Oracle过去一年来加强了在CRM方面的努力,并在相对较短的时间内开发了相当有冲击力的产品。Oracle的工具箱十分完整,其中包括客户服务、交互管理、销售自动化与管理以及目标营销等产品。除此以外,还拥有用于数据分析的商业智能以及具有世界水平的数据库引擎,Oracle对互联网的关注使其应用软件都具有上网功能,可通过以浏览器为基础的界面接入,减少了部署成本。另外,通过与思科合作,为思科的交互管理产品线提供直接界面,从而扩大了其交互管理能力。对这样的实施而言,成本是个值得考虑的重要问题,但在企业类的CRM软件市场,Oracle绝对是榜上有名。同时,Oracle自己也在积极实践CRM,目前认为效果不错。

3. Siebel

Siebel的优势在客户支持、销售和营销上。Siebel在6条以上的商业线上提供几十种产品,业务重点包括营销、销售、客户服务、产品配置,可谓包罗万象,服务对象也涵盖了中型公司和企业。作为市场上最著名的CRM供应商,Siebel占据了大部分市场份额。然而,由于所谓CRM领域委实太大,在各种分析师组织看来,即使是Seibel,所拥有的整个CRM市场份额也不到15%。Siebel的优势在于销售自动化与管理,但分支太多,几乎涉足了除数据分析外的所有CRM主要领域。正是因为拥有的产品多种多样,任何公司几乎都可从中找到可利用的东西。汤姆·西贝尔(Tom Siebel)因提供种类繁多的客户服务而扬名,其销售佣金很大程度上取决于客户的满意度。不过,值得注意的是,Siebel无疑是定价和整合成本方面的高手。Siebel在CRM领域的目标十分广泛,包括呼叫中心、远程销售与服务、营销、渠道管理、网络公司以及金融、能源和电信等领域内的小型垂直网站。Siebel已将自己从私有的客户服务器结构转化为与多层互联网更为接近的结构,但要真正被人们承认为开放式的,还需继续努力。

4. SAP

SAP的优势则是产品成熟、系统化。其优势不在于界面和易用性,而在于系统架构及流程驱动下的后台配置、简单易用的二次开发。这是因为ABAP语言对技术人员来说比较简单,而且最重要的是SAP的流程完全开放。在经过近30年与全球大企业用户的合作,SAP系统积累了大量先进企业的业务管理流程。对于用户来说,只需根据在系统中挑选适当的业务流程,在软件中进行配置,而对软件的二次开发工作量极少。这就保证了用户能够把主要的精力都花在企业业务流程的优化上,真正起到上一套系统,管理提高一个层次的作用。同时SAP秉承德国企业严谨的文化,所有发布的产品都是经过严格的测试和质量认证,只有在软件产品真正完备后才向用户推出。

5. Broadvision

Broadvision的优势是个性化和营销,实现了一对一(One-To-One)营销概念的系统化。这可让每一位拥有充足数据和技术的客户感觉到网站就是为他们创建的。通过与每一位客户的特别互动,从而创造一种密切感,公司可在自己和客户之间建立关系,让他们更乐意成为其客户。Broadvision是一个复杂程度高,规模大的产品系列,可帮助公司推动网站的运作而不需经过太多的整合。然而,它的费用也十分昂贵,网站的平均启动费用约100万美元,还没算上硬件、个性化和实施等成本。

在国外这些大牌的软件商面前,国内的软件供应商也在各方面不断改进,同时由于熟悉中国国内市场运作模式,在一定程度上更有优势。例如MyCRM和Turbo CRM等国内软件商,不断改进版本,细化各个模块的功能。同时因为价格具有竞争优势,在国内中小企业CRM实施中得到了大量应用。期待它们的进一步成长。

案例分析

HollyC6呼叫中心应用于国家首个12320公共卫生公益电话

随着国内经济的快速发展和人民生活水平的提高,人们对健康越发开始重视,对于国家卫生相关机构以及服务,如卫生监督、疾病预防和控制、医政管理、医疗机构信息查询和监督等需求与日俱增,特别是面对一些公共卫生应急、突发疫情等事件的迅速反应、防控等提出了越来越高的要求。

为了提高服务水平,使市民能方便、快捷获得服务,同时政府以及卫生相关部门能获得直接、及时、有效的信息,在卫生部国家疾病预防控制中心(简称CDC)和北京市卫生局的规划下,北京市疾病预防控制中心作为试点城市率先建设了北京

12320公共卫生热线系统,成为全国范围内首个涵盖了公共卫生领域的咨询、投诉系统的示范工程。该热线整合原监督所投诉举报电话65066969、卫生局便民服务电话83970909以及北京卫生防病咨询热线64287788三个热线电话,建设后原有业务统一到了12320公共卫生公益电话服务平台。

北京12320公共卫生公益电话可实现下列业务:

(1) 相关卫生疾病的就医咨询、医疗机构咨询、防病咨询、政策咨询、医疗价格咨询等咨询业务。

(2) 相关食品卫生、公共场所、生活饮用水、职业卫生、传染病与消毒、学校卫生、放射卫生、医政专业、血液管理、母婴保健、人类生殖等方面的检测,对生产加工企业、销售经营企业、餐饮业、集体食堂、食品摊位、临时许可等监督举报业务。

(3) 相关医疗类(如医疗收费、医疗治疗、医疗服务等)、公共卫生(如公共场所卫生、非法行医等)的投诉,以及对疫情(如传染病疫情、水污染事故、食物中毒事故、职业中毒事故、放射源事故等)突发公共卫生的举报业务。

解决方案:

1. 系统结构

北京市12320公共卫生公益电话系统的组网结构如图5-10所示。

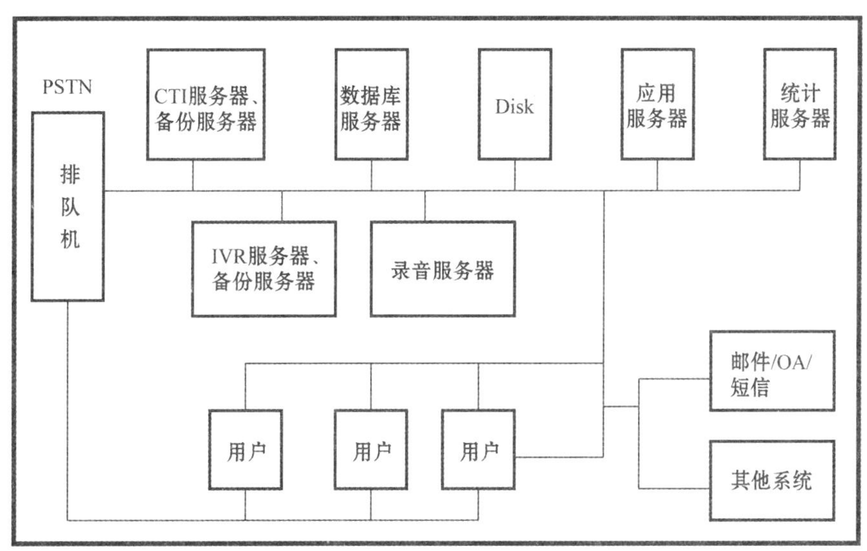

图5-10 电话系统组网结构图

(1) 采用业界领先的AVAYA语音数字交换机,结合HOLLYCRM(合力金桥软件)公司HollyC6呼叫中心应用软件,为客户提供了电话、电子邮件、网络、短信等多种接入方式,建立了通畅的沟通渠道。在平时解答群众对健康问题的咨询、普及卫生防病知识，在遇有突发公共卫生事件时，可以迅速按照市委、市政府、市卫生局的指示和要求，及时向群众传递有关信息，宣传预防措施。

(2) 平台具有灵活的扩容能力，为用户提供了灵活的应对突发公共卫生事件、重大疫情等应急能力。

(3) 通过采用 HOLLYCRM(合力金桥软件)公司的自主知识产权的知识管理软件 HollyKM，为座席人员提供了强有力的支持，帮助座席员准确快捷地回答咨询服务遇到的各类问题。

(4) 呼叫结束后的数据统计分析功能为用户提供了针对来话、知识库查询等多种数据进行统计，并得出详尽的分析结果用于支持决策。

(5) HollyC6 呼叫中心解决方案提供了质量管理、人员管理、知识管理等多种后台维护功能，为北京市 12320 公共卫生公益电话系统得正常、稳定运转提供了强有力的保证。

2. 系统规模

系统采用的是 HOLLYCRM(合力金桥软件)的自主知识产权的 HollyC6 呼叫中心解决方案，根据需求配置设计如下：

- 接入中继：1 E1；
- IVR：HollyIVR，1 E1 语音应答，4 路传真；
- 录音：10 路录音；
- CTI 中间件：HollyContact；
- 座席软件：HollyC&C。

3. 系统配置说明

(1) PBX/ACD。高性能交换机(选用 AVAYA S8300)作为接入设备，接入用户的呼叫。

(2) 座席客户端软件。采用 HOLLYCRM(合力金桥软件)的自主知识产权的呼叫中心应用软件 HollyC&C1.1，提供成熟的呼叫中心系统功能，包括软电话，服务请求，主动服务，工单，知识库等；提供所有通话的全程录音，及实时监听、质检管理功能；支持电话、传真、Web、Email、短信方式与系统的访问交互。

(3) CTI 中间件。采用 HOLLYCRM(合力金桥软件)的自主知识产权的核心软件 HollyContact，提供媒体接入的混合排队和智能路由，提供全套座席软电话、班长席监控功能。软件配备完善的业务应用开发包，支持座席的应用开发。

(4) IVR。采用 HOLLYCRM(合力金桥软件)的自主知识产权的核心软件 HollyIVR，提供自动语音/传真服务、人工与座席的灵活切换、自动文语转换报读等功能，可提供 7×24 小时不间断的自助服务，在提高政府的服务能力的同时可降低运营成本。软件配备图形化流程生成器，使用人员可以根据业务需要灵活定制自己的业务流程。

4. 系统特点

(1) 语音知识：事先将群众可能问到的常见问题制作成为录音文件，如果客户打电话过来正好问到这些问题，座席直接将用户转到相关的语音文件知识库上去听录音，以节省人工资源。

(2) 知识共享和管理：知识管理充分对群众可能问到的常见问题进行归类、并提供方便快速检索以提高座席的工作效率以及咨询服务的规范性和一致性，同时预先考虑与国家卫生局下发的知识实现共享、反馈的闭环管理过程。

(3) 工单流转：针对不同的疑难咨询问题、投诉、建议等业务受理后，通过系统灵活的工作流管理，将工单派发给相关部门，并进行跟踪和回复，以保证工单处里的准确性和工单闭环的高质量服务。

(4) 多渠道接入：呼叫系统提供了多种接入方式的接口，群众可以通过电话语音、电子邮件、网络等多种接入方式为群众提供专家答疑、投诉建议等。

(5) 快速转接：群众咨询的卫生问题范围比较广，有些时候普通座席无法解答，就需要将电话转接到相应的专家座席或监督所以及卫生局进行解答，这样可以确保咨询热线的权威性，提高广大群众的满意度。

(6) 满意度调查：在每次咨询结束时，系统会自动提示群众对座席的工作进行评价，分为满意，比较满意和不满意3档。并且能够根据不同的条件自动提供相应的统计数据。对不满意群众可以进行回访，以提高服务的质量。

(7) 统计便捷：系统采用了专门的统计报表工具MSTR，在为国家卫生局提供标准的基础数据和统计数据外，还可以灵活定制适合本地管理和运行的各种报表，并且提供各种式样的图形，为政府的决策提供了准确的数据支持。

(8) 扩容灵活：为了保证突发公共卫生事件及时处理，系统对容量扩充做好了充分准备，一旦遇有突发公共卫生事件可迅速扩充，及时向群众传递信息，宣传预防措施，为维护百姓健康和社会稳定服务。

建成后的呼叫中心可为北京疾病控制中心带来以下好处：

- 为政府和人民群众之间的信息沟通和反馈提供了便捷的信息化统一支撑平台；
- 方便市民通过各种渠道进行咨询、投诉、举报和监督，最大限度发挥人民群众的监督力度；
- 在非常时期可通过呼叫中心实时监控各城区的疫情、疾病情况；
- 为政府和市民架起沟通的桥梁，方便及时获得市民对政府的建议和意见，提高政府工作的满意度；
- 为政府提供实时、准确、标准、可靠的卫生相关数据信息，为进一步政府决策提供有力支持。

(参考资料:www. hollycrm. com 网站案例)

案例思考题

1. 呼叫中心与以前的电话服务中心的异同点是什么?
2. 该案例可以反映出 CRM 能为企业带来哪些实际收益?

复习思考题

1. CRM 系统结构主要分为那几层?
2. CRM 软件系统分为哪三部分,各部分的功能是什么?
3. 分析 CRM 系统四个具体模块在企业运作中的具体应用。

第 6 章　CRM 中的数据管理

导入案例

Target 用数据预测怀孕准妈妈

沃尔玛啤酒加尿布的故事已是关于数据挖掘提供的最有趣的例子。目前另一个广为传播的典型案例是零售业根据顾客消费数据预测怀孕情况的案例。在2012 年初美国的一家 Target 超市(美国第三大零售商塔吉特),一位愤怒的父亲突然闯进来对店铺经理咆哮道:“你们竟然给我 17 岁的女儿发婴儿尿片和童车的优惠券,她才 17 岁啊!”经理下意识地认为是店里出了问题,也许是误发了优惠券,于是立即向这位父亲道歉。然而经理却没有意识到,其实这是公司正在运行的一套大数据系统得出的分析结论。

果然,一个月后,该名愤怒的父亲打电话给商铺道歉,因为 Target 发来的婴儿用品优惠券不是误会,他的女儿确实怀孕了。Target 比这位父亲知道他女儿怀孕的时间足足早了一个月。

Target 会从其会员的购买记录中去了解该顾客的性格、类别等一系列业务活动。上面的例子正是 Target 为适龄女性创建的一套怀孕期变化分析模型,如果相关客户第一次购买了婴儿用品,系统将会在接下去的几年中根据婴儿的生长周期向顾客推荐相关的产品,从而培养和提高客户的忠诚度。

利用数据挖掘用户的行为习惯和喜好,在凌乱纷繁的数据背后发掘出更符合用户兴趣和习惯的信息、产品和服务,并对这些目标化的信息、产品和服务进行针对性地调整和优化,这便是大数据能带给商家最诱人的价值之一。Target 能够通过分析女性客户购买记录,“猜出”哪些是孕妇。他们从 Target 的数据仓库中挖掘出 25 项与怀孕高度相关的商品,制作“怀孕预测”指数。比如他们发现女性会在怀孕四个月左右,大量购买无香味乳液。以此为依据推算出预产期后,就抢先一步将孕妇装、婴儿床等折扣券寄给客户来吸引客户购买。

如果不是在拥有海量的用户交易数据基础上实施数据挖掘,Target 不可能做到如此精准的营销。

(资料来源:根据网上资料整理)

CRM运用得成功要靠数据，科学地分析数据往往会带来不可预测的商机。企业通过对数据进行初级处理完成基本业务过程，对数据进行高级处理（如数据挖掘）提供企业决策的商业智能，寻找商业机会，精准营销、一对一营销，从而开发新客户，保持老客户、提升顾客价值，促进销售，保持稳定地消费群体，提高顾客的购买频率、购买量。

6.1 数据的概念和重要性

6.1.1 数据的概念

人类已经进入信息化社会，人们的活动离不开反映客观世界的数据的收集、存储、处理和使用。导入案例中，沃尔玛通过对客户数据的整合与分析，形成其独特的竞争力。商业数据的收集、存储、处理和使用，是形成企业未来竞争力的关键。

日常的商贸活动，产生大量的具有潜在价值的商业数据。看似简单的超市购物过程，就可产生大量的数据。顾客们前往上海徐家汇新路达吉买盛超市购买一些商品，这个交易过程就可生成许多原始数据，比如：

- 顾客们购买的时间、交易的金额及每天不同时段顾客购买的频率；
- 顾客所购买物品的种类及其各种商品间的搭配情况；
- 顾客的付款方式。

办理了“联华购物卡”等会员卡的用户，会在购物过程中产生更多数据，如：

- 消费者的性别、年龄、学历、收入水平等个人特征方面的数据，和顾客最近一次购买的时间、平时购买的频率以及通常购买的金额等交易数据；
- 客户投诉、有奖建议等活动向商家提供更多可用于改进运营的数据和信息。

其他类型的企业也会在日常的交易中产生大量的有关客户的描述、促销活动和交易活动等方面的数据。在面向企业客户的B2B市场，企业可以通过记录与客户的开发和交易过程，来获取大量的数据。比如说客户企业采购物品的种类、价格、采购的数量、客户企业习惯的供货的批量、交货地点等数据信息。同时，通过收集目前客户的一些特征信息，应用数据挖掘等信息技术，可以促使企业发现潜在的客户群体，发觉目前客户尚未满足的需求，从而为企业的产品开拓出一片新的蓝海。那么，究竟什么是数据呢？

数据(data)是为反映客观世界中的某一事件而记录的可以鉴别的数字或符号，如数字、文字、图形、图像、声音等。在CRM系统中，数据可以通过诸如电话语音、网络语音、电子邮件等多种途径收集。这些数据结构化地记录了企业有关事件离散的、互不关联的客观事实，其可用某种记录方式加以描述。围绕着数据建立企业 CRM 活动，其核心价值在于通过 CRM 系统对数据的分析、合成，并把这些离散的、单个存储的数据转化为使用者可以理解和使用的信息和知识。

消费者的购买过程产生的数据，可为商家的客户研究工作提供大量可供分析的第一手资料。所有这些数据，通过商家的分析整理形成有意义的信息，并促使商家更加有效地为消费者提供良好的服务。通过分析大部分消费者的购买时间，可以合理安排超市的收银员的工作时间，在消费者人流量大的时候多安排一些收银员，在消费者人流量小的时候少安排一些收银员；通过研究顾客所购买的产品，可以区分货架上最受欢迎和最不受欢迎的产品，通过多采购、多陈列最受欢迎的产品，减少、甚至淘汰最不受欢迎的产品，可使得商家更为有效地使用有限的陈列货架，提高货架的利用率，从而获得更好的效益；通过研究顾客所采购商品间的搭配，找到顾客通常所习惯的购物方式，用以改善超市各种物品彼此搭配的陈列位置，更加方便顾客采购，例如导入案例中的尿布与啤酒的摆放等。研究客户投诉相关的数据，调查产生消费者不满的原因，促使企业改进客户服务，提供更方便的购物环境，有效调动消费者的潜在需求，形成良好的商家与消费者的互动，消费者可以体验更加愉悦的购物过程，商家获取更好的经济效益，实现双赢。

6.1.2　数据的重要性

数据是 CRM 系统的灵魂。CRM 最关键、最基本的支柱是客户数据。客户关系管理通过数据仓库、数据挖掘、商务智能等技术处理大量的客户属性、交易记录、购买行为、习性偏好等数据，从中提炼出有用信息，为企业销售、营销、客户服务等工作提供全面支持。在美国 70%的杂志是订阅的，因此订阅非常重要。即便《Time》这样大牌的杂志，也必须不厌其烦的制定基于读者数据库的十分精细的订阅策略。提高杂志发行和订阅率的工作之基础就是建立和开发读者数据库。

很多公司都缺乏可用、准确、实时的客户数据，要不就是大多数企业的数据应用程序很差。数据仓库研究所(The Data Warehousing Institute)指出，2001 年由于数据质量低给美国公司造成了大约 6 000 万美金的损失。Gartner 的调查发现，75%的企业还没有能力形成对顾客的统一认识。

企业为了获得好的效益，不仅要重视对客户数据的收集，还要重视对客户数据的维护。组织绩效方面的许多问题也都是由客户数据应用不当引起的：没有数据获取渠道，存储与管理不善，低效的数据共享与使用等等，不胜枚举。仅仅安装了管理数据的系统还远远不够，公司必须关注数据并以客户为中心。著名数据库软件提供商 Oracle 在其报告《大胆假设，合理求证——Oracle 建言亚洲银行的 CRM 建设》一文中指出："客户数据是银行实施 CRM 过程中最薄弱的环节。不准确、不完整和未能很好协调的客户数据在过去一度是 CRM 项目失败的主要原因。缺乏高质量的数据使银行无法了解他们的客户，难以向市场推出新的产品和服务，不能合理的简化银行运营和优化客户关系。不准确的客户数据也使银行不能很好地遵守行业标准和一些法规要求。”

6.2 数据的分类、收集及质量

6.2.1 数据的分类

企业在同消费者、企业客户的交易过程中可以产生大量的数据。这些数据信息可以通过不同的方式进行归纳分类。

1. 通过数据的来源分类

CRM 数据仓库中数据的来源主要来自企业内部已经登记的用户信息、用户销售记录、与用户互动的活动中获得的用户信息。这些数据主要可分为四个方面的来源:客户信息、客户行为、生产系统和其他相关数据。也可以将数据分为内部来源数据和外部来源数据两类:

1）内部来源数据

内部来源的数据比较容易理解，就是商业企业在实际经营过程中产生、记录的数据。很多企业也有经验地组织一些活动来收集一些反映用户基本特征的数据，比如经常采用的有奖登记活动，以各种方式对自愿登记的客户进行奖励，能够在短时间内收集到较多的数据。收集用户数据的方法还包括:有奖登记卡和折扣券、会员俱乐部、零售点收集、利用电子邮件或网站来收集等等。世界零售业巨头沃尔玛通过记录、整理、分析其全球各个卖场销售数据，形成了举世无双的庞大信息系统。

2）外部来源数据

本企业之外所产生的数据称为外部来源数据，它们是通过别的信息渠道产生的数据信息。其中最重要的外部数据信息来源是政府的各种机构、各类商务团体和专业协会、许多的行业期刊和业务通讯。例如中国国家旅游局每年都在固定的时期发布关于中国每年、每月的出入境游客人数的统计，各地旅游局和旅游行业协会也会发布各个地区或各个行业的一些旅游人数、旅游收入等情况的统计数据。这些关于旅游情况的数据，构成了旅游企业制定其各种发展规划、预计市场情况、制定销售计划最重要的数据依据。

一些私人机构对总的经济状况或具体的市场情况消息灵通，它们也从事这方面的数据搜集出版业务，如 A. C. 尼尔森、邓白氏等市场研究公司。邓白氏拥有全球最为庞大，覆盖超过 1 亿企业信息的海量数据库，它收集来自全球多达 214 个国家、95 种语种或方言、181 种货币单位的商业信息。同时，为确保信息的精确性、完整性、及时性和跨领域的一致性，它的数据库对数据更新高达每日150万次。

2. 按照数据采集渠道分类

以CRM系统中重要的Call Center为例，企业可以通过多种渠道采集的所需要的和具有潜在价值的数据。这些采集渠道主要包括如下几类：

(1) 电子邮件：客户既可以通过自己的免费邮箱给呼叫中心发邮件，也可以通过网上留言的方式将信息发给呼叫中心。客户发送的信息通过公司的智能分析，按照相应的系统要求加以记录。

(2) 电话语音：电话语音既包括传统的电话语音，也包括基于网络的互联网电话。客户可以通过拨打电话直接与呼叫中心联系。业务员也可以主动联系客户。如果客户选择要求呼叫中心的业务代表立即或在约定的时间主动拨打电话或发送邮件回复客户，客户在输入其联系方式及回复时间后，呼叫中心将在指定时间主动打电话或发邮件联系客户。这些联系活动中，可以产生大量对企业有价值的数据。

(3) 文字交谈：客户可以利用呼叫中心提供的文字交谈功能代替语音同业务代表进行实时的文字交流。文字交谈的内容经业务员整理，可以形成相关数据并加以记录。

(4) 多媒体数据：多媒体呼叫中心将语音、数据和视频集成，不再局限于语音和数据地传输，使得交换系统和语音资源之间不仅可以传输电话，而且还可以快速而准确地传输数据、图像等丰富的多媒体信息。

3. 按照企业不同部门的用途分类

数据可以按照市场、销售和服务部门的不同用途分成三类：客户数据、销售数据、服务数据。客户数据包括客户的基本状况数据、联系人信息、相关业务记录数据和客户类别记录数据等，其不但包括现有客户的基本信息，还包括各类潜在客户、其他合作伙伴以及代理商等的特征数据等。销售数据主要通过业务员，记录了销售过程中对相关业务的跟踪情况，如与客户的所有前期接触活动、客户的信息征询情况、客户询价和相应报价、每个类型业务的竞争对手以及销售订单的有关信息等。服务数据，主要是企业对产品售后进行相关服务的数据记录。可以包含产品的销售时间、使用状况、上次维修时间、客户所购买产品的剩余的服务期限等。这几类数据，需与其他类型数据放在同一个数据库中实现信息共享，以提高企业前台业务的运作效率和工作质量。

4. 根据CRM系统的特殊需要对数据分类

在CRM系统挖掘和分析系统中，主要用到三种类型的数据。它们是：

1) 描述性数据

这一类数据描述了客户的基本情况，可用于判定谁是我们的客户。描述性数据，可以通过对记录以往交易情况的数据进行分析和定性调研的方法获取。针对消费者市场顾客最基本情况的数据，包括顾客的姓名、地址、联系电话、电子邮件、信用情况、性别、出生年月、职业状况、收入水平、婚姻状况、家庭成员数量等情况。其中，消费者的各种联系方式与信用情况尤其重要。缺乏联系方式的客户数据对企业日后的客户发展计划而言，没有什么现实意义，这样的数据是对企业没有意义的伪数据。对企业而言，客户的信用状况包括信用卡号和信贷限额、忠诚度指数(顾客与公司交易占其总花费的比例)、潜在消费指数、客户类型(现有客户、潜在客户、流失客户)等等，这也是公司需要着重考虑的关键数据。随着消费者行为学研究的深入，越来越多的研究表明，顾客的生活方式、特殊爱好、对企业产品和服务的偏好、对问卷和促销活动的反应、其他产品偏好、使用新产品的倾向等特征，对消费者市场上的顾客细分、企业的市场定位等具有重要的意义，因而成为目前市场研究的重点。

针对 B2B 的企业市场，客户的描述性数据可以分为三个子类。首先是企业的基本情况，包括企业名称、行业标准分类代码及所处行业、注册资本、员工数、年销售额、收入及利润等。这些数据描述了我们的客户与潜在客户的基本状况，勾勒了客户的大致轮廓。其次是客户的联系方式数据。客户企业的总部及相应机构营业地址、联系电话、FAX；主要联系人姓名、头衔及联系方式；关键决策人姓名、头衔及联系方式；客户企业其他相关部门和办公室的基本情况与联系方式。客户企业的其他情况，以及公司的一些其他特征，包括客户类型(分销商、咨询者、产品协作者等)；信用状况、购买情况等。

2) 促销活动数据

促销活动数据描述对客户所进行的针对性的营销或者促销活动。这些数据详尽描述了企业所采取的促销活动，从内容上讲，这些数据涵盖了一次促销活动的各个方面。具体来说，可能包括如下几个方面：

首先，促销活动的类型，直接描述了促销活动最基本的目的。这类数据需要简要说明市场促销活动的意图，即对该活动的目标客户的简单说明，以及为什么采取这样的促销活动，这些目的可能是降价销售、电话促销、业务推广活动，或者是单纯的纸媒广告、广播型广告和 Web 广告等。

其次，是对特定促销活动的描述。这方面的题材很多，依据厂家促销活动组织形式，如电子邮件的内容、活动参与人员及业务推广人员的基本情况、促销样品发放的基本情况等。这些数据基本上描述促销活动的内容、执行时间、执行地点、执行人员、执行方式等方面的状况。对企业日后的促销活动与对促销活动效果的检验具有重要的价值。

其中，在对特定的促销活动的描述中，促销媒体的选择(可以是电视、报纸杂志、广播、互联网、楼宇广告、移动平面广告或者其他类型的户外广告等)、促销时间

（进行促销活动的日期，包括年、月、日，有时甚至要细致到时刻）、促销执行人员（谁负责、谁参与、所有参与者的职位级别、具体的职责分类等）以及促销活动的成本信息（包括促销活动的固定成本和变动成本）等信息尤其重要。

3）交易数据

这一类数据描述客户对企业各种促销活动的反应，即他们与企业的交易情况。消费品市场的交易数据是比较常见且容易理解的一类交易数据。此外，在如银行、保险等服务性机构中，交易过程中产生的交易数据也是非常庞大的。例如中国的证券交易是以营业部为核心，遍布全国各地的大大小小的证券营业部将近有 3 000 个左右，参加交易的股民将近有 6 000 多万，几乎所有股民都是自己直接参与股票交易。所有这些股民，都是证券公司这些服务性机构的消费者，他们通过证券公司所提供的服务来进行投资活动。这些投资者可以注册享用某一证券公司的服务，也可能更改账号去其他收费较低，或提供更好服务的证券公司。对于工业品企业而言，其与客户企业的交易情况记录构成最重要的基本数据。其他数据的记录类似于消费品的记录情况。企业与客户的交易数据，也可以用于客户描述。如在客户描述数据中，尤其是针对企业客户的数据中，有许多数据是在交易过程中形成。例如客户企业的银行账号、信贷限额及付款情况；购买过程；与其他竞争对手的联系情况；忠诚度指数、潜在消费指数；对新产品的倾向等等。在交易过程中形成的可用于企业描述客户的数据，能够为企业有效地识别客户、从潜在客户中挖掘客户提供良好的信息。

6.2.2　数据的收集

2007 年 8 月，全球连锁巨头沃尔玛宣布建立了一个全新的数据中心，它的存储能力简直令人窒息，竟然高达 4PB 以上！这已经超过了 4 096TB，是一个真正的天文数字。其中，1TB 存储空间能够存储 12 500 部 DVD 电影，161 500 张 CD，超过 5 本维基百科全书。作为世界第一大国际化零售连锁集团，商品信息和交易记录是必须进行存储的内容，但庞大的信息量会对企业的数据中心提出更高的挑战。到目前为止，这家拥有高达 3 450 亿美元价值的连锁集团，其供应链包含了超过 6 000家门店，大多数门店都几乎拥有 50 万件 SKU（Stock Keeping Unit）。针对如此庞大的企业客户信息，企业必须制定相应的数据采集规划。

CRM 中数据采集的基本步骤是：定义商业问题、建立营销数据仓库、通过研究数据仓库为建模准备数据、最后建立模型。其中，数据的收集是建立数据仓库，进而构建 CRM 系统的一个关键步骤。数据的收集、存储和处理系统已成为现代企业控制商品及其物流的强大武器。

针对不同的数据，根据企业 CRM 系统数据仓库对数据的具体要求，企业可以采取不同的收集方法。例如所反映数据的详细程度和级别的粒度划分不同，企业需要采取的数据收集方式就存在差别。针对内部数据，企业需要加强员工的数据意识，增强对企业日常业务的记录。这些记录可以形成大量的内部数据，并建立企业内部数据库等存储方式。对于外部数据，企业可以通过图书馆、国家机构、互联网和市场调研公司(如 A. C. 尼尔森)等以免费或者付费的方式获得。针对 CRM 系统所进行的数据分类，即客户的描述性数据、促销性数据和交易型数据，主要是通过企业加强对各个阶段活动的数据采集、记录和有效保存来实现。包括明确所需要采集数据的类型、确定所有活动的参与者的数据采集和保存的职责、企业提供有效的数据存储设备等。

对企业来说，在和消费者或企业客户进行交易的过程中所形成的数据构成了最基本和重要的数据。企业可以通过各种方式获取、记录、存储和使用这些宝贵的数据。对于连锁超市来讲，商品信息和交易记录是必须进行存储的内容。沃尔玛的核心竞争力是显而易见的，其领先高效的信息系统备受业界推崇。沃尔玛要求所购买的商品必须带有 UPC 条形码，卡车从工厂运货回来后可以停在配送中心收货处的数十个门口处，货箱在高速运转的传送带上传送的过程中经过一系列的激光扫描，被读取货箱上的条形码信息。而门店需求的商品被传送到配送中心的另一端，那里有几十辆货车在等着送货。其十多公里长的传送带作业就这样完成了复杂的商品组合。其高效的电脑控制系统，使整个配送中心用人极少。借助自己的商用卫星，沃尔玛便捷地实现了信息系统的全球联网。通过这个网络，全球 4 000多家门店可在一小时之内对每种商品的库存、上架、销售量全部盘点一遍，实现实时监控。内外部信息系统的紧密联系使沃尔玛能与供应商每日交换商品销售、运输和订货信息，实现商店的销售、订货与配送保持同步。沃尔玛配送中心运用的交叉作业和电子数据交换系统保证了补货时间仅为 2 天，而美国同行业的平均水平是 5 天。在沃尔玛总部轻点鼠标，就能马上知道深圳或是巴西超市中奶酪的价格，这在沃尔玛并不是神话。

除了交易记录之外，常见的用于描述客户的原始数据收集方法有如下几种：

1. 定性调研

定性调研是在较小的样本范围内，对某一特殊群体进行探测性的调研活动。

2. 询问法

询问法是普及率最高的调研方法。在美国，大约 1.3 亿的人口在他们的生活中曾经接受过访谈，超过总人口比重的 40%。其中每年有超过 7 000 万的人被访问。向人们提问题是调研的最基本方法。传统的询问调研方法有入户访谈(消费品)、经理访谈(工业品)、街上拦截法、中心控制电话访谈、电脑直接访问、自我管理问卷调查、单程邮寄调研、固定样本邮寄调研等。新型的询问式调研方法包括触屏法、传真调研、因特网调研、E-mail调研、自动语音调研和邮寄磁盘调研等。

3. 观察法

观察调研法指不通过提问或交流而系统地记录人、物和事件的行为模式的过程。当事件发生时，一位运用观察技巧的市场调研员见证并记录信息，或者根据以前的记录编辑整理证据。更进一步，观察法既包括观察人又包括观察现象，既可由人员来进行，又可由机器来进行。

4. 实验法

另外，需要指出的是，在社会科学和商务研究中还引入了一些自然科学的数据收集方法和研究方法，例如实验法(Experimentation)。实验法已经超出了仅对某个变量进行测度的范围，它允许研究者在某个环境下控制某个变量(自变量)，并观察该变量对所研究的事物(人或者物体，为因变量)如何产生影响。实验法的优点是可控性，而且针对不同的事物群体和条件可以重复相同的方法，因此可以发现自变量在人、环境和时间等方面的影响效果。

以实验为基础的调研与以询问或观察为基础的调研相比有着根本的区别。从本质上讲，在询问和观察的情况下，调研员是一个被动的数据收集者。调研人员询问人们一些问题或者观察他们在干什么。而在实验条件下，调研人员成了研究过程中的积极参与者。

一次成功的商业数据收集过程一般不会局限于某一种方法，而是有赖于良好的组织规划和各种数据收集方法的有效的组合运用。

6.2.3　数据的质量

在CRM系统地实施过程中，数据就是整个系统的核心，采集数据的质量关系到整个系统的成败，也是实施过程中工作量最大、最难保证的环节。如何保证数据质量，使得数据准确可信，是CRM数据仓库系统建设的难点之一。受到数据收集系统现状的影响，如数据源的数据不完整、不一致、数据抽取时间点不能同步、行业之间存在市场竞争及业务规则的差异、各专业之间统计口径的不一致等，导致数据质量问题客观存在。因而数据质量问题的管控工作必须贯穿数据仓库系统建设的整个过程。

高质量的数据可为使用者提供准确的信息报告，同时降低企业与低质量数据相关的潜在成本。比如冗余成本(在不止一个数据库中存储相同的数据)和基础设备成本(用于存储数据的硬件的成本)。

什么是符合数据质量标准的高质量数据？针对不同的用途和用户需求，每一个参与数据处理工作的人都可能形成自己的定义。可以说，数据质量标准是按照用户自身的要求设定的。因此，适合使用的数据就是高质量的数据。数据的质量标准，需要根据实际使用情况和用户需求来确定，而不可能形成一个放之四海而皆准的标准。

数据仓库向用户提供了集成的、一致的、综合的、高质量的信息以支持管理决策，但是数据仓库的数据来自各种不同的操作性数据源，并且经过了各种各样的传输、转换和处理，要确保数据仓库的质量并非易事。

但是数据质量是数据仓库的生命，如果数据仓库中的数据毫无质量可言，那么该数据仓库就没有任何的价值。

总体上来说，数据仓库对数据质量的要求可归纳为：

(1) 数据的准确性。准确的数据首先必须是正确的，是否正确体现在可证实的数据源上。其次，准确的数据必须是完整的，数据的完整性指数据仓库中数据之间的参照完整性是否存在或一致。

(2) 数据的有效性。数据必须是有效的，即数据是否在企业定义的可接受的范围之内。有效的数据必须具有时效性，即数据在需要的时候是否有效。数据信息的有效期一般较短，超过了一定的时间，再准确和完整的数据，都可能毫无价值。但数据的实效性不能以牺牲数据的完备性为代价。数据的完备性，是指所需要的数据是否都存在，并且数据要易于获取、易于理解和易于使用。

(3) 数据既要符合逻辑，又不能冗余。逻辑性主要从业务逻辑的角度判断数据是否正确。数据仓库中不需要不必要的数据冗余。

为了在数据采集过程中要保证数据质量的可靠，需建立一套完善的审查机制。首先，审核数据的标准化。标准化是现代商业发展的必经之路，数据标准化也不例外。数据的标准化有利于企业的统计、分析、管理，同时也关系到 CRM 系统的成败。不同业务员记录的数据长度不一，信息侧重点不一致，则难以形成能用于系统处理的数据。在对各种数据按照企业制定的标准进行审核时，有必要采用强制性标准审查程序，以减少后期数据处理的隐患。

其次，审查数据采集的各环节。根据企业实际操作，一般需设置多级数据审查。在产生数据的源头、数据采集阶段、数据入库之前等各个阶段，都需要对数据的质量进行审查。通过多级审查，从根本上减少人为错误，保证数据的准确性和有效性。

再次，系统审查。系统审查指通过数据采集入库，由 CRM 系统的数据仓库对所有进入数据仓库的数据进行再次审查，发现不合格的数据及时通报，根据通报对数据进行溯源分析，查找出错原因并及时调整，避免造成系统错误，减少企业的潜在损失。

6.3　数据仓库和数据挖掘

6.3.1　数据仓库及其特征

数据仓库的概念产生于 20 世纪 80 年代，“数据仓库之父”W. H. Inmon 在“纪录系统”、“原子数据(atomic data)”和“决策支持系统”等专题报告中，提出了数据仓库或信息仓库的概念并给出了其基本框架描述，并在其著作 *Building the Data Warehouse* 中给出了数据仓库的定义：数据仓库是支持管理决策过程的、面向主题的(subject-oriented)、集成的(integrated)、反映历史变化(time-variant)、相对稳定的(non-volatile)数据集合，用以支持经营管理中的决策制定过程。

我国数据库专家王珊将其定义为：数据仓库是一个用以更好地支持企业或组织的决策分析处理的、面向主题的、集成的、不可更新的、随时间不断变化的数据集合。

企业发展战略的唯一目标是培养优势。持续的竞争优势是一种资源、能力、资产、流程等。总之，具有特殊的属性，给客户一种特殊的吸引力。但如何发现优势产生的地方？需要将过去、现在与未来整合而动态地思考的战略思维。“数据仓库是众多战略思维的结果，是一个战略武器”，数据仓库和客户关系管理专家罗纳德・S. 史威福特在其《客户关系管理》一书中强调。

这些简短而又全面的定义指出了数据仓库的四个主要特征，即面向主题的、集成的、时变的、非易失的，从而将数据仓库与其他数据存储系统(如关系数据库系统、事务处理系统和文件系统)相区别。传统的数据库技术是以单一的数据资源，即数据库为中心，进行事务处理、批处理、决策分析等各种数据处理工作，主要分为两大类：操作型处理和分析型处理(或信息型处理)。操作型处理也叫事务处理，是指数据库联机的日常操作，通常是对一个或一组纪录的查询和修改，主要为企业特定的应用业务服务。注重响应时间、数据的安全性和完整性；分析型处理则用于管理人员的决策分析，经常要访问大量的历史数据。

根据数据仓库概念的含义，数据仓库有以下四个特征：

(1) 面向主题：操作型数据库的数据组织面向事务处理任务，各个业务系统之间各自分离，而数据仓库中的数据是按照一定的主题域进行组织。主题是一个抽象的概念，是指用户使用数据仓库进行决策时所关心的重点方面，一个主题通常与多个操作型信息系统相关。

(2) 集成：面向事务处理的操作型数据库通常与某些特定的应用相关，数据库之间相互独立，并且往往是异构的。而数据仓库中的数据是在对原有分散的数据库数据抽取、清理的基础上经过加工、加总和整理得到的,必须消除源数据中的不一致性,以保证数据仓库内的信息是关于整个企业的一致的全局信息。

(3) 相对稳定:操作型数据库中的数据通常实时更新,数据根据需要及时发生变化。数据仓库的数据主要供企业决策分析之用,所涉及的数据操作主要是数据查询,一旦某个数据进入数据仓库以后,一般情况下将被长期保留,也就是数据仓库中一般有大量的查询操作,但修改和删除操作很少,通常只需要定期的加载、刷新。

(4) 反映历史变化:操作型数据库主要关心当前某一个时间段内的数据,而数据仓库中的数据通常包含历史信息,系统记录了企业从过去某一时点(如开始应用数据仓库的时点)到目前的各个阶段的信息,通过这些信息,可以对企业的发展历程和未来趋势作出定量分析和预测。

目前,数据仓库已经在商业中得到广泛的应用。根据 Winter 公司的调查报告,Oracle 公司在数据仓库市场上具有巨大优势。目前全球最大的商务数据库就运行在 Oracle 公司的软件中。全球顶级数据调查公司通过数据仓库技术建立其自己的“数据工厂”。丰田美国公司每年要运输数以百万计的车辆、并进行配件递送。庞大的营销数量对后勤部门来说,简直就是一场噩梦。不仅错误不断发生,而且很多情况下,出了错全然不知。但是通过数据仓库等系统优化了流程之后,情况完全变了。不仅让丰田近 100 万辆整车和零部件实现了有序管理,而且能管理到咖啡机这类微小的费用支出,更加强了业务部门与 IT 部门的深度合作。丰田公司 2 500 名中层经理从数据仓库智能报表中发现问题、找到新的思考视角,提升了管理水平。丰田的盈利超过了福特和大众的总合。以 2003 年为例,丰田的收入是 1 320亿美元,而大众是 1 840 亿美元。但是丰田的利润是 136 亿美元,而大众只有 28 亿美元。

为了能够将已有的数据源提取出来,并组织成可用于决策分析所需的综合数据的形式,一个数据仓库的基本体系结构中应有如图 6-1 所示的基本组成部分。

- 数据源:指为数据仓库提供最底层数据的运作数据库系统及外部数据。
- 监视器:负责感知数据源发生的变化,并按数据仓库的需求提取数据。
- 集成器:将从运作数据库中提取的数据经过转换、计算、综合等操作,并集成到数据仓库中。
- 数据仓库:存贮已经按企业级视图转换的数据,供分析处理用。根据不同的分析要求,数据按不同的综合程度存储。数据仓库中还应存储元数据,其中记录了数据的结构和数据仓库的任何变化,以支持数据仓库的开发和使用。
- 客户应用:供用户对数据仓库中的数据进行访问查询,并以直观的方法表示分析结果的工具。

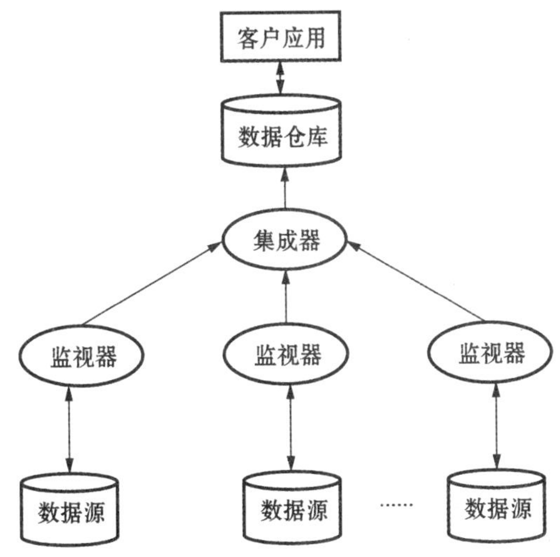

图 6-1　数据仓库的基本体系结构

在数据仓库基本体系结构的基础上，可以衍生得到数据仓库的一般结构。如图 6-2 所示。

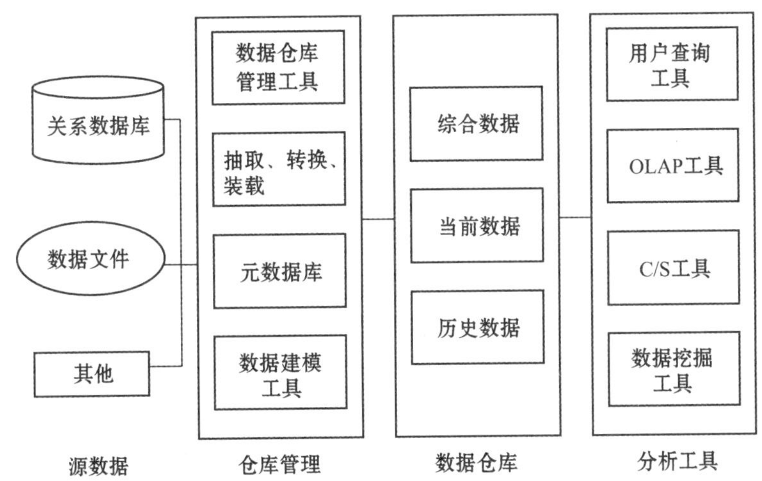

图 6-2　数据仓库的一般结构

如果使用数据仓库，必须要有相关技术的支持。联机分析处理(On-Line-Analytical-Processing，OLAP)技术，和数据挖掘(Data Mining)技术是数据仓库系统中应用的主要数据处理技术。

关系数据库专家 E. F. Codd 于 1993 年在文章 *Providing OLAP to User Analysis* 中首次提出了 OLAP 的概念。OLAP 是针对特定问题的联机数据访问和分析，通过对信息的多种可能的观察形式进行快速、稳定、一致和交互性的存取，允许管理决策人员对数据进行深入的观察。OLAP 理事会给出的概念是：OLAP 是一种软件技术，它使分析员、经理和行政人员能够迅速、一致、交互地从各个方面观察信息，以达到深入理解数据的目的。这些信息是从原始数据转换过来的，按照用户的理解，它反映了企业真实的方方面面。微软公司的定义是：OLAP 是一种决策支持系统，使管理人员能从多个侧面观察问题。同时，E. F. Codd 也提出了评价 OLAP 产品的十二条准则：OLAP 模型必须提供多维概念视图；透明性准则；存取能力准则；稳定的报表性能；客户/服务器体系结构；维的等同性准则；动态的稀疏矩阵处理准则；多用户支持能力准则；非受限的跨维操作；直观的数据操纵；灵活的报表生成；不受限维与聚集层次。

数据仓库系统中的另一种技术是数据挖掘技术。

6.3.2　数据挖掘

"知识就是力量"。这是人工智能领域的至理名言。然而在现实世界中，各种领域相关知识却非常匮乏，与数据爆炸性增长形成鲜明对比。

随着信息技术应用的深入，特别是条码技术的普遍使用，人们产生和收集数据的能力迅速增长。成千上万的数据库已被广泛应用到政府、企业、银行、科研机构等各个领域，数据量出现了爆炸性的增长，然而人们处理与分析数据的能力相当有限，互联网的兴起更加剧了"数据爆炸、知识匮乏"的趋势。数据挖掘正是在这一背景下，兴起于 20 世纪 80 年代末并在 90 年代取得重大进展的一个全新研究领域。数据挖掘的前景被人们普遍看好。来自 Infoconomy 报道显示，2004 年底与数据技术有关的分析性客户关系管理市场已达到 90 亿美元，远远超过预测值。国际知名调查机构也将其和人工智能列为"未来 3 到 5 年内将对工业产生深远影响的五大关键技术"之首，还将并行处理体系和数据挖掘列为未来 5 年内投资焦点的十大新兴技术前两位。

1989 年 8 月在美国底特律召开的第 11 届国际人工智能联合会，举行了数据库中知识发现的专题讨论(KDD Workshop)。接着，美国人工智能学会在 1991 年、1993 年和 1994 年继续举行了 KDD Workshop。在这些讨论班的基础上美国计算机学会成立了知识发现与数据挖掘专业委员会 SIGKDD，并于 1995 年在加拿大蒙特利尔召开了第一届知识发现与数据挖掘国际学术会议。

数据挖掘(Data Mining)是从大量的、不完全的、有噪声的、模糊的、随机的数据中，提取隐含其中的、人们事先不知道的、具有潜在利用价值的信息和知识的过程。与之相似的概念称为知识发现。

知识发现(Knowledge Discovery in Databases)是用数据库管理系统来存储数

据,用机器学习的方法来分析数据,挖掘大量数据背后隐藏的知识,称为数据库中的知识发现。

可以认为数据挖掘、知识发现是同义词。早期,KDD 是指知识发现((Knowledge Discovery in Databases)[GGR99,CHY96],现在则统称知识发现和数据挖掘(Knowledge Discovery and Data Mining)。

数据挖掘是一个多学科交叉的领域,涉及数据库技术、人工智能、机器学习、人工神经网络、统计、模式识别、知识库工程、信息检索、高性能计算技术、可视化等领域。数据挖掘的意义不言而喻,我们相信在 21 世纪,数据挖掘的研究与应用必将有更大的发展。

数据挖掘对象可以来自任何数据源,在进行适当的格式转换等预处理后,根据应用要求选择相应算法进行挖掘。最常见的数据源类型有以下几种:关系型数据库、数据仓库、事务数据库、面向对象数据库、空间数据库、时序数据库、文本数据库、多媒体数据库、混合型数据库、历史数据库、互联网信息。

数据挖掘通过关联性分析、分类分析、聚类分析、异常性分析、趋势分析等知识发现活动,寻找频繁模式、关联规则、分类规则、聚类模式、异常模式、周期性规律等主要类型的知识。从知识发现的整个过程看,数据挖掘有以下步骤:

(1) 数据整理:删除噪声、不一致的数据;

(2) 数据集成:将多源数据综合起来(可以采用数据仓库技术);

(3) 数据筛选:抽取与分析任务相关的数据;

(4) 数据转换:数据转换或合并成适当的形式,以利于挖掘;

(5) 数据挖掘:采用智能化的方法来抽取数据中隐藏着的模式与知识;

(6) 模式评估:根据一定价值标准对挖掘的结果进行评估;

(7) 知识表达:采用可视化和知识表达技术,表示挖掘结果。

数据挖掘技术在现实世界中具有广阔应用前景,据不完全统计,已经在银行业、生物与基因工程、电子商务与互联网应用、欺诈预防、保险业、证券投资、医药、零售业与市场营销、科学数据处理、通信等领域得到了应用。例如,在市场营销中,经常通过分析分销渠道的情况和分销渠道的容量建立利润评测模型,来控制风险。

6.3.3　数据仓库与数据挖掘在 CRM 中的应用

1. 数据仓库技术用于 CRM

数据仓库是 CRM 系统实现的重要技术基础,在 CRM 的生命周期中的数据集成、客户分析、面向客户的战略决策三个阶段无不以数据仓库技术为前提。几乎所有的 CRM 厂商都有数据仓库方面的考虑。另一方面,国际著名的顾问公司,如 Gartner Group 等,在其有关 CRM 的分析报告中,都重点突出了数据仓库的作用。

由此可见，数据仓库在CRM的重要地位。

CRM的很多工作都是以数据仓库为基础展开的。利用数据仓库，企业可以制定准确的市场策略与促销活动。同时CRM是提高数据仓库项目投资回报率的一个途径。CRM充分利用数据仓库的分析结果来制定市场策略、产生市场机会，并通过销售和服务等部门与客户交流，从而提高企业的利润。

首先，数据仓库将客户行为数据和其他相关的客户数据集中起来，为市场分析提供依据。

其次，数据仓库将对客户行为的分析以OLAP、报表等形式传递给市场专家。市场专家利用这些分析结果，制定准确、有效的市场策略。同时利用数据仓库的数据，采用数据挖掘技术，发现交叉销售、增量销售的机会，实现客户保持和发展潜在客户，并将这些信息作为市场准入的基础。

CRM项目中的数据分析以数据仓库为基础，通过数据仓库的分析可以发现不同类型的市场机会。针对这些不同类型的市场机会，企业分别确定客户关照业务流程。依照这些客户关照业务流程，销售或服务部门通过与客户交流，达到关照客户、提高利润的目的。最后，数据仓库将客户的市场机会的反应行为，集中到数据仓库中，作为评价市场策略的依据。

从以上分析可知，数据仓库在CRM中有以下三个方面的作用：客户行为分析、重点客户发现和市场性能评估。

1) CRM客户行为分析

客户的行为可以划分为两个方面：整体行为分析和群体行为分析。整体行为分析用来发现企业的所有客户的行为规律。如，在电信企业里，发现客户的忙时等。然而，只有整体行为分析是不够的。企业的客户千差万别，众多的客户在行为上可以划分为不同的群体。这些群体有着明显的行为特征，在CRM中行为分组(Behavior Segmentation)也就成为CRM的一个重要组成部分。

行为分组是按照客户的不同种类的行为，将客户划分成不同的群体。通过行为分组，CRM用户可以更好地理解客户，发现群体客户的行为规律。在这些理解和规律的基础上，市场专家可以制定相应的市场策略。同时对不同客户的组之间的交叉分析，可以使CRM用户发现客户群体间的变化规律。因此，行为分组只是分析的开始。在行为分组完成后，要进行客户理解、客户行为规律发现和客户组之间的交叉分析等过程。

(1) 客户理解：又可以被称为群体特征分析。通过行为分组，将客户划分成不同的组，这些客户组在行为上有着许多的共同特征。这些行为特征，必须和已知的资料结合在一起，才能被CRM用户所利用。因此，需要对这些不同的行为分组客户的特征进行分析。特征分析可以使企业了解一下内容：

- ➢ 哪些人具有这样的行为？是年轻人，还是老年人？
- ➢ 哪里人具有这样的行为？是北京的，还是上海的？
- ➢ 具有这样行为的人，给企业带来的利润有多大？
- ➢ 具有这样行为的人，对于企业来说是忠诚的吗？

这样通过对不同群体客户的特征分析，使企业更加了解客户。

(2) 行为规律分析：即发现群体客户的行为规律。行为规律分析可以帮助企业了解：

- ➢ 这些客户都拥有企业的哪些产品？
- ➢ 这些客户的购买高峰是什么时候？是在节假日，还是在工作日？
- ➢ 这些客户通常的购买行为是在哪些地方发生？是在合作商户，还是在营业厅等？

通过对这些客户的行为分析，能够对企业在确定市场活动的时间、地点与合作商等方面提供确凿的依据。

(3) 组间交叉分析：通过对群体客户的特征分析、行为规律分析使企业在一定程度上了解自己的客户。但是客户的组间交叉分析，对企业来说有着非常重要的作用。例如，一些客户在两个不同的行为分组中，且这两个分组对企业的价值相差又较大，然而，这些客户在基本资料等其他方面非常相似。这时，我们就要充分分析客户发生这种现象的原因，这就是组间交叉分析的重要内容。通过组间交叉分析，企业可以了解以下内容：

- ➢ 哪些客户能够从一个行为分组跃进到另一个行为分组中？
- ➢ 行为分组之间的主要差别在哪里？
- ➢ 客户从一个对企业价值较小的组，升到对企业有较大价值组的条件是什么？原因是什么？

通过这些分析使企业能够准确地制定市场策略和市场活动，从而为企业带来较大的利润。

2) 重点客户发现

重点客户的发现主要是发现能为企业带来潜在效益的重要客户。这些重点客户主要特点有：

- ➢ 潜在客户：有价值的新客户；
- ➢ 交叉销售：同一客户有更多次的消费；
- ➢ 增量销售：同一客户更多地使用同一种产品或服务。

根据客户的这些属性特点就可以挖掘出这些重点客户，然后做好保持和提高这些重点客户的忠诚度的工作。

在“客户经济学”中，有很多关于这些重点客户的理论。如开发新客户的费用是保留一个老客户的费用的5倍;成功地保留老客户能够使企业的利润翻番等。正是基于这样的思想,使重点客户的发现对企业来说非常重要。

通过数据仓库的数据清洗与集中过程,可以将客户对市场的反馈自动地输入到数据仓库中。这个获得客户反馈的过程,被称为客户行为跟踪。

3) 性能评估

根据客户行为分析,企业可以准确地制定市场策略和市场活动。然而,这些市场活动是否能够达到预定的目标是改进市场策略和评价客户行为分组性能的重要指标。因此,CRM中必须对行为分析和市场策略进行评估。同样重点客户发现过程也需要对其性能进行分析,在此基础上修改重点客户发现过程。这些性能评估都是建立在客户对市场反馈的基础上的。

CRM在实际应用中产生的数据是海量的,并且这些数据是相对独立的,如销售自动化、营销自动化、客户服务与支持所产生的数据。将这些数据进行集成处理是很必要的,对这些数据的有效利用也是企业所希望的。因此在CRM中应用数据仓库与数据挖掘技术,是成功实施CRM必不可少的环节。将数据仓库技术应用于CRM将会产生巨大的效应,并会得到更为广泛的应用。

2. 数据挖掘技术用于CRM

数据挖掘可以从海量数据中自动获取潜在的、对决策有价值的信息、模型和规则,并能够根据已有的信息对未发生的行为做出预测,从而为企业在经营决策、市场策划等方面提供依据和辅助支持。在CRM中,数据仓库将海量的、杂乱的客户历史行为数据集中起来,建立一个整合的、结构化的数据模型,在此基础上进行数据挖掘。数据挖掘按照其功能和应用来分,主要有,关联、聚类、序列模型、分类、预测等。它们可以应用到以客户为中心的企业决策分析及管理的不同领域和阶段。在CRM中,它可以应用在以下几个方面:

1) 客户特征多维分析

挖掘客户个性需求,客户属性描述要包括地址、年龄、性别、收入、职业、受教育程度等多个字段,可以进行多维的组合型分析,并快速给出符合条件的客户名单和数量。

2) 客户行为分析

结合客户信息对某一客户群体的消费行为进行分析。针对不同的消费行为及其变化,制定个性化营销策略,并从中筛选出"潜在客户"。

3) 客户流失分析

挽留一个老客户比争取一个新客户付出的代价要小得多。对客户持久性、牢固性以及稳定性的分析可以及时发现问题并及时地采取补救措施。

4）销售分析与销售预期

包括按产品、促销效果、销售渠道、销售方式等进行的分析。同时，分析不同客户对企业效益的不同影响，分析客户行为对企业收益的影响，使企业与客户的关系及企业利润得到最优化。

同时，根据一些影响消费情况的因素，对未来某段时间的销售水平做出预测，或对销售走势做出预测。影响将来销售水平的因素是多方面的，且与具体情况密切相关的，一般的因素有：上一个相同间隔的时间段的销售情况、上年同期的销售情况、季节变化情况等。

5）交叉销售

在商品促销活动中，企业利用数据挖掘技术可以通过从销售记录中挖掘关联信息，了解某些商品具有关联销售的可能性，进而可以向已经购买相关商品的客户推销关联商品，提高商品促销的成功率。在交叉营销活动中，数据挖掘可以帮助企业寻找影响客户购买行为的因素，帮助营销人员了解哪些客户最有可能购买新产品以及哪些产品通常被一起购买，进而在一对一营销活动中，企业可以利用数据挖掘中的分类与聚类技术把大量的客户分成不同的类，使每个类里的客户拥有相似的属性，进而使企业给每种不同类型的客户提供完全不同的服务，最终提高客户的满意程度。

6）在客户细分中的应用

客户细分可以让管理者在较高的层次上查看整个数据库中的数据，也可以使经营管理者使用不同的方法处理不同细分的群体客户。数据挖掘可以根据客户的预测行为来定义客户细分群。例如，决策树的叶子节点可视为一个独立的客户细分群，每个叶节点由某些特定的客户特征来定义，对所有符合这些特征的客户存在一些预测行为。

7）在客户获取中的应用

在开发新客户的过程中，可利用数据挖掘建立一个预测性分析模型。但是，企业对当前不属于自己的客户的了解程度，远没有对现有客户的了解程度高，关键在于寻找那些已知信息和想要得到的行为模型之间的关系。

在这个过程中，企业必须获得一些潜在客户的名单，在潜在客户名单中列出可能对企业产品和服务感兴趣的消费者信息。接下来，企业要做的就是通过一些小规模的实验活动，收集、分析有用的数据。当有了实验活动中取得的反馈数据后，企业就可以对客户的反应模式进行实际分析。在这个阶段中，挑选一些需要预测且对企业感兴趣的行为模式，并决定在什么样的粒度上进行分析。一旦原始数据准备好，就可以在上面进行数据挖掘。数据挖掘软件将依据所选择的反应模式的类型来预测一些指标变量。通过这些指标变量，就可以找出那些对企业所提供的服务感兴趣的客户，进而达到获取客户的目的。

8) *在客户盈利能力分析中的应用*

数据挖掘技术可以用来预测在不同的市场活动情况下客户盈利能力的变化。在客户的盈利能力分析中，需要做的是基于市场营销策略预测盈利能力。为此，首先需要设定一些优化目标。设定优化目标的意图就是企业必须确定一种计算客户盈利能力的方法。这种方法可以是一种简单的计算公式，如从每个客户身上获取的收入减去提供产品、服务、市场活动、促销活动的成本，再减去通常由客户所负担的那些固定费用。也可以是一种更复杂的计算公式。然后利用数据挖掘工具从客户的交易记录中发现一些行为模式，且用这些行为模式来预测客户盈利能力的高低，进而帮助分析和提高客户盈利能力，使企业在市场竞争中获取优势。

9) *在风险评估和防止诈骗中的应用*

风险评估与欺诈行为几乎在每个行业中都会遇到，尤其是在客户关系管理中。利用数据挖掘中的神经网络分析模型可以探察具有诈骗倾向的客户，这就有可能使企业对这些客户加强监控，防止诈骗的发生。数据挖掘中的孤立点分析也可识别那些具有诈骗倾向的客户。例如，一个邮购零售商可以区分来自同一地址不同客户的付款模式。当同一客户使用不同的名字时，可以识别潜在的诈骗行为。银行在贷款给公司之前，可以查明这家公司是否处于财政危机之中。

6.4 CRM 数据仓库的建立

数据仓库与 CRM 密不可分。CRM 除了市场分析之外，还有销售和服务等方面的功能。但对于客户量巨大、市场策略对企业影响较大的企业，CRM 要以数据仓库为核心。

数据仓库的建设不是一蹴而就的，而是一项复杂而艰巨的工作。构建数据仓库时，必须根据企业的具体情况，按以下步骤进行：

(1) 需求的收集和分析：与传统业务系统不同，数据仓库是面向管理决策层应用的，必须有系统自身的最终用户——企业决策层的参与。构建数据仓库前，先对各相关部门的主营和有关决策、分析人员进行访谈，收集并分析其需求从而确定每一主题的主题域。

(2) 启动 CRM 数据仓库工程，建立技术环境：确定开发数据仓库的目标并制定工程计划。系统的实施需要明确的计划和时间表。适时地选择实现数据仓库的软硬件资源。CRM 数据仓库可以选择适当的操作系统作为网络操作系统，选取合适的数据库管理系统、Web 服务器以及数据仓库与 Web 服务器继承的实现技术。

由于数据仓库的访问和查询往往能够通过工具来提供，因此数据仓库的功能取决于系统的规划和设计。新的技术和产品可以分阶段加入，但要避免无休止的测试和选型。

(3) 确定主题进行数据建模：确定主题是进行仓库结构设计的基础。CRM数据仓库面向客户关系的建立、保持和维护，因此其主题可以分别确定为客户关系的建立、客户关系的保持和客户关系的维护。

(4) 选择数据源：数据仓库将客户行为数据和其他相关的客户数据集中起来，为市场分析提供依据。CRM数据仓库的数据主要有四个方面的来源：客户信息、客户行为、生产系统和其他相关数据。

(5) 设计数据仓库中的数据结构：数据仓库中的数据结构是在现有业务系统数据结构基础上，针对管理信息的特征——时间特性和汇总特性，对数据的名称、类型描述及关联等进行重新定义。主要包括统一数据类型、调整数据长度和增加时间属性。

- 统一数据类型，同一数据有不同数据类型时必须统一为同一数据类型。例如日期字段，有的系统定义为日期型数据，有的定义为字符型数据。可以统一将其定义为字符型数据。
- 调整数据长度。当同一数据的长度不一致时调整为统一数据长度。
- 增加时间属性。时间性是数据仓库的重要特性之一。为此，我们在数据仓库的表中设置日期字段。这样使得变量都带上了时间属性实现了数据的长期存放和信息的历史分析并可按时间维度进行不同程度的汇总。

(6) 粒度划分：粒度反映了数据的详细程度和级别，直接影响数据仓库的数据量以及所适合的查询类型。不同粒度级别的数据用于不同类型的分析处理。如CRM数据仓库中有关销售主题的数据在产品维上按产品小类和大类汇总，在客户维上按客户代码汇总，在时间维上按周、月季、年进行汇总。为了提高查询速度，可按产品维、客户维和时间维综合汇总生成导出数据以满足某些经常性的查询。

(7) 数据的抽取和加载：数据的抽取、转换和装载是一项技术含量不高但却非常繁琐的工作。

(8) 管理元数据：元数据是关于数据的数据。它描述了数据仓库的数据和环境，在整个数据仓库中起着核心作用。

通过以上八个步骤，就可以初步建立企业的数据仓库。同时，企业的数据仓库需要根据不同时期、不同阶段的需求进行更新、重建等。对八个步骤的循环往复，形成企业构建CRM数据仓库的整体过程。

案例分析

《纸牌屋》大热背后的数据玄机

《纸牌屋》很可能是最不欢乐的电视剧集。

没有笑料，没有炫目的画面和俊男美女，甚至没有人们所熟悉的美国政客标签般的亲切和蔼。《纽约时报》评论道：这部 Netflix 推出的后续剧集比 FOX 的《美国人》更加玩世不恭，比 AMC 的《行尸走肉》对人性的看法更加悲观。

然而，这部充满阴郁色调的美剧在去年一经开播就创造了不俗的收视奇迹，如今它的第二部也来势汹汹。在时隔一年后，Netflix 由当初那个用红色信封邮寄 DVD 影碟的硅谷在线公司，靠着数据和科技成功挤入了影视界，并火速成长为令 HBO 等好莱坞大佬们也紧张的竞争对手，而在这样的光环下，其最大的功臣——大数据研究也同样成了影视界先进生产力的代名词。

事实上，继 Netflix 之后，Amazon、Lulu 等同样来自硅谷的互联网公司已开始尝试数据研究在影视制作上的应用，而来自硅谷的冒险一旦取得了成功，也就意味着传统的电视消费模式真要被革命了。尽管有线电视不会完全消失，但是互联网电视的增长，通过 Apps 来跨越大大小小屏幕的方式，也足以让一个曾经强大的电视产业坐不住了。

Netflix 的数据标签

《纸牌屋》第二季上网那天适逢美国总统日的长周末，开播头一天，美国总统奥巴马在推特上发了一条微博："明天《纸牌屋》开播，请大家不要剧透。"

开播的当天，Netflix 的四十多名技术人员，从其总部"作战室"里，密切监控他们用户的观看情况——这家影视网站如今在全球有 4 000 多万付费订户，他们可以实时监控有多少人观看、在哪观看、用什么设备观看、观看的程度如何等等。而这样的监控带来了一个鼓舞人心的消息，《纸牌屋》第二季开播当天有 16%的用户在 12 个小时内一口气看完了 13 集。

早在去年 3 月，《纸牌屋》第一季一经推出便广受追捧，Netflix 的公关总监 Jonathan Friedland 当时在接受媒体采访时曾说道："我们知道用户在 Netflix 上的观看习惯，所以，通过基于用户习惯的分析，我们对哪些剧集会受欢迎很有信心。随着时间的推移，我们能够针对不同用户推出他们更加喜欢的节目。"

除了剧集自身的受欢迎程度外，这一基于大数据的战略还有一个优势，就是 Netflix 的推荐引擎在其中起到很大的作用，这可以使得 Netflix 在营销成本上节省不少。Netflix 的数据表明，75%的用户都会被 Netflix 推荐观看所影响。

这一影响力来自于Netflix的视频标签。为了弄懂订户的观剧喜好，Netflix创造了至少7万种视频标签，来细分已有的视频内容。几乎观众的任何收视行为，都会被作为数据存储下来，然后，再通过标签的重组，为下一步新的影视内容摄制提供参考。

对Netflix的用户来说，观影记录似乎都是神圣不可侵犯的，这代表了他们的品味以及系统的自动推荐准确度。

在推广第一季《纸牌屋》时，凯文·史贝西（该剧男主演）的粉丝会看到以他为重点的预告片，而女性观众会看到充斥了剧中女性角色的预告片，严肃电影的爱好者看到的预告片将会集中体现导演大卫·芬奇阴暗的影像风格。而Netflix会在用户的每一次播放、暂停、快进、停止时分析他们的口味，给他们推荐最契合的内容。

如今看来，这些观影数据已经变得更有决策价值。在《纸牌屋》第一季播出之前，导演大卫·芬奇还在向各个制片公司推荐《纸牌屋》的时候，本应去听推荐内容的Netflix内容总监Ted Sarandos却连听都没听就直接做出了选择。他认为根据芬奇的数据，他的东西肯定能卖出去。

"纵使你有一千个理由不和Netflix合作，"Sarandos对芬奇说，但却有一个不得不拒绝的理由：即Netflix承诺预定完整的两季，每季13集，保证提前付酬，并不用担心收视率，不用争取时段。Netflix承诺买下26小时的原始内容，在艺术上基本不做干涉。而它得到的回报不仅是一部重要剧集，演员阵容由电影明星组成，还有一位获得奥斯卡奖提名的执行制片人。如果从这个角度来看，这样的合作对各方都是非常有意义的。

用数据解构电影创作

在《纸牌屋》第一季播出后的头几个星期，制片鲍尔·威利蒙偶尔会在深夜上Netflix网站，浏览那些只给该剧打一星或者两星的评论。作为编剧，当他写出好东西时自己心里有数，如果什么地方不对，通常心里也能明白，但他觉得，如果人们对这部剧的批评有一致性，那他肯定能从中进一步汲取教训。

Netflix的数据分析让他见识了大数据对影视剧本创作的价值，这是过去依赖传统和直觉创作所无法实现的。事实上，新媒体公司在过去几年来，已经在利用基于大数据分析的推荐引擎，向用户推荐他们喜欢的节目，而如今，大数据分析已更进一步，正深入到电影的创作环节，并且正对整个影视创作行业从剧本选择、导演演员的选择、拍摄和后期制作、乃至营销、产生深刻的影响。

在2013年《纸牌屋》第一季一炮走红之后，Netflix在其官方推特中提到，"了解用户喜欢的'微类型'的内容，就能用高收视的类型取代低收视的部分，以赢得竞争力。"这句话还可以这样理解，只要 Netflix 更了解用户，用户就越容易黏在它的平台上。

过去的几年中，Netflix 建立了属于自己的用户偏好数据库。在 Netflix 为其库存视频所划分的 7 万多个标签中，它们都分别对应特定的观众区间。这个数据库，虽然不能告诉导演编剧影视剧要怎么拍，但他能告诉这些人，影视剧中需要什么样的元素。比如他们拍摄《纸牌屋》的时候，就该知道哪些元素需要有的放矢。

有时这些分类甚至让人觉得特殊荒谬，比如情感斗争类的纪录片、基于现实生活的古装剧、20 世纪 80 年代的外国魔鬼故事……Netflix 内部把这种分类过程称之为"微类型"，它由 Netflix 副总裁 Todd Yellin 构想发明，这是一项特殊的解构电影的过程，整个系统复杂精确。Netflix 首先要雇佣一群人，让他们阅读一份长达 36 页的培训文档，训练他们如何对影片的性暗示内容、暴力程度、浪漫桥段、甚至情节等等元素，作出精确地评级细分。

这样繁复又有规则的分类方法，可以概括成一套公式：

影片类型＝地区＋主题＋形容词元素＋类型片类型＋演员特性＋创作来源＋时间＋故事情节＋内容＋得奖情况＋适宜观看人群，等等。

但这样的排列组合并不意味着所有的微类型都能在线找到对应的影片。Netflix 自有的片库当然不能涵盖到所有微类型的影片，但它的价值在于，如果市场需要的话，Netflix 可以根据这些标签，去拍摄这种类型的片子，《纸牌屋》就是最好的例子。

而对于影视剧组来说，Netflix 正在变成比传统电视台更好的去处。Netflix 继《纸牌屋》之后另一重磅推出的剧集《发展受阻》的主演之一大卫·克罗斯就曾对媒体表示，整个剧组都能感受到(来自 Netflix 的)更多的创作自由。而传统电视台受缚于一周一播的形式，剧组在创作过程中不得不接受来自电视台的需求和干扰，Netflix 却不会要求剧组先拍摄试映集，而会直接预定一整季剧集，并提供充足的预算(《纸牌屋》两季的预算高达 1 亿美元)。

Netflix 内容总监 Ted Sarandos 认为，Netflix 的目标是"在 HBO 变成自己之前成为 HBO"，去年年底在艾美奖上的数项提名或多或少证明了他们正在做到这一点。

相比传统收视率统计只抽取数千个样本户，算出的《纸牌屋》的数据库却包含了 3 000 万用户的收视率，400 万条评论，300 万次主题搜索，是名副其实的大数据。

《纸牌屋》第二季开播当天有 16%的用户在 12 个小时内一口气看完了 13 集。Netflix 的数据表明，75%的用户都会被 Netflix 推荐观看所影响。

(资料来源：《中国经营报》2049 期)

案例思考题

1. 分析纸牌屋的成功之处。
2. 该案例对我国影视剧行业的借鉴意义何在?
3. 该案例对企业(或贵公司)的借鉴作用如何?
4. 该案例对你的启示何在?

复习思考题

1. CRM 系统中数据的质量要求主要体现在哪几个方面?
2. 在 CRM 系统数据仓库中,数据挖掘技术主要有哪些作用?

第7章　大数据及其管理

导入案例

奥斯卡小金人花落谁家？微软研究院早知道

北京时间2013年2月25日中午，美国当地时间2月24日晚间，第85届奥斯卡颁奖礼在洛杉矶杜比剧院落下帷幕。2013年，24座奥斯卡小金人最终将花落谁家呢？

最终结果出炉：本-阿弗莱克执导的《逃离德黑兰》获得包括最佳影片在内的3项大奖，李安作品《少年派的奇幻漂流》获得最佳导演、摄影、视觉效果、配乐等4项大奖。丹尼尔·戴·刘易斯凭借《林肯》第三次问鼎最佳男主角称号，23岁的詹妮弗·劳伦斯以《乌云背后的幸福线》获得最佳女主角奖。

24座奥斯卡小金人获得者

作为电影从业人员，能够获得一座“奥斯卡小金人”——电影届的最高荣誉自然是无比开心的事情。不过，也有团队因为几乎100%的预测出“第85届奥斯卡大奖”的名单而欣喜若狂，同时备受网友关注。

早在2013年2月19日，微软研究院David Rothschild带领的团队通过对入围影片相关数据分析，就已经预测出2013年各项奥斯卡大奖的最终归属，成功命中除最佳导演奖(华裔导演李安获得)外的13项大奖！David团队对所有24个奖项都做出了预测，其中19项预测正确，有5项错误，出错的除去最佳导演外，还包括最佳男配角、最佳化妆、最佳纪录短片和最佳艺术指导这几个奖项。当然，即使这样，也不得不说他们做出的预测结果准确率已经非常高。

David Rothschild

据了解，微软研究院的David Rothschild博士是微软纽约研究院的一名经济学家，2002年本科毕业于美国布朗大学，2011年获沃顿商学院应用经济学博士学位。由David Rothschild带领的分析团队，不仅预测2013年各项奥斯卡大奖的最终归非常的准确，而且早在2012年美国总统选举中，David Rothschild就曾使用一个通用的数据驱动型模型，准确预测了美国50个州和哥伦比亚特区共计51个选区中50个地区的选举结果,准确性高于98%。本届奥斯卡颁奖典礼,David Rothschild只是延续了“辉煌”的战绩而已。David指出:“科学是相同的,但证明哪些数据最有用却存在千差万别。”

第85届奥斯卡大奖预测方法

David Rothschild在2013年奥斯卡颁奖典礼之前,就曾表示:“我预测奥斯卡金像奖得主的方法与预测其他事情的方法完全相同,其中包括政治。”David在微软研究院的博客中介绍了他们是如何通过对数据进行挖掘,建立预测模型来得出这一结果的。

“我关注最有效的数据,然后创建一个不受任何特别年份结果干扰的统计模型。所有模型都根据历史数据进行检测和校正,确保模型能够正确预测样本结果。这些模型能够预测未来,而不只是验证过去发生的结果。”

“我关注四种不同类型的数据:投票数据、预测市场数据和基础数据和用户生成数据(user generated data)。

对于大选来说,基础数据,比如说过去的选举结果、现任者和经济指数等,更为重要。在整个预测周期中,会通过基础数据建立一个基准,当预测市场数据和投票数据所含信息越来越丰富之后,再把重点转向后者。预测2012年总统大选时,我运用了少量的用户生成数据,但是Xbox LIVE的数据对于提供大事件的实时分析非常关键。

但是奥斯卡的预测缺少投票数据,而且票房回报和电影评分等数据在统计学上并不是那么地有效。所以我更多地把注意力放在预测市场数据上,再加入部分用户生成数据,这可以帮助我了解电影内部和不同类别之间关联度,比如《林肯》会赢得多少个奖项。

只要我关注一个新的领域,我就会去思考对于一项有意义的预测来说,有哪些关键的事情:

首先,我会确定什么是最相关的预测。比如说,奥斯卡我会关注24个类别可能的赢家,也会思考某部电影的获奖总数;

其次,所有的预测会进行实时更新。从研究的角度看,了解从做出预测和最终结果之间所发生事件的价值很关键。对于奥斯卡来说,这些事件就是其他奖项(如金球奖等)的颁奖结果;

最后,我会利用这个领域的历史数据来建立这个模型,然后不断更新以确保模型的准确度。我想强调的是,我们做的每件事都是针对独立领域的,来保证它能扩展到很多问题上。如果这项研究能推演出更有效率的预测模型,能应用到更多领域来解决更多问题,那它对于微软、对于学术界和这个世界来说都将有很大的价值。”

David和他的团队开设了PredictWise网站，专门刊登对于各项重大事件的预测结果。他称，奥斯卡预测的难度非常大，因为它涉及24个类别（通常只有6个），而且随着奥斯卡之前其他奖项的不断颁出，整个结果会不断地产生变化。

为了解决这个问题，David加大了动态数据在整个预测模型里的比重。

“实时预测是非常重要的。因为实时预测可以随时提供最新的预测结果，而动态数据的挖掘表明整个预测结果正在不断纳入新信息。此外，它可以提供一个更细的追踪记录，来展示什么时候/为什么发生了变化，是哪个部分影响了最后的结果。”

除了要考虑时间上的动态变化，还要注意数据之间的相互影响。David的模型指出，最佳影片奖和最佳改编剧本奖之间有着强烈的相关性，所以《林肯》和《逃离德黑兰》在这两个奖项里波动趋向基本一致，只是幅度略有差异。《林肯》最初有70%的可能性获得最佳改编剧本奖，但在它获得最佳影片奖的可能性一路走低后，《逃离德黑兰》的得奖率反超到了57%。

为了更好地实现动态数据的挖掘，David还和微软的Office部门一起合作，发布了一款名为“Oscars Ballot Predictor”的Excel App，可以实时更新预测情况。

（资料来源：根据网上资料、David的博客整理）

7.1 大数据时代的来临

早在1980年代，托夫勒便在《第三次浪潮》中而提出了“大数据”概念，而最早提出“大数据”时代已经到来的机构是咨询公司麦肯锡。麦肯锡称：“数据，已经渗透到当今每一个行业和业务职能领域，成为重要的生产因素。人们对于海量数据的挖掘和运用，预示着新一波生产率增长和消费者盈余浪潮的到来。”“大数据”在物理学、生物学、环境生态学等领域以及军事、金融、通讯等行业存在已有时日，却因为近年来互联网和信息行业的发展而引起人们关注。

进入2012年，大数据(big data)一词越来越多地被提及，人们用它来描述和定义信息爆炸时代产生的海量数据，并命名与之相关的技术发展与创新。随着云时代的来临，大数据也吸引了越来越多的关注。正如《纽约时报》2012年2月的一篇专栏中所称，“大数据”时代已经降临，在商业、经济及其他领域中，决策将日益基于数据和分析而做出，而并非基于经验和直觉。

哈佛大学社会学教授加里·金说：“这是一场革命，庞大的数据资源使得各个领域开始了量化进程，无论学术界、商界还是政府，所有领域都将开始这种进程。”

2013 年被一些专家称为“大数据元年”。对大数据时代的乐观和忧虑，在这一年充分展示。

随着工业革命的推进，产生了更大量和更多类型的数据处理需求，导致了信息采集、保存和处理作为独立的一个行业——“信息产业”的出现和繁荣。电力革命后，整个社会经济活动的重点，从材料的使用转移到了对“大数据”的使用，企业也在纷纷取消内部动力生产部门的同时增加了信息处理部门。而近年来随着智能手机、平板电脑、个人电脑、数码相机、数字摄像机、POS 机以及各种各样的传感器等终端逐步接入互联网，气候、天文、地质、生物、基因、军事、商业和医疗等行业数据的普遍数字化和网络化，以及博客、播客、微博、社会化网络等的爆发式增长，数据越来越“大”，人类又一次遭遇了“大数据”时代。与此同时，随着移动互联网和社交网络的飞速发展，单位信息的价值快速下降，人类被淹没在了“信息垃圾”之中。

IDC(国际数据公司)估计，全球 2012 年产生数据总量约 2.8 泽字节。有人计算，这相当于 3 000 多亿部时长 2 小时的高清电影，连着看 7 000 多万年也看不完。而这还只是序曲，更大的浪潮在后头。IDC 预测，未来几年，全球数据量每隔两年翻一番，2020 年达到 40 泽字节。

大数据是推动这场大变革的重要动力，将成为促进经济社会转型新的关键资源。搜集、分析和运用指数级增长的庞大数据，将催生创新，为各行各业提供新的发展机遇，给人们日常生活带来改变。

业内人士认为，大数据的本质还不在于“大”，而是以崭新的思维和技术去分析海量数据，揭示其中隐藏的人类行为等模式，由此创造新产品和服务，或是预测未来趋势。

畅销书《大数据时代》的作者、英国牛津大学数据科学家舍恩伯格认为，大数据是一种新的价值观和方法论，人们面对的不再是随机样本而是全体数据，不是精确性而是混杂性，不是因果关系而是相关关系。“现有的认知和体系是建立在稀缺数据上的成果，人们思维和工作方式必须发生变革以适应大数据时代的到来。”舍恩伯格在其书中写道。

随之而来的是各种商业力量对“大数据”研究加大投入并视之为市场竞争的新“法宝”。其中，最为激动的莫过于广告业，其逻辑为：“社交网络产生了海量用户和实时、完整的数据，同时也记录了用户群体的情绪，通过深入挖掘这些数据来了解用户，然后将这些分析后的数据信息推送给需要的品牌商家或是微博营销公司。”《环球时报》也曾发文认为：“不少人可能会奇怪地发现，自己在购物网站大量浏览过鞋子后，转去另一个门户网站看新闻，新闻旁边的广告播放的正是他感兴趣的鞋子！‘这正是大数据的一个商业应用’—对消费者实施精准化营销。”中国主流媒体对“大数据”的报道和评论都认为，这是信息时代的新挑战，带来无限商机的同时，也裹挟着挑战，中国只有加大研发。

业内人士都形成了共识：现在已经是一个大数据大行其道的世界。

短短的18个月，中国移动互联网流量增加了10倍。中国工程院院士邬贺铨说，随着社交网络的逐渐成熟、移动带宽迅速提升，更多的传感设备、移动终端接入网络，产生的数据及其增长速度比历史上任何时期都要多，互联网上的数据流量正在迅猛增长。邬贺铨认为，在云计算、物联网等技术的带动下，中国的移动互联网已经步入"大数据"时代。

7.2 大数据解构

有人认为，大数据就是互联网、移动互联网等发展到现今阶段的一种表象或特征而已，没有必要神话它或对它保持敬畏之心，在以云计算为代表的技术创新大幕的衬托下，这些原本很难收集和使用的数据开始容易被利用起来了，通过各行各业的不断创新，大数据会逐步为人类创造更多的价值。

其次，想要系统地认知大数据，必须要全面而细致的分解它，可从三个层面来展开。如图7-1所示。

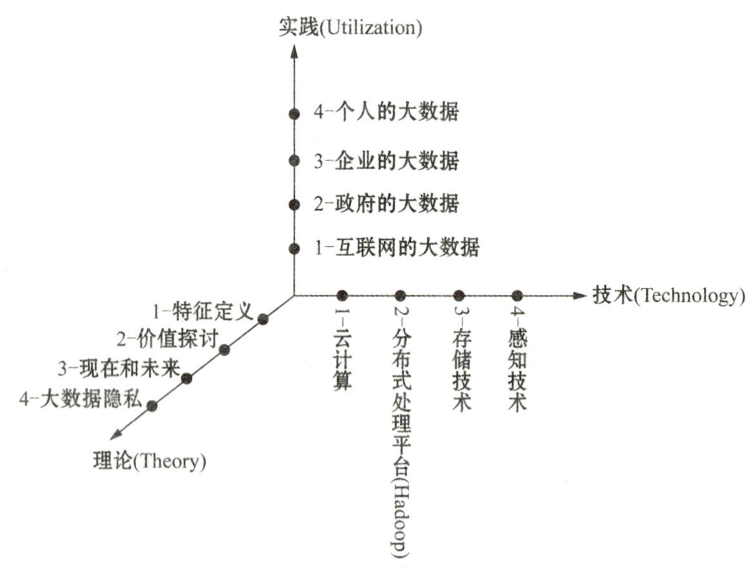

图7-1 大数据的解构

第一层面是理论，理论是认知的必经途径，也是被广泛认同和传播的基线。人们可从大数据的特征、定义来理解行业对大数据的整体描绘和定性；从对大数据价值的探讨来深入解析大数据的珍贵所在；从对大数据的现在和未来去洞悉大数据的发展趋势;从大数据隐私这个特别而重要的视角审视人和数据之间的长久博弈。

第二层面是技术,技术是大数据价值体现的手段和前进的基石。可分别从云计算、分布式处理技术、存储技术和感知技术的发展来说明大数据从采集、处理、存储到形成结果的整个过程。

第三层面是实践,实践是大数据的最终价值体现。可分别从互联网的大数据,政府的大数据,企业的大数据和个人的大数据四个方面来描绘大数据已经展现的美好景象及即将实现的蓝图。

7.3　大数据概述

7.3.1　大数据基本概念

关于大数据的定义,目前尚无统一说法。有学者从数据规模的量级上进行度量,认为仅当数据累加量值在10TB至1PB(P为T的千倍)以上方可称为"大数据"。"大数据"在互联网行业指的是这样一种现象:互联网公司在日常运营中生成、累积的用户网络行为数据。这些数据的规模是如此庞大,以至于不能用G或T来衡量。

大数据到底有多大?一组名为"互联网上一天"的数据告诉我们,一天之中,互联网产生的全部内容可以刻满1.68亿张DVD;发出的邮件有2940亿封之多(相当于美国两年的纸质信件数量);发出的社区帖子达200万个(相当于《时代》杂志770年的文字量);卖出的手机为37.8万台,高于全球每天出生的婴儿数量37.1万……

根据维基百科的定义,"'大数据'是指巨量资料,所涉及的资料量规模巨大到无法透过目前主流软件工具,在合理时间内达到撷取、管理、处理、并整理成为帮助企业经营决策更积极目的的资讯。"著云台的分析师团队认为,大数据通常用来形容一个公司创造的大量非结构化和半结构化数据,这些数据在下载到关系型数据库用于分析时会花费过多时间和金钱。大数据分析常和云计算联系到一起,因为实时的大型数据集分析需要像Map Reduce一样的框架来向数十、数百或数千的电脑分配工作。

在IT业界,有人把大数据产业定义为:"建立在对互联网、物联网等渠道广泛大量数据资源收集基础上的数据存储、价值提炼、智能处理和分发的信息服务业"。或者如IT巨头概括大数据战略为:"致力于让所有用户能够从几乎任何数据中获得可转换为业务执行的洞察力,包括之前隐藏在非结构化数据中的洞察力"。

"总之是对大量、动态、能持续的数据,通过运用新系统、新工具、新模型的挖掘,从而获得具有洞察力和新价值的东西。"微软公司全球资深副总裁、微软亚太研发集团主席张亚勤博士接受记者采访时说。

7.3.2 特点

对于大数据的特点虽然有多种解读,但业界一般认为,大数据有四个"V"字开头的特征:Volume(容量),Variety(种类),Velocity(速度)和最重要的 Value(价值)。

1. 数据量大(Volume)

Volume 是指大数据巨大的数据量与数据完整性。大数据首先是必须具有海量数据,但是究竟多大体量才叫海量,人们并没有一个确定的数字。有人认为应该达到 TB 数量级,一般在 10TB 规模左右。但在实际应用中,很多用户把多个数据集放在一起,已经形成了 PB 级的数据量。

目前,医疗卫生、地理信息、电子商务、影视娱乐每天都有大量数据产生。截止到 2012 年,数据量已经从 TB(1 024GB=1TB)级别跃升到 PB(1 024TB=1PB)、EB(1 024PB=1EB)乃至 ZB(1 024EB=1ZB)级别。国际数据公司(IDC)的研究结果表明,2008 年全球产生的数据量为 0. 49ZB,2009 年的数据量为 0. 8ZB,2010 年增长为 1. 2ZB,2011 年的数量更是高达 1. 82ZB,相当于全球每人产生 200GB 以上的数据。而到 2012 年为止,人类生产的所有印刷材料的数据量是 200PB,全人类历史上说过的所有话的数据量大约是 5EB。IBM 的研究称,整个人类文明所获得的全部数据中,有 90%是过去两年内产生的。而到了 2020 年,全世界所产生的数据规模将达到今天的 44 倍。

2. 类型繁多(Variety)

第二个特征是数据类型繁多。Variety 则意味着要在海量、种类繁多的数据间发现其内在关联。互联网时代,各种设备通过网络连成了一个整体。进入以互动为特征的 Web2. 0 时代,个人计算机用户不仅可以通过网络获取信息,还成为了信息的制造者和传播者。这个阶段,不仅是数据量开始了爆炸式增长,数据种类也开始变得繁多。包括网络日志、音频、视频、图片、地理位置信息等等,多类型的数据对数据的处理能力提出了更高的要求。这是大数据概念区别于从前有关数据管理的一个重要特征。传统的数据管理主要是针对结构化数据分析利用,其应用技术,而大数据则更加强调对于半结构化和非结构化数据的分析和应用。

3. 价值密度低(Value)

第三个特征是数据价值密度相对较低。"但比前面 3 个'V'更重要的,就是 Value,它是大数据的最终意义——获得洞察力和价值。"大数据的崛起,正是在人工智能、机器学习和数据挖掘等技术的迅速发展驱动下,呈现这么一个过程:将信号转化为数据，将数据分析为信息，将信息提炼为知识，以知识促成决策和行动。

百度相关专家认为，就大数据的价值而言，就像沙子淘金，大数据规模越大，真正有价值的数据相对越少。

“所以真正好的大数据系统，重要的不是越多越好，其实越少越好。”开始数据要多，最后还是要少，把 ZB、PB 最终变成一个比特，也就是最后的决策。这才是最关键的。

如随着物联网的广泛应用，信息感知无处不在，信息海量，但价值密度较低，如何通过强大的机器算法更迅速地完成数据的价值“提纯”，是大数据时代亟待解决的难题。数据是物理世界的数字反映，价值上数据不同于数字，数据背后是有对象的，而这些对象是有属主的，有立场的，有价值归属的。主观的大数据的体量很大，所蕴含的价值总量也会是客观的，但是平均到单条信息的价值却很低，即价值密度很低。

4. 速度快时效高(Velocity)

第四个特征是处理速度快，时效性要求高。Velocity 可以理解为更快地满足实时性需求，数据的实时化需求正越来越清晰。对普通人而言，开车去吃饭，会先用移动终端中的地图查询餐厅的位置，预计行车路线的拥堵情况，了解停车场信息甚至是其他用户对餐厅的评论。吃饭时，会用手机拍摄食物的照片，编辑简短评论发布到微博或者微信上，还可以用 LBS(基于位置的服务)应用查找在同一间餐厅吃饭的人，看有没有好友在附近……

如今，通过各种有线和无线网络，人和人、人和各种机器、机器和机器之间产生无处不在的连接，这些连接不可避免地带来数据交换。而数据交换的关键是降低延迟，以近乎实时——这意味着小于 250 毫秒——的方式呈献给用户。

这是大数据区分于传统数据挖掘最显著的特征。既有的技术架构和路线，已经无法高效处理如此海量的数据，而对于相关组织来说，如果投入巨大采集的信息无法通过及时处理反馈有效信息，那将是得不偿失的。可以说，大数据时代对人类的数据驾驭能力提出了新的挑战，也为人们获得更为深刻、全面的洞察能力提供了前所未有的空间与潜力。

在当前常规的信息安全产品中，特别是具有代表性的检测响应类产品技术中，大量采用实时监测，而实时就意味着快速，在当前带宽越来越大，系统越来越复杂，采集的数据越来越多的同时，安全检测对于事件响应的及时性要求并没有减弱。如果对于汹涌而来的数据不能及时处理，就将被数据淹没。另外，“实时”还包含着一种内在的含义：主要根据当前的数据做出分析判断。

也有人将大数据特点总结为七个“v”，也即除了上述四个特征外，还包括 vast(广度)、visualize(可视)、Veracity(真实)。

在大数据的各个特征中，最重要的是要获得 Value—即从大数据中获得洞察力和价值。

7.3.3 大数据类型

通常情况下，大数据包括（或分成）三种类型：

（1）结构化数据。即行数据，存储在数据库里，可以用二维表结构来逻辑表达实现的数据。甲骨文、微软都有这样的数据库管理，用以分析和研究。如数字、符号等信息。

（2）半结构化数据。所谓半结构化数据，就是介于完全结构化数据（如关系型数据库、面向对象数据库中的数据）和完全无结构的数据（如声音、图像文件等）之间的数据，HTML 文档就属于半结构化数据。它一般是自描述的，数据的结构和内容混在一起，没有明显的区分。这种数据包括电子邮件、办公处理文档，以及许多存储在 Web 上的信息，半结构化数据是基于内容的，可以被搜索。

（3）非结构化数据。相对于结构化数据而言，不方便用数据库二维逻辑表来表现的数据即称为非结构化数据，包括所有格式的办公文档、文本、图片、标准通用标记语言下的子集 XML、HTML、各类报表、图像和音频/视频信息等，包括图像音频和视频等可以被感知的信息，以及全文文本、图像、声音、影视、超媒体等信息。非结构化数据，顾名思义，是存储在文件系统的信息，而不是数据库。

据统计，企业中 20%的数据是结构化的，80%是非结构化或半结构化的。结构化数据的增长率大概是 32%，而非结构化数据增长则是 63%。因此，今后非结构化数据占有比例还将继续增加。

这些非结构化数据的产生往往伴随着社交网络、移动计算和传感器等新的渠道和技术的不断涌现和应用，企业用以分析的数据越全面，分析的结果就越接近于真实。大数据分析意味着企业能够从这些新的数据中获取新的洞察力，并将其与已知业务的各个细节相融合。

7.4 大数据的重要性

信息革命深入发展，如潮的数据澎湃而至，数量之巨，种类之杂，来势之快，前所未有。大数据不单单是“数据的工业革命”，而是一场更深刻的科技和产业大变革的组成部分，是对未来大趋势、时代新特征的一种描述。

1. 大数据价值

大数据所能带来的巨大商业价值，被认为将引领一场足以与 20 世纪计算机革命匹敌的巨大变革。大数据正在对每个领域造成影响，在商业、经济和其他领域中，决策行为将日益基于数据分析，而不再是凭借经验和直觉。大数据正在成为政府和企业竞争的新焦点。各大企业正纷纷投向大数据促生的新蓝海。甲骨文、IBM、微软和 SAP 共投入超过 15 亿美元成立各自的软件智能数据管理和分析专业公司。在大数据时代，商业生态环境在不经意间发生了巨大变化：无处不在的智能终端、随时在线的网络传输、互动频繁的社交网络，让以往只是网页浏览者的网民的面孔从模糊变得清晰，企业也有机会进行大规模的精准化的消费者行为研究。大数据蓝海将成为未来竞争的制高点。

众所周知，企业数据本身就蕴藏着价值，但是将有用的数据与没有价值的数据进行区分看起来可能是一个棘手的问题。

显然，企业的人员情况、工资表和客户记录对于企业的运转至关重要，但是其他数据也拥有转化为价值的力量。一段记录人们如何在商店浏览购物的视频、人们在购买服务前后的所作所为、如何通过社交网络联系企业客户、是什么吸引合作伙伴加盟、客户如何付款以及供应商喜欢的收款方式……所有这些场景都提供了很多指向，将它们抽丝剥茧，透过特殊的棱镜观察，将其与其他数据集对照，或者以与众不同的方式分析解剖，就能让人们的行事方式发生天翻地覆的转变。

但是屡见不鲜的是，很多公司仍然只是将信息简单堆在一起，仅将其当作为满足公司治理规则而必须要保存的信息加以处理，而不是将它们作为战略转变的工具。

所以，数据应该随时为决策提供依据。

企业需要向创造和取得数据方面的投入索取回报。有效管理来自新旧来源的数据以及获取能够破解庞大数据集含义的工具只是等式的一部分，但是这种挑战不容低估。产生的数据在数量上持续膨胀；音频、视频和图像等富媒体需要新的方法来发现；电子邮件、IM、tweet 和社交网络等合作和交流系统以非结构化文本的形式保存数据，必须用一种智能的方式来解读。

有些人会说，数据中蕴含的价值只能由专业人员来解读。但是泽字节经济并不只是数据科学家和高级开发员的天下。数据的价值在于将正确的信息在正确的时间交付到正确的人手中。未来将属于那些能够驾驭所拥有数据的公司，这些数据与公司自身的业务和客户相关，通过对数据的利用，发现新的洞见，帮助他们找出竞争优势。

2. 大数据的价值体现在它是一种新型战略资源

大数据成为国家和企业的核心资产。2012 年瑞士达沃斯论坛上发布的《大数据大影响》报告称，数据已成为一种新的经济资产类别，就像货币或黄金一样。奥巴马政府已把“大数据”上升到国家战略层面，2012 年 3 月，美国宣布投资 2 亿美元启动“大数据研究和发展计划”，借以增强收集海量数据、分析萃取信息的能力。美国政府认为，大数据是“未来的新石油”，一个国家拥有数据的规模、活性及解释运用的能力将成为综合国力的重要组成部分，未来对数据的占有和控制甚至将成为继陆权、海权、空权之外国家的另一个核心资产。

对企业来说，数据正在取代人才成为企业的核心竞争力。在大数据时代，数据资产取代人才成为企业智商最重要的载体。这些能够被企业随时获取的数据，可以帮助和指导企业对全业务流程进行有效运营和优化，帮助企业做出最明智的决策。此时，企业智商的基础就是形形色色的数据。

有学者把大数据形象地比喻为推动人类社会发展的“新石油”。在大数据时代，拥有大数据是一种幸福和特权，也是一种战略、世界观和习惯。根据 Gartner 的研究数据显示 2009—2011 年间，Facebook 共收集了 2.1 万亿条“有用信息”，根据 2012 年其 IPO 时的溢价估值计算，每条信息价值 4 美分，相当于每个用户为其提供了价值 100 美元的有用数据。用户在免费使用网站服务的同时也在为网站免费提供有用数据。谷歌利用街景地图可能已经收集了足够的地图数据，世界在谷歌眼里是透明的。谷歌声称可以利用街景地图助力自动驾驶，但是，街景地图在无人智能系统部署等行动中也可能会发挥关键作用，它也可能为窃贼选择疏于防范的目标提供方便。这无疑是事关国家和社会安全的战略资源，一些国家已经开始与谷歌交涉街景地图可能引起的社会安全问题，但这可能已为时已晚。目前还没有办法阻止它继续获得它感兴趣的数据，即便关闭它在某个地区的门户网站的情况下，它也可以通过反相关数据处理或购买直接相关的数据来补充其大数据库。因此，大数据时代的信息安全已很难采用现有的信息安全技术来解决。

3. 大数据提升国家竞争力

大数据被视为创新和生产力提升的下一个前沿，正成为国家竞争力的要素之一，在世界范围内日益受到重视。

多国政府加大了对大数据发展的扶持力度，甚至上升到国家战略的高度，围绕大数据的国际竞争将会更加激烈。

在美国，大数据已由热点词汇变成重点项目。2012 年 3 月，美国政府已公布 2 亿美元的《大数据研究发展计划》，以提高对大数据的收集与分析能力，增强国家竞争力。2013 年 6 月，斯诺登的 41 张幻灯片，让美国大数据监控项目“棱镜”浮出水面，令人不寒而栗。2013 年 11 月美国再度公布涉及各级政府、私企、科研机构的多个大数据研究项目。美国国家卫生研究院、国家科学基金会等都参与其中，有评论称之为美国大数据战略 2.0 版。

英国、德国等国家也把大数据提升到国家战略层面，认为未来国家层面的竞争力将部分体现为一国拥有数据的规模及运用数据的能力。虽然经济不景气、财政紧缩，但英国政府依然为大数据一掷千金。2013 年初，英国商业、创新和技能部宣布将注资8亿英镑发展8类高新技术，其中1.89亿英镑(约3亿美元)用于大数据项目。

大数据在中国也已启动并驶入“快车道”，政府、企业和科研院所正多方位布局。工信部的物联网“十二五”发展规划，将信息处理技术作为四项关键创新技术工程之一，其中包括海量数据存储、数据挖掘等。随着4G牌照在2013年末的发放，更高速的网络将带来更大的数据流，为政府和企业带来战略性资源。

7.5 大数据的应用

大数据可分成大数据技术、大数据工程、大数据科学和大数据应用等领域。目前人们谈论最多的是大数据技术和大数据应用。工程和科学问题尚未被重视。大数据工程指大数据的规划建设运营管理的系统工程；大数据科学关注大数据网络发展和运营过程中发现和验证大数据的规律及其与自然和社会活动之间的关系。

大数据可以从数据分析的层面上揭示各个变量之间可能的关联，但是数据层面上的关联如何具象到行业实践中？如何制定可执行方案？应用大数据的结论的这些问题要求执行者不但能够解读大数据，同时还需深谙行业发展各个要素之间的关联。这一环节基于大数据技术的发展，但又涉及管理和执行等各方面因素。

在2013年12月12日电商的促销期，淘宝网推出“时光机”——一个根据淘宝买家几年来的购买商品记录、浏览点击次数、收货地址等数据编辑制作的“个人网购志”，从而记录和勾勒出让人感怀的生活记忆。背后，是基于对4.7亿淘宝注册用户网购数据的分析处理，这正是大数据的典型应用。

2013年年初，腾讯推出“QQ圈子”使用体验，“圈子”能智能识别用户每位好友及潜在好友的真实姓名，并根据社交关系进行智能分组，热情地为用户实名推荐好友。这无疑成功地炫耀了一把庞大的用户数据库和后台算法。

“圈子”背后是强大的数据挖掘。QQ把服务器里的二度好友关系、群成员关系、朋友网、班级校友关系、微博听众关系等等关系链资源整合到一起，完整勾勒出用户的社交圈，数据量越大，结果越精准。

7.5.1 大数据的应用领域

分析人士指出，大数据时代来临，行业变革才刚刚开始，未来前景广阔。国外大数据已经广泛地应用于医疗、娱乐、互联网/媒体、制造业、金融业、商业服务、运输业、Web技术、通讯、工程建设等诸多领域和行业。就目前发展来看，国内对大数据的应用领域还较为狭窄，主要集中在金融、物流、公共等三个领域。

就整体而言，目前大数据的应用领域具体体现在如下方面：

(1) 商业智能。在商业领域,大数据意味着激动人心的业务与服务创新机会。零售连锁企业、电商业巨头都已在大数据挖掘与营销创新方面有着很多的成功案例,它们都是商业嗅觉极其敏锐、敢于投资未来的公司,也因此获得了丰厚的回报。

IT 产业链分工、主导权也因为大数据产生了巨大影响。以往,移动运营商和互联网服务运营商等拥有着大量的用户行为习惯的各种数据,在 IT 产业链中具有举足轻重的地位。而在大数据时代,移动运营商如果不能挖掘出数据的价值,可能彻彻底底被管道化。运营商和更懂用户需求的第三方开发者互利共赢的模式,已取得一定共识。

例如:用户行为分析,即结合用户资料、产品、服务、计费、财务等信息进行综合分析,得出细致、精确的结果,实现对用户个性化的策略控制,这在营销网络的流量分析中占有越来越举足轻重的地位。个性化推荐,即在各类增值业务中,根据用户喜好推荐各类业务或应用,这已成为运营商和门户提供商服务用户的一个最有效方式之一,比如应用商店的软件推荐、IP-TV 视频节目的点播推荐、购物或旅游网站的猜你喜欢等。

(2) 公共服务。一方面,公共机构可以利用大数据技术把积累的海量历史数据进行挖掘利用,从而提供更为广泛和深度的公共服务,如实时路况和交通引导;另一方面,公共机构也可以通过对某些领域的大数据实时分析,提高危机的预判能力,如疾病预防、环境保护等,为实现更好、更科学的危机响应提供技术基础。

(3) 政府决策。通过对数据的挖掘,从而有效提高政府决策的科学性和时效性。例如:日本大地震发生后仅仅 9 分钟,美国国家海洋和大气管理局(NOAA)就发布了详细的海啸预警。并且随即 NOAA 通过对海洋传感器获得的实时数据进行了计算机模拟,制定出详细的应急方案,并将制作的海啸影响模型实时发布在了 YouTube 等网站上。

7.5.2 大数据产业链

伴随着社交媒体物联网和电子商务的蓬勃发展,各类数据海量涌现,特别是其中的结构化数据和非结构化数据并存,以及由此产生的复杂的交互关系,使得现今的传统技术无法对其进行高效的分析。因此,捕获、存储、管理和分析大数据的工作变得极其艰巨。

从广义来讲,大数据产业贯穿了整个数据生命周期,从产生、采集和存储,这和整个链条是有点相似的,从狭义来看,大数据的产业链主要涵盖数据的管理分析、呈现和应用的环节。

而按照信息处理环节,大数据可以分为数据采集、数据清理、数据存储及管理、数据分析、数据解读及产业应用等六个环节。由于尚属发展初期,其中的每个产业环节都包含着不少的企业，其市场发展情况如下：

1. 数据采集

Google、CISCO这些传统的IT公司早已经开始部署数据收集的工作。在中国，淘宝、腾讯、百度等公司已经收集并存储大量的用户习惯及用户消费行为数据。德勤预计，在未来，会有更为专业的数据收集公司针对各行业的特定需求，专门设计行业数据收集系统。

2. 数据清理

当大量庞杂无序的数据收集之后，如何将有用的数据筛选出来，完成数据的清理工作并传递到下一环节，这是随着大数据产业分工的不断细化而需求越来越高的环节。除了Int l等老牌IT企业，Te rad at a、In for mati-ca等专业的数据处理公司呈现了更大的活力。在中国，华傲数据等类似厂商也开始不断涌现。德勤预计，在未来，将会有大量的公司专注于数据清理。

3. 数据存储及管理

数据的存储、管理是数据处理的两个细分环节。这两个细分环节之间的关系极为紧密，而数据如何存储又限制了数据分析的深度和广度。由于相关性极高，通常由一个厂商统筹设计这两个细分环节将更为有效。从厂商占位角度来分析，IBM、Oracle等老牌的数据存储提供商有明显的既有优势，他们在原有的存储业务之上进行相应的深度拓展，轻松占据了较大的市场份额。而Apache Software Foundation等新生公司，以开源的战略汇集了行业专精的智慧，成为大数据发展的领军企业。

4. 数据分析

传统的数据处理公司SAS及SPS在数据分析方面有明显的优势。然而，基于开源软件基础构架Hadop的数据分析公司最近几年呈现爆发性增长。例如，成立于2008年的Cloudera公司，帮助企业管理和分析基于开源Hadop产品的数据。由于能够帮助客户完成定制化的数据分析需求，Cloudera拥有了如ExPedia、摩根大通等大批的知名企业用户，仅仅五年时间，其市值估值已达到7亿美元。

5. 解读

将大数据的分析结果还原为具体的行业问题。SAP、SAS数据分析公司在其已有的业务之上加入行业知识，成为此环节竞争的佼佼者。同时，因大数据的发展而应运而生的wibidata等专业的数据还原公司也开始蓬勃发展。

6. 展示

通过对数据的分析和具象化，将大数据能够推导出的结论量化计算，同时应用到行业中去。这一环节需要行业专精人员，通过大数据给出的推论，结合行业的具体实践制定出真正能够改变行业现状的计划。

7.6 大数据管理案例

7.6.1 互联网企业大数据应用案例——百度浪漫指数

“2014214”,被网友称作代表“爱你一世又一世”的“超级情人节”。在这个特殊的日子里,哪个地域的人“最浪漫”呢?通过新鲜出炉的中国情人节大数据图谱——百度浪漫指数显示,截至2月14日上午9时30分实时数据,浙江、北京、上海浪漫指数位居前三,其中,浙江浪漫指数为86,北京上海紧随其后。

据百度浪漫指数显示,截至2月14日上午9:30,被誉为“浪漫之省”的浙江不负众望冲上了第一名,浪漫指数为“86”,北京紧随其后,上海、河南、天津等地也均入榜。而在排名的Top10中,黑吉辽三省全部入围,有网友感叹“原来‘豪迈’、‘爷们儿’的东三省浪漫实力也爆棚啊,不容小觑!”不过,据百度方面透露,浪漫指数排名会随着搜索量的增多发生实时、动态变化,如果有你的参与,说不定会让你的城市成为又一个浪漫之都。

此外,百度浪漫指数还出炉了“去哪儿吃饭?”“送什么礼物?”“去什么酒店?”“看什么电影”情人节专属四大榜单,为网友提供最新鲜、最热门、最具代表性的情人节攻略。在“礼物”榜单上,鲜花、化妆品和手表理所当然成为了情人节最受欢迎的礼物,而还在送皮包、项链的就通通OUT了,“情趣内衣”等礼物已然强势入榜,成为2014年情人节中最“亮眼”的礼物。

据了解,百度浪漫指数(http://langman.baidu.com/)是百度搜索对大数据挖掘的一种新技术形态,它展现各个省份区域网民的实时搜索行为,并通过彩色搜索气泡在地图上的不断闪动,显现网民不断变化的关注点。随着区域搜索浪漫词气泡的数量增多,地图颜色也会由浅至深。百度浪漫指数上线不仅展示全国各地不同特点的情人节,也可以看到网民们共同演绎的“中国式浪漫”。

对此,有业内人士指出,“互联网时代,大数据已成为最重要的资源之一。百度浪漫指数为网友展示了数据分析的好玩和新意。通过对大数据的分享,让更多人洞察到数据之美,意识到数据的价值,并对个人生活和企业决策提供重要的驱动作用。”

(资料来源:www.yn.xinhuanet.com,2014年02月15日,环球网)

7.6.2 社交网平台大数据应用案例——Facebook的大数据采集、分析与应用

目前,Facebook在全球有9亿用户,其中日常活跃用户达5.26亿。2011年12

月，Facebook发布了大数据产品——“时间线”Timeline，它是一个可供用户自我编辑的个人时间轴，在这条时间线的页面记录个人生活故事的应用。拥有了这些历史数据，Facebook就对用户的档案了如指掌。用户留下的数据越多，Facebook就越了解用户，投放的广告就会更加精准。

对于每天采集到的500TB数据，Facebook首先归类，将用户发表的评论、上传的图片、音乐、视频这些碎片化、非结构化的数据进行瀑布式的分析，使其集结、归类成结构化的数据信息，形成身份类数据（用户注册的基本信息）、需求类数据（有“赞”按钮的显性信息、状态信息、心情信息）、关系类数据（通过用户关注的人和粉丝，判断他与其他社交网络用户之间的关系）等多个数据模块。其次，Facebook将这些结构化的数据进行解读，深入挖掘数据背后的潜在意义。每当用户登录Facebook，Cookie会一直驻留在用户的浏览器中，从此用户的浏览行为、浏览页面的关键字会被记录，通过对关键字和上传信息的持续分析，Facebook很容易得出用户的长期爱好和近期需求。再加上对其朋友圈的分析，可以获得用户的教育、工作、收入、地理位置等诸多信息，这种挖掘和解读往往比个人主动填写的信息还要全面、真实。

在数据应用方面，Facebook的大数据战略主要集中在广告营销、产品服务和用户管理三个层面。Facebook利用用户的基本属性、粉丝、兴趣来找出潜在的用户群。而这种广告模式之所以可行，必然要求后台有强大的数据系统作为支撑，基于这样的广告模式，Facebook的广告下单系统也基本上以自助式为主。投放广告的广告主都由自定义受众开始，Facebook会一步一步带领客户设定一系列的参数，主要有三种方式：

第一，根据人口统计特征进行筛选，即受众的基本属性，一共有11个维度，包括所在地、年龄、性别、性情特质、感情状态、语言、教育程度和学校、工作场所等。

第二，根据粉丝页进行筛选，即具体到有某类关系的人。

第三，根据兴趣进行筛选，每个用户在开设Facebook时都可以设定自己的兴趣，包括宗教、喜欢的事情（旅游、电影、阅读等）、喜欢的品牌等。

接下来广告主需要提交广告活动的总预算和每天的预算额。系统会根据广告主设定的受众条件，运算出目标受众群的人数，然后根据广告主选择的广告方式（CPM/CPC）给出建议费用的范围。2011年，Facebook通过挖掘用户信息，以主要推送广告的形式，从每个用户身上赚到5.11美元。Facebook的数据挖掘和应用不仅对广告商具有很强的诱惑力，还能帮助产品设计团队优化网站的内容，掌握用户的使用模式，优化界面交互和操作。在用户管理上，Facebook利用数据来降低用户流失率。

7.6.3 电商企业大数据应用——淘宝网:从平台销售到数据销售

淘宝网是亚太地区最大的网络零售商圈,由阿里巴巴集团在2003年5月10日投资创立。目前淘宝网业务跨越C2C(个人对个人)、B2C(商家对个人)两大部分,网站最高单日独立用户访问量超1.2亿,注册用户数量超过4亿,在线商品数量达到8亿,页面浏览量达到20亿,每天产生4亿条产品讯息,每天活跃数据量已经超过50TB。淘宝平台的数据大概可以分成三块,一是离线的数据,另外还有一些在线数据,主要是图片,淘宝一些大的卖家都把图片存在淘宝网上。还有一些信息是用户的淘宝收藏夹。2010年3月,淘宝宣布向全球开放数据,在分层次、有原则的开放前提下,无论是数据的深度还是广度,都是最开放、最具效力的。这是继淘宝开放平台和淘宝合作伙伴计划之后,大淘宝战略迈出的具有现实意义的关键一步。另外,涉及消费者个人或者企业隐私的数据绝对保护。

淘宝的数据开放是为公众提供免费信息。比如推出类似于宏观经济数据的"淘宝指数"。商家可以根据以往的销售信息和"淘宝指数"进行生产、库存决策。对于大众来说,淘宝的数据发布具有像是统计局和价格监测机构的功能,淘宝指数相当于行业和宏观经济的各项指标。2010年4月,淘宝官方数据软件产品"数据魔方"正式发布,半年用户数达5万。2010年12月,淘宝数据平台改版,定位以淘宝网海量交易数据为基础,为用户提供专业的电子商务数据资讯和产品服务。

2011年6月,淘宝一分为三,变成天猫、淘宝集市和一淘网。这之后,淘宝系的大数据发展的主要任务放到了商家已经形成了付费习惯的天猫平台。

目前天猫的主打大数据商用产品是聚石塔。2012年7月,阿里巴巴集团的"聚石塔"正式发布,"数据分享平台"战略全面展开。聚石塔是阿里巴巴首次联合全集团大数据力量打造的一款大数据商用产品。其中,天猫及淘宝网主要负责寻找合作伙伴,发展商家,阿里云负责提供云主机,万网负责客户服务。同时,阿里巴巴B2B公司CEO陆兆禧出任集团首席数据官岗位,向CEO马云直接汇报。马云在聚石塔发布的时候宣布了阿里集团未来新战略:平台、金融、数据。聚石塔提供数据存储、数据计算两类服务。根据官网上的指导价格,若需要内存为1 200M、50G容量的数据存储服务,优惠价为6090元/年;如果购买英特尔双核处理器、内存4G、硬盘500G、带宽5M的弹性托管服务,价格约在7 700元/年。阿里巴巴公布的信息显示,自2012年7月10日聚石塔发布以来,已有十多万的商家入驻。聚石塔的订单覆盖率,2012年10月中旬的数据是20%。淘宝网实现数据的产品化,从而实现从交易平台到"生态圈"基础服务提供商的角色转变,完成由平台销售向数据销售的盈利模式的转变。目前,通过专业的海量数据挖掘,淘宝已经形成了面向进驻商家的多项数据产品。此外利用淘宝开放数据平台所产生的第三方的数据开发产品还包括:可以为非淘宝的其他电商网站提供的数据产品及软件,可以为各类网站及社区提供的社会化电商的解决方案,可以为淘宝卖家提供的各类优化工具,可以为消费者提供的各类优化工具等。

7.7 大数据面临的挑战和发展趋势

7.7.1 大数据面临的挑战

1. 信息安全问题

信息安全问题是大数据应用面临的突出挑战。棱镜门事件是最大的信息安全事件,"棱镜"2013年曝光后,让人们看到大数据时代维护国家信息安全、保护个人隐私所面临的严峻挑战。"棱镜门"让各国政府意识到"数据主权"的重要性,以及在网络和电信核心技术上依赖个别国家的恶果。必须加快自主创新以保护"数据主权",已成为一些国家的共识。

如何在大数据来袭中保持清醒和理性、有所创新和创造,对国家和个人来说同样是挑战。

据德国《明镜》周刊网站2014年3月22日披露者斯诺登最新曝光的文件显示,美国国安局(NSA)2009年启动一项针对华为的入侵计划,NSA一个特别行动小组侵入华为深圳总部服务器,并复制超过1400个客户资料和工程师内部培训文件。3月22日18时18分,漏洞报告平台乌云(WooYun)曝光携程支付日志存在安全漏洞。据报道,该漏洞泄露客户银行卡信息,有可能导致客户银行卡被盗刷。"棱镜门"以来,陆续曝光的信息安全事件不断刺激着人们的神经。随着大数据时代到来,如何保障用户隐私、个人金融资产安全?信息安全显得尤为重要。本文试图深入解析信息安全行业的投资机会。

某些特殊行业的应用,比如金融数据、医疗信息以及政府情报等都有自己的安全标准和保密性需求。

从信息安全的角度,围绕关键问题的大数据往往分为以下五个方面:

(1) 网络安全:随着越来越多的交易、对话、互动和数据在网上进行,这种刺激使得网络犯罪分子比以往任何时候都要猖獗。据2012年1月信息安全论坛的题为《网络安全策略:实现网络弹性》的报告显示,"今天的网络犯罪分子都组织得更好、更专业,并具备有力的工具和能力,以针对确定的目标进行攻击。这不是一次性的数据破坏或黑客攻击而成为报纸头条新闻的故事,而却具有深远的后果,这对企业可能意味着声誉受损,法律责任,甚至财政破产。网络弹性和防备战略对于企业大数据是至关重要的。

(2) 云中的数据:企业必须迅速采用和实施新技术的压力,比如云服务。经常面临大数据的具有挑战性的存储和处理的需求。而这其中包含了不可预见的风险和意想不到的后果。在云中的大数据对于网络犯罪分子来说,是一个极具吸引力的攻击目标。这对企业来说提出了更多的需求,他们必须采购战略正确的安全的云。

(3) 个人设备安全管理:携手大数据增长的是新的移动设备使用范围的扩大,用于收集、存储、访问和数据传输。企业现在面临的企业员工在工作场所使用个人设备的安全管理挑战,必须平衡安全与生产力的需要。员工智能分析和浏览网页详情是安全恶梦,尤其是当这些混合了家庭和工作数据。企业应当确保其雇员接受相关的个人设备使用政策,并继续在符合其既定的安全政策下管理移动设备。

(4) 相互关联的供应链:企业往往是复杂的、全球性的和相互依存的供应链的一部分,而这一部分往往可能是最薄弱的环节。信息是通过简单平凡的数据供应链结合起来的,包括从贸易或商业秘密到知识产权的一系列信息,如果损失可能导致企业声誉受损,受到财务或法律的惩罚。信息安全协调在业务关系中起着相当重要的作用,这其中包括外包,离岸供应链和云服务提供商。

(5) 数据保密:大量的数据产生、存储和分析,数据保密问题将在未来几年内成为一个更大的问题。企业必须尽快开始规划新的数据保护,同时监测进一步的立法和监管的发展。

大数据信息的安全问题重要性凸显,各国高度重视,许多国家已纳入国家战略,中国亦如此。2014 年 2 月 27 日,中央网络安全和信息化领导小组成立,由国家主席习近平担任组长,李克强、刘云山任副组长,由国家领导人亲自挂帅表明,信息安全已经纳入国家战略,从国家战略的层面进行推进。信息安全部门调查显示,我国在信息安全设备、技术开发投入远低于日韩、欧美,信息安全投入占比不到网络建设资金总额的 1%。未来信息安全投资将长期进行高投入,信息安全行业发展将进入快车道。

2. 个人隐私问题

英国《自然》杂志 2013 年 3 月刊登的研究发现,只要有 4 个时间点和位置的数据就能确定一个人身份,准确率高达 95%。这表明,大数据足以将一个人“描画”清晰,现有法律手段和核心技术对个人隐私的保护正在逐渐失效。

毫无疑问大数据给我们带来了空前便利。但在大数据时代,人们对网络的依赖日益增强,互联网上到处印刻着生活的痕迹,个人隐私泄露的危险大大增加。网民的网络痕迹,从前也许只是占据缓存的“垃圾”,而现在正变成大数据金矿。人们的搜索痕迹可以让服装公司计算出流行色;你的网络社交圈可以让网贷公司评估出信用……一个数据金矿的淘金时代开启了。随着互联网、移动互联网对各个领域的渗透越来越深，大数据席卷人们生活的速度会越来越快。正如狄更斯那句经典名言，“这是一个最好的时代，也是一个最坏的时代。”我们泛舟在大数据时代，可风暴随时都有可能来临，大数据社会也是大风险社会。如《大数据时代》这本书里所说，“我们所冒的风险比想象中的还要大”。

大数据时代，大数据体系丝毫不会考虑个体，乃至群体是否愿意分享，而是自动自发地吸纳着任何可以吸纳的数据，成为无处不在的“第三只眼”，而手机就像一个“移动间谍”，我们的隐私很容易变成别人手里的利益。

丹尼尔在《隐私不保的年代》一书中讲：“网络并不像我们希望的那么美好，它如同一个十来岁的小孩，呈现出青春期特有的狂野特质：莽撞、任性、无畏、不受约束、不计后果……”大数据时代，信息就是利益，信息愈大，利益愈大，而风险与之成正比。大数据这座金矿极大地刺激了一些人或组织进一步采集、存储、利用我们个人数据的野心。随着存储成本的持续降低，分析工具越来越先进，采集和存储数据的数量和规模将爆发式地增长。当前，我国对大数据的保护能力还十分有限，保护意识也比较薄弱。数据被恶意使用的现象仍然难以掌控，隐私问题在未来亦更加凸显。

3. 人才问题

在大数据的应用中，人的因素成为制胜关键。从技术角度看，执行人需要理解大数据技术，能够解读大数据分析的结论；从行业角度看，执行人要非常了解行业各个生产环节的流程及关系、各要素之间的可能关联，并且将大数据得到的结论和行业的具体执行环节一一对应起来；从管理的角度看，执行人需要制定出可执行的解决问题的方案，并且确保这一方案和管理流程没有冲突，在解决问题的同时，没有制造出新的问题。这些需求，不但要求执行人深谙技术，同时应当是一个卓越的管理者，有系统论的思维，能够从复杂系统的角度关联地看待大数据与行业的关系。此类人才的稀缺性将制约大数据的发展。

4. 管理难点

对大数据的管理其难点体现在如下方面：

(1) 元数据：大数据治理需要创建可靠的元数据，避免出现窘境，例如，一家企业重复购买了相同的数据集两次，而原因仅仅是该数据集在两个不同的存储库内使用了不同的名称。

(2) 数据质量：考虑到大数据的庞大数量和超快速度，组织需要确定哪种级别的数据质量属于“足够好”的质量。

(3) 信息生命周期管理：大数据治理计划需要制定存档策略，确保存储成本不会超出控制。除此之外，组织需要设定保留计划，以便按照法规要求合理处置数据。

(4) 大数据发挥协同效应需要产业链各个环节的企业达成竞争与合作的平衡,大数据对基于其生态圈中的企业提出了更多的合作要求。如果没有对整体产业链的宏观把握,单个企业仅仅基于自己掌握的独立数据,无法了解产业链各个环节数据之间的关系,对消费者做出的判断和影响也十分有限。

(5) 在一些信息不对称比较明显的行业,例如银行业以及保险业,企业之间数据共享的需求更为迫切。例如,银行业和保险业通常都需要建立一个行业共享的数据库,让其成员能够了解到单个用户的信用记录,消除担保方和消费者之间的信息不对称,让交易进行得更为顺利。然而,在很多情况下,这些需要共享信息的企业之间竞争和合作的关系同时存在,企业在共享数据之前,需要权衡利弊,避免在共享数据的同时丧失了其竞争优势。此外,当很多商家合作起来,很容易形成卖家同盟而导致消费者利益受到损失,影响到竞争的公平性。

(6) 大数据最具有想象力的发展方向是将不同行业的数据整合起来,提供全方位立体的数据绘图,力图从系统的角度了解并重塑用户需求。然而,交叉行业数据共享需要平衡太多企业的利益关系,如果没有中立的第三方机构出面,协调所有参与企业之间的关系、制定数据共性及应用的规则,将大大限制大数据的用武之地。权威第三方中立机构的缺乏,将制约大数据发挥出最大的潜力。

5. 存储难点

大数据的存储难点体现在如下方面:

(1) 容量问题:海量数据存储系统也一定要有相应等级的扩展能力。“大数据”应用还存在实时性的问题。特别是涉及与网上交易或者金融类相关的应用。

(2) 安全问题:某些特殊行业的应用,比如金融数据、医疗信息以及政府情报等都有自己的安全标准和保密性需求。大数据存储带来新的安全问题。数据大集中的后果是复杂多样的数据存储在一起,很可能会出现将某些生产数据放在经营数据存储位置的情况,致使企业安全管理不合规。大数据的大小也影响到安全控制措施能否正确运行。安全防护手段的更新升级速度无法跟上数据量非线性增长的步伐,就会暴露大数据安全防护的漏洞。

(3) 成本问题:对于那些正在使用大数据环境的企业来说,成本控制是关键的问题。想控制成本,就意味着我们要让每一台设备都实现更高的“效率”,同时还要减少那些昂贵的部件。当今,数据中心使用的传统引导驱动器不仅故障率高,而且具有较高的维修和更换成本。

(4) 数据的积累:要实现长期的数据保存,就要求存储厂商开发出能够持续进行数据一致性检测的功能以及其他保证长期高可用的特性。同时还要实现数据直接在原位更新的功能需求。

(5) 灵活性:大数据存储系统的基础设施规模通常都很大,因此必须经过仔细设计,才能保证存储系统的灵活性,使其能够随着应用分析软件一起扩容及扩展。

(6) 应用感知:最早一批使用大数据的用户已经开发出了一些针对应用的定制的基础设施,比如针对政府项目开发的系统,还有大型互联网服务商创造的专用服务器等。

(7) 针对小用户:依赖大数据的不仅仅是那些特殊的大型用户群体,作为一种商业需求,小型企业未来也一定会应用到大数据。

7.7.2　大数据管理的发展趋势

据国外媒体报道,云计算管理公司 Adaptive Computing 最近发表了它对 2014 年未来计算和大数据分析的主要预测。这些预测包含一些新兴趋势,如云计算的冲突、高性能计算和大数据等。这些趋势将加快企业从数据中提取见解的方式。

1. 企业将合并计算资源以便提供更好的大数据解决方案

据调查,91%的机构认为大数据、高性能计算或者云计算将出现一些合并。预测称,随着云计算、高性能计算和大数据之间的冲突日益激烈,投资能够编排和优化数据中心资源的软件的机构将获得竞争优势。这种软件将通过同时编排在多个计算平台上的计算工作提高利用率。

2. 更多机构将把高性能计算作为大数据解决方案

据调查,44%的机构使用高性能计算作为大数据解决方案。随着高性能计算硬件成本继续下降,高性能计算将成为包括中型企业在内更多的机构可获得的大数据解决方案。

3. 大数据分析流程将更加自动化

调查显示,84%接受调查的机构都有分析大数据的人工流程。人工的方法耗费时间,通常导致利用率不高和竖井式的计算环境。这种说明了为什么 90%的机构受访者从更好的分析流程或者工作流中会得到更好的满意度。要更有效地处理模拟和数据分析,更多的机构将实现自动化的工作流、最大限度降低成本和减少容易产生错误的人工工作。

4. 大数据工作流的数量和复杂性将开始更大规模地影响到企业

调查显示,72%的接受采访的机构认为工作流程会影响其业务。这是因为企业建立不同类型的数据集和数据库以及每一项工作所需要的相应的应用的复杂性。在没有实现自动化的情况下运行计算和数据密集型的大数据工作流程容易引起阻塞和延迟出现结果。预测称,更多地以自动化工作流程为重点将消除阻塞和帮助从大数据中提取关键的信息,加速了解业务的内部情况。

5. 更有效的大数据分析将增加收入来源

市场研究公司Gartner在2014年1月发表的题为“用户调查分析:提高效率降低成本是作出新技术解决方案决策之王”的研究报告称,移动性、大数据和分析对于机构来说比社交网络更重要。这与Gartner最近对厂商进行的调查结果是一致的。在这项调查中,2015个提供商表示,大数据分析产生的收入是社交网络产生的收入的三倍。预测称,通过提高效率、减少内部成本和启用新的业务模式,大数据分析将产生更多的收入。

案例分析

“电子眼”下的个人隐私

政府摄像头的安装和使用如果未经公众参与决策,其用途就有可能异化,不能保证真正用于公共利益。

双刃剑

科幻电影《复仇者联盟》里有一幕令人印象深刻:肩负保卫地球职责的神盾局为了找到大反派洛基的藏身地,不惜开动高性能电脑,通过遍布全球的摄像头所拍摄的照片,一一比对,最终在茫茫人海中找到了他,精确定位到了某条街道的某栋楼。虽然这只是科幻电影中的桥段,但凭借目前的技术水平,距离实现这一幕已经很接近了,甚至这一技术中的一部分已经变成了现实。

根据统计,英国伦敦共部署了50多万个摄像头,每个人每天平均被摄像头拍到300次。东京、纽约、北京等大城市,也同样有数十万个摄像头,它们无时不在注视着过往的人群。再辅以其他技术,任何个人的行踪在“天眼”监控之下,几乎无所遁形。

近年来,各种监控用途的摄像头在中国以爆炸式速度增加。据监控业内统计,未来几年,中国摄像头数量将以20%的速度攀升。截至2010年,北京全城已遍布40多万个摄像头,而根据北京有关部门的规划,将要建成一个由监控摄像头组成的,覆盖北京80%以上街道的“图像信息网”。近日,广东省有关部门表示,未来3年,广东将在110万个摄像头的基础上,再新建或改建96万个摄像头。

《复仇者联盟》中的摄像头是惩奸除恶、维护正义的技术武器,但在“天眼”注视之下,我们更安全了吗?2011年“高速摸奶门”事件中,一男子在高速公路上驾驶时因超速,连人带车及不雅动作被“电子眼”清晰拍下。此照片在网上疯传。网友从最初的“围观”娱乐心态,迅速转向了质疑:为什么监控图片会流出?谁侵犯了个人隐私?

更令人惊讶的案例发生在深圳。2008年，一个用于监控道路交通情况的摄像头，却被操作者擅自用于偷窥路边小区的住户，有记者调查发现，一名女子洗澡时竟被该高清摄像头拍摄了近一个小时。

有人戏称我们现在都住在“探头城市”里。当“老大哥在看着你”不再是一种隐喻，而渐成现实之时，我们应当如何看待本应用于公共安全的“电子眼”？它们真可以无时不在、无处不有地注视我们吗？

安全与隐私之间

2001年9·11事件之后，借“反恐”之势，美国各地安装的摄像头很快就突破了3000万个。但在2010年，美国亚利桑那州率先拆除了安装在高速公路上的测速摄像头。该州在大量使用高速公路摄像头后，因为超速而导致的交通违规罚款有所增长。新任州长批评了这种将摄像头当作增加财政收入的工具的做法，并提出，摄像头侵犯了人的天性，因为没有人愿意生活在不断地监视之下。

而近日广东省审计厅发布的2011年度审计报告则披露，广东有12个市利用社会资金建设28个“电子眼”项目。在此之前已有媒体报道称，东莞某镇的“电子眼”竟然是政府和民营企业共同投资和管理，而企业则负责违章记录和通知。“电子眼”成为了一单生意。

维护公共安全是政府的职责，摄像头是实现这个目的的便利手段。但这却并非摄像头迅速普及的唯一原因。政治学观点之下，政府部门也是一个逐利的主体，摄像头的爆炸式扩张背后也许有着利益的考量。除了可能增加财政收入以外，政府及其官员还可能在设备采购中获利。正是在这种逐利冲动的影响下，“电子眼”的铺设极有可能超出维护公共安全的必要界限，因此世界各地通行的做法是对其制定严格的标准。

其中最重要的一条原则就是适度原则，或者称作比例原则。也就是只有在必要的情况下，其他办法都不能解决问题的时候，才能使用摄像头，并且摄像头也应当在适当的范围内使用。香港的一个案例可以很好地说明这一原则。2004年初，香港地铁发生纵火案，有议员要求地铁安装摄像头，以提高安全保障，但是地铁拒绝了这一要求，提出说，车厢内已经安装了警报系统，可以满足警报要求，出于保护乘客隐私的需要，不考虑安装摄像头。

如果非用摄像头不可，则设备的清晰度、拍摄范围等等应该保持在适当水平。2011年的“高速摸奶门”事件固然有管理不严的原因，但此类用于监控是否超速的摄像头，并无使用高清晰度的昂贵设备的必要；能够记录下违规车辆的车牌即已达到目的，而无需清晰拍摄到车内情况。对于安装在住宅区附近的摄像头，住户的窗户等方位就应当排除在监控范围内。这一点在技术上也已经能够实现了。伦敦虽然安装了大量摄像头，但同时也配备了智能运行程序，其摄像头在旋转监控时，若指向的是涉及隐私的区域，屏幕会自动变成空白。若使用这一技术，类似深圳的“直播洗澡门”事件则可避免。

目前，“电子眼”也普及到了一些城市的出租车里。自2011年起，南京市的出租车都安装了监控设备，此事引起了不小的争议。在此之前，重庆、成都、南昌等地的出租车也安装了摄像头。对出租车司机来说，安装摄像头无疑会提高他们的安全感，但这种做法却经不起适度原则的考量，因为在车内设置司机护栏等替代措施也可以同样实现安全保障的目的。香港个人资料隐私专员曾制定了一份关于使用监控设备的指引文件，其中明确提到，在的士车厢内使用摄像头作为保安用途是一种侵犯隐私的行为。

“电子眼”应成为公共利益之眼

香港是一个极为重视隐私的城市，公共场所不安装摄像头是原则，只有在例外情况下才允许安装。据香港立法会的材料，香港警务处从未在公共场合永久设置摄像头，只是在重大节日或者重大活动之时，为了监控人流，以保障安全而临时安装摄像头，但活动结束后很快就拆除了。香港安装摄像头的主要单位是负责公共交通的运输署、负责博物馆和体育场馆的康文署，以及机场、各大商场和公共屋邨。在其他公共场所安装摄像头一般要经过非常复杂的过程才可能获得批准。

2008年到2009年间，香港旺角陆续发生高处抛下腐蚀性液体的案件，导致数十人受伤。经过油尖旺区议会批准后，还需要经过香港个人资料隐私专员审核确认，最终才得以成功安装。香港兰桂坊一带是酒吧聚集地，人流密集，警方曾考虑在此地安装摄像头以避免罪案发生，并试验性运行了一段时间。香港保安事务委员会认为警方应当向兰桂坊商会、区议会、扑灭罪行委员会等咨询，确认是否有安装必要。警方最终撤销了安装摄像头的计划。

在内地，在公共场所安装摄像头反而成了政府必行的“职责”。目前中国尚未有全国性的规范公共监控设备的法规，只有各地自行做出的规定。浙江大学法学院教授胡建淼举例说，《北京市公共安全图像信息系统管理办法》就曾做出规定，要求在很多公共场所都“应当”安装视频系统。本刊记者查阅其他地方的相关规定，发现“应当安装”是各地的普遍做法。在这一规定之下，类似公共咨询、听证、隐私专员批准等等制度并无运行空间。

就在政府部门积极使用“电子眼”密切注视交通状况、社会安全情势之时，公众高度期待的另一摄像头功能却迟迟没有落实，那就是通过视频监控刑事审讯的过程，以减少刑讯逼供。今年新修订的《刑事诉讼法》有所突破，却仍有保留。修订后的第121条规定：“侦查人员在讯问犯罪嫌疑人的时候，可以对讯问过程进行录音或者录像。""可以"也就意味着"不用也行"。显然,使公民免受刑讯逼供和维护公共安全一样重要,都涉及公民的基本权利。但面对同一目的,政府部门对待摄像头的态度却有微妙差别,公共场所"应当"安装,讯问时却仅仅是"可以"使用,在非技术障碍的情况下,这种差异化做法令人费解。

浙江省台州市公安局科技处网络工程师梁红表示:"就公共视频监控系统建设及管理而言,由于在规划、建设和运用过程中公众参与的缺失,往往存在过于强调整体利益和整体效应,忽视了公民的局部利益或个体需求,而造成建设不合理、不恰当或使用不规范的问题。"

政府摄像头的安装和使用如果未经公众参与决策,其用途就有可能异化,不能保证真正用于公共利益。"电子眼"只有成为公共利益之眼,才不会越过侵犯个人隐私的边界,公众才能免受"老大哥在看着你"的不安感。

(资料来源:《南风窗》,2012年8月6日)

案例思考题

1. 企业知道客户的信息越多越好,客户希望自己的信息越少泄露越好。你认为应该如何解决这一对矛盾?
2. 在大数据时代,如何解决数据安全问题?
3. 你所在的企业采取了哪些措施来保护顾客的隐私,做到数据安全的?

复习思考题

1. 什么是大数据?其特点如何?
2. 从大数据的发展趋势中你发现所在的公司有何机遇?
3. 举例说明利用大数据给企业带来的利益。

下篇　CRM 实施与策略

第8章　CRM项目的实施

导入案例

上海通用汽车公司CRM实施案例

在实施CRM项目之前，上海通用公司原来已经有一个呼叫中心和多个客户信息系统。原有系统运行了一年多以后，已渐渐地变为了通用公司实施新战略、推进新业务的瓶颈。

为了避免失误，通用公司选择了全球CRM方面市场占有率最大的厂商Siebel的产品。同时也选择了Siebel的全球合作伙伴IBM公司来实施这个项目。IBM提出的策略要点是统一规划、分步实施。IBM认为，要从系统的长远发展蓝图来考虑问题，而绝不能是头痛医头，脚痛医脚。过去的问题在于没能从长远考虑。方案的制定同样是以客户为中心而展开的。IBM在实施过程中是分成四步来完成：

第一步是集中客户信息。虽然过去通用公司也有很多客户数据，但是这些数据是残缺的。

第二步就是提高协同工作的效率。主要是针对客户服务中心、大客户销售代表、零售商、市场活动和售后服务站着四个部分，使它们既能够协同工作，又能提高效率。

第三步就是开拓新的渠道。为客户提供新的个性化的接触渠道。

第四步就是客户细分。通过使用各种系统工具对客户进行细分，分析客户的满意度、忠诚度和利润贡献度，有的放矢地为客户提供个性化的服务。

通过最初六个月的工作，IBM已经完成两个步骤的大部分工作。

虽然通用汽车的CRM项目只完成了两个步骤，但是已经体现出它带来的成效。在新实施的CRM系统中，客户与通用公司的联系可以通过几个渠道进行：客户服务中心、大客户服务代表、区域经理和零售商。咨询和投诉都是由客户服务中心来处理。这里同样也可以捕捉销售机会。现有的系统可以共享更多的客户信息，客户服务代表可以根据这些信息对客户实行交叉销售，进一步提高了销售业绩。

作为前台的CRM系统与后台也有很好的连接，例如和柔性制造控制系统的连接，使得能够满足来自前台的客户个性化需求，自动安排车辆的生产计划。

CRM 系统与物料供应系统也实现了很好的连接，可以根据收到的客户订单安排生产，同时生成相应的物料计划发给各个供应商。

（资料来源：根据田同生《上海通用汽车 CRM 实施案例》改编）

CRM 的选择和实施是一项极为复杂的系统工程，从公司总体角度考虑，CRM 软件系统反映了公司的战略，牵涉到公司各个层面和各个部门，将涉及整体规划、创意、技术集成、内容管理等多个方面的工作。从管理层面上，企业需要运用 CRM 中所体现的思想来推行管理机制、管理模式和业务流程的变革；从技术层面上，企业通过部署 CRM 应用系统来实现新的管理模式和管理方法。这两个层面相辅相成，相互作用。管理的变革是 CRM 系统发挥作用的基础，而 CRM 系统的建立则是支撑管理模式和管理方法变革的利器。因此，企业要想真正让 CRM 应用到实处，这两个方面缺一不可。

8.1 CRM 软件系统的实施过程

CRM 实施过程是一个十分复杂的过程，需要分阶段、按步骤来实施。具体步骤如下：

1. 阶段 1：项目准备

这一阶段主要是为 CRM 项目立项做准备，目标是取得高层领导的支持和确定整个项目的实施范围。企业在实施 CRM 系统前必须取得决策权及管理层的鼎力支持。由于客户关系管理导入是企业经营理念转变的策略性计划，其导入必将会对企业传统的工作方式、部门架构、人员岗位和工作流程带来一定的冲击和变革；同时为配合客户关系管理推广的各种业务规范、业务流程，企业必须要有健全的行政和规章管理制度，以保证各项制度的顺利实施，因此，这就需要企业高层管理者予以大力支持，如果缺乏高层管理者的长期一贯的、强有力的支持，导入客户关系管理只能是心有余而力不足。

同时，企业在导入客户关系管理之前，必须事先拟定整体的客户关系管理蓝图，预测客户关系管理的短期、中期的商业效益。切不可一次性盲目追求大而全的系统，或听从 CRM 厂商一味的承诺，毕竟 CRM 不是万能的，应更多地借鉴国内外其他企业，尤其是同行业企业的应用成效，并从本企业的实际情况出发客观地制定合理的商业目标。

在项目的准备阶段，主要任务包括确定项目目标、界定项目范围、建立项目组织、制定阶段性的项目计划和培训计划（其中包括每个阶段的交付成果（Milestones）。从某种意义上说，全面实施 CRM 系统其实是一种战略决策，它意味着一场深刻的组织变革。虽然CRM软件系统的应用面向的只是企业的前台，范围没有ERP这类主要侧重于企业后台业务集成的管理信息系统来得广，但就CRM系统中蕴含的管理思想而言，却意味着企业从以产品为中心的管理模式向以客户为中心的管理模式的转变，意味着管理观念的转变，相关流程的转变和制度的转变。CRM系统的实施需要企业各方的支持，这已从CRM价值链的模型中得到证明。

所以，拥有企业高层对CRM的理解、指导和承诺，以及各级管理人员的有力支持，项目才有可能取得成功。可以这样说，企业高级管理层的承诺（top management commitment）是成功实施CRM的首要条件。

项目准备阶段主要有以下两个活动构成：

1）确定项目范围

可以通过初步了解现行系统的业务以及目前已经在使用的软件系统来确定。不同于ERP项目，CRM项目的应用范围主要在企业的前台业务部门，即市场营销管理、销售管理以及客户服务与支持。

2）中高层经理的相关培训

只有让企业的中高层管理人员真正理解CRM的概念和原理，以及CRM对企业的重要意义，他们才可能对CRM的实施给予充分的支持。

2. 阶段2:项目启动

在确定了项目实施范围，并取得了企业高层的支持之后，CRM软件系统实施进入正式启动阶段。这个阶段的主要任务包括确定系统实施项目的目标、建立项目组织、制定阶段性的项目计划和培训计划，每个阶段的交付成果都要有相应的文档加以整理和记录。

商业已进入专业化时代。企业要想在较短时间内，靠自己的力量从头分析研究、自主开发并实施高效的CRM系统，既不经济又不现实。选择一个适合自身情况而且功能强大的软件产品，并挑选一个合适的软件供应商或咨询公司帮助实施会是一个不错的方案。本章所述实施方法的前提是：企业不自行开发CRM软件系统，而是根据自身业务需求的特点来选择CRM商品软件，并且接受软件厂商或咨询公司的帮助。

1）建立项目实施队伍并明确人员权责

这支队伍既有企业高级管理层所组成的指导委员会和咨询公司人员，也有来自信息部门的技术人员和相应职能部门的熟悉企业流程的业务人员所组成的实施小组和职能小组。见图8-1“项目队伍组织结构”所示。

从图8-1中可见，整个组织结构分三层，咨询公司可以在每一层都安排相应人员予以支持：

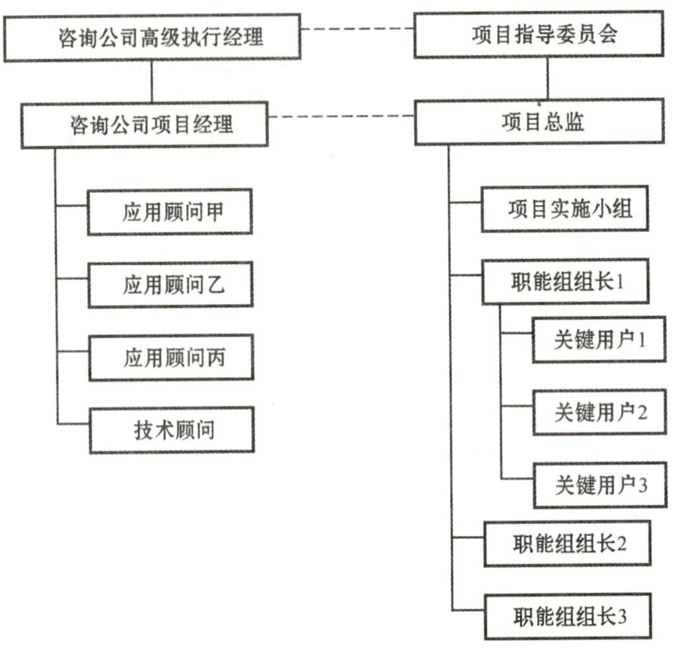

图 8-1 项目队伍组织结构

第一层为最高层，是项目指导委员会，具有高度决策权。一般由总经理主持，企业有关高层经理和项目总监作为成员。主要任务为：确定项目目标；控制实施进程、组织培训；协调人力资源；解决关键难题；制定组织变革的措施；对项目的成败负责。咨询公司可以为项目指导委员会配备项目高级执行经理，帮助做出正确的决策。

第二层为项目总监和项目实施小组。项目总监是非常重要的职位，直接关系到项目的成败。必须由企业内具备丰富管理经验、清晰的思路与大局观、良好的沟通能力、勇于创新的精神和具有一定威望的人来担任。鉴于 CRM 系统集成的是企业的前台应用，所以由主管市场方面的高层经理来担任项目总监的职位会比较合适，而不应由 IT 部门的主管来担任。项目总监除了要领导项目实施小组以外，还要指导职能组，并直接向项目指导委员会汇报。项目小组的主要成员应该是企业前台各部门和 IT 部门的主管或骨干，但企业后台的有关部门的主管也应该是成员之一，以在合适的时候提供必要的支持。有些成员可以兼任有关职能组的组长。项目小组成员除了要兼顾原来的工作以外，必须在项目上投入 80%以上的时间和精力。而项目总监必须全身心地投入，他的几个关键助手也要 100%地投入。项目实施小组的主要工作包括：制定项目实施计划；指导和组织职能组的工作；数据准备，并保证数据的质量；现行系统的分析和绘制业务蓝图；负责原型测试和会议室导航测试；主持制定保证新系统运行的规则和规程；提交各阶段的交付成果报告。在整个组织结构中，项目总监和项目小组是枢纽，起到了承上启下的作用。咨询公司的项目经理可以指导和协助项目小组的工作。

第三层称为职能组，由 CRM 系统所涉及的各职能部门来确定。CRM 系统主要涉及企业的市场、销售、客户服务与支持部门，一般就从这几个部门挑选一些关键用户，在部门经理的领导下，组成各个职能组。职能组的主要工作包括：研究本部门实施 CRM 系统的方法和步骤；培训本部门使用人员；参与新规则的制定；做好新旧系统的切换和保证新系统的运行。企业的 IT 部门也可以作为一个特殊的职能部门，它主要从信息技术上来支持各业务部门的工作。咨询公司可安排应用顾问和技术顾问来辅助各职能组的工作。

2）制定项目计划

制定贯穿于各阶段的项目计划，其中包括交付成果。由于 CRM 系统实施的复杂性，通过工作任务分解，把整个项目分为不同的阶段，每个阶段都有自己的目标、任务和交付成果。

3）制定培训计划。

培训在 CRM 实施中是非常重要的因素，它贯穿于项目的各个阶段。培训可以针对不同的对象，安排在不同的时间和地点，这样成本也会有所差别。作为成功的关键，培训应该从高级管理层开始。有些培训可能还要根据培训对象的不同，根据 CRM 信息系统的特点，加一些实例练习，更快地实现知识转移。

4）确定项目目标和评价方法。

制定项目目标有几个原则。首先，必须产生效益。通过 CRM 的实施，一方面能够提高企业的销售收入并且降低销售成本，从而增加利润，这是显性效益；另一方面，能够提高客户的满意度和忠诚度，同时也增加了内部员工的满意度和工作热情，加强了部门之间的团结合作等等，这是隐性效益。而隐性效益从某种角度来说，也给企业带来了竞争优势。其次，目标必须可以衡量，应当以数字来表示，如提高 10%的销售收入，降低 15%的销售成本等。最后，目标必须可以完成。制定的目标必须切合实际，不切实际的目标只不过是空想而已，当然也可以同时制定多个目标。在评价 CRM 实施时，可以拿实际效果与制定的目标作相应对比，寻找差距和不足，以便进一步改进。当然，CRM 的实施是一个长期的不断提高的过程，不能太注重短期利益，在竞争日益残酷的今天，获取战略利益更有利于企业的长期发展。

3. 阶段 3：分析和诊断

这一阶段是任何管理信息系统实施中必不可少的关键环节。这一阶段的主要任务包括：CRM 信息系统的安装和技术培训；CRM 信息系统应用的初步培训；基础数据的准备;现有政策和业务流程分析和诊断。

CRM 信息系统的安装和技术培训是必需的。不同规模的企业所需要的 CRM 的软件系统会有很大差别。对于较复杂的产品,需要对安装进行计划并确认系统规模。随后安装硬件和 CRM 软件,确定安全访问控制,并进行系统管理的培训。

CRM 信息系统应用的初步培训针对全部项目实施小组成员。通过培训,使企业人员了解项目相关的业务领域、CRM 信息系统的技术特点和所蕴涵的管理思想以及业务流程,这对于进一步分析和诊断现有流程的以及初步设计业务蓝图时会有所借鉴。

此外,由于 CRM 倡导的是以客户为中心的管理模式,原有的以产品为中心的政策和流程必然面临着改变。不仅与企业前台业务相关的流程需要改变,企业后台的流程也要作出相应的调整。通过确定流程的需求和实现客户价值的程度,分析现有流程和政策中存在的问题,确定要改进的关键环节。可以采用流程图形建模技术和鱼骨图分析技术等来帮助分析。

4. 阶段 4:描绘业务蓝图

企业在吸取了众多实施管理信息系统(如 ERP)失败案例的经验之后,在传统的 MIS 实施模式的基础上,结合 BPR 的思想和方法,进行业务蓝图的描绘。业务蓝图的描绘对 CRM 系统的成功实施最为重要。

所谓业务蓝图,即改进后的企业流程模型。虽然经过了初步培训,已经对 CRM 信息系统有了初步的了解,但对其详细功能的认识还比较有限,考虑到将来新流程与 CRM 信息系统的有机结合,所以先描绘初步的业务蓝图,但并不是系统的详细设计。在经过原型测试后,再对业务蓝图进行修改,使其不断完善。新流程应该符合 CRM 的管理思想和目标,着眼于提高客户满意度和忠诚度。

在挑选业务流程进行重新设计时,首先要挑选一些关键的流程。挑选的原则可以根据位势的重要程度、绩效的高低和落实的可能性来衡量。如客户投诉服务流程,如果运行的绩效低下(响应速度慢、信息不共享、无规范的文档记录、也没有解决方案的数据库,等等),会直接影响到客户对售后服务的满意程度,导致客户流失。同时由于 CRM 信息技术的支持,重新设计后的流程也有落实的可能性,所以对此流程的改进就是非常必要的。

另外,在设计新的业务流程时,必须根据企业本身的实际情况和行业的特点,同时结合 CRM 信息系统的优势,既不应该盲目照搬其他企业的模式,也不应该完全按照 CRM 信息系统本身包含的标准业务流程。流程再设计时可以运用 BPR 的一些优化流程的方法和技术,如创造性技术(头脑风暴法、黑箱思考法等)和数据建模技术(IDEF 工具等)。在改进企业流程结构的同时,也要对新流程运作相适应的人力资源和企业制度有所考虑。业务蓝图的设计是 CRM 系统实施成功的关键所在,如果不对企业原有的业务流程作任何改进,直接把它放进 CRM 信息系统中作原型测试,即使由于信息技术的引入对流程有所改进,但其程度是有限的,这样做其实是用信息技术来迎合不符合 CRM 管理思想的业务流程,从根本上违背了实施 CRM 系统的目的。这可以从 ERP 项目众多的失败案例中得到验证。

CRM 系统由活动、制度、人、信息技术和目标组成。信息技术只是 CRM 系统的有机组成部分,它能够在一定程度上影响活动的实现方式,影响联系活动的规则(制度的一种表现形式),影响执行活动的人,从而影响 CRM 系统的目标。但这种影响是局部的。要实现 CRM 系统的目标,需要各个要素的协调一致,共同朝着同一个方向而努力。如果只是引入 CRM 的信息技术,而企业的活动、制度和人不作改变,那么实现 CRM 的目标只是空谈而已。

5. 阶段 5:原型测试(Prototyping)

这一阶段有三个主要任务:CRM 基础数据的准备、原型测试的准备和进行原型测试。

1) CRM 基础数据的准备

数据准备是 CRM 实施成功的关键环节。由于 CRM 系统是面向企业前台应用的管理信息系统,所以其基础数据主要是一些市场、销售以及客户服务与支持的有关数据。CRM 的软件系统中已经根据 CRM 的管理思想设计了科学的数据库结构,基本上能满足企业的需求。因此,数据的准备应当在理解了 CRM 管理思想和软件应用培训的基础上进行。只有经过培训,理解了 CRM 的管理思想,了解了 CRM 软件系统中对各项数据的定义、概念、作用和要求,才能有针对性地进行数据的收集、分析整理和录入工作,使数据转变为有用的信息。

2) 原型测试的准备

由于 CRM 原型测试的复杂性,需要做一些准备工作,主要包括确定参与人员和定义将要测试的场景(Scenario)。定义测试场景即把新的业务蓝图置于 CRM 的信息系统中进行测试,尤其是一些经过改进后的关键的业务流程。另外,CRM 的软件覆盖了市场、销售以及客户服务与支持这些职能领域,由于需要对 CRM 软件的所有功能模块进行测试,所以还需要确定对各业务领域进行测试的不同人员,这可以在项目组内进行分工。

3) 原型测试

CRM 系统的信息分析能力、客户互动渠道进行集成的能力、支持网络应用的能力、建设集中的客户信息仓库的能力、对工作流进行集成的能力、以及与企业内部管理系统功能的集成,是原型测试的重点。如果 CRM 软件系统在上述几个方面达到基本要求,那么就可以确认其已通过原型测试。否则,就需要企业与开发团队进行二次开发与确认。

6. 阶段 6:二次开发与确认

根据上一阶段原型测试的结果,分别视不同情况进行软件更改和其他更改(业务流程、制度和组织结构等的更改)。

1) 软件更改

这一活动的目的在于通过修改软件程序和客户化报表的开发来满足企业业务蓝图的需求。其中软件程序的修改由软件供应商按照其特定软件质量标准进行,增强后的软件功能还要根据一定的标准进行测试,经审核后确认。对软件的更改要慎重,可以先尝试运用软件的现有功能,寻找非标准的方法来满足需求。

2) 其他更改

其他更改包括对业务流程、制度和组织结构等的更改。

业务流程的更改主要有两大原因:其一,运用信息技术的潜能进一步修订了业务蓝图;其二,由于信息技术的限制(或者可以理解为重新设计的新流程太过理想化),新流程不可实现。对于第二种情况,如果设计的流程从业务的角度确实能达到比较好的绩效,即使有些活动信息技术不能提供有力支持,这些活动的实现方式可由业务人员的知识和经验来取代。

由于 CRM 信息系统的介入,对业务蓝图中的流程有了进一步的修订,由于流程是活动的有序集合,随之活动也会发生变化,活动之间的联系规则也要发生变化,执行活动的人的角色或技能也发生变化,随之员工的报酬和激励制度也会发生变化。更进一步,流程的变化会导致组织结构的变化。

需要强调的是随着业务流程的变化,制度一定要作相应调整,因为制度是新的流程得以真正实现的保证。

7. 阶段 7:会议室导航(Conference Room Pilot)

这一阶段的主要任务是进行会议室导航和最终用户培训。

会议室导航必须建立在原型测试与二次开发和确认的基础上,其主要目的是:验证或测试二次开发的可执行性;测试所有修订后的业务流程和确认相关制度;调整和准备相关凭证和报表;使 CRM 系统真正运行起来。

会议室导航仍然应是 CRM 整个系统的测试,涉及各相关部门,所以除了项目小组的人参加外,各职能组和前台部门的实际应用人员(最终用户)都要参加,因为这是企业前台业务顺利向 CRM 系统转变的必要条件,只有实际应用人员真正理解、接受并且主动去使用 CRM 系统时,实施才有可能会有效果。

测试结果要经项目指导委员会审批,判断是否具备转入实际应用的条件。如果条件还不成熟,则还须对过去阶段的工作作进一步完善,而不要匆忙转入切换。

根据确认了的系统及修正的业务流程和制度,编写用户手册。可以从关键用户中选择培训教师,对最终用户进行培训。最终用户不但包括具体操作人员,还包括中高层管理人员，他们需要相关信息来做决策。

任何新系统的实施都应该包括用户培训的时间和经费。即使是最聪明和最有能力的管理者，要想充分利用新系统也需要经过一些培训。同时，企业需要对抵制情绪作好准备。人们总是倾向于抵制那些看起来对他们有威胁的变革。大量研究表明，引入基于计算机的信息系统是一个非常大的威胁。某些人难以适应引入的任何新技术，某些人害怕学不会新系统，更多的人害怕新系统的潜力会减小他们在组织中的权力和形象，改变人际间的关系，或降低他们工作的保障。

最有效的抵消人们抵制管理系统的方法之一，就是让受其影响的人直接参与到系统的设计与实施过程中去。通过这种参与可以使系统用户在不得不使用它之前就熟悉它，增强他们的责任感，因为他们已经被卷入到了系统的创建过程，同时大大减少了他们的要求被忽视的可能性。

8. 阶段 8：切换及对新系统的支持

在完成了会议室导航阶段充分细致的测试以后，在这一阶段，要从原先的前台系统转换到 CRM 系统。主要的活动包括切换前的准备和正式切换。

1）切换准备

切换前的准备工作必须非常细致。首先核对流程、人员、数据和规则是否就绪。由于 CRM 系统相对 ERP 系统来说比较简单，可以采取一次性切换的方法。当然行业不同，CRM 的实施的复杂程度有很大差别，也可以采取分阶段切换的方法。如寿险行业的 CRM 实施就会复杂一些，这是保险业务整个过程的复杂性所决定的，这一过程包括市场研究和定位、新险种开发、展业、核保、签单、核赔和理赔等多个环节，几乎每一个环节都要与客户接触，而所谓的前台业务——市场研究和定位、展业、核赔和理赔其实与后台业务紧密联系，更困难的是，寿险公司的展业人员非常有限，其代理人掌握了大部分客户的详细信息，这样寿险公司就无法对客户信息有一个全面且准确的把握，所以，如果要实施 CRM，首先要从代理人那里获取详细的客户信息，而且在展业过程中，要针对客户不同的风险偏好的特点，设计不同的险种组合以满足客户需求。正是由于寿险业务流程和承保技术的复杂性，使 CRM 实施难度很大。相比之下，银行的业务和技术特点要简单一些，所以大大降低了 CRM 实施过程的难度。

另外，要对系统切换的方法进行计划并达成一致。系统的切换包括交钥匙的方法、新旧系统并行的方法和试点的方法。借鉴 ERP 系统的切换方法，一般可以采用试点的方法。

2）正式切换至新系统

装入各类数据之后，就可以直接切换到新系统。在新系统转入正式运行之后，需要不断调整并且监测和评估新系统的运行绩效，以确定它是否满足预定的目标。

3）对系统进行调整并提供技术支持

企业应该不断根据实际需要调整新系统运行、确定更改控制流程并确认已取得的效益，最后审核与批准项目结束备忘录。

这样企业需要一方面监测和评估系统运行状态，另一方面要根据预先设定的项目目标来审核相应成果，并审核和批准业绩评估备忘录。

4）安全性检查

随着分布式信息系统的实现，对CRM系统提出了一项非常关键的要求，那就是未经授权的个人不得接触机密的或特殊的信息。

8.2 CRM系统的选择

8.2.1 了解企业自身

CRM软件是管理软件的一种，本质上是为企业各级角色更加有效管理业务而服务的。医生给病人看病治病，讲究“对症下药”，即要清楚病人的病因和病况，也要针对性地提出和实施治疗方案。其实要做到实施CRM，有效提升管理效能，道理也是一样，企业要清楚自身的“病因”和“病况”，并依此来选择和评估对应的CRM产品是否适合。

当然，对于“病因”和“病况”而言，并非所有企业和人员都能够真正清楚明了，在这个意义上，一些管理咨询公司就有了存在的理由。他们会利用丰富的知识和经验、专业的团队和手段，帮助企业弄清自身的“病因”、“病况”。但是，中国的企业，尤其是其中占绝大多数的中小型企业，不管从业态、管理特征还是管理现状来看，都不是非常复杂的业务模型，很多管理意识和需求还停留在比较初级的阶段。在这个大的背景下，如果企业从为了选择更适合的CRM产品的角度出发，要做到了解企业自身其实并不难。我们可以从以下几个非常务实的方面着手：

(1) 企业选择和实施CRM软件的基本动机是什么？是为了取悦投资方和股东？是为了提升销售业绩和能力？是为了训练员工建立客户至上的意识和习惯？还是为了提升企业管理水平和效率？等等。这些企业针对自身的现状以及行业内外环境的分析确定的总体目标和动机，通常情况下又可以细分到下面一些方面：

- 提高营销、销售和服务的效能；
- 增加收入；
- 改善客户忠诚度；
- 提高市场份额；
- 改善边际利润；

- 缩短销售周期；
- 支持团队销售；
- 降低管理费用；
- 改善渠道效力；
- 降低成本。

(2) 企业自身的"CRM化"阶段如何？是处在无意识阶段？是处在初级阶段？是处在中级阶段？还是处在高级阶段？等等。

(3) 企业能够承受的实施成本(包括:CRM软件价格、实施周期、实施范围和资源等等)如何？

(4) 企业实施CRM的后期推行力度如何？是在企业绝对管理高层"自上而下"的推行？是企业具体业务部门"自下而上"的建议？还是没有太多的推行力度，只是相应工作人员的工作导向？

当然还有其他的因素和环节，但通常情况下，在选择CRM系统时，以上四个方面是至为重要的。企业只有真正将以上问题了然于胸，并据此来考察对应CRM厂商和产品，才能最大限度的获得最终应用成功的保障。

8.2.2　详细分析实现目标的场景

实际上，企业实现的目标是非常具体的、现实的。概括起来如下：

- 提高客户忠诚度；
- 增加客户服务和支持渠道；
- 增加新的营销、销售和服务人员；
- 共享最好的实践；
- 引入新产品；
- 准确的预测；
- 获得更多的营销和销售线索；
- 交叉/追加销售；
- 提供信息访问的简便性。

要跟紧每个具体的目标，并和将来的使用者一起描述"应用场景"。这些场景应该描述特定的业务流程，例如在系统中设置一个新的市场推广活动。询问使用者"应用场景"有助于他们更自然地描述他们最关心的流程，而不是让他们列出好几个业务流程，然后才让他们确定哪一个才是真正重要的业务流程。

使用"应用场景"的另一个好处是，一旦你使用一般的术语定义好了一个场景，你就能够深入进去并且细化随之而来的必要的数据，执行不同业务的流程，处理不同流程如何协作、系统必须能够输出的内容等问题。

去找出这些不同业务流程的答案，将使我们能够定位在不同的特定细节，能够去弥补新系统跟现有业务之间的差距，或者早早就识别出了问题。

总的来说，"应用场景"是在一个较低但仍很重要的层面上，提供了产品演示期间某些特别的东西，这能够使供应商展示一个完整的流程而不是他们系统有限的几个侧面。因为"应用场景"是和企业用户目前就在执行的任务相关，企业用户也就很容易判断在 CRM 新系统中这些任务的实现是困难还是容易。

8.2.3 向咨询方、软件提供方了解解决方案的建议

确定了具体的业务、具体的"应用场景"后，企业需要真正设法解决这些"应用场景"对应的业务问题。只有这样企业才能够确定哪些特定的解决方法可以应用于这些基本问题中。一旦我们的业绩目标已经得到了具体的确定，我们便需要开始考虑寻求解决问题的技术。这时候，企业需要考虑从何处获得解决方案的建议和信息。企业获得相关信息的途径主要有以下几种渠道：

➢ 咨询顾问：包括 MIS、ERP、CRM、SCM 等项目的顾问；

➢ 咨询公司：主要是一些信息化领域的第三方咨询公司；

➢ 文章：主要包括一些 CRM 理论、CRM 案例研究、CRM 产品剖析等；

➢ 网站：包括企业管理信息化方面的门户网站、信息化咨询公司以及软件厂商的网站；

➢ 厂商客户：对软件厂商已有客户进行调查与分析，了解客户部署该厂商 CRM 的投资回报情况；

➢ 研讨会：政府机构、咨询公司、软件厂商主办的研讨会，企业可以从演讲者那里中获得很多客观的、系统性较强的有关 CRM 厂商产品、CRM 功能实现、CRM 实施策略等方面的知识；

➢ 座谈会：厂商与用户、用户与用户的交流；

➢ 直邮：厂商发布的各种有关产品的直邮信息。

不同的渠道的信息有不同的成本和不同的可信度，企业可以根据自身情况酌情选择，并验证其信息的可靠性。

8.2.4 选择合适的软件厂商技术规范

下一步是为供应商定义其他规范。通常企业必须找出适合自身组织的规范。一个重要的考虑是技术：任何新系统都应该运行在你现在使用的任意种类的服务器、工作站和数据库上，这可能是 Windows、Unix、Linux、IBM i Series、大型机或者其他。

真正统一的解决方案可能并不能与你现有的架构兼容。这样的话，也可以基

于你的目标部署一个基于托管主机的解决方案，运行于外部供应商并且轻度集成或完全没有与你现有系统集成。此种情况下，与现有系统的兼容性就不是那么重要了。

许多企业自己就研发CRM模块。这些模块不像独立CRM软件那样非常全面，但是可能仍旧适合你的需要。相对于集成其他一些系统，这种情况可以节约部署时间与工作量。但是时间和工作量的节约也不是一定的：即使一个平台供应商的CRM“模块”是独立开发的另一种情形，仍然要考虑它的集成工作量。

如果平台系统自身在安装时已经为你高度定制化了，也请牢记许多CRM项目必须可用于跨操作系统的数据共享。但一个紧密绑定到一个系统的CRM模块实际上会很难部署到一个用于和其他多个系统共同工作的环境中。当你确实看中第三方的系统，要确定已经找出他们和你所用的那类操作系统集成过多少次了，在流程后期也要与真正参与了流程的引荐人讨论这个问题。

一个最终的兼容性的考虑必须包括组织的规模，确保供应商提供了你的组织所需要的支持等级，然后努力找出你是否跟供应商的其他客户差不多。

也考虑一下组织规模的其他方面：你和供应商所适应的制度化或信息化的程度；你的组织与供应商其他客户的组织大小；供应商所提供的和你所需要的服务范围（例如市场、战略或者销售咨询）。

8.2.5　总体软件厂商的真实情况

以上已经多处提到软件提供商的规范，包括软件有无相应的业务功能，流程实现的难易，系统兼容性，等等。但是，我们必须对软件提供商进行全面的分析。通常有下面一些内容：

- 详细了解“真实”的软件厂商；
- 获取CRM软件厂商信息的策略；
- 研究定制的范例；
- 让厂商描绘现有的流程；
- 厂商的详细技术评价；
- 看标准的产品示范；
- 看厂商的产品展示；
- 研究“第三方”对厂商的间接评价；
- 综合评价“真实”CRM软件厂商的方法；
- 进行厂商产品的ROI分析；
- 访问厂商的客户；
- 评价厂商的实施计划；

➢ 评价厂商的建议；
➢ 注意厂商总部的高层简报。

8.2.6 建立适合自身的产品评价体系

当上面所有这些数据收集好之后，企业应该根据自身情况建立复杂程度适当的选型指标评价体系。不同企业的评价指标体系是不一样的，其复杂程度（指标的个数）应视 CRM 项目本身所期望达到的目标、CRM 项目的投资和 CRM 系统的复杂程度而定。目前的指标体系有产品技术评价指标和产品功能评价指标两部分组成。

1. CRM 产品技术评价指标

1） CRM 系统的技术环境

环境是企业在选择软件的过程中最简单的技术架构的评估标准，而且是最容易区分的。最重要的是 CRM 产品所支持的服务器平台和 http://wiki.ccw.com.cn/%E6%95%B0%E6%8D%AE%E5%BA%93 数据库类型的多元性，以及是否能够支持一些“第二层环境”，如 HP 和 Sybase 服务器管理系统。这样可以确保 CRM 产品具有更强的环境适应性。

2） CRM 系统的模块结构

产品的“组织”主要用来反映各组分的配置方式，以及组分间接口和通信协议。未来 CRM 产品的“组织”主要包括三个成分：客户端、应用服务器和数据库。能否利用无线技术和基于 Web 的技术，并且确保客户、客户服务人员、销售人员和现场服务人员等多种用户能够拥有统一的用户界面，以及不同的使用权限，这些都将是评价未来 CRM 系统好坏的标准。

3） 基础结构

基础结构用来为多个用户和共享的资源系统提供系统级、独立应用的中间层服务。服务包括基本的请求处理、队列排序、流程管理、记忆管理、数据库管理和事务管理等。“门户”是未来基础结构中发展的一种重要形式，也成为评价 CRM 系统是否先进的一个标准。

4） 内部结构

我们这里所讲的结构是指，CRM 产品组织中的主要内部成分是什么，以及它们如何被建立，由什么组成。未来典型的 CRM 产品主要还是基于 Web 的三层组织：网页/表示层、程序逻辑（用于应用软件功能和应用服务功能）、数据模型。其中，我们需要强调的一点是，未来的 CRM 产品将要在支持 Web 服务上进行“强化”。Web 服务已经成为一种具有吸引力的交互方式。Web 服务的标准化目录和查询功能、界面说明，以及通信协议使得“集成”的复杂性的降低和成本的降低都将成为可能。

5）产品定制

显然，所有的 CRM 应用软件都可以实现客户化定制。而事实上，所有的操作型应用软件定制化多少都会反映公司业务流程和信息结构的特征和细微差异。当一个 CRM 产品的结构以标准化、大众化的技术建立时，就会有许多用于客户化的工具。当一个 CRM 产品建立在专有结构基础上时，企业会被迫使用供应商的客户化工具。

6）产品集成

集成是企业在实施 CRM 的过程中所遇到的最困难的任务之一。目前在市场上有很多集成技术和产品可以利用，同时也出现很多种信息协议和业务流程标准。而且，我们可以预言，CRM 产品的“集成”问题将成为软件厂商发展的“瓶颈”。从客户角度来说，部署 CRM 系统最大的瓶颈莫过于与“集成”相关的时间和成本。CRM 产品不仅必须要反映企业的业务流程和信息结构，而且，产品也需要与内部和外部的业务系统进行集成，以自动化业务流程。CRM 产品应当提供一种集成的客户视图，收集不同种类来源的客户信息，并能够提供对所有应用系统的统一的访问。当然集成也是一项关键而复杂的任务。

以上六种分类指标是一种总体性、概括性的指标，如果我们将其细化，可以分成如下一些子指标：

- 使用何种语言开发？
- 支持哪些数据库？
- 支持的主流操作平台有哪些？
- 软件采用的是 C/S 还是 B/S 结构，技术结构有几层？
- 支持的语言种类（如中文、英文和中文繁体等）。
- 如何考虑 CRM 系统的安全问题，是否支持数字签名和数字证书？
- 是否提供客户化修改工具，二次开发工具是否易于掌握，在 CRM 产品上，用户是否容易进行二次开发？
- 是否易于用户维护？
- 软件采用的是标准化技术还是专有技术？
- 各子系统单独运行能力及内部集成水平。
- CRM 产品可以与哪些财务软件集成？
- 贵公司的 CRM 产品是否留有与 ERP、OA、SCM 的接口？
- 多久进行一次产品升级，如何考虑 CRM 产品的发展方向？

2. CRM 产品功能评价指标

1）总体功能性

企业首先要确定软件厂商 CRM 产品的总体功能有哪些，例如客户管理、联系人管理、时间管理、潜在客户管理、销售管理、电话销售、营销管理、电话营销、客户服务、知识管理、商务智能等。了解了这些功能之后，企业还应该分析一下软件厂商产品功能与企业自身现在和未来需求的匹配程度。

2）产品可用性

企业除了了解 CRM 产品的基本功能以外，还需要从用户角度了解产品的使用特性，例如是否便于用户掌握使用系统的方法，是否有一个“人性化”的界面和个性设置，是否能够实现自动通知，并显示最新更新的指示和具有优先级的活动日志等等。

3）产品定制性

作为一种重要的管理软件，CRM 是用来解决企业中的管理问题，而不同的企业必然有不同的管理模式。因此，不同的企业在实施 CRM 项目时必然有所差异，这就要求 CRM 软件产品具有很好的可定制性。也就是说，能够将 CRM 解决方案很好地应用到相应的企业中。

4）产品价格

产品价格当然也是企业需要考虑的重要指标之一，尤其对于一些中小型企业而言，必须要求它们能够根据具体的目标需求、财务状况来权衡 CRM 产品的功能与价格，作出一种最优的选择。

5）实施难易度

企业往往出现了一些急于解决的问题，才会想到 CRM。因而企业非常看重 CRM 系统是否能够见效快，是否能够满足它们急需的功能。而这必然涉及软件实施难易度的问题。因此，企业要考虑软件实施简易度以及相应实施进度的问题。

6）持续服务水平

CRM 产品需要进行持续的升级等后续服务，因此，企业必须要考察 CRM 软件厂商是否拥有一个较强的客户服务联盟，是否拥有足够的合作伙伴。

7）未来功能支持

企业需要适当地考察一下 CRM 产品是否能够支持一些现在或未来所需要的先进功能。例如 CRM 系统是否支持无线移动功能；CRM 系统是否能够确保企业为客户提供自助式服务；CRM 系统是否兼有一些知识管理方面的工具。

企业首先根据上述这些通用指标，结合企业自身的需求，来确定适合自身的评价指标体系，并确定这些指标的优先级和权重。然后企业使用这些评价指标来分别对软件厂商进行打分，对其进行综合评价，有所筛选。第三部要评估筛选后的软件厂商在“有效规避实施风险”和“有效确保应用效能”方面所提出的进一步方案和承诺。最后确定合作厂商和产品。

8.3 成功实施 CRM 的关键

通过对国内外成功的 CRM 实施案例的分析研究,发现它们有一些共同的特点,下面给出了 CRM 实施成功的几个关键因素。

8.3.1 高层领导的支持

总的来讲,成功的 CRM 项目都有一个行政上的项目支持者,他们的职位一般是销售副总、总经理、营销副总、董事长或合伙人,他们的主要任务是确保本公司或本部门在日趋复杂的市场上能有效地参与竞争。在当今的环境中,产品或价格的优势总是很短暂的,产品质量是既定的。通过对企业营销、销售和服务的方式方法的改造来获取竞争优势。

高层领导从总体上把握这个项目,扫除通往前进道路上的障碍,保证这个项目的顺利开展。他或他们应该有足够的权威来改变企业,并知道,如果继续按照 20 世纪 70 年代、80 年代或 90 年代初的方式方法来进行销售和服务的话,企业将难以为继。

高层领导的主要作用体现在三个方面。首先,高层领导是一个设计者,为改造计划设定明确的目标,如提高销售收入 20%、提高利润 1%、减少销售周期 1/3、加快产品的升级换代速度一倍等。其次,他是一个推动者,意识到目标的设定是从上到下的,然而达到这个目标则要从底层做起。他向改造团队提供为达到设定目标提供解决方案所必需的时间、财力和其他资源,接着努力为实施这种改造策略争取资金、人力等。最后,他要确保企业上下认识到上马这样一个工程对企业的生存的重要性,并在项目出现问题时,激励员工解决这个问题而不是犹豫不决。

这样的一个高层领导对 CRM 项目意味着什么呢?如果缺少了这样的支持者,前期的研究、规划也许会完成,一些小流程的重新设计也会完成,可能会购买技术和设备,但企业出现有意义的改进的可能性很低。CRM 更多地是关于营销、销售和服务的优化,而不仅仅是关于营销、销售和服务的自动化。当 CRM 涉及跨业务部门业务时,为了保证公司范围的改进,这样的一个行政领导的支持是必需的。

8.3.2 要专注于流程

有一些项目小组一开始就把注意力放在技术上,这是错误的。实际上,好的项目小组应该专注于流程，技术只是促进因素，它本身不是解决方案。因此，好的项目小组开展工作后的第一件事就是花费时间去研究现有的营销、销售和服务策略，并找出改进方法。

为了发现现有流程的问题，项目小组应该事先分析公司是怎样营销、销售和服务的，以及顾客在何种情况下、什么时候会购买产品。首先，要对营销、销售和服务部门的人员进行访谈，了解他们做些什么、为了做好工作需要哪些信息。接着，了解用户所认为的存在问题，如难以获得产品专家的支持、难以获得最近或即时的信息、难以给出没有错误的产品配置。

项目小组应该对顾客购买产品的过程进行了解和研究，如顾客如何对各种产品进行评估、选择厂商和评估产品价格，并对流程进行审视，找出是哪些环节阻碍了潜在的顾客购买产品，如对顾客要求的回复速度过慢、给出的建议不完全、售后服务不良等。

找出了流程中的问题后，还要分析其产生原因，如为什么在发现潜在客户、向其提供服务之间要有很多天时间；为什么企业内部终止一个自定义码要花一个星期的时间；为什么销售人员不能获得关键的客户支持数据等。此外，还要分析这些问题继续存在将造成的损害。

通过这些工作，项目小组发现了要解决的问题，而且可以在项目实施后，把当时的状况与现在的状况相比较，看是否有所改观。

8.3.3 技术的灵活运用

在那些成功的CRM项目中，其技术选择总是与要改善的特定问题紧密相关。如果在一个企业中，它的销售员或服务工程师在现场工作时很难与总部建立联系，这个企业很可能选择机会管理功能。如果企业处理订单时的出错率很高，它很可能选择配置器功能。如果销售管理部门想减少新销售员熟悉业务所需的时间，这个企业应该选择营销百科全书功能。选择的标准应该是，根据业务流程中存在的问题来选择合适的技术，而不是调整流程来适应技术要求。

虽然很多企业的CRM的实施是从单个部门（如营销、现场销售或客户服务）开始的，但在选择技术时要重视其灵活性和可扩展性，以满足未来的扩展需要。因为企业要把企业内的所有用户集中到一个系统中，使得每个员工都能得到完成工作所需的客户信息，这样才能满足未来成长的需要，所以项目初期选择的技术要比初期所需要的技术复杂。

对CRM工具进行评估，不仅要明白该产品能完成什么工作，而且要重视该产品的工作机理。应该弄清软件商所编写的程序的系统框架，并根据自己的信息系统规划来选择合适的解决方案。

8.3.4　组织良好的团队

CRM 的实施队伍应该在四个方面有较强的能力。

首先是企业业务流程的重组。因为 CRM 并不只是使得企业在某个业务环节上提高多少,而是使得企业在某几个环节上获得共同的提高。这需要企业对其流程的关键部分自愿进行改造,也就需要小组中有对企业现状不满意的人,他们会研究企业的流程为什么是这样的,并在合适的时间和合适的地方对流程进行修改。

其次是系统的客户化。不论企业选择了哪种解决方案,一定程度的客户化工作经常是需要的。作为一个新兴的市场,大部分 CRM 产品都应用了最新的技术。应该根据企业的工作流程对 CRM 工具进行修改,这对获得最终用户的接受是很关键的。并且需要对系统的设计环境很熟悉的人加入 CRM 的实施团队。系统的集成化因素也很重要,特别是那些打算支持移动用户的企业更是如此。

第三个方面是对 IT 部门的要求。如网络大小的合理设计、对用户桌面工具的提供和支持、数据同步化策略等。

最后,实施 CRM 系统需要用户改变工作的方式,这需要实施小组具有改变管理方式的技能,同时企业也必须提供相应的帮助。这两点对于帮助用户适应和接受新的业务流程是很重要的。

对那些最成功的项目的调查显示,他们对上述四个方面都非常重视。对这四个方面进行评估后,如果发现某一个环节比较薄弱,就应该从别的部门或咨询公司等寻找新的人员加入小组,充实这一方面的力量,从而保证小组能实施复杂的 CRM 项目。

8.3.5　极大地重视人的因素

在项目规划时,业务流程重组时人的因素经常被忽视,并不是因为没有认识到人的重要性,而是因为对如何解决这个问题不甚明了。下面是重视人的因素的两种方法。

首先,成功的 CRM 项目经常提到的策略是向内部用户推销 CRM 系统。例如,为了寻求用户对 CRM 项目的支持,一个造纸企业请来了自己的供应商(这个供应商于去年顺利完成了项目的实施)向本公司的销售人员演示其销售过程。在造纸公司的年度销售会议上,当这个公司的销售人员做系统演示时,全场热烈欢呼,这使得在项目实施的初期就获得了销售人员的支持。

其次,一个知名的咨询公司提供了另一个方法。不同于咨询公司的培训小组对系统用户进行系统使用方面的培训,该咨询公司把培训的职责交给了销售经理。他们对销售经理进行培训,然后再由销售经理对销售员进行培训。这样的好处在于,销售经理以外的销售人员发现销售经理熟练应用这种新的销售工具时,他们比较容易认识到该系统的重要性。

从上面的例子中可以看出,重视业务流程重组中人的因素对项目的成功是很重要的,如果系统的最终用户对系统不持积极态度的话,那些有最新、最有力的技术支持的最合理的业务流程也可能会产生不理想的结果。

8.3.6 分步实施

如上所述,在项目规划时,具有三至五年的远景很重要,但那些成功的CRM项目通常把这个远景划分成几个可操作的阶段。“毕其功于一役”给企业带来的冲击太大,往往欲速则不达。通过流程分析,可以识别业务流程重组的一些可以着手的领域,但要确定实施优先级,每次只解决几个领域。

例如,一个计算机公司当前的订单生成流程的流程表用小型字体打印后,其长度有8英尺长。经过对流程的评估,CRM识别了42个可以进行流线化的流程步骤。但该公司并没有把这42个地方一次改变,而是挑选了3个潜在回报最大的步骤,对这些次流程(sub-process)首先进行重组。

这样只需几个月就能教会用户使用一个CRM的工具。通过使用新系统和改造后的流程,销售人员能在系统投入使用后的4个月内降低销售循环周期长度25%,仅仅这部分的回报就已经超过了软硬件和客户化所花的费用。

8.3.7 系统的整合

系统各个部分的集成对CRM的成功也很重要。CRM的效率和有效性的获得有一个过程,它们依次是:终端用户效率的提高、终端用户有效性的提高、团队有效性的提高、企业有效性的提高、企业间有效性的提高。

实践证明,为了获得用户对项目的支持,CRM小组首先要解决终端用户问题,初始重点是营销、销售和服务流程所存在的问题。如果用户对计算机不熟悉,CRM项目小组首先要提高用户个人的效率,使用户对计算机和网络熟悉起来。CRM项目整合提高的过程中,关键在于准确地评估企业当前状况、所处位置,然后以此为出发点,一步一步地开始建设。

8.3.8 重视咨询公司的作用

CRM项目作为一项大型的企业管理软件项目,实施难度大,由于国内企业在IT建设上缺乏经验及业务人才,导致项目实施具备相当的风险性。成功的CRM项目实施离不开专业的咨询公司参与。专业的咨询公司拥有一支具备多方面综合能力素质及丰富经验的咨询顾问队伍,有实力的咨询公司一般还拥有一套较为完

善的项目实施方法及经过常年建设的项目实施案例库与知识库，这些都是一般的企业所不具备的，是CRM项目成功实施的有力保证。根据产业分工细化原则，专业化发展有利于发挥各自的优势。软件厂商在开发软件方面占据优势，在软件产品激烈竞争的市场中，可以集中精力不断改进和完善自己的产品。咨询公司则在项目实施方面占有优势，可以不断改进软件实施方法，积累在各行业实施管理软件的经验，提高软件实施成功率。咨询公司作为CRM厂商与应用企业之间的桥梁，不仅对厂商在推出软件产品之后的进一步发展起推动作用，而且对于CRM产品能够在企业进行成功应用，从而实现企业管理规范化与现代化也是非常必要的。另外，咨询顾问一般会站在第三方的立场，保持自身的公正性，在协助企业进行产品选型时本着公正与客观的原则，不会偏好于某一个厂商的产品，而是从企业实际需求的立场上完成CRM产品的选型工作。

CRM项目实施过程中，专业咨询顾问人员的主要工作内容一般包括：准确把握和描述企业应用需求；为企业制定合理的技术解决方案；辅助企业选择合适的应用软件；辅助软件在企业的安装、调试和系统集成；对企业原有业务处理流程进行重组，制定规范合理的新的业务处理流程；结合软件功能和新的业务处理流程，组织软件实施过程；组织用户培训；负责应用软件系统在企业进入正常运转；根据应用软件，为企业编制衡量管理绩效的数据监控体系和内部管理报表体系；为企业编制决策数据体系和决策数据分析方法；辅助企业建立计算机信息系统的管理制度；负责系统正常运行后的运行审查等。

案例分析

上海大众汽车的CRM案例

随着越来越多的国际品牌开始进入中国市场，大众汽车在国外市场所面临的竞争开始延续到中国国内。一方面，不断推向市场的新的型号、新的车辆概念，直接对大众的产品线进行冲击。另一方面，国际水准的营销手段也开始对大众当时的营销体系带来挑战。与此同时随着中国经济的不断发展，汽车的市场需求日益增加，这样也给大众汽车带来了机遇。汽车厂商所追求的核心竞争力已经从“以产品为中心”逐渐转变为“以客户为中心”。汽车厂商考虑的不仅仅是如何把车卖出去，而且如何使客户继续选择厂商提供的服务。为获取新顾客，保留老顾客，使顾客价值升值，企业必须掌握完整的客户信息，准确把握客户需求，以快速响应个性化需求，提供便捷的购买渠道、良好的售后服务与经常性的客户关怀等。为了迎接挑战把握机遇，公司领导层决定实施客户关系管理，以提高顾客满意度和忠诚度。为了配合公司实施CRM战略，公司各相关部门也开始思考并进行规划了。

上海大众汽车有限公司简介

上海大众汽车有限公司(以下简称上海大众)是一家中德合资企业,中德双方投资比例为:上海汽车集团股份有限公司50%,德国大众汽车集团40%、大众汽车(中国)投资有限公司10%。

上海大众是国内规模最大的现代化轿车生产基地之一,目前已经形成了以上海安亭为总部,安亭、南京、仪征、宁波、乌鲁木齐等五大生产基地。此外,湖南(长沙)项目正在建设中。基于大众、斯柯达两大汽车品牌,公司目前拥有 Polo 波罗、Gran Lavida 朗行、Touran 途安、Lavida 朗逸、Tiguan 途观、Santana 桑塔纳、Passat 帕萨特和 Fabia 晶锐、Rapid 昕锐、Yeti 野帝、Octavia 明锐、Superb 速派等系列产品,覆盖 A0 级、A 级、B 级、SUV、MPV 等不同细分市场。

作为中国改革开放后最早的轿车合资企业,上海大众见证了改革开放的30年。

1978年11月,中国社会主义改革开放和现代化建设总设计师邓小平的亲自批示,正式拉开了轿车中外合资经营洽谈的序幕。经过六年缜密的谈判,1984年10月,中德双方在北京人民大会堂举行隆重的合营合同签字仪式,上海大众在改革开放的大潮中应运而生。

在探索中国轿车工业合资经营的道路上,上海大众迎难而上,大胆探索,走出了一条利用外资、引进技术、滚动发展的道路,为中国汽车工业特别是上世纪90年代中后期轿车工业的快速发展,提供了崭新的发展理念和成功的实践模式。在扩大自身生产规模的同时,公司开展了振兴中国轿车零部件工业的桑塔纳轿车国产化工作。这一跨地区、跨行业的宏大系统工程,带动了一大批配套工业的技术进步,为形成符合国际水准的零部件生产打下扎实的基础,为国内轿车工业的蓬勃发展发挥了无可替代的奠基石作用。

在改革开放的春风中,上海大众取得了优异的成绩。经过各方多次追加投资,公司注册资本从最初的1.6亿元人民币增加到115亿元人民币;总资产由9.8亿元人民币增长到369.4亿元人民币。经过一、二、三期技术改造工程和资产收购,上海大众形成了五大生产区域和一个技术开发中心的布局;截至2009年年末,累计产销各类轿车518万辆,是国内保有量最大的轿车企业。鉴于上海大众在自身发展和市场竞争中的出色表现和巨大成功,中德合资双方已于2002年提前续签了延长合营合同,将合作期限延展至2030年。

上海大众汽车有限公司(以下简称上海大众汽车)位于上海西北郊安亭国际汽车城,占地面积333万平方米,建筑面积90万平方米,是目前国内生产规模最大的现代化轿车生产基地之一,年生产能力超过45万辆,产品包括桑塔纳、桑塔纳3000

型、帕萨特、波罗、高尔、途安、斯达克七大系列几十个品种。

公司成立于1985年3月，是中国改革开放后第一家轿车合资企业。上海大众汽车的诞生，结束了中国汽车工业"闭门造车"低水平徘徊的历史，开辟了利用外资、引进技术、加快发展的道路。二十多年来，上海大众汽车自我积累、滚动发展，创下了我国轿车工业发展的新模式。经过合资各方多次追加投资，上海大众汽车的注册资本已从1985年的1.6亿元达到目前的100亿元人民币；总资产由9.8亿元增长到359.7亿元人民币。

在一个跨国界、跨文化、跨时代、跨技术的大背景下，上海大众汽车中德双方精诚合作，开拓前进，被称为"中德两国成功合作的典范"。公司曾连续八年荣获中国十佳合资企业称号，八度蝉联全国最大500家外商投资企业榜首，并连续九年被评为全国质量效益型企业。凭借质量、经济效益等方面的显著绩效，上海大众汽车成为了中国汽车行业中首家获得全国质量管理奖的企业。在发展里程中，上海大众汽车创下中国轿车工业多项第一。作为中国改革开放后一个中外合作成功的典范，上海大众已成为世界了解中国的一扇窗口。

上海大众的成功，并不是一帆风顺。能取得今天的成功，也得益于该公司把客户放在战略高度，较早成功实施客户关系管理。

上海大众实施客户关系管理之前的状况

上海大众汽车在1985年开展其业务活动的同时，也开始在全国范围内着手建立服务网络。到1986年底，上海大众汽车已经在中国所有的省份建立了维修网点。在90年代中，随着一汽大众业务活动的开始，该服务网络也进一步承担起大众品牌和奥迪品牌车型的维修服务。自2002年起，为大众进口车提供销售和维修服务而建立的大众进口汽车销售有限公司以及经过严格挑选的几家独家代理商使大众汽车销售网络进一步得以扩充。2005年，大众汽车共拥有大约1000家经销和维修服务合作伙伴。因此，在中国的销售网点最为密集，也最直接地为客户提供多方面的服务。

1) 经营状况

(1) 产品结构情况。

上海大众汽车现在具有多个品牌的完备车型。

① 桑塔纳：从1984年引进至今，上海大众汽车桑塔纳已经进行了几百项技术改进，陆续推出了99新秀、世纪新秀和俊秀等数种车型，技术含量不断提升，并一直保持着良好的销售势头，被誉为中国车坛的"常青树"。

② 帕萨特：上海大众汽车帕萨特于1999年12月成功投产，迅速成为中高级轿车的经典之作。

2005年11月全新上市的PASSAT领驭在保持帕萨特品牌经典品质的同时，融合了更多符合中国消费者需求的元素，外形设计豪华动感，内部空间舒适精致，操控性能精确扎实。

③ 波罗：2002年4月，代表着当今汽车工业国际先进水平的上海大众汽车波罗正式上市。在这款国际紧凑型家庭轿车最新车型的引进中，上海大众汽车真正实现了全球同步规划、同步生产、同步上市。

④ 高尔：2003年2月，上海大众汽车推出两门紧凑型经济轿车高尔，开创了国内两门轿车产品之先河。随后，高尔系列产品不断涌现：四门高尔、两门运动版高尔旋风、四门高尔旋彩相继面世。

⑤ 桑塔纳3000型"超越者"：上海大众汽车首款自主开发的产品——桑塔纳3000型于2004年3月成功上市。作为桑塔纳2000型的垂直换代产品，"超越者"不仅外观更加时尚现代，空调系统、电控系统、舒适系统等也有较大的提升。

⑥ 途安：2004年11月正式上市的上海大众汽车途安应用简洁、时尚的设计理念，兼具轿车的舒适、安全和MPV的多功能性，在家用、商务和休闲性上达到了完美结合，是国内第一款真正意义上的多功能轿车。

⑦ 斯柯达：2005年4月11日，上海大众与斯柯达汽车公司在捷克共和国签署了合作协议，在欧洲享誉百年的斯柯达汽车品牌正式落户上海大众汽车。斯柯达品牌的引入，成为上海大众汽车多品牌战略的重要步骤。

各年销售情况如表8-1所示。

表8-1 1999—2006年上海大众汽车汽车销售情况

	Santana B2	Santana 3000	Passat Classic	Polo HB	Polo NB	Gol	Touran	Passat Lingyu	Polo Jinqing	Total
Y1999	129 817	94 547								224 364
Y2000	112 269	80 011	26 286							218 566
Y2001	109 037	78 093	54 951							242 081
Y2002	98 667	95 356	79 054	28 635						301 712
Y2003	122 663	92 892	122 445	40 391	10 597	7 035				396 023
Y2004	132 719	90 339	74 877	15 192	21 442	19 767	670		18 088	355 006
Y2005	104 197	66 152	63 331	13 147	12 482	16 369	4 243	7 197	50 031	287 118
Y2006	88 074	82 365	6 562	12 007	7 520	9 059	9 057	104 328	68 119	352 908

(2) 售前情况。

① 没有进行系统的客户细分和详尽的客户信息管理。

上海大众汽车有限公司现行的客户信息登记办法和内容已不能满足实施 CRM 系统所需的数据量。而且最主要的问题是由于汽车市场多年来一直处于“卖方市场”的局面，造成汽车销售管理工作松懈，一些规章制度流于形式。销售人员对客户信息的重要性重视不够，往往造成客户信息的可信度下降，对服务及以后的企业决策造成误导。如果是汽车信贷时客户信息了解不准确的话，企业将面临更大损失。对客户信息的系统分析也相对不足，无法支持 CRM 系统的全面启动。

② 客户行为分析方法落后。

上海大众汽车有限公司关于客户行为的调研开展得很少，而且多是为了调研而调研，即调研结束后没有根据结果做出科学系统的分析以辅助管理层进行科学决策。由于相关人员的业务素质及信息技术的限制，目前还不具备通过研究结果对客户的行为、偏好、客户的潜在流失风险、信用等进行科学预测能力，仅仅通过手工凭经验进行分析预测，准确性很低，不足以作为辅助决策的有效信息。

(3) 销售情况。

上海大众汽车在中国已有 20 年的经营历史，车辆保有量达到 300 万辆，用户和经销商遍布中国内地的 31 个省市自治区，为了保证所有的用户可以便捷地享受车辆的售后服务，上海大众汽车在 1999 年就成立以提供售后服务为主导的呼叫中心 9500-0789，但大众实施 CRM 前的 1996—2001 年销售踌躇不前，业绩不佳，如表 8-2 所示。

表 8-2　1996—2001 年大众汽车销售情况

	单位	1996 年	1997 年	1998 年	1999 年	2000 年	2001 年
销售量	辆	200031	230186	235020	230699	222216	230050
销售收入	百万元	24306.74	26316.35	25203.88	26740.74	28697.51	31735.6

2) 业务流程

公司的业务流程大多是围绕着“产品”而不是围绕着“客户”的宗旨去设计的，因此各部门只关注本部门的工作、只从自身的利益出发。但从客户的角度来看，企业完整的业务流程被割裂，各部门相互扯皮，致使手续繁多，效率低下，这样不但降低了客户满意度，也损害了企业与客户的长期合作关系。

3) 实施客户关系管理的利润空间

从相关人士对汽车价值链的分析可以看出，汽车的保养、维修、保险、租赁等方面的利润比新车销售利润要高出很多。一些美国汽车行业统计数字显示：“每个车主每隔 6 年会购买一部新车；每卖出 100 辆汽车，有 65 辆是经销商的老客户买走的；开发一个新客户的成本是保留一个老客户的 5 倍；保留客户的比率每增加 5%，企业获利就可能增加 25%～95%。”而且，CRM 的价值必将拓展到客户用车的整个生命周期上，这样其掘金的功能才能最大程度发挥出来。作为中国最早的轿车生产企业，上海大众汽车目前拥有300万老客户，这是上海大众汽车的最大财富。如何通过老客户的维修、保养、置换汽车赢得更多利润是上海大众汽车必须尽早解决的问题。

以上存在的问题说明实施CRM迫在眉睫。

上海大众汽车CRM战略及其实施

鉴于企业上述情况，公司决定实施CRM战略，2001年底开始筹划CRM项目，2002年初正式启动实施。上海大众汽车的CRM通过小规模试点(Pre-pilot)，局部实验(pilot)，全面推行(Roll-out)的三步式实施方式，将先进的CRM理念与务实严谨的大众态度相结合，在实践中不断调整和优化，使CRM项目不断得到完善，顺利完成了第一阶段的目标。CRM项目不仅在公司内部各部门得到了一致的认可，同时在上海大众汽车遍布全国的经销商网络中得到了广泛的使用，成为上海大众汽车市场销售的助推器。目前，上海大众CRM体系由“客户信息管理”和“客户关系管理”两大环节构成，并形成了一个良性的螺旋形上升的闭环行销模式。

在CRM体系的运作模式方面，上海大众采取了企业为主导的业务模式，根据自身发展及市场需求自主开发。企业对整套CRM体系拥有自主知识产权和综合开发能力，并可根据市场及业务发展情况灵活地调整，具备适应越来越多样化、复杂化市场需求的扩展性。

2005年上海大众汽车的CRM项目在继续保持原有的特色的基础上，在执行中不断优化潜在用户的沟通策略、不断完善经销商广域网的功能。通过上海大众汽车高管层的策略推进，CRM项目在深度和广度上面有了实质的进展。

1) 实施CRM第一阶段决策

上海大众汽车于1999年在国内率先成立了以提供售后服务为主导的呼叫中心9500-0789。售后服务呼叫中心以每一辆车为基本沟通单元，对每一个用户的来电都详细进行了记录，从当时的市场环境来看，上海大众汽车的这一策略无疑具有相当的前瞻性。作为上海大众汽车售后服务面对社会的一个窗口，有效地连接了用户、上海大众汽车、维修站三者之间的沟通。但受限于当时市场营销理念和IT技术能力，呼叫中心系统的设计和开发主要以满足呼叫中心的运营为出发点。以解答客户用车过程中的问题以及处理用户投诉为主要目的，同时肩负一定的用户信息搜集、批量故障汇总分析以及信息发布的任务。

2002年随着上海大众汽车CRM项目的启动以及营销业务的进一步推广，2002年上海大众汽车成立了以产品/市场信息发布、潜在客户发展、客户关系联络、上海大众汽车/经销商客户营销支持、公司/地区市场活动支持、销售及售后用户满意度回访等功能于一体的销售呼叫中心:800-820-1111。成为上海大众汽车市场销售和车主维系面对社会的一个重要窗口,有效地联结了用户、上海大众汽车、经销商三者之间的沟通,截至2005年6月,月呼入量已经达到了近30000通。

2) 实施CRM的第二阶段决策

(1) 整合呼叫中心。

在上述呼叫中心的基础上,上海大众汽车决定基于800呼叫中心使用的先进的CRM平台,全面整合销售咨询和售后服务两大呼叫中心,以使呼叫中心整合涵盖办公地点的整合、应用系统和平台的整合、数据的整合、人员和运营管理的整合;成立一个完整意义的上海大众汽车客户服务中心。在统一的CRM策略指导下,实现了统一的客户沟通档案及其管理。

(2) 建立经销商自营CRM系统。

作为上海大众汽车营销与服务的前沿阵地,广大的经销商/维修站成员既是潜在用户的发掘者、市场的开拓者、产品的销售者,又是售后服务的提供者、忠诚客户的维系者。通过与经销商的交流可以发现,经销商都非常清楚地意识到对潜在用户和现有用户进行关系营销是市场销售的必然趋势,也有迫切的需求对自己的用户数据进行关系营销,但由于经销商个体规模、能力的限制,虽然各经销商都获取并掌握了一定的潜在客户数据,但缺乏有效的机制和系统,合理的管理和整合这些高价值的数据,造成了资源的大量浪费。如何更好地提升经销商潜在客户的开发和维系能力、市场的推广能力以及售后服务能力和忠诚客户的塑造能力成为上海大众汽车CRM项目实施第二阶段的重点。

上海大众决定2005年启动经销商自营客户关系管理项目,开发一个以经销商自我管理、自我经营的经销商CRM系统,并免费向所有上海大众汽车特许经销商提供,用于经销商管理依靠通过市场拓展获得的,属于自己的潜在客户信息。经销商自营CRM系统架构如图8-2所示。

经过不断的推进,上海大众汽车经销商网络成员能够熟练运用该系统进行客户信息的搜集及管理,以提升经销商市场营销能力,同时也为上海大众汽车的客户关系管理积累必要的信息和经验,为从总部层面全面开展CRM业务打下坚实的基础。

(3) 建立车主俱乐部。

作为上海大众汽车客户忠诚度计划执行过程中的一个重要步骤,上海大众汽车计划成立面对所有品牌车主的上海大众汽车车主俱乐部。上海大众汽车车主俱乐部是由上海大众汽车管理的、和车主进行沟通的渠道和平台。通过俱乐部上海大众汽车可以为车主提供多元化和人性化的增值服务,从而整体上提高车主满意度和忠诚度,促使车主形成对上海大众汽车的品牌依赖。为了确保上海大众汽车

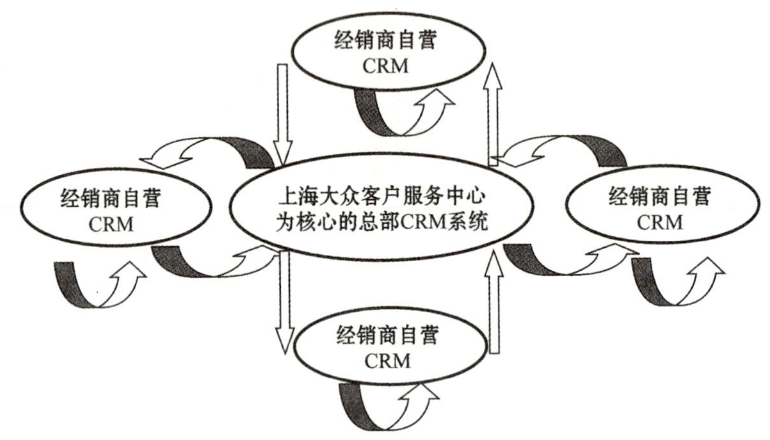

图 8-2 上海大众汽车经销商自营 CRM 系统架构

为车主提供的服务，俱乐部的运营制定了详细的规划，建立了基础、机制和内容三大要素。

(4) Techcare 上海大众呈献给消费者的整合 CRM 体验。

“Techcare 大众关爱”服务品牌是在 2005 年正式推出了，通过服务的品牌化经营带给用户全方位、全过程的专业汽车服务，让用户得到全程无忧的关爱。这是国内首个由汽车厂商提供的将营销与售后服务进行业务整合的服务品牌。其中，“Techcare”是 Technologize 和 care 的缩写，意味着上海大众标准化的专业服务和全程无忧的关爱。

具体而言，“Techcare 大众关爱”由金牌销售、售后服务、特选二手车、精采附件、车主俱乐部以及金融信贷通等 6 大核心服务组成，可为消费者提供从购车、用车、换车、装饰等一条龙服务。

从用户角度来讲就是为用户提供全方位的服务，即对用户提供从购车、用车、换车、装饰车等的一条龙服务，因此除了坚持做好自己的服务品质以外，还将从全方位了解顾客的需求，给予客户专业的建议，依靠专业服务优势为用户考虑周全，为顾客带来完全放心轻松的服务体验，以上海大众 20 年的轿车制造和维护经验为用户保驾护航，让用户真正体会到 360 度全程关爱的感觉，让上海大众的用户后顾无忧。

从企业本身来讲，该服务品牌秉承德国大众严谨的服务科技与品质，结合 20 年本土化运作的经验，以标准化的系统运作带来专业服务品质，以诚实、严谨、负责、实干、关爱的态度满足每一位顾客的需要，成为中国轿车工业的优质服务标杆。

对此，上海大众总经理陈志鑫表示，到目前为止网络、服务还是上海大众的优势，但是怎么把网络资源、服务优势更加充分地体现出来，“就是要从对车的关注，提升为主动对人与车的服务；上海大众已经有近 300 万的客户，但是决不仅仅是客户在我身边，更重要的是我在顾客身边。最终服务也将成为上海大众的重要品牌。”

为了给消费者提供更加优质、便捷的服务，提升服务标准和经销商的综合服务能力，近年来上海大众在全国全面推广了“GCE 卓越体验”和“CSE 卓越服务”项目，致力于提升客户在销售与售后服务流程方面的卓越体验，并为客户提供卓越的服务。与此同时，在不间断开展各项培训的基础上，上海大众近年来每年举办营销服务网络内部的全员比武——销售精英大赛、售后服务技能大赛，通过一次次的强化培训、一轮轮扎实的比拼，切实提升经销商服务人员的综合素质与能力。除此之外，上海大众还通过不断创新附件营销体系、推出品牌化“爱车课堂”、启动品牌保险业务，以及与业界知名油漆供应商合作推进油漆业务，为消费者带来了更加高效、创新的优质服务，进一步强化了上海大众的品牌力。

作为中国最具有影响力的汽车品牌，上海大众从 2010 年开始展开了前所未有的以售后服务促进企业发展和品牌建设的战略。从春季的“倍添虎力·畅享激情”发动机服务专场活动，夏季的“世博先锋号”空调服务专场，到秋季的“全程倍护·安行无忧”安全系统服务专场，对进站客户开展免费检测、超值换购和特惠促销活动。各经销商处陆续开展爱车课堂活动，提升客户对上海大众服务和产品的全面了解，引导客户合理养护车辆。

案例思考题

1. 试分析汽车行业的竞争态势，大众汽车的竞争优劣势何在？
2. 试分析大众汽车的产品结构。
3. 试分析上海大众实施 CRM 战略之前的客户关系管理状况。
4. 请构建企业实施 CRM 的战略框架体系。
5. 试分析上海大众汽车实施 CRM 的过程与步骤。
6. 试比较企业自我开发和购买 CRM 软件系统的优劣势。大众汽车为何自我开发 CRM 系统软件？
7. 上海大众实施客户关系管理战略的成功之处何在？
8. 上海大众汽车实施 CRM 对其他企业有何借鉴？

复习思考题

1. 简述 CRM 实施过程。
2. CRM 系统选择有哪些原则？
3. 哪些因素是 CRM 成功实施的关键？

第9章　组织与CRM的匹配

导入案例

通用塑料引入CRM:价值增长在于文化转变

通用塑料集团是通用电器中最早也是最成功地引入CRM的部门，这项计划单单在2001年就为公司节省了17亿美元。彼得·福斯，通用塑料集团的老总，每天早晨7点来到他的办公室时，在他办公桌的电脑上是最新的关于公司的报告、工程树脂等产品的销售、订单的增加和取消等等。福斯可以查看所有的销售数据，或者挑选某些地区和项目。“在过去，这些工作需要一组人工作3～4个小时才能完成。现在，这些信息都是实时更新的，这意味着我可以扼住我手下的脖子逼迫他们努力工作。”福斯开玩笑说。

塑料集团的网络系统是在1997年引进的，旨在对产品和定价进行客户研究。1999年1月，福斯在其中增加了电子商务的内容。公司最初的销售额仅仅是1万美元一个星期，但是现在，有60%的订单是通过网络得到的，每个星期创造5000万到6000万美元的销售额。通过网上销售而节约的成本同样引人注目。通用塑料的客户服务中心每年减少20万到30万的客户来电，仅仅这一项就为公司减少了35%的日常开支。

这既是高科技运用的结果，更是成功的企业文化的体现。通用塑料的流程再造是个组织管理严密的系统，通用电气的CEO杰克·韦尔奇希望将通用电气的6个西格玛的质量管理方法应用到服务性行业上去。因此，他鼓励福斯引入以流程为导向的管理人员来激发公司内的变革。讨论导致了一个结果：福斯创建了一个9人团队在全国宣传网上定购的好处，对于GE的其他姊妹部门来说，这是一个非常有效的策略。

通用塑料成功后，各个公司纷纷效仿，希望复制它的模式。但是最近美林证券对公司的首席信息执行官(CIO)的一项调查显示，45%的公司不满意他们引入CRM的效果。著名调查机构Gartner的研究表明，75%失败的CRM计划是由于糟糕的管理模式导致的。“我们不能说GE在技术实施上是一流的，但是他们的组织结构可以迅速地接收变化。”AMR的分析师鲍勃·帕克说道。

(资料来源：根据“中国企业学习网”中《通用塑料引入CRM：价值增长在于文

化转变》)

CRM不是简单地只是一种技术,更确切地说是代表了一种管理理念。一个企业要实施CRM,也就意味着该企业要从理念到技术等多方面实施CRM。那么实施过程不可避免地对组织结构、业务流程以及企业文化产生深远的影响,同时CRM项目的成功也要组织结构、业务流程以及企业文化的支撑。总之,CRM应该与企业的组织结构、业务流程及企业文化相匹配。

9.1　组织结构与CRM的匹配

9.1.1　组织结构是成功实施CRM的关键因素

根据麦肯锡公司咨询师的一份报道:“根据近来的调查显示,在已投资CRM项目的公司中有三分之二的公司是失望的。”[①]2004年,IBM一份全球的调研报告声称:“在美国、欧洲和亚洲,公司不论大小,也不分行业,有85%的公司实施CRM不尽如人意。”[②]2001年,在所有提出了CRM解决方案的企业中,只有1/5实现盈利。许多研究表明,70%～80%的CRM实施项目最后都未能达到企业管理层的期望值;50%～60%企业的CRM实施并没有获得成功,甚至也有某些评论因国内外某些企业CRM战略实施效果不明显而认为CRM华而不实,并开始怀疑CRM管理理念的正确性。显而易见,CRM不是许多人想象中的灵丹妙药。是CRM理论的问题?还是企业实施CRM有漏洞?什么原因导致了企业在CRM上的投资达不到预期的效果?成功实施CRM的关键要素是什么?许多专家学者分析了其中的原因,许多学者与企业家对CRM失败的原因进行了探讨,大家从各个角度进行分析与研究,但未形成定论。

Oliver Mack, Michael C. Mayo, Anshuman Khare(2005)认为:影响企业成功实施CRM的因素有[③]:

---

① Harding, D., Cheifetz, D., DeAngelo, S. and Zeigler, E. (2003), Unlock the hidden potential in your CRM investments, McKinsey & Company, retrieved on November 18, 2004 from http://www.mckinsey.com/ clientservice/marketing/pdf/Solutions_Unlocking_CRM_potential.pdf.

② IBM Business Consulting Services, CRM done right, retrieved on January 7, 2005 from http://www-1.ibm.com/services/us/index.wss/ rs/bcs/a1002689.

③ Oliver Mack, Michael C. Mayo, Anshuman Khare: A Strategic Approach for Successful CRM: A European Perspective Problems and Perspectives in Management, 2/2005.

➢ 组织结构；

➢ 信息技术系统/数据库管理；

➢ 顾客导向的企业文化。

他们认为:企业实施 CRM 项目,相关的组织结构是必要条件,组织所处的状况和市场条件不同其组织结构也应不同。因为实施 CRM 项目需要许多部门的配合,也需要整合企业的各种资源,因此急需企业组织结构与 CRM 项目匹配,这样才能充分发挥 CRM 的作用。信息技术系统/数据库管理是企业实施 CRM 的基础。因为顾客数据库能为企业提供一致的、更新的、标准化的全企业的数据资料,CRM 的软件工具支持 CRM 的其他活动。另外,组织文化对企业成功实施 CRM 项目非常重要。企业实施 CRM 项目需要将以顾客为中心的观念以及顾客价值、与顾客建立良好关系理念传递给顾客并使之接受,且表现在具体的工作行为中。而且组织还需要有相应的激励系统和对员工观念和行为的培训。

Richard Forsyth 经过调研,将影响 CRM 成功与否的因素进行归纳,并给出了相应的比重,见表 9-1 所示。

表 9-1 导致 CRM 计划失败的显著因素

组织结构的调整	29%
企业政治与经营惯性	22%
缺乏对 CRM 的理解	20%
计划不善	12%
缺乏技能	6%
预算问题	4%
软件问题	2%
错误的建议	1%
其他	4%

资料来源:Richard Forsyth, Six Major Impediments to Change and How to Overcome Them in CRM (and Politics), CRM-Forum, June 11, 2001.

从表 9-1 中列出的导致 CRM 计划失效的 9 个显著因素中,半数以上的 CRM 失效都归咎于对企业政治、经营惯性、实施组织结构调整的挑战,而不是软件或者预算问题,其中组织结构的调整是导致 CRM 计划失败的最显著的因素,占 29%。因为组织结构的调整会涉及很多业务流程的调整和人员的调配,从而不可避免地与一些利益相关者的利益发生冲突。一旦这些人抵触变革,那么 CRM 整体工作就会受到阻碍。此外还有重要的一项因素就是对 CRM 的误解。有人认为 CRM

就是技术，却忽视了技术与战略的协调性；有人认为CRM就是以个性化需求来定位客户以及客户群，从而简单地把CRM看成是获取客户姓名和地址的方式，再把这些信息与客户交易、交叉销售以及向上销售相联系。Gartner Group的报告指出，尽管在许多企业里CRM仍然受到重视，但65%的企业无法做到"协调高级执行官、信息主管、部门主管和客户之间的关系"。另外，缺乏计划或计划不善通常也是战略不明晰的结果。表中前四项累计起来占82%，至于CRM技能、预算、软件问题、错误建议与其他总共17%。

例如销售人员认为CRM的实施，并不能给他们带来什么直接的利益，得到好处的是公司和企业。同时他们也担心新系统和官僚作风会使其更加受到更多的约束和拖累。对于管理者而言，虽然他们一般都会意识到CRM系统成功所能带来的潜在效益，却担心短期业绩在CRM实施期间受到影响，从而殃及自身(在系统全面部署的阶段生产效率常常会下降，但各个企业的经营计划很少会考虑到这方面的影响)。中层管理人员抱有这种心态，对潜在不良后果避之不及，也就不会全身心投入到系统实施或是修改一线员工评估标准上。

这样实施CRM系统的结果往往是新系统被束之高阁，很少有人去真正使用。以保险业为例，过去三年以来开发的CRM系统模块，如市场营销活动管理、数据分析和机会管理等，有1/3以上就是这样处于无人问津的境地。对此，很多企业对那些不使用新方案的销售人员采取严厉的惩罚性政策，比如扣佣金、在企业内部建立黑名单等，这样做虽能强迫人们开始使用系统，但会引来满腹牢骚、机械执行，同样难于发挥系统的全部潜力。培训是另一种常见的对应措施，但常常只是一两天的课堂集中灌输，系统使用者会感到新功能、新内容铺天盖地，会抱怨培训过于抽象。很多人在多次尝试之后完全丧失使用新系统的信心，任凭管理人员如何传经布道，仍在老路上我行我素。值得庆幸的是，这些问题并非不治之症。

9.1.2　企业组织再造

传统的企业组织采用的是"以产品为中心"的经营理念，主要还是金字塔式的组织结构。而CRM体现的是"以客户为中心"的管理经营理念，其组织结构应该根据客户的具体情况划分部门。因此，对实施CRM的企业而言，必须改变企业的组织结构——组织再造，使之与CRM相匹配。

企业组织再造强调根据CRM的应用的解决方案，梳理相应的业务经营流程，以关心和满足顾客需求为目的，对现有组织体系和经营过程进行根本性的再思考和彻底的再设计，利用先进的制造技术和信息技术及现代化的管理手段，最大限度地实现技术上的功能集成和管理上的职能集成，打破传统的职能型组织结构，建立起过程型的结构，扩展企业的经营目标和机会；改善服务功能与外界环境的关系，最终实现企业在质量、效率、效益等方面的巨大提高。

1. 结构化系统分析

系统架构是企业在实施CRM项目时首先必须开展的工作。一个适合企业革新的组织体系和整合的业务流程的系统架构，对于CRM项目实施的全过程具有至关重要的意义。在设计CRM的系统架构时，必须首先进行企业的结构化系统分析，这也是企业组织再造的第一步。

结构化系统分析是在CRM项目实施过程中，在对企业组织各部门、各种业务及其处理过程详细调查了解的基础上，提出CRM系统和企业组织的新逻辑方案。在这个方案中，将包括下述工作的汇总：组织结构分析与功能调查与分析；业务流程调查与分析；数据与数据流程调查分析。通过这些调查分析工作，将获得以下成果：

1）划分系统组织和子系统

通过调查企业的现行组织结构、领导关系、物料与资金的流程、信息的流程及业务分工等情况，进行组织与功能的配比分析，征求多方意见，画出组织系统图表；

2）分析和整理系统业务流程

通过全面细致地了解整个企业基于各个职能部门的业务及其流程，以及对各种业务的输入、输出、处理过程，以及处理的速度、数量、现存障碍等的清楚的调查；用文字和图例做出业务流程图TFD(Transaction Flow Diagram)；

3）分析数据及数据流程

了解企业的各类报告、报表、票据及计划、资料等系统数据，查清其来源、去向及处理方法和过程，得到完整的数据结构和数据流程图DFD(Data Flow Diagram)；

现在看来，CRM的结构化系统分析，至少可以帮助企业对组织再造中的一些根本性问题做出基本回答，具体如下：

(1) 通过借助信息技术的力量，去摆脱组织运作中的陈旧方式，从跨职能的角度来看待基本的管理过程，重新定义组织的工作任务，系统地寻求根本性的改变，从而达到企业经营管理的突破和跨越。

(2) CRM组织再造的焦点集中在客户及客户关系上。要运用结果导向和团队设置的方法，通过严格的绩效评估，来确定工作过程的职能，同时组织再造要求高层管理者的实质性参与和全体员工的投入。

(3) 再造的组织，以知识信息资源的共享和技术优势为依托，具有开放性、实时性、主动性、虚拟性，适于实施与客户交互式设计、多样化生产、全程营销的经营模式；强调知识的创造、共享和应用而非知识垄断。

思科公司(Cisco)是被公认的通过应用CRM获取成功的企业。它在设计企业组织体系时，一方面将供货商、制造商和装配商密切联系起来，每个成员的地位平等，实现了利用先进的网络技术使各企业间的技能和知识充分交流，让业务流程衔接得既便捷又紧密，从而使各成员都获得了传统组织中为分工协作所付出的计划、指挥、协调及监控等成本费用的大幅削减所带来的好处；另一方面，Cisco又通过系统化结构分析，将软件与网络开发部门列为企业最主要的职能部门，把企业的战略资源尽量集中到这一核心能力的开发上，而将非核心的业务以外包的方式，承包给企业松散的合作伙伴或其他企业，这样降低外部交易成本和核心能力丧失的风险，使自己的生产能力持续提高。所以，Cisco的持续竞争优势的获得，一定程度上，应归功于实施CRM完成的以分立化、扁平化为特征的组织再造。

2. 再造组织的层级和扩展性

CRM成功的实现组织再造可以提高企业的决策效率，充分调动企业员工的积极性。但在再造过程中势必因触动部分组织的局部利益而产生抵触。因此再造不仅要合理规划重新设计的组织，也要考虑建立什么样的组织，如何有效地建立这些组织、如何使组织有效发挥作用等问题。这种情况下，构建的层级组织是否具有可扩展性将成为关键。

即使从实际应用的角度来看，CRM划分组织系统也要考虑到企业不同层级的需求。首先，在企业与客户有密切联系的主要部门：市场营销、销售和客户服务部，CRM系统将满足这些部门级的需求，提高市场决策能力、加强统一的销售管理、提高客户服务质量；其次，CRM必须将企业的市场、销售和服务协同起来，建立市场、销售和服务之间的沟通渠道，也就是满足企业部门协同级的需求；最后，CRM要与企业的相关业务系统紧密结合，以客户为中心优化生产过程，必须满足企业级的管理需求。只有满足以上这些层级需要、具备良好扩展性的组织，才是CRM再造的目标。

部门级的需求是指企业中对CRM有最强烈需求的是市场营销、销售和客户服务等部门的需求。要满足部门级的需求，CRM系统至少应该包含数据仓库、数据挖掘系统、销售（自动化）管理、营销（自动化）管理、客户服务与支持等子系统，从而支持市场营销部门开展市场活动管理、跟踪和反馈、进行活动评价，同时得到对客户的构成、地理分布等信息，分析客户行为、对客户状态进行分类；支持销售部门提出销售任务、分配任务、评价和度量销售；同时使客户服务部门及时得到系统提供的为客户服务的准确信息，保证服务中心一致对待客户等。

协同级需求，主要解决企业在运作过程中遇到的实时传递信息和渠道优化的问题。满足了企业的部门协同级的需求，CRM才能将市场、销售和服务部门紧密地结合在一起。只有将营销数据分析的结果实时传递给销售和服务部门，它们才能更好地理解客户的行为，留住老客户。同时销售和服务部门收集的信息也要及时传递给市场部门以便对销售、服务和投诉等信息进行及时分析，从而制定出更有效的竞争策略。渠道优化则是指在众多的销售渠道中选取效果最佳、成本最低的销售渠道。总之，通过市场、销售和服务部门的协同工作，可以达到企业实时掌握商机的目标。

CRM 还要满足企业级管理的需求，因为许多企业往往存在比较复杂的管理系统，如果它们相互孤立，就很难充分发挥各系统的功能。CRM 要担负起不同系统之间的相互协调功能，充分提高企业的运作效率、降低 IT 系统的成本。企业管理系统如财务系统、后端支持生产制造的 ERP、支持供应流转的 SCM 等系统，都要通过 CRM 整合形成一个闭合的系统，全面提高企业运作的能力。CRM 与这些系统的结合主要表现在：①CRM 要从企业已有系统中获得客户数据和信息；②CRM 系统可以直接集成企业已有 IT 系统中的一些模块，利用已有系统的功能，同时也降低了自身的成本；③CRM 的分析结果可以被企业内其他 IT 系统所运用。

惠普实施 CRM 系统后，也进行了组织结构的调整。惠普公司原来的组织结构设计和业务运作是以产品为中心的，有 80 多个产品部门，并有相应的生产部门、销售部门、服务部门、市场部门。后来对原有的组织结构进行了重新设计，按顾客的性质划分部门，把销售部门分为全球客户、大型客户、中小客户部门，把研发部门也分为三个部门(计算设备、打印设备和终端设备)。这种组织结构的重新划分，带来了企业运作模式、员工工作方式、激励机制的深刻变化。比如，原来的销售员只需要负责一种或几种产品就可以了，而现在，他要对某一种类型的客户负责。对他的考核方法也发生了变化。这对销售员来说是很大的挑战。经过这样的管理变革和相应的信息系统的建设，惠普做到了单点接触顾客。也就是说，客户只需要通过电话、Email、WWW 等途径与惠普的接触中心(Contact Center)联系，就可以购买商品和获得服务。惠普的案例说明，为了很好地利用 CRM 这个工具，应该充分地利用管理变革和信息技术应用这把双刃剑。

9.2 业务流程与 CRM 的匹配

在实施 CRM 过程中，业务流程重组是一个非常关键的环节，脱离了管理基础的强化，脱离了对流程的不断改革，CRM 的作用就会大打折扣。整个企业的策略、流程、组织和技术结构都应该围绕客户与最终消费者进行重新设计和管理。CRM 首先是一种管理理念，将 CRM 的理念贯穿到企业的流程中，贯穿到企业从上至下所有员工的思想中，贯穿到与外部合作伙伴的合作历程中，并且能够落实到每个岗位，每个环节的具体工作中，是尤为重要的事情。离开 CRM 管理理念在企业中的深入贯彻和具体落实，再好的技术，再好的硬件环境都是难以奏效的。

9.2.1　业务流程重组的必要性

CRM的产生，是从以市场为导向的4P营销理念（Production，Price，Place，Promotion）向以客户为导向的4C营销理念（Customer's needs，Cost，Convenience，Communication）转变的结果。CRM的实施要引入一系列相关的新技术，进而要启动一些新的业务内容和淘汰一些旧的业务内容。如果企业现有的业务流程是基于原来的4P营销战略的，则不可能一步到位地导入新的CRM体系。那么在实施CRM之初，CRM团队的首要任务之一，就是要对业务流程进行调整或者重组，以使其符合以客户为导向的营销理念和适应新技术的需要。否则，CRM的实施战略、解决方案和运作流程就会被旧的营销理念和业务流程所束缚，CRM的实施就不会得到令人满意的投资回报（ROI）。

9.2.2　业务流程重组的内容

CRM强调的是企业业务功能的实现，因此CRM系统就不仅仅包括功能和技术，还有业务。因而在CRM设计的基础上，同时也包含了业务流程和技术流程两部分，两者缺一不可。即使强调的是技术流程但CRM系统总归是要体现在业务流程上。而CRM的业务流程，则是基于企业的CRM战略和规划，围绕企业的战略、流程和组织结构等设计的。

1. CRM的业务流程

通常情况下，业务流程是指企业输入各种资源、以客户需求为起点，到企业创造出客户满意的产品或服务、实现价值为终点的一系列活动。

CRM理念是"舶来品"，所以研究CRM的业务架构，以国外CRM理念和系统为主是比较严谨的，因为国外的CRM系统已经发展和实践数十年了，已经将先进的CRM理念和企业的实践模式都融入进CRM系统中去。

从国外的Siebel、SAP、Saleslogix、SaleForce等高、中、低端以及ASP模式的典型CRM系统的分析看，其业务架构的主线是一致的：市场→线索→联系人→客户→机会跟踪→报价→产品与价格配置→订单→服务→Web自助→满意度→Club→反馈。这条主线便是CRM系统业务架构的灵魂，CRM系统的业务流程和业务功能基本围绕这条主线进行拓展延伸。围绕这条主线，大体可以描述CRM的业务流程情况如下：

（1）客户细分，针对细分客户群开始市场活动；

（2）通过市场活动或者销售响应获得线索，进而转化为联系人；

（3）对联系人的跟踪，将联系人转化为客户；

（4）当在客户跟踪中发现销售机会时，抓住销售机会并跟踪；

(5) 客户的购买意向强烈时,进入商务谈判的初步阶段——报价;

(6) 基于销售配置器进行产品和价格配置,生成报价单;

(7) 当客户接受报价时报价单转化为订单,订单执行;

(8) 成为购买客户后,客户的服务过程开始,可能会产生咨询、维修、退换货等服务请求或投诉;

(9) 同时企业还会提供 web 自助,让客户能够通过网络和知识库进行自助服务;当购买体验和服务体验让客户满意度提升的时候,客户的忠诚度会逐渐建立,从而进入会员俱乐部阶段;

(10) 老客户在会员俱乐部或者其营销活动的推动下不断进行品牌推广和客户推荐并反馈更多的信息,其产生新的线索又成为一个新的 CRM 闭环业务的开始。

在这些基本环节中,CRM 系统充分利用各个点的状态、类型、级别、时间和关系变化等属性,实现复杂的业务应用。整个 CRM 业务流程都可以简化在这条主线上,再简化到这几个基本环节上。

2. CRM 对传统业务流程的改造

从另一个角度,企业的业务操作流程主要是由营销、销售、客户服务三部分组成的,CRM 系统对其进行优化、再造的结果,是希望由此建立符合企业需要的全新的功能模块。如图 9-1 所示。

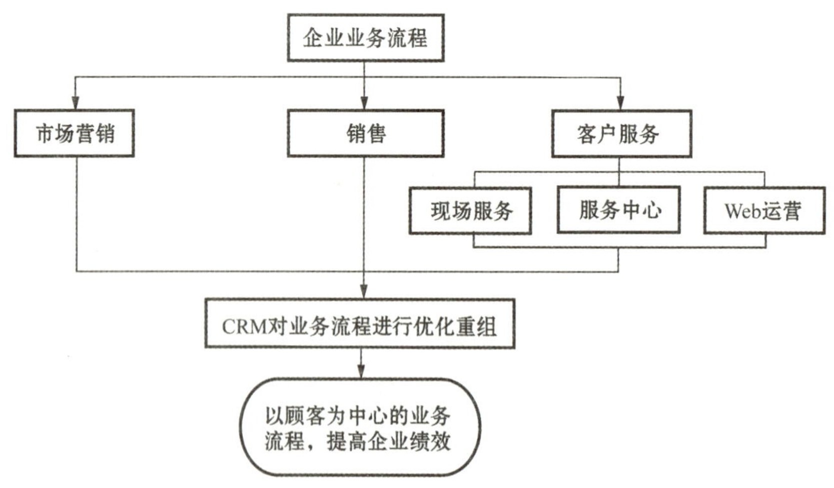

图 9-1 CRM 与业务流程的匹配

1) 市场营销

为保证市场营销功能的自动化,CRM 在营销功能模块方面需要充分体现数据仓库的特性,以适应进行高端决策管理的、面向营销的市场分析等需要。

(1) 企业针对细分顾客制订市场营销战略和目标以及相关的市场推广活动；

(2) 管理营销活动的各种渠道与方式，并对活动过程进行及时调整；

(3) 评估活动结果，分析营销活动；

(4) 获得关键客户的资料等。

2) 销售

销售过程包括报价、订货、折扣、给付差价、售点管理及订单管理等一系列的内容。CRM 将为企业提供了一个管理销售流程的解决方案。

CRM 覆盖整个销售过程，从销售信息的导入，到市场时机的把握、渠道的选择以及订单管理。

CRM 支持各种不同的销售方式——直销、间接销售、代理销售、电视销售、网络销售等，不同的销售方式的工作人员通过多种渠道可以共享客户信息。

CRM 实现了日历和日程安排、联系和账户管理、佣金管理、商业机会把握和传递渠道管理、销售预测、产生和管理建议、定价、领域划分、费用报告等功能。从企业角度来讲，可以帮助企业决策者掌握较大范围的产品的销售情况和市场前景。

通常大企业管理上比较成熟，在任何变革发生前都已经有许多明确的章法，例如中国惠普在导入 Siebel CRM 之前使用一套叫 Mars II 的系统管理销售业务。为了实现销售业务从旧系统向新系统的迁移，中国惠普的实施团队先对旧系统的功能和用户角色进行了总结，绘制原有的流程图。然后对旧系统的用户结构与用户关联进行分析，得出新系统与旧系统业务流程需求之间的详细差异，这体现了实施方法论——以人(员工)为中心，以人/角色的职责带动软件功能，以软件功能串接得到业务流程。

3) 客户服务

在客户服务环节，CRM 要求企业提供颇具竞争力的售后支持、上门维修和消耗品维护等服务。其中包括维护人员的预约与派遣、备件的管理、后勤保障、服务收费和根据合同提供野外的维护服务等项目；此外，客户服务还应当支持客户自由选择电话、网络等自己认为最方便的通信方法与企业联系。企业从与客户打交道的各个环节中得到客户相关的各种资料，真实地、全方位地掌握客户需求，同时将资料反馈给营销和销售部门，实现更大的价值。

企业提供客户服务时，由于覆盖了从与客户的初次接触到最后的服务账单的管理整个服务业务流程，因此要使用呼叫中心、电子邮件、Web 网站等服务方式，所以网络技术上必须支持跨系统的应用集成，比如语音和数据的统一、基于 Web 的呼叫代理、自动知识引擎以及跨平台的质量监督客户交户记录系统，等等。具体来说，有下面几点：

(1) 服务中心(service center)。在有些时候也称作呼叫中心，是以计算机通信集成技术为依托,可以提供完整的综合信息服务的应用系统。最初是为企业在最外层加上一层服务层,但在CRM系统里,不仅要在外部为用户,而且在内部也要为整个企业的所有业务操作管理流程起到重要的支撑、协调作用。同时,还要逐步具备提供7×24小时的不间断的服务,允许顾客在与企业联络时选择语音、IP电话、电子邮件、传真、文字交谈、视频交谈等多种通信方式。对外面向用户,对内与整个业务流程相联系。

(2) 现场服务(field service)。现场服务包括举办一些售后服务活动,例如,产品或服务的保证,管理一些服务的联系,安排和派遣一些现场服务,服务电话的跟踪和管理,以及顾客问题的跟踪和管理,服务记录管理,管理现场服务的实施和完善等。在CRM系统下,可以测量和管理服务响应时间,服务的解决时间,改善或修复服务的时间,顾客的满意程度和服务优先级的安排。有了这些管理,可以以顾客为中心,完善服务的质量。

(3) Web运营(Web operation)。随着互联网的普及,公司都在互联网上展开了各种目的的活动,像营销、销售、相关的支持。CRM的Web运营提供了一个基于互联网技术,从选择配置到订货的个人化的电子商务解决方案的新接口。在CRM下,可以更好地监控网页访问者的数量,不同页面的点击率,网站访问时间,嵌套的广告页面的点击率和注册用户数量等,同样可以更好地全面支持互联网交易,使企业能够充分扩展自己的电子商务。

9.3 CRM与企业文化

9.3.1 从CRM角度看企业文化

企业文化的含义是:在一定的社会、经济、文化背景下的企业,在长期的发展过程中逐步形成和发展起来的日趋稳定的价值观,以及以这种价值观为核心所形成的道德规范、行为准则和风俗习惯等。

CRM实质上是信息技术飞速发展的冲击下企业管理思想的变革,也是企业与客户之间建立的一种新型关系。在这种变革中,人是最重要的因素,而企业文化对人的影响是根深蒂固的。作为全体成员共同的思维和行为习惯,企业文化对企业的影响是毋庸置疑的。如何让企业的决策层、管理层以及实施层都能从思维和行为习惯上真正地聚焦在客户身上,是实施CRM的关键。因而企业文化与CRM战略是相辅相成的,成功地实施及应用CRM系统,必须要有与之相适应的企业文化做支撑。

9.3.2 企业文化是CRM能够发挥效能的前提条件

CRM实施能否成功不仅与CRM方案供应商的实施经验和技术水平有很大关系，而且与企业自身的推进力度有很大关系。成功的CRM实施所关注的不仅是CRM系统的安装、调试、培训等工作本身，而是把更多的精力放在理念贯彻、思想融合，即企业文化体系的改造和贯彻上。企业文化虽然不同于企业制度那样对员工具有强制约束力，但作为企业全体成员共同遵循的思维和行为习惯，对企业的影响力却非常大。因此，成功地实施与应用CRM系统，必须要有与之相适应的企业文化作支撑，否则实施工作中必定遇到障碍。并且，即使是靠实施人员的推动使CRM系统实施成功，以后的应用仍然会存在问题。IT技术的实施与应用只是解决CRM实施的表面问题，而怎样使最高行政总裁至普通员工都能从思维和行为习惯上真正聚焦在客户身上，才是实施CRM的精髓。

从本质上来说，CRM不过是一个“聚焦客户”的工具。支持CRM这个工具发挥作用的企业文化通常有着以下几个共同点：

(1) 树立让客户100%满意的企业价值观。企业在以前的市场竞争中，往往会形成一种以实现企业本身利益最大化为唯一目的的企业文化，在这一思想指导下，许多企业为获利自觉不自觉地损害客户利益，导致客户的满意度和忠诚度很低。而CRM文化倡导重视客户满意、客户忠诚和客户保留，这在成熟的市场环境中比直接以利润为中心要更有用。因为在客户得到100%满意的同时，企业也将获得更大的利润，从而真正实现企业和客户的“双赢”。

(2) 实现内部资源和外部资源的综合管理。传统企业在特定的经济环境和管理背景下，已经形成一些具有共性的企业文化，这种企业文化的突出表现就是企业管理的着眼点在内部资源管理，即企业管理“后台”部分。而对于直接面对以客户为主的外部资源的“前台”部分，缺乏相应管理。CRM要求企业将市场营销、生产研发、技术支持、财政金融、内部管理这5个经营要素全部围绕以客户资源为主的企业外部资源展开，实现内部资源和外部资源的综合管理。

(3) “一对一”的文化。随着经济的发展，从某种程度上说，人们已经逐渐进入感性消费时代，在消费时更多的是在追求一种心理的满足、一种个性的张扬。因此，企业要想赢得客户，必须能为客户提供个性化的产品和服务，实现从传统“大规模”文化向“一对一”文化的转变。“一对一”包括一对一销售、一对一营销和一对一服务。信息技术和网络的飞速发展，使得“一对一”能在较低的成本下得以实现。

(4) 客户资源是企业最重要的资产。客户是企业发展的动脉，当客户这种独特的资产与其他资产发生利益冲突时，企业应当留住客户资产。因为客户资产将为企业带来长期效应，所以企业应当尽量获得他们的满意。企业可通过实施CRM

战略来优化客户资源的管理。企业要细分客户，针对不同的客户采用不同的客户策略。客户细分原则包括客户特征、客户偏好、客户价值等。

(5)“大客户”文化。这里的“大客户”有两层含义：其一是指客户范围大。客户不仅包括普通的消费者，还包括企业的分销商、经销商、批发商和代理商。其二是指客户的价值大小，不同的客户对企业的利润贡献差异很大，20%的大客户贡献了80%的企业利润。因此，企业必须高度重视高价值客户以及具有高价值潜力的客户。

9.3.3 实现企业文化与CRM的整合

CRM的实施使得传统的以产品为中心的“内视型”企业文化转变为以客户为中心的“外视型”企业文化。当CRM理论的导入带来企业新旧文化的冲突时，企业的旧文化应该让位于新文化，因此必须对原有的企业文化进行适当地改造，培育有利于CRM实施的企业文化。以客户为中心，以及由此而衍生的重视客户利益、关注客户个性需求、面向感情消费的经营思路等企业文化特征是经改造后以适应新经济时代要求的新型企业文化的重要特征。为了企业文化能和CRM进行整合，应该从以下几个方面对企业文化进行改造：

1. 定义从客户利益出发的企业经营理念

企业经营理念必须紧密结合市场需求，当市场需求发生变化时，企业经营理念应随之变革。由于“以客户为中心”的商业模式迅速来临，对许多公司而言，渐进式的改革已不足以适应市场需要，而需要的是对企业经营理念进行革命式再造，根本改变企业体系，构思一个“从客户利益出发”的企业文化体系。目前，一些创新能力强的企业，已经迅速地定义了自己全新的经营理念，像TCL电器的“为顾客创造价值”、金碟软件的“帮助顾客成功”，这些经营理念已经成为企业全新文化体系的显著标志。

2. 建立客户导向的经营组织

以分工原则设计地经营组织以产品、内部管理为中心，属“生产导向”或“市场导向”型组织，有利于合理利用企业内部资源，但在执行管理指令时，往往忽视了客户的需求。只有建立以客户为中心的客户导向型的经营组织，将焦点关注于以客户为主的企业外部资源，才能使企业的每一位员工清楚地知道企业的处境，使企业的每一个组织部门围绕着客户来协调运作。唯有将客户置于企业组织的中心，以最大限度地满足客户需求作为企业运营最大的目标，才能使企业面临新经济时代而立于不败之地。

3. 不断加强培训

建立“从客户利益出发”的企业理念和“客户导向”的经营组织，需要企业每一位员工的配合。只有让每一位员工都理解企业新的理念，才能使这一理念得以贯彻。只有让每一个员工都能在新的经营组织中运作自如，才能使经营组织产生最大效益。培训是让企业员工避免理念冲突，迅速在新经营组织中产生效益的有效途径。培训工作应主要集中在理念讲解、新组织的运作方式、客户沟通技巧等方面。

著名的 Dell 公司之所以能够在群雄纷争的 IT 市场脱颖而出，非常重要的一点就是 Dell 建立了一套能够快捷地满足客户个性需求的企业文化体系。遵照这一文化体系的要求，Dell 公司建立了一套包括销售、生产、采购、服务全过程的系统，为用户提供个性化定制和配送服务，奇迹般地保持了多年 50%以上的增长，成为当今世界最大的电脑厂商之一。国内知名企业海尔也尝到了满足客户个性化需求的甜头，自推出个性化冰箱短短一个月，就接到 100 多万台定制冰箱的业务。

总之，文化对于一个实施 CRM 战略的企业而言，将发挥至关重要的作用。成功的 CRM 实施所关注的不仅是 CRM 系统的安装、调试、培训等工作本身，而是把更多的精力放在理念贯彻、思想融合，即企业文化体系的改造及贯彻上。只有成功实现了企业文化与 CRM 战略的无缝整合，CRM 战略的实施才能真正为企业带来生机和突破。

案例分析

Turbo CRM 为中图图书部实施 CRM

背景概况

中国图书进出口(集团)总公司(以下简称“中图”)是集书刊、音像制品进出口贸易、出版、印刷和版权贸易等于一身的国家重点骨干企业，已经在多个国家和地区设有分支机构 30 多个，包括了进出口、出版印刷、投资、信息技术、信息安全技术、国际运输、国内快送、广告制作、工艺品制作等各类经济实体。具有一张伸向全球的营销网络是中图的最大优势。

中图图书部是中图集团总公司重要的业务部门之一，主要负责为订户办理海外及台港澳图书的订购业务；负责北京国际图书博览会的展品组织、展览、留购和销售业务及与图书进口有关的其他业务。图书部一直比较重视信息化发展，已经花大力量建设内部信息平台 PRS 系统，因此，图书部成为中图公司率先进行客户关系管理实践的部门。

图书部的组织结构

图书部下设六个部门：编目科、收订科、进口科、发行科、教材开发科、综合电脑科。

图书部业务流程分析

Turbo CRM公司实施小组在开展中图图书部的实施过程中，首先基于客户获得、客户保留、客户价值及盈利能力提升的客户价值管理为基础，详细分析当前中图图书部的业务运行现状：

(1) 中图图书部现有客户、代理伙伴的数量较大，订单业务量大。

目前图书部的客户数量逾万，其中有几百家是五十年来不懈努力获得的长期客户。这些客户集中在图书馆、科研院所、大学教研机构。因此，客户关系管理的第一要旨是准确地记录并详细了解这些现有客户的需求。由于这一部分重点客户已经和中图图书部建立起了长期的合作关系，因此，几乎每天都有几十，上百的订单需要处理。能够管理好这样大数据量的客户需求信息，是中图图书部对CRM系统的首要要求。

另外，中图图书部对于分布在全国的外文书店也有详细记录和了解订单状况的需要。对于外地客户，中图主要通过代理，即各地的外文书店进行交易。同样涉及全国几十家外文书店的进货、出货信息的了解和迅速传递。

(2) 销售普遍集中在对现有客户的服务上，销售的过程就是服务的过程。

针对中图图书部现有的客户状况，对现有的客户进行全程服务就是最有效的销售。由于中图图书部的忠诚客户已经建立起对中图的信任，因此，客户需求主要集中在查询已经发出的订单，尤其是对到货时间的了解方面。例如：各大学教材部门对于所需要的国外教材具有时间限制，必须在每年9月开课之前保证学生和教师的教材用书，因此，要满足这样的客户需求，需要中图提前进行教材订购、报关、运输，才能不断获得老客户的新订单。

(3) 客户对价格敏感，但是更关心业务处理的过程，尤其希望能够及时了解订单的处理状态。

通过针对中图公司图书部的订单流程分析发现，中图内部的流程比较复杂，作为客户，如果需要了解本人的订单状况，电话需要多次转接才能获得订单状态，这对于客户关系管理来说，造成了比较大的障碍，容易在这一过程中出现投诉或不满意的现象；而客户不满的最主要原因集中在两大方面：一是无法准确得知订购书籍的到货时间；二是无法准确得知订购书籍的处理状态。这两方面的改进成为Turbo CRM为中图图书部实施客户关系管理的主要方面。

(4) 根据客户的需求订货，每张订单要经过采购、报关、验货、入库、出库、发货等多个环节，这些与物流相关的业务处理占用了该公司现有80%的人力物力。

中图图书部对客户的回复需要经历的时间长、环节多只是中图客户关系管理现状的外部表现，造成这一状况的根本原因在于每张客户的订单都需要经过内部复杂的涉及四五个部门的业务处理过程。例如：图书部无法直接回复客户订货什么时间才能到达，因为客户的订单需要在一定的时间周期内按照供应商，也就是国外出版商，进行重新分类，分类之后统一订购。这一过程必须分批进行，因此无法做到按客户的时间需求控制订货频率和到货周期。如果不保证订购、报关的批量处理，就无法降低物流成本，客户将无法承受单独订货和包装运输的成本。

另外，因为采用成批处理的方式，要回答客户的所有询问都必须查询在哪一批次中，因为客户订单的处理在订购、报关、结账等环节中分属不同的批次，并且尚未做到内部信息的电子化，查询起来时间长，经手人多，客户的询问可能卡在任何一个环节中就无法给出满意的答复。因此，要改变中图图书部的客户关系管理，必须从内部流程开始。

Turbo CRM 实施目标

针对图书部尚未形成向客户提供产品和服务的内部组织这一事实，以及竞争环境正在发生变化的现状，Turbo CRM 与图书部的管理者制定了如下的 CRM 实施目标：

(1) 改进目前面向市场和客户需求反应迟缓的现状。

(2) 整个图书部以统一的整体形象面对客户，不会因为图书部内部的分工不同需要客户等待较长的时间或无法实现客户需求的区别对待。

(3) 实现信息共享，完成客户资源的统一管理，实现业务进程实时有序监控。

(4) 建立以信息服务为核心的新型的管理体制，整个体制的中心从现在的物流重点转移为以客户的需求为重点。

(5) 提高工作效率，减少手工传递信息造成的衰减和错漏；加强部门间及部门内的信息沟通效率，实现业务信息的实时共享。

(6) 增强市场开拓能力，对于新出现的目标市场具备快速灵活的反应能力，增强新客户的获取能力；建立市场工作的管理规范和执行、控制体系，并能够对市场活动的效果进行有效评估。

(7) 规范工作流程，进行有效的员工管理，制定明确的可追溯的绩效评估指标；提高客户服务质量和客户忠诚度。

(8) 分析决策基础信息的集成化、平台化，为营销业务拓展提供量化的、科学的数据决策依据。

Turbo CRM 实施方案

在正式运行 Turbo CRM 系统之前，Turbo CRM 的实施小组在图书部领导层的大力支持下，对图书部的全体员工提供了完整的客户关系管理理念培训。探讨目前图书出版行业的竞争趋势。通过讨论，图书部形成了以客户获得、客户保留、客户价值及盈利能力提升的客户价值管理为基础的共识：只要掌握客户偏好、客户信息，对信息流的控制能力和快速反应可以成为中图未来的核心竞争力；个性化的服务能够有效地挽留客户，中图必须不断进行内部流程改进，让客户联络变得更方便、更及时、更亲切，这是中图在未来得市场竞争中能够保持领先的重点。通过实施 CRM，中图可以获得客户管理、渠道管理、供应商管理、市场管理、销售管理、订单管理、客户服务和协同工作的能力。

另外，除了利用 Turbo CRM 系统的功能，将中图的实际业务进行自动化处理。为了保障系统的顺利运行，Turbo CRM 实施顾问还从业务流程的角度提出了如下建议：

(1) 将客户满意度直接与一线客户服务人员的工作挂钩。例如：增加客户调查的频率，通过客户满意度来评定一线服务人员的考核方法。这一办法极大地促进了客户服务的主动回复意识，改变了过去分头处理客户请求，需要多次转接问讯电话的模式。

(2) 建立内部服务意识，采购、库存等岗位应当支持销售部门向客户提供服务；具体办法是在每个支持的科室设立专人回答销售和服务部门的业务处理问讯。对于需要跨科室了解的信息建立内部客户的服务意识，将服务内部客户作为支持销售和服务部门的考核指标。这一办法将原有的分头独立的科室统一地以客户为导向进行贯穿，形成团队意识。

(3) 增加加急处理流程，加急订购不需要等待普通订购的成批处理。

这些流程建议通过中图图书部领导层的决策，已经采纳，正在制定具体的执行规范的过程中。

实施效果

中图通过 CRM 建设，获得了以下成效：

(1) 图书部已经实现客户信息的收集、分类；所有客户信息已经统一保存在 Turbo CRM 系统中，可以方便地查询现有和潜在客户联络人和联络记录。

(2) 图书部的客户服务意识大大增强，原有的业务职能划分已经初步通过“客户需求”主线贯穿；客户问讯的回答正在简化。

(3) 教材科的所有业务流程已经通过 Turbo CRM 实现电子化，信息化；对于教材这样客户要求时间性较强的业务，能够做到定时提醒，和随时检查库存情况。

(4) 通过更方便地透视订单处理降低问询等候时间，提升了客户满意度。

中图的 CRM 建设顺利进行的原因不仅在于 Turbo CRM 成熟的系统，更重要的是在于中图领导人和 Turbo CRM 在 CRM 的建设中高度重视组织架构、业务流程及企业文化的影响，因而才取得了成功。

(资料来源：根据天极网资料整理)

案例思考题

1. 试分析中图实施 CRM 的成功经验。
2. 该案例对正在实施或已经实施 CRM 企业的启示何在?

复习思考题

1. 组织于 CRM 的匹配对企业成功实施 CRM 的意义何在?
2. 举例说明组织结构、业务流程与企业文化应该如何与 CRM 匹配。

第 10 章　CRM 营销策略

导入案例

美国航空　可点餐的饕餮之旅

美国航空公司(以下简称“美航”)作为“寰宇一家”联盟的创始成员之一,是世界最大的航空公司之一。这家航空公司多次被《全球旅行者杂志》评为“美国本土最佳头等舱航空公司”。提及航空餐,许多乘客往往会认为其食之无味、弃之可惜,然而美航所提供的“美味大餐”却是乘客所津津乐道的。

美航所提供的航空餐特点之一是可以点餐。登机后,头等舱和商务舱旅客如同去餐厅就餐,可以从精品菜单中选择菜肴。在菜式和饮品方面,美航也进行了诸多的改进,例如,最新推出的汤品介绍、开创了航空公司先例的可定制面食主菜、美国航空标志性的圣代冰淇淋系列新增的特色品种、类似于酒店客房服务的头等舱旅客早餐卡、更多的面包选择以及针对头等舱旅客的落地前甜点和矿泉水等。

在中国上海航线上,美航还特意邀请中国厨师,制定了一份中西合壁的菜单,有酸甜鲈鱼、宫保鸡丁、拌面、拌炸鸡、中国香肠、拌炒饭等等,这些更适合中国人的口味。针对中国人的饮茶习惯,美航还在头等舱和商务舱上提供了茉莉花茶。

机上品酒也是美国航空的特色之一。登机的头等舱乘客会收到一张品酒卡,以帮助他们在飞行期间选择要品尝的美酒,相关航班上的所有美酒都由美国航空葡萄酒顾问 Ken Chase 特意挑选。

笔者获悉,美航非常重视高端客户,这一类型的客户尽管占其总客户人数的 3.6%,但贡献了公司客运总收入的 30%。而头等舱客人无疑是高端客户重要组成之一,其中多数来源于公司客户。与此相对,美国航空在各个国家的市场与地区都设立了专门的“客户关系”部分或者职位,为了维系感情,美国回主动将公司最新的公司信息、产品信息告知他们,使这些大客户时刻感到被美航重视。此外,美航赞助的很多体育、文艺活动,这些大客户也经常是座上宾。

(资料来源:《中国经营报》,2014-05-19)

企业通过 CRM 系统获取顾客各种各样的信息,再利用各种方法手段将这些信息加工整理用于营销实践,使企业制定和实施营销策略。企业实施 CRM,除了传统的营销策略外,与CRM密切相关的营销策略有:关系营销、一对一营销、数据库营销与直复营销等,以上关系营销和一对一营销又涵盖了大客户营销、关键客户营销、重点客户营销以及个性化营销的策略。

10.1　关系营销

关系营销是客户关系管理的雏形。20世纪90年代末期,由于信息技术的引入,使客户关系管理的营销模式中技术解决方案方面得到了很大的充实和快速的发展。CRM的出现使得以客户为中心的经营理念从空洞的口号变为能够进行量化的操作,把抽象的理论运用到企业实践中来。CRM作为新的管理思想,延续了关系营销的核心思想,但绝不限于此。CRM更强调对现有客户关系的保持和提升,从而达到长期的客户满意,甚至客户忠诚;CRM不但考虑了如何产生营销策略,而且包括了如何让营销策略通过卓有成效的方式作用于客户,在操作层面上,CRM真正强调和实现了信息技术与营销、销售和服务活动的集成。

10.1.1　概念

关系营销(Relationship Marketing)的概念是美国营销学者巴巴拉·杰克逊于1985年首先提出的,20世纪80年代末至90年代得到迅速发展,在西方市场营销理论界掀起了一场革命,对市场营销持"关系"观点的学者对交易营销进行了批判,被称为"营销学研究范式的转变"(kotler,1991)。

关系营销,它是指企业为实现盈利目标,建立、维持和促进与顾客及其他伙伴之间的关系,以实现参与各方的目标,从而形成一种兼顾各方长期利益关系的营销方式。关系营销以系统论为基本思想,将企业置身于社会经济大环境中来考察企业市场营销活动,认为营销是一个与消费者、竞争者、供应商、分销商、政府机构和社会组织发生互动作用的过程。正确处理与这些个人及组织的关系是企业营销的核心,是企业成败的关键。

10.1.2　关系营销特征

关系营销的本质特征包括:

1. 信息沟通的双向性

社会学认为关系是信息和情感交流的有机渠道,交往双方关系良好才能保证渠道通畅。在关系营销中,交流应该是双向的,而非单向的。只有双向的信息沟通,彼此才能进行广泛的信息交流和信息共享,才能使企业赢得各个利益相关者的支持、信任和合作,才能实现真正意义上的关系营销。因此,信息沟通的双向性是关系营销的基础。

2. 战略过程协同性

关系营销理论认为，企业与各个利益者之间是一种分工协作关系，他们共同构成一个大的营销系统。系统的各个成员之间相互联系、相互影响，只有战略过程的协同，才能促使各方进行合作；同时，也只有通过合作，才能实现更大的协同。因此，战略过程的协同性是关系营销的保证。

3. 营销活动的互利性

在关系营销的大系统中，每个成员都是独立的经济实体，都有着各自相对对立的经济利益，单纯追求一方的利益是不可能实现关系营销的。关系营销就是要通过各方的合作增加关系各方的利益，不能通过损害其中一方或多方的利益而使某一方的利益增加。因此，营销活动的互利性是关系营销的关键。

4. 长期的合作及利益最大化

随着合作关系的长久与稳定，企业的营销成本将越来越少，在其他条件不变的情况下，获得的利益就会增大。因此，追求合作的长期稳定以及利益最大化是关系营销的最终目的。

10.1.3　关系营销与传统营销的区别

作为一种新型的营销理念，关系营销与传统营销相比有明显的区别，如表 10-1 所示。

表 10-1　关系营销与交易营销的比较

	传统营销	关系营销
理论基础	4P's	4C's
核心概念	交换	关系
市场范围	较窄(顾客)	较宽(全方位)
关　注　点	开发新顾客	保持老顾客
沟通方式	卖方主动	互动式
追求指标	市场占有率	顾客忠诚度
发展目标	利润最大化	双赢

(1) 理论基础不一样。传统营销以 4P's 理论为基础。而关系营销则以 4C's 理论为基础。

(2) 传统市场营销强调对市场营销过程的分析，其核心是交易，关注的是一次性交易，企业通过与对方发生交易活动从中获利；而关系营销重视的是市场营销过程中与企业利益相关者的相互关系和相互作用，其核心是关系企业通过建立双方良好的合作关系从中获利。从交易导向转向关系导向，实际上是使原来企业与消费者之间的对立与冲突关系，变成双方合作伙伴关系，企业从单赢战略变成双赢，即企业为顾客创造价值的同时，也提高了自身的效益。

(3) 传统市场营销把视野局限于目标市场上，即各种顾客群；而关系营销所涉及的范围广得多，包括顾客、供应商、分销商、竞争对手、银行、政府及内部员工等。

(4) 传统市场营销围绕着如何获得新顾客而展开，发展了新顾客，却流失了老顾客，着眼于短期利益。而关系营销更多是强调保持顾客，老顾客比新顾客更重要，着眼于长期利益。

(5) 传统市场营销是有限的顾客参与和适度的顾客联系，而不太强调为顾客服务；而关系营销却强调高度的顾客参与和紧密长期稳定的顾客联系，特别重视为顾客服务和与顾客进行双向的沟通，并借助为顾客服务来了解顾客需求，从而满足顾客需求。

(6) 传统营销强调市场占有率。关系营销则注重回头客比率以及顾客忠诚度，强调与顾客建立长久的关系，使顾客满意。著名的“二八原则”认为，20%的忠诚顾客创造了企业80%的利润。

(7) 传统营销认为产品的质量应是生产部门所关心的，关系营销则认为是所有部门都应关心的。关系营销以顾客的满意与忠诚度取代了传统交易营销中作为决定利润的主要因素一市场份额的规模。从追求每笔交易利润最大化转化为追求同各方面关系利益最大化是关系营销的特征，也是当今市场营销发展的新趋势。

10.1.4　关系营销策略

企业的关系营销策略可分解为：顾客关系营销策略、员工关系营销策略、供销商关系营销策略、竞争者关系营销策略和影响者关系营销策略。其中员工关系营销是关系营销的基础，顾客关系营销是关系营销的核心和归宿。

1. 顾客关系营销策略

顾客是企业生存与发展的基础，是市场竞争的根本所在。那么，企业该如何与顾客建立良好关系，促使其成为忠诚顾客呢?

(1) 树立以顾客为中心的观念。其基本观点有：顾客至上、顾客永远是对的、一切为了顾客。企业要把顾客放在经营管理体系中的第一位，根据顾客需求开发产品，为顾客提供完善周到的服务，使消费者在心理上对企业产生认同和归属感，进而达到顾客满意。例如，长虹集团提出的“顾客永远是长虹的衣食父母”，海尔的“真诚服务到永远”都是体现了以顾客为中心的观点。

(2) 了解顾客的需要，提高顾客的满意度。了解顾客的需要是企业提高顾客的满意度的前提。企业应该加强与顾客之间的双向沟通，了解顾客需求。通常顾客的需求分为四个层次，即期望型需求、表达型需求、未表达型需求、兴奋型需求。事实上，企业的产品从进入市场到赢得市场，从令顾客满意到令顾客愉快，是一个较高和较深的探求，也是企业未来利润的最好指示器。如：为了提高顾客的满意度，联想推行五心服务的承诺："买得放心，用得开心，咨询后舒心，服务到家省心，联想与用户心连心"，大大拉近了顾客与公司的关系。

(3) 建立顾客关系管理系统，培养顾客的忠诚度。建立与顾客关系的数据库系统是企业实施关系营销的第一步，在公司各个部门之间共享同一个客户资料数据库。俱乐部市场营销、频繁市场营销、一对一市场营销都是通过构建网上数据库实现的，是解决顾客关系营销难题的比较有效的手段和方法。

2. 员工关系营销策略

员工关系营销也就是企业内部营销，内部营销是一种把员工当成顾客的哲学，是一种从营销角度进行人力资源管理的哲学。它把外部营销内部化，把员工当成内部市场，通过营造适宜的环境，应用营销思想和方法，为员工提供满足物和附加价值，从而影响员工的态度和行为，使员工同心协力共同推动"外部营销"的发展，实现企业与外部顾客的交换，更多地为企业创造价值。实施内部营销的最终目的是为了更好地满足外部顾客的需求。内部营销是外部营销的基础，并且所有的活动都是服务于外部营销。那么，企业该如何实施内部营销策略呢？

(1) 了解员工的情感和需求。企业员工既是内部营销的参与者，又是内部营销的对象，作为后者，他们应被充分认知。正如对消费者行为的分析是营销的基础，对员工的分析也是实施内部营销的基础，对员工需求分析的准确与否将影响内部营销的效果。要准确了解员工的需求，就要运用科学的员工满意度调查，通过一对一的访谈、问卷调查、行为观察等方法去获悉员工的动机、情绪和价值观等，然后对不同的群体采取有针对性的措施以提高员工的满意度。

(2) 科学的激励。针对员工的不同特点、员工的不同需求层次进行激励。必须做到对员工进行工作安排时人尽其才，以激发员工内在工作热情；赏罚分明，客观评价员工的工作，激发员工的工作积极性；通过教育培训，提高员工素质，增强自我激励能力和进取精神。另外，企业还可以通过改善工作内容、工作环境和工作条件等外在因素，促使员工产生奋发向上的进取精神、努力工作的积极性和满足感。总之，恰当的激励与认同有助于企业营造良好的企业文化氛围，使员工满意度得到提高。

(3) 有效的沟通。员工关系营销的最主要"渠道"就是沟通，这种沟通可以是企业的管理层与普通员工之间的交流，可以是各个不同岗位、部门之间的沟通，也可以是同部门之间的交流。必须拓展沟通的渠道，保证沟通渠道的畅通。

3. 供销商关系营销策略

当今市场的竞争,不是单独的企业之间的竞争,而是整条供应链之间的竞争。企业与供应商、分销商之间有着共同的利益。企业与供应商、分销商建立起长期的、彼此信任的互利关系对企业的生存与发展起着至关重要的作用。

(1) 求实为本,增进了解。企业应该让供销商充分了解企业的实力,培养供销商对企业的信心,同时必须让供销商充分了解企业的营销战略,特别是将企业的战略目标、营销计划充分传达给供销商,树立供销商与企业长期合作的信念。

(2) 讲究信用,互利互惠。企业和供销商之间,必须保持供销的畅通和平衡。在这一过程中,实现企业利益的同时必须保证供销商应得的利益。现代工商企业的生产经营活动日益复杂,企业在市场活动中对待供销商的态度不应为市场供求波动所左右,而应从长远利益出发,重视建立与供销商之间长期互惠互利的关系。

(3) 诚意合作,共同发展。建立企业与供销商之间的良好关系,必须以诚相待,共同解决供应与销售中存在的问题。一方面,提供各种资料与建议,促使采购、收货、营销、会计等部门与供销商加强合作。另一方面,企业应接受并考虑供销商所提的意见和建议,并传达给企业各部门并保证予以合理解决,从而使企业与供销商共存共荣。

4. 竞争者关系营销策略

竞争对手的确可以给企业带来威胁,但合适的对手能够加强而不是削弱企业的竞争地位。企业之间不仅存在着竞争,而且存在着合作的可能,那么,如何实施这种双方的合作呢?

(1) 入市合作。入市合作最典型的是市场调查合作和市场进入合作。市场调查是整个营销活动的起点,是获取决策信息和决策依据的途径。但由于工作量太大、专业性太强、费用太高,往往令中小企业望而却步,联合起来,就可以避免以上各种不足。

(2) 产品和促销合作。产品和促销合作是指在相同的市场上推出精心组合的产品,并进行促销合作。最常见的是功能型和品牌型的促销组合。

(3) 分销合作。分销合作主要是通过渠道建设合作,以强化渠道管理,决胜终端。通过实体流通合作,使产品安全、及时、高效、经济地从生产者手中转移到消费者手中。

5. 影响者关系营销策略

企业作为一个开放的系统从事活动,必须拓宽视野,注意企业与股东的关系、企业与政府的关系、企业与媒介、社区、国际公众、名流、金融机构、学校、慈善团体、宗教团体等的关系。影响者关系营销策略通常可借助公共关系模式来实施,主要有以下几种公共关系活动模式:

(1) 宣传型公共关系活动模式:即企业运用大众媒介和内部沟通方法,开展宣传工作,树立良好的企业形象。其基本形式包括举办展览会、经验和技术交流会、座谈会、新闻报道、专题通讯、记者专访、记者招待会等;

(2) 服务性公共关系活动方式:即企业通过向公众提供各种形式的实惠服务,强化企业信誉和形象,使消费者得到最大限度的满足;

(3) 社会型公共关系方式:即企业利用举办各种社会性、公益性、赞助性活动,塑造企业形象,扩大企业的社会影响,提高企业社会声誉,赢得公众的支持;

(4) 交际型公共关系活动方式:即企业在人际交往中开展公共关系工作。目的是通过人与人的直接接触,进行感情上的联络,为企业广结良缘,建立广泛的社会关系网络,形成有利于企业发展的人际环境;

(5) 征询型公共关系活动方式,即以采集信息为主的,目的是了解民情、民意,了解社会舆论,为企业的决策者提供咨询,保持企业与社会环境之间的动态平衡。

10.1.5 关系营销的原则

关系营销的实质是在市场营销中与各关系方建立长期稳定的相互依存的营销关系,以求彼此协调发展,因而必须遵循以下原则:

(1) 主动沟通原则。在关系营销中,各关系方都应主动与其他关系方接触和联系,相互沟通信息,了解情况,形成制度或以合同形式定期或不定期碰头,相互交流各关系方需求变化情况,主动为关系方服务或为关系方解决困难和问题,增强伙伴合作关系。

(2) 承诺信任原则。在关系营销中各关系方相互之间都应做出一系列书面或口头承诺,并以自己的行为履行诺言,才能赢得关系方的信任。承诺的实质是一种自信的表现,履行承诺就是将誓言变成行动,是维护和尊重关系方利益的体现,也是获得关系方信任的关键,是公司(企业)与关系方保持融洽伙伴关系的基础。

(3) 互惠原则。在与关系方交往过程中必须做到相互满足关系方的经济利益,并通过在公平、公正、公开的条件下进行成熟、高质量的产品或价值交换使关系方都能得到实惠。

10.2 一对一营销

一对一营销是人类历史上最古老的商品交换方式,自人类社会产生商品交换以来,一对一营销就开始存在并不断得到发展。近代的一对一营销是由美国哲学博士唐·珮珀斯和马莎·罗杰斯在其著作《一对一的未来,与客户逐一建立关系》中率先提出来的。“一对一营销”的思想从 20 世纪 90 年代开始,就受到了商界地推崇，但只是近几年互联网及IT新技术的蓬勃发展才真正给了“一对一”思想以实际的应用价值。

10.2.1 概念

所谓一对一营销是指企业根据客户的特殊需求来相应地调整自己的经营策略的行为。它要求企业与每一个客户建立一种伙伴型的关系，尤其是那些最具有价值的“金牌客户”。企业通过与客户的交往不断加深对客户的了解，不断地改进产品和服务，从而满足客户的需求。

一对一营销的核心是以顾客份额为中心，通过与每个顾客的互动对话，与客户逐一建立持久、长远的“双赢”关系，为客户提供定制化的产品。

在实施CRM之前，企业要实施一对一营销策略只是一句空话，除了小型企业能做到外，对于有众多客户的大公司而言是无法做到的。只有信息技术发展到今天的水平，企业才有可能实施一对一营销。因为企业只有通过CRM系统才有可能做到与每一个顾客的适时沟通互动，才能做到了解每一个顾客的需求，也才能为每一个顾客提供个性化的产品和服务。

世界上开展一对一营销最为成功的是美国的戴尔(Dell)电脑公司，它为了迅速打开营销局面，拓展出自己的营销特色，针对各个个体消费者的不同需求和爱好，专门设计并生产出了属于其个人的不同电脑，并针对性地向各个个体消费者提供独具特色的服务，戴尔(Dell)电脑公司以特色鲜明的一对一营销方式，取得了公司销售业绩的飞速提升，成为世界上成功运用一对一营销方案的经典范例。

10.2.2 核心理念

一对一营销关注客户终生价值，推崇长期互动沟通，更加明确目标客户及其需求，通过实施一对一的互动沟通，更富于人性化地提高了顾客忠诚度，更隐蔽地实施了企业营销战略。

1. 顾客份额

亦称“钱包份额”，是指顾客给予企业业务量占其整个业务量的比例，是市场的质量，而市场份额是指市场的数量。企业不应当只关注市场占有率，还应当关注增加每一位客户的购买额，也就是在一对一的基础下提升对每一位客户购买额的占有。企业要想提高自己的顾客份额，就必须与每个顾客建立关系，通过与顾客长期持续的互动沟通，了解顾客的需求，最大限度地满足顾客，提升顾客的忠诚度，从而出现越来越多的“回头客”，顾客的重复购买也就会大大提升该企业在顾客的同类消费中的比重。

2. 顾客终生价值

一对一营销聚焦于顾客的终生价值，它指预估顾客终生惠顾企业所带来的利润。据《哈佛商业评论》报道，在满意商品的顾客中仍有65%～85%的顾客会选择替代品和竞争对手的商品，而高度满意或忠诚的顾客却很少改变购买。大部分的企业每年平均有高达25%的客户流失率。根据Peppers和Rogers看法，如果一个企业能将客户流失率减少5%，利润将会有25%～85%的增长，因为同样的成本之下多出的营业收入会直接得到较高的利润。因此，一对一营销注重客户的保留与开发，在客户与企业每一次交易中"记住"对方，从长远的角度来看待顾客的价值。

3. 顾客等级

根据经济学中的"二八原理"，20%的客户为企业创造80%的利润。在大多数产业，那些高获利群可以带来高于低获利群6～10倍的利润，也就是说客户生而就不平等。为此一对一营销商对顾客进行区分，将所服务的顾客划分为三类：最有价值顾客(MVC，most value customer)、最具增长性顾客(MGC，most grow able customer)、负值顾客(BZC，below zero customer)。企业应千方百计地争取和保持住最有价值顾客和最具增长性顾客，对最具增长性顾客实施交叉营销策略，努力将其转化为最有价值顾客。由于从负值顾客获取的利润无法弥补为他们服务的相关开支，故应刺激其需求；否则，坚决拒绝为他们提供服务。2002年被国内各大媒体纷纷炒作的花旗银行向小储户收取服务费事件，正是花旗银行实施"一对一营销"经营战略的结果。

4. 学习型关系(Learning Relationship)

一对一营销不是到潜在的客户市场进行抽样调查来确定市场需求，而是专注于客户个体。一对一营销商和客户建立这样一种关系："我认识您，您在我们的数据库中，请告诉我们您想要什么，我们按照您的要求去做"。随着时间的推移和多次的互动交流，建立了更富内涵的关系。"上次我们是这样做的，您现在还希望我们继续这样做吗？这有一种新方式，您看是不是更好些？"随着每次的相互交流与重新定制，每次公司与客户的关系都得到重新调整，公司都会使其产品和服务更进一步接近顾客的要求，更进一步跟上客户不断增长的口味和潮流。事实上，这种关系在变得越来越富智慧，所以称之为"学习型关系"。

10.2.3 一对一营销的实施

"一对一营销"的执行和控制是一个相当复杂的机制，它不仅意味着每个面对顾客的营销人员要时刻保持态度热情、反应灵敏，更主要也是最根本的是，它要求能识别、追踪、记录个体消费者的个性化需求并与其保持长期的互动关系，最终能提供个体化的产品或服务，并运用针对性的营销策略组合去满足其需求。所以，

"一对一营销"的基础和核心是企业与顾客建立起一种新型的学习关系，即通过与顾客的一次次接触而不断增加对顾客的了解。利用学习型关系，企业可以根据顾客提出的要求以及对顾客的了解，生产和提供完全符合单个顾客特定需要的顾客化产品或服务。

消费者对生产商的要求日益提高，这主要体现在两个方面：一是希望厂商能提供为自己专门设计的定制商品或服务；二是希望定制的商品或服务能尽快送达自己的手中。企业只有不断提高自己"一对一"的营销能力，才能赢得顾客，增加利润。因此企业通过完成下列四步来实现对自己产品或服务的"一对一营销"：

第一步：识别企业的顾客。

企业面对成千上万的顾客，不可能与每位顾客都能实现"一对一"。因此，在目标顾客群体中，可按照他们对企业的贡献度将他们划分为几个等级的群体。由于每个级别的顾客群体对企业的贡献度的差异，企业应该分别制定不同的销售政策，同时分别为其提供专门的服务。

掌握顾客资料是首先要做的，没有理想顾客个人资料就不可能实现"一对一营销"。这就意味着，营销者对顾客资料要有深入、细致的调查、了解。对于准备"一对一营销"的企业来讲，关键的第一步就是能直接挖掘出一定数量的企业顾客，且至少大部分是具有较高价值的企业顾客，建立自己的"顾客库"，并与"顾客库"中的每一位顾客建立良好关系，以最大限度地提高每位顾客的终生价值。企业仅仅知道顾客的名字、住址、电话号码或银行账号是远远不够的，企业必须掌握包括顾客习惯、偏好等尽可能多的信息资料。企业可以将自己与顾客发生的每一次联系都记录下来。例如顾客购买的数量、价格、采购的条件、特定的需要、业余爱好、家庭成员的名字、生日，等等；同时，企业要对顾客进行长期跟踪研究，如企业必须从每一个接触层面、每一条能利用的沟通渠道、每一个活动场所及公司每一个部门和非竞争性企业收集来的资料中去认识和了解每一位特定的顾客。

要实施一对一营销策略，企业应当建立各部门间的信息交换系统，譬如利用企业内部互联网等，使企业里的每一个部门都能够共享企业的"公共记忆"，以确保信息资源的有效利用。例如利兹—卡尔顿酒店就是通过"倾听"获取顾客偏好，从而为其提供个性化的服务。

世界上最有名的"倾听"组织是利兹—卡尔顿豪华酒店连锁集团，倾听是该酒店营销努力的核心要素。任何人得知客人的偏好，都可以通过前台服务人员记录到"客人偏好表"中，然后客人偏好就会进入所有分店的名为"客人历史"的计算机文件中。每天晚上，文件被送到连锁店数据库，以保证一位客人下榻的两家不同的利兹—卡尔顿酒店都拥有其偏好信息。每天早上，根据酒店的预定名单察看客人偏好文件，从而使工作人员能采取各种必要措施迎接客人的到来。这种倾听的"小把戏"还包括由前门迎宾人员从行李标签上收集到达顾客的姓名,并迅速传递到服务前台,给酒店其他员工使用。

客人投诉由引起投诉的酒店员工负责。问题解决后,此次投诉被记录到"客人事件表",并立即进入数据库,可以使酒店其他人员了解到当天客人有不幸的经历而去投诉,可能需要特别的照顾和关心。

利兹—卡尔顿的倾听方式是酒店战略的核心。首先是带来大量的口头广告替代了连锁酒店传统的巨额营销开支。更重要的是整个系统相对简单、易于使用,而且它依赖于企业各级别员工的投入。另外,系统可以迅速为那些需要使用的人提供信息。这样,每个人都被融入日常的数据收集和使用中,这可以让认为此项工作是额外负担的人增强对信息收集工作重要性的认识。

第二步:对顾客进行差异化的分析。

"一对一营销"较之传统市场营销而言,已由注重产品差异化转向注重顾客差异化。广义上讲,顾客差异化主要体现在两个方面:一是不同的顾客代表不同的价值水平,二是不同的顾客有不同的需求。因此,在充分掌握了企业顾客的信息资料的前提下,应该合理区分顾客之间的差异。顾客差异化一方面可以使企业的"一对一"工作能有的放矢,即集中有限的企业资源从最有价值的顾客那里获得最大的收益。另一方面,顾客差异化是企业重新设计生产行为,从而对顾客的价值需求做出及时反应的前提条件。更重要的是,企业对顾客实行一定程度和一定类型的差异化将有助于企业在特定的经营环境下制定合适的经营战略。

首先,选取几家准备与之有业务往来的客户,将他们的详细资料添入企业的"顾客数据库";其次,针对不同的顾客,以不同的访问频率和不同的通讯方式来咨询目标顾客的意见;最后,根据评估标准将企业顾客划分为各个等级,进一步识别企业的"金牌客户",以便确定下一步双向沟通的具体对象:对大客户,企业应建立此类客户的专门档案,指派专门的销售人员负责大客户的销售业务,提供销售折扣,定期回访,做好售后服务,采用直接销售的渠道方式;对数量众多、购买量小、分布分散的小客户可采用分销商、中间商等间接销售的渠道方式。例如,上海移动通过对大客户的分类,从而为不同类的客户提供不同的服务。

自1999年上海移动集团大客户服务部成立以来,上海移动集团大客户部摸索了一套切实可行的集团客户营销服务方法。集团大客户分为科技、金融、制造等9个行业,A、B、C三个等级,根据不同的行业特征设计个性化的集团产品解决方案,根据不同的等级提供合适的资费优惠组合,从而更好地为集团大客户提供规范化、标准化、综合化、个性化的服务。

第三步:与顾客沟通。

在激烈的市场竞争中,企业应当根据对顾客的区分,有针对性地与顾客建立有效的信息互动交流平台，以搜集最新的顾客信息，挑选出最有价值的有用的信息，了解顾客的需求倾向、偏好和购买习惯等，改进产品或服务。在互动中，首要的是沟通效率，而沟通效率的提高取决于对相关信息做出反应的及时性和连续性。

现在有些企业通过网络站点向他们的目标客户传输及获取最新最有用的信息，较之客户拜访中心大大节约了成本。当然，传统的沟通途径如人员沟通、顾客俱乐部等的沟通功效仍不能忽视。作为"一对一营销"必需的"双向沟通"，要求企业与顾客之间的沟通保持互动的连续性而不受时空的限制，即企业与顾客的联系上次在哪里结束，这次就应该从哪里开始，不管上次联系是发生在昨天晚上还是前一个月，不管是在某一特定的场所还是在网络站点。

企业与顾客的互动，它的互动平台和措施应视该成员的级别价值而定，可以是数字化、网络化的，也可能是电讯化的和人工化的。

中国惠普公司成立了专门的部门对其重要的客户实行专门管理，设立专门的电话销售代表及专门的售后服务专线。它还采取了区别其他普通客户的直销方案，客户可以透过与专门的电话销售代表进行"一对一"的互动交流、灵活配置、直接定购并从位于上海金桥的工厂得到直接送货。

与营销的渠道成员互动相比，企业与最终顾客的沟通交流就显得面积更大，沟通的接触点更多了。企业必须通过多种方式尽可能地挖掘企业的产品、服务、广告宣传路径中与顾客的接触点，在一些重要的接触点上设置与顾客的反馈沟通装置。如沃尔玛零售连锁店在收银台设置顾客购买资料录入器，对顾客购买商品的数量、品种、购买频率、购买时间等都进行录入，而且在卖场里设置了顾客意见和建议反馈纪录，并派专人进行搜集整理和分析，了解顾客的需求变化。

第四步：定制服务。

"一对一营销"的最后一步是定制服务。识别顾客也好，与顾客互动也好，最终目的是通过掌握顾客需求来满足顾客需求，从而与顾客建立长期的关系。在这一过程中，企业可以结合企业的流程再造进行以定制服务为目标的新流程。将生产过程重新解剖，划分出相对独立的子过程，再进行重新组合，设计各种微型组件或微型程序，以较低的成本组装各种各样的产品，以满足顾客的需求；采用各种设计工具，根据顾客的具体要求，确定如何利用自己的生产能力，满足顾客的需要，从而为单个顾客定制一件实体产品，或围绕这件产品提供某些方面的定制服务。

例如，上海通用汽车现在可以为每一位顾客提供"个性化"的别克。现在，每一个注册过的准车主都可以尝试通过上海通用汽车公司的中文网 www.Shanghaigm.com，定制自己中意的别克——配置、颜色以及供货的地点都可以一一标明。不仅如此，如果您是一个爱操心的人，还可以通过这套系统查看所订购车辆的状态——是尚在生产线上，还是已经在喷漆，或是进入仓库，或者已经在运输途中,一直到这辆个性化汽车送到面前。这就是上海通用汽车公司实施 CRM 后为顾客提供的定制服务。

10.2.4 一对一营销的价值

一对一营销为企业创造的价值主要体现在以下四个方面:

(1) 交叉销售大大增加。在一对一营销中,顾客对其所忠诚的企业的商品和服务的消费会随时间的增长而增加,由此对企业的信任度增加,其结果是:他们有可能更多地购买企业商品。不但会继续购买原来的商品还会尝试购买企业的其他商品。这样的交叉和向上销售就会大大增加企业的收入。

(2) 降低客户游离程度,增加客户忠诚度。在互联网中顾客可以获取各种信息,会相互比较为自己寻求更大的价值。而"一对一营销"的一个重要的观念是"重要的不在于您对所有的客户了解多少,而是在于您对每一位客户了解的程度。"也就是必须与客户进行一对一交流。通过这种双向沟通媒介以及信息回馈机制,企业能获得更多的信息,因而能更好地满足客户的各种特殊需要,提供给客户质量上乘和价格合理的产品,建立与客户之间的信任与忠诚关系。同时有效地制止客户对其他商品信息需求的欲望,排斥其比较心理,使企业获取终生客户。

(3) 交易成本降低,服务周期缩短。老客户的重复购买可以缩短产品的购买周期,拓宽产品的销售渠道,控制销售费用,从而降低成本。同时与老顾客保持稳定的关系,使顾客产生重复购买过程,有利于企业制定长期规划,建立满足顾客需要的工作方式,从而也降低了成本。此外,"一对一营销"能使客户更加便捷地得到产品或服务。每次交易中客户需要重复陈述的信息或需求越少,这种交易的效率也就越高。

(4) 客户满意度提高,建立品牌效应。客户满意度得到提高,使企业获得终生顾客。这些忠诚顾客会成为企业的义务推销员,向其他人群推荐这种产品或服务。这种顾客口碑宣传,不仅使顾客所属群体其他成员成为企业的新顾客,同时这种新顾客,与那些冲着诱人广告,价格折扣而来的顾客相比,更容易产生价值共鸣最终也成为忠诚顾客。这将对企业树立良好的品牌形象起到不可估量的作用。

10.3 数据库营销

随着 CRM 理论的不断发展和完善,以及 IT、Internet 与 Database 技术的兴起和成熟,一种新的市场营销手段出现了,这就是数据库营销。它为企业提供了一种崭新的营销工具,而且通过改变企业的经营理念,改变了企业的市场营销模式。

例如:希尔顿酒店集团在全球拥有 2300 家酒店和 40 万间客房,传统广告已经不是他们营销的重点，数据库营销已经成为核心的营销方式。通过对现有客户和关键目标客户的信息管理和分析，实施有针对性地客户沟通，从而吸引了更多客户并有效地保留他们。

再如：在中国，红塔集团利用数据库营销进行新品的推广和销售，通过建立烟民的数据库，直接邮寄样烟、问卷调查等多种营销方式，红塔集团不但稳固了原有市场，而且还在贵州等省份取得了突破性进展。

10.3.1　概念

数据库营销是一门综合了信息技术、营销学和统计学的边缘学科，现在还没有一个统一的定义。在营销权威菲利浦·科特勒的著作《市场营销管理》中，对数据库营销的定义是“营销者建立、维持和利用顾客数据库和其他数据库，以进行接触和成交的过程”。

美国全国数据库营销中心提出的数据库营销定义为：数据库营销是一套内容涵盖现有的消费者和潜在消费者(信息)，可以随时扩充更新的动态数据库管理系统，其主要功能有：①确认最易打动的消费者及潜在消费者；②与长期消费者建立起长期、高品质的良好关系；③根据数据库建立先期模型，使之能在适当时机以适当方式将必要的信息传递给适当的消费者，满足消费者需求，提高营销支出带来的收益，提高客户忠诚度，增加企业利润。

我们认为数据库营销是指企业通过 CRM 系统搜集和积累消费者的大量信息，经过处理后预测消费者有多大可能性去购买某种产品，以及利用这些信息给产品以精确定位，有针对性地制作营销信息，以达到说服消费者去购买某种产品的目的。它是一种以客户为出发点的营销方式，其主要特点是在于借助计算机和通信技术手段，在一个给定的框架内，通过数据库中的数据信息来确认企业的目标客户和潜在的长期客户，并与之进行交流和沟通，从而建立一种与客户的长期持久的关系。

10.3.2　CRM 与数据库营销的关系

在市场营销的实践中，CRM 与数据库营销是紧密地联系在一起的，但是，我们不能将二者混为一谈。

数据库营销是一种营销工具，它折射出的是企业经营理念的转变，而这种转变的理论核心就是 CRM 理论。所以从这个意义上说，数据库营销是 CRM 的理论实践者。

首先，实施 CRM 的第一步是建设一个详细完整的顾客数据库，数据库营销不管在功能还是形式上都是实践 CRM 的一个重要平台。数据库营销使企业能够根据顾客需求制定目标市场营销计划，从而降低促销成本。它提供了与顾客进行个性化沟通的方式，从原先的顾客被动接收转为双方相互之间的交流。它以顾客的满意率作为营销目标，通过维持顾客关系来实现顾客终身价值的最大化，这正实践了 CRM 理论的内涵。

其次，CRM 是企业的战略行为，是基于企业之间的竞争，实现了由以产品为中心到以顾客为中心的战略重心转移。客户关系战略代表了企业的使命、规划、目标及策略，需要员工、供应商、渠道成员、同盟伙伴和团体的共同支持，涉及企业文化、战略方向、业务流程、组织机构、内部员工等各方面的综合调整。而数据库营销只是战术层面实施计划支持战略的技术工具，除此之外，它还需要 CRM 理论的全面介入和指导。

最后，不同的企业实施 CRM 的具体策略不一。如直销商，仅仅利用单独的数据库就可进行一对一销售，从而实现有效的顾客关系管理。而有的企业，比如 PC、家电分销系统，除了借助于顾客数据库之外，它们还需要借助销售自动化软件，对最为关键的销售流程进行优化，只有这样才能真正实现顾客关系的管理。此外，有的企业面对竞争，除了顾客数据库之外，还需要一个完善的客户服务系统，比如电信业。

所以，数据库营销并不是 CRM 理论的唯一实践者，CRM 理论的全面实践还需要考虑多种要素的配合，如企业自身的需要、公司的战略选择、当前的市场环境等。

10.3.3 RFM 模型

1. RFM 模型的内容

根据美国数据库营销研究所 Arthur Hughes 的研究，客户数据库中有三个神奇的要素，这三个要素构成了数据分析最好的指标：①最近一次消费（Recency）；②消费频率（Frenquency）；③消费金额（Monetary）。

1）最近一次消费

最近一次消费意指上一次购买的时间——顾客上一次来店的时间、上一次根据哪本邮购目录购买东西、什么时候买的车等。

理论上，上一次消费时间越近的顾客是比较好的顾客，对提供即时的商品或是服务也最有可能会有反应。历史显示，如果我们能让消费者购买，他们就会持续购买。这也就是为什么，0 至 6 个月的顾客收到营销人员的沟通信息多于 31 至 36 个月的顾客。

最近一次消费的功能不仅在于提供的促销信息而已，营销人员的最近一次消费报告可以监督事业的健全度。优秀的营销人员会定期查看最近一次消费分析，以掌握趋势。月报告如果显示上一次购买时间很近的客户人数如增加，则表示该公司是个稳健成长的公司；反之，如上一次消费为一个月的客户越来越少，则是该公司迈向不健全之路的征兆。

此外，最近一次消费报告也是维系顾客的一个重要指标。最近才买你的商品、服务或是光顾你商店的消费者，是最有可能再向你购买东西的顾客。再则，要吸引一个几个月前才上门的顾客购买，比吸引一个一年多以前来过的顾客要容易得多。营销人员如接受这种强有力的营销哲学——与顾客建立长期的关系而不仅是卖东西，会让顾客持续保持往来，并赢得他们的忠诚度。

2）消费频率

消费频率是顾客在限定的期间内所购买的次数。一般情况下，最常购买的顾客，也是满意度最高的顾客。如果相信品牌及商店忠诚度的话，最常购买的消费者，忠诚度也就最高。增加顾客购买的次数意味着从竞争对手那里赢得了市场占有率，从别人的手中赚取营业额。

根据这个指标，我们把客户分成五等分，这个五等分分析相当于是一个“忠诚度的阶梯”(loyalty ladder)，其诀窍在于让消费者一直顺着阶梯往上爬，把销售想象成是要将两次购买的顾客往上推成三次购买的顾客，把一次购买者变成两次的。

3）消费金额

消费金额是所有数据库报告的支柱，也可以验证“帕雷托法则”(Pareto's Law)——公司80%的收入来自20%的顾客。

如果你的预算不多，而且只能提供服务信息给2000或3000个顾客，你会将信息邮寄给贡献80%收入的顾客，还是那些贡献不到20%的大批顾客？数据库营销有时候就是这么简单。这样的营销所节省下来的成本会很可观。

结合这三个指标，我们就可以把顾客分成5×5×5=125类，对其进行数据分析，然后制定我们的营销策略。

最近一次消费、消费频率、消费金额是测算消费者价值最重要也是最容易的方法，这充分地表现了这三个指标对营销活动的指导意义。而其中，最近一次消费是最有力的预测指标。

2. RFM模型的应用意义

在众多的客户关系管理(CRM)的分析模式中，RFM模型是被广泛提到的。RFM模型是衡量客户价值和客户创利能力的重要工具和手段。该模型通过一个客户的近期购买行为、购买的总体频率以及消费金额三项指标来描述该客户的价值状况。

(1) RFM模型较为动态地展示了一个客户的全部轮廓，这对个性化的沟通和服务提供了依据。同时，如果与该客户打交道的时间足够长，也能够较为精确地判断该客户的长期价值(甚至是终身价值),通过改善三项指标的状况,从而为更多的营销决策提供支持。

(2) 一般的分析型CRM着重于客户贡献度的分析,RFM则强调以客户的行为来区分客户。

(3) RFM可以用来提高客户的交易次数。业界常用的DM(直接邮寄),常常一次寄发成千上万封邮购清单,其实这是很浪费钱的。根据统计(以一般邮购日用品而言),如果将所有R(Recency)的客户分为五级,最好的第五级回函率是第四级的三倍,因为这些客户刚完成交易不久,所以会更注意同一公司的产品信息。如果用M(Monetary)来把客户分为五级,最好与次好的平均回复率,几乎没有显著差异。

企业在推行CRM时,就要根据RFM模型的原理,了解客户差异,并以此为主轴进行企业流程重建,才能创新业绩与利润。否则,将无法在市场立足。

10.3.4 数据库营销全过程

企业要实施数据库营销策略,必须遵循如下步骤:

第一,企业需要建立完整的客户信息数据库。通过数据搜集渠道,积累各种业务和客户数据,如可以通过不同渠道的客户接触点来收集客户的基本信息:当客户发生购买行为时,记录客户每次的购买行为;通过设立企业对外咨询电话,登记顾客的反馈信息;企业可以在举办促销活动中,有针对性的收集顾客对产品的认知度和相关信息;通过研讨会、产品讲座、科普报告会等公关活动来整理收集,等等。完整的客户信息数据库实际上就是企业整个市场的缩影。数据库建立以后,企业的产品开发方向、营销方向都可用这个数据库作为决策依据。

90年代初,百事公司属下的总资产额达36亿美元的快餐公司——Pizza Hut公司,在数据库营销中投入2千万美元的资金,包括建立一个顾客档案库。该公司从1984年开始积累顾客信息,大约900万名已食用过该公司比萨饼的顾客的资料都被收入库中,从而建立起了一个足以被用于在全国范围内跟踪嗜吃比萨饼的顾客的数据库。

第二,构建客户消费行为特征变量集。根据企业客户消费特征,构建消费行为特征变量集,跟踪客户行为模式形成客户特征快照。特征快照每周或每月更新,以反映客户最新消费模式。这样,既实现对客户消费特征深入而全面的分析,又为数据挖掘模型的构建提供坚实的基础。

第三,数据挖掘模型构建。为了获取有价值的信息,企业必须对数据进行挖掘,因而需要构建数据挖掘模型,以提供分析结果。企业通常可以建立以下模型:

(1) 客户细分模型:基于客户基本特征和消费行为特征(最近购买时间、购买频率、消费金额等），将其划分成不同群组，从而实现客户分类管理和一对一营销；

（2）价值评估模型：设定客户价值评分体系，对所有客户价值评分，合理评估其价值贡献，分辨出企业的最有价值客户，并实现客户价值等级监控以反映客户状态的迁移；

（3）流失预测模型：对所有客户流失概率的评分和预警，自动生成流失客户清单，并分析流失原因；

（4）交叉销售模型：分析客户对产品或者服务的偏好，为特定产品群寻找合适的客户群和为特定的客户群寻找合适的产品群。

第四：根据模型分析的结果制定并实施营销方案。根据模型分析的结果，配合相应的市场计划，针对不同的客户，制定不同的沟通策略和营销策略，并严格执行。执行过程当中，尽可能地收集客户的反馈信息，以便进行评估。

第五：营销效果评估分析。通过汇总客户的反馈，对单次营销效果进行分析，包括成本收益分析、市场活动产生的实时影响等，实现营销效果评估，以帮助营销人员改进营销目标和方案，为下一次的营销方案设计提供依据。如此，形成一个闭环营销体系。

第六：模型效果监控和更新。数据挖掘模型存在一定时效性，市场状况发生变化或者客户变迁等都可能导致模型的退化，因此模型效果监控是数据挖掘模型所必需的重要部分。

10.4　直复营销

美国直复营销协会对直复营销的定义为：直复营销是一种为了在任何地方、任何时间产生可度量的反映和（或）达成交易而使用的一种或多种广告媒体相互作用的市场营销体系。

直复营销最早起源于美国，是无店铺零售的一种主要形式。直复营销出现后，在美国、欧洲等一些发达国家得到了迅速发展，显示出强大的生命力。被西方营销学家称为“划时代的营销革命”。

2007 年 4 月，全球领先的快递、物流和邮政服务供应商 TNT 集团宣布，正式启动在中国的直复营销服务。TNT 由此成为首家在中国推出该项服务的外资快递物流公司。世界 500 强之一的 TNT 集团总部设在荷兰，在阿姆斯特丹、纽约、伦敦和法兰克福股票交易所上市，TNT 直复营销服务在欧洲积累了超过 30 年的经验，它的核心专长是与数据相关的各项服务，80％以上的在荷兰上市的公司是它的客户。早在 2004 年集团报告销售收入就达到 126 亿欧元。

目前，TNT 在中国的主要业务是国际快递、物流和直邮。但直复营销在欧洲却是TNT的重要利润来源。迄今为止，TNT已在欧洲9个国家开展直复营销达25年，年业务量为人民币25亿～30亿元。在中国，直复营销市场仍处于起步阶段，市场潜力巨大。统计显示，中国每年人均只收到8份直复邮件，而在欧洲，这个数字是88份。TNT预测，中国直复营销市场的价值每年在1 000亿至2 000亿美元。

上海天地直复营销策划服务有限公司是TNT集团的全资附属公司。公司提供直复营销的综合解决方案。它管理着8千万条数据，每天呼叫中心处理4万个电话，每年印刷10亿份账单。客户包括零售、快速消费品、银行、汽车生产商、保险和电讯等各个领域的蓝筹股品牌，管理着超过500个客户多达76个城市的项目运营，每年管理超过2 000万的客户会员以及每年管理超过2亿件的直递量。

10.4.1 直复营销的特点

直复营销与其他的营销方式都在寻求劝说消费者购买产品或为其服务，但在直复营销的方式中，存在着一些比普通的营销方式更为特殊的内容。直复营销与传统营销相比呈现以下几个明显的特征或者说是优势：

(1) 直复营销降低了整体顾客成本。直复营销剔除了中间商加价环节，从而降低了商品价格；同时让顾客无需出门就可购物，使他们的时间、体力和精神成本几乎降为零。

(2) 互动性。所谓“互动”，即互相作用。它是直复营销的一个重要特征，指的是直复营销人员和目标顾客之间是以“双向交流”的方式传递信息的，而非信息的单向传播。这样就形成了一个环状的信息流转系统。

(3) 目标群预选。直复营销通常选择个人作为沟通对象。无论直接邮件还是电话营销活动，都以数据库中积累的各种信息为基础。这些信息显示出了对产品或服务表现出购买倾向的个人数据，沟通活动会针对这些个人进行。

例如，雀巢食品公司建有一个“新妈妈数据库”，在这些新出生的孩子成长的最初六个关键阶段中，公司都会给这些妈妈寄去针对性很强的个性化的礼品和建议信。这些感情投资的效果便是赢得较为稳固的顾客忠诚。

(4) 鼓励顾客回复。与其他营销活动明显不同的是，直复营销活动会在广告过程中要求顾客立即回复信息，即营销者为顾客提供了主动反映的机会和媒体，鼓励他们打电话或邮寄明信片订货或索取更多的信息。

(5) 直复营销较少受到时间和空间的限制。由于直复营销是通过媒体来获得顾客反映和达成交易的，因此，媒体的性能在很大程度上影响了直复营销的效率和效益。一方面，直复营销可以利用许多媒体，如邮购、目录、电视、电话等；另一方面，现代媒体技术发展相当快，越来越少受到时间和空间的限制，因此，直复营销在时间和空间上就有很大的自由度。而且随着技术的不断发展，这种自由度还会越来越大。

(6) 可测性。直复营销优于普通营销方式的另一显著特征，在于对营销活动结果的跟踪方面。营销活动可以监控，可以判断其是否成功，可以让营销人员了解如何确定有效的途径，以及在通过这些途径进行产品或服务的销售过程中，哪些因素在起作用。同时，对于活动结果的可测性，使营销人员可以对各种事先提供的重要因素进行测试，以发现营销资源中最为有效的部分。

10.4.2 直复营销的主要形式

直复营销是一个综合概念，它泛指“双向沟通”的营销活动。目前，根据所使用的媒体不同，直复营销主要有以下几种具体形式：

(1) 直接邮购(Direct-mail marketing)，指的是营销者将包括信件、订购单、回执卡、免费电话、折叠广告等内容的邮件直接寄给目标顾客，以此来推销产品并完成交易。这是目前应用最为广泛的直复营销形式。

(2) 目录营销(Catalog marketing)，是直接邮件营销中的一种特殊形式，采用这种形式，营销者按照选好的顾客名单邮寄商品目录，或者有目录随时供顾客索取。目录营销所涉及的商品范围极为广泛，消费者几乎可通过这种方式购买到任何产品。目录营销是一个很大的行业，美国的目录营销商每年要寄出8500种目录手册，共计120亿份，而每一个美国家庭每年起码要收到50份目录手册。

(3) 电话营销(Telemarketing)，是指营销者直接用电话向顾客销售商品，通常以Call Center为核心，针对预选目标群进行集中的电话推销或调查。目前电话营销已成为一种主要的直复营销形式。特别是20世纪60年代美国推出免费电话(如800号码)服务后，电话营销即开始蓬勃发展。电话营销的最大优点就在于的它的立即性与直接性。

(4) 电视营销(Television marketing)，是指使用电视向顾客推销产品，其营销方式又可分为两种，一种是直接反映广告(direct-response advertising)。直复营销者通过购买60至120秒的电视广告时间，来展示和介绍自己的产品，并将订购电话号码告诉消费者，消费者只要打这个免费电话就可以完成交易。另一种是家庭购物频道(home shopping channels)。这种方式比较新，主要是通过闭路电视或地方台播放一套完整的节目，专门用来宣传、介绍产品。电视观众只需要将电视频道转至家庭购物频道上，即可全天24小时收视。

(5) 电子购物(Electronic shopping)，利用互联网新媒体的技术特点，极大地满足了直复营销所要求的媒体综合性，使直复营销中个性化、互动性的特点有了更大的发挥空间。电子购物是将来最有发展潜力的直复营销形式。

(6) 其他媒体营销(Other media),包括采用杂志、报纸等印刷媒体或电台这种电波媒体向顾客推销商品。

直复营销与其他广告媒体的区别见表 10-2。

表 10-2 直复营销与其他广告媒体的区别

直 复 营 销	其他广告媒体
主要目的是回复与马上购买	主要目的是建立产品和品牌意识
要求顾客立即反应	通过长期广告建立相关意识
营销目标明确	营销目标是受众
不同的顾客提供不同的产品	一种产品提供给所有受众
根据数据库了解顾客信息与行为	对顾客不了解
与顾客建立长期关系	难以与顾客建立长期关系
与顾客双向沟通	没有互动机制
及时评估效果	长期评估效果

10.4.3 直复营销过程

企业进行直复营销的一般过程如下:

(1) 寻找目标顾客群:在这个步骤中,营销者向顾客传递直接反应广告,以期待顾客对该广告的反应。营销人员需要使用的媒体很多,如报刊、邮件、网络、直投广告、人员派发广告等。

(2) 回收整理顾客回复信息:通常营销人员在发送的信息中,会告诉顾客几种可以使用的回复信息的方式,如电话、传真、电子邮箱、回复信函或明信片等。营销者在收到顾客反映后,建立顾客数据库,以备后用。

(3) 对直复营销商品有需求的顾客通过各种分销渠道(邮购、推销、零售、批发等)销售该商品。

10.4.4 CRM 与直复营销的关系

1. 直复营销离不开 CRM 数据库的支持

CRM 数据库包含顾客和潜在顾客的经过处理的数据,企业通过数据库可以获得目标顾客的信息,向他们销售产品和服务,并与顾客建立关系。

CRM 数据库的反馈作用,促进了营销人员与消费者之间的沟通。营销数据库通常包括顾客姓名、购买商品(或者询问商品)、购买地点以及交易金额和购买原因等信息。通过数据库,企业可以建立顾客档案,根据有关数据预测未来交易的情况，并及时查看顾客不再购买产品的原因。通过对数据的分析，营销人员可以获得企业与顾客之间关系的发展情况和对顾客购买起作用的营销组合等。

此外，CRM可以通过对客户数据的全面分析来测量客户带给企业的价值以及衡量客户的满意度。

2. CRM有助于维护直复营销顾客的忠诚

在直复营销中，维持客户忠诚度越来越重要，同时也变得越来越困难。对现有客户和潜在客户的培养和挖掘现在被认为是企业获得进一步成功的关键。CRM为实现这一目标提供了便利和可能，同时，通过即时的反应和即刻的服务，企业建立和提升了客户忠诚度。

结束语

CRM营销策略中的各种营销方法并不是孤立的，它们之间有着相互联系。关系营销是CRM的思想基础和理论渊源，一对一营销、数据库营销和直复营销是关系营销的拓展与延伸。四种营销策略互相渗透、交叉，其核心都是维护和发展客户关系，都需要以CRM系统中数据库为基础。因此，在实际运用中，往往把几种营销策略综合起来。

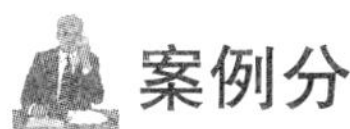

案例分析

华为独特的关系营销策略

2012年，华为的年销售额达到了惊人的2 202亿元——超越爱立信成为全球最大的电信设备供应商。

同年，华为宣布利润突破154亿元(这还不包括用来给员工发奖金的125亿元红包)。同样是在这一年，华为的研发费用高达299亿元，相当于中国许多顶级企业的年产值。

——这是中国最优质的一家民营企业，没有之一。

如果单从数据上看，创立25年来，华为从6名员工发展到15万名员工(其中外籍员工3万多名)，从2万元创业起家到销售额2 202亿元，作为一家无背景、无资源、缺资本的民营企业，华为将西方众多百年巨头纷纷斩落马下。它被众多跨国对手视作“东方幽灵”。

事实上，就在华为开始创业的20世纪80年代中后期，国内诞生了400多家通信制造类企业，但这个行业注定是场死亡竞赛，赢者一定是死得最晚的那个。华为活到了最后。

员工15万人，研发人员46%，在全球有23个研究所和34个创新中心，2012

年，华为的年销售额超越爱立信，华为成为全球最大的电信设备供应商。

2013 年《财富》世界 500 强中华为排行全球第 315 位，与上年相比上升 38 位，也是全球唯一一个未上市的世界 500 强企业。

目前，华为的产品和解决方案已经应用于全球 170 多个国家，服务全球运营商 50 强中的 45 家及全球 1/3 的人口。

华为的成功取决于多种因素，其中其独特的关系营销策略就是其成功的重要因素之一。

“利益共同体”化腐朽为神奇

有一则小故事，可以成为华为的一个另类注解。1993 年初，在深圳蛇口的一个小礼堂里，华为召开了 1992 年年终总结大会，当时全体员工 270 人，第一次目睹了任正非满脸沉重、嗓音沧桑的真情流露。会议开始后，只见任正非在台上说了一句“我们活下来了”，就泪流满面再也说不下去，双手不断抹着泪水……

——这是一面镜子。从中可以窥见任正非创业初期经受的艰辛与屈辱，也可以看见后来采取共赢市场策略和全员持股时，他的内心有多么坚定。宁愿与所有人利益均沾，宁愿自己只占 1.42%的股份，也要让合作伙伴、让员工和自己一起拼命把企业做大。

早期华为已经具备了突出的成本优势，但它还需要市场规模。

没有强大的资金实力，成本优势再明显，也难以做大市场，那么规模经济之下的成本优势就体现不出来，华为就等于没有优势。关键是资金，但 1992 年华为销售收入只有区区 1 亿元，这点资金远远不够做市场。何况，研发也是一个需要花大价钱招收大量技术人员和连续投入大量资金的漫长过程……此时华为资金极为紧张，面临生死大考。

资金在哪里?

20 世纪 90 年代初，国外竞争对手们纷纷通过技术转让、与邮电系统甚至与当地政府成立合资公司等方式进入中国市场。任正非想，既然外资可以这样，自己拥有核心技术，为什么不可以呢? 华为很快学到了这一点，而且做得更加彻底——华为不只是与一个地方的邮电系统合资，而是与全国的邮电系统合资，广泛吸收股份。

更绝的是，华为并不吸收只给予资金支持而没有业务往来的单纯资金，而是将风险投资的目标集中在各地既有市场又拥有资金的客户群即邮电系统上。也就是，邮电系统出资与华为合作组建一个新公司，华为入股并主导经营。这便是 1993 年得到广东省和深圳市支持，华为与全国 21 家省会城市邮电系统联合发起成立的合资公司——莫贝克公司，注册资金 8881 万元。华为给邮电股东们的年分红承诺达30%。

对邮电系统而言，这是用自己的资金在自己的地盘做市场。让自己获利，自然全力以赴。

通过这种方式，华为与电信局客户之间形成了资金和市场的紧密联盟，就像硬币的两面，一面获得资金另一面获得市场。资金解决了，市场打开了，华为大转折，迈过生死关。

一石数鸟华为的交换机通过莫贝克的渠道迅速低价冲击全国市场，到1995年，迫使交换机行业销售价格从200～300美元/线下降至80美元/线，邮电系统也因为全行业交换机采购价大幅降低而实现了将电信业务向全国迅速推广。最终实现了全社会、消费者、邮电系统和华为的多赢。

“利益同共体”模式立竿见影，华为营收从1992年的1亿元增长到了1996年的26亿元。这一年完成使命的莫贝克独立运作销售华为电源产品，后改为深圳市安圣电气有限公司，2001年以30倍的市盈率，计算作价60亿元人民币出售给了美国艾默生，“远远超出无数上市公司的融资额”，华为再次拥有大量资金。当年的股东也获得了高额投资回报。

至此我们可以看到，华为的市场逻辑其实很清楚，那就是打造“利益共同体”，有钱大家赚。任正非说：“现代企业竞争已不是单个企业之间的竞争，而是供应链的竞争。企业的供应链就是一条生态链，客户、合作者、供应商、制造商命运在一条船上。只有加强合作，关注客户、合作者的利益，追求多赢，企业才能活得长久。”“利益共同体”的思想，在全员持股中则直接体现得更加直接。

1994年，华为再次与各省邮电局成立了27家合资公司，进一步打通市场渠道，共计获得“风险投资”5.4亿元，再次为华为的高速扩张和大规模研发输入了血液。

两次成立这样的一系列公司，可谓一石数鸟。既获得了资金，促进了华为的销售，还疏通了长期客户关系，更高明的是：令所有通信制造企业头痛、造成现金流不畅的回款问题解决了——让合资企业的人向作为股东的客户收款是个绝妙的主意。而且，这种利益捆绑还可能在企业危机时发生微妙的作用。可能是避嫌关联交易，这些合资公司在2000年之后纷纷退场成为华为各地分部。重要的是它们完成了历史使命，在关键时期帮助华为战胜了关键的竞争对手。

“有利益同共体又有利益驱动机制，我们就能激活这个组织。”任正非说。

这种把客户、供应商、合作伙伴、竞争对手等价值链上的利益相关体，一同“拉下水”，形成“你中有我，我中有你”的“共赢生态圈”思维，最终使华为的市场快速做大规模，其低成本优势终究得以大规模地爆发——早年每年保持100%左右的增长，2003年销售收入317亿元，毛利率达到惊人的53%。这一年，海尔、联想、TCL

在中国电子信息企业中营业额排在前三名，但这三家企业的利润总和才约等于华为一家。

化腐朽为神奇的逻辑可以推论，华为缺钱的时候，任正非一定不会首先想到找银行，他首先想到的是怎样把自己的这一需求变成与利益相关体的一次合作共赢机会。如果找银行贷款，需要华为一力承担市场及还贷风险，而且合作伙伴没有动机拿出更大的积极性来做市场使整个价值链更大增值，那么孤独的华为所承担的风险就是巨大的，也不利于市场做大。

任正非的实际做法是，找利益相关体成立合资公司，一方面实现融资，另一方面将华为融资风险分摊到了整个价值链上，再一个，“利益均沾”会强烈刺激合作伙伴奋斗，这样价值链的增值不但会消弥分摊在整个价值链上的融资风险，华为还可以轻松做大市场，并进一步加强客户关系。向银行融资获得的好处，完全无法与此种方式同日而语。将困难与风险消解于无形，已经够高明，而任正非更高明之处在于，他将困难与风险化为“金牛”。

这就是任正非的逻辑。

华为对内部客户的关系营销

华为对内部员工的关系营销重在对员工激励至极，华为是如何对人的能力进行管理和激发？

高利润为华为带来了全新的经营思维。此时，手握大把现金的任正非，开始更深层面的经营策略：把高额利润带来的企业优势全部做足，以此激发出员工的所有激情，以“滚雪球”的方式，实现加速度和更大规模的发展——

(1) 实行全员高薪，激发员工潜力；

(2) 实行全员持股，形成企业内部的“全员利益共同体”；

(3) 大规模投入研发，每年保持营收的10%以上甚至远超过此数；

(4) 大量招聘高水平的研发人员，全力推进自主研发；

(5) 大量招聘市场一线人员，向全球市场全面出击。

需要再强调的是，任正非的这些做法之所以如此具有开放性和进攻性，完全基于电子通信市场空间的无比巨大(2009年全国固定电话达到3.1亿门，2013年手机用户达到11.46亿户)、产品高速更新换代和高额利润的特点。在任正非看来，电子通信行业完全就是一个一路狂奔的市场，行业中的每一个企业都有成为巨无霸的可能，就看你有没有够大胆的举措和玩到底的决心。

全员高薪其实华为一开始就在实行全员高薪制度，只是现在华为更敢于这样做。1993年初，作为软件工程师进入华为的刘平之前在上海交大当老师，在学校的工资400多元一个月，这还是工作八年的硕士研究生的待遇。来到华为后，当年

2月份的工资是1 500元，比当时上海交大的校长工资还高，而且他2月份只上了一天班，结果拿到了半个月的工资！这让刘平大感意外，深受感动。第二个月涨至2 600元，之后，令刘平激动的是，每个月工资都会上涨，1993年底他的工资已涨到6 000元。华为之所以这样做，是因为任正非相信，企业可以高价买元器件，高价买机器，也可以高薪买人才。

后来《华为基本法》中有这样一句话："华为公司保证在经济景气时期和事业发展良好的阶段，员工的人均收入高于区域行业相应的最高水平。"

另有人测算出，2007年华为最基层员工的年薪平均为16万元，普通经理层平均年薪为50万元，公司级高管则高达数千万元，远远高于国内其他企业的年薪收入水平。

全员持股为在创办的初期，作为民营企业，融资困难。为了吸引人才，任正非大量稀释了自己的股份，这就是华为的全员持股。

按照华为的内部股票制度和经营情况，如果一名有发展潜力的员工在1997年进华为，1998年时拿到1997年年终奖金4万元，会分得8万元股票；1999年，8万元股票分红60%，同时分得1998年的奖金8万元，但又会分得股票18万元。这时他在华为工作三年就拥有了26万元的华为股票，当然这些股票需要用现金来买，离职时按一定比例兑现。而且，公司分配给人才的内部股票，不买还不行，不买就意味着和公司不是一条心，会影响到下一步的升职、加薪。

华为内部股票的分红比例，1992—1996年都高达100%，1997年为70%，之后递减到2002年的20%，一年发一次红利，红利自动滚入本金。过去华为有"1+1+1"的说法，即员工的收入中，工资、奖金、股票分红的收入比例相当。

一旦华为停止成长或关门，员工将损失惨重，所以华为能万众一心，蓬勃向上，企业的执行力特别强。因为员工都是在为自己工作。同时，尝到了高分红比例的不少员工每年都想方设法多挣一些股票，唯一的办法就是多给公司创造价值。

任正非自己只占华为1.42%的股份，其余为高管和员工拥有。目前，华为15万员工中有7万人拥有华为的股票。由于高薪和股份化，给员工高额待遇，在华为的核心价值观里，这就是"以奋斗者为本"。

为什么华为不上市？华为不上市，在此可以得到解释了。第一，股权太分散。按照相关法规，非上市股份有限公司股东人数不得超过200人，而华为股东超过了7万人；第二，任正非占股比例太小，上市之后肯定会失去对公司的控制权，而华为又离不开任正非；第三，如果华为上市，就会产生成千上万个千万或亿万富翁，绑上黄金的雄鹰还能在天空翱翔吗？上市暴富与华为"长期坚持艰苦奋斗"核心价值观，完全背道而驰。著名的国际电信巨头加拿大北电为什么衰落得这么快？就是因为一大帮坐拥亿万美金的富翁讨论公司的生死存亡，散散淡淡地没有紧迫感。

所以北电错过多次转型自救的机会；第四，股东对上市公司季报年报的短期财务指标要求，与华为“以10年为单位规划未来”的市场运作模式相悖(这是华为战胜许多国际巨头的重要原因)；第五，华为最不缺的就是钱。就算华为缺钱，它会把这个机会抛给价值链上的合作伙伴。

“不打领带的关系”

华为做到极致出新意的老商业模式之一，就是核心价值观“以客户为中心”之下的“不打领带的关系”。

人海战术的升华：“不打领带的关系”客户关系也需要沉底，做到极致。“以客户为中心”是华为的核心价值观。按任正非要求，华为一线员工要保持与客户之间“不打领带的关系”，也就是朋友之间的密切关系，随时满足客户的一切需求。

2000年，中国电信业再次分拆，中国电信运营商由原来的一个演变为7个。华为做了两个举措，一个举措是成立了7个运营商系统部，任正非称“放出了7匹狼”，一对一地服务于这7个新的运营商。这些系统部从运营商总部到各个省分公司都有自己的分支机构，有自己的KPI(关键绩效指标)。这就使华为比中兴技高一筹，使各运营商的拓展和发展相对均衡。无论是电信、网通、移动、铁通、联通等运营商，没有出现抓一部分，漏掉一部分，或一俊遮百丑的现象。各背各的指标，各有各的压力。这样华为就将所有大小运营商一网打尽，全在自己的服务范围之内。

华为之所以如此，是在于：一，不缺钱。它可以派出足够多的人员；二，华为四大战略第一条：“为客户服务是华为存在的唯一理由；客户需求是华为发展的原动力。”服务到每一个客户是必须的，服务一家就赚一家；三，做到极致，不给对手留任何机会，让对手“陷入人民战争的汪洋大海之中”。

另一个举措，曾经让人觉得匪夷所思。电信分家后，县地市公司基本没有采购权了，省级公司的部分采购权也上收。外资竞争对手以前只做总部和省级公司的关系，常常受到华为的蚕食。这样一来，形势似乎对外资公司有利，华为遍布各地市的200多个网络受到挑战，管理层自然会想到收缩地市公司的销售服务网络。况且，当时拓展国际市场也大量需要有经验的销售人员。

于是有人建议说，撤销这些经营部可以节约成本，反正现在县局手里已没有采购权了。任正非的批复是：“我相信，这就是华为和西方公司的差别。我们每层每级都贴近客户，不放弃对我们有利的任何一票。”

任正非甚至反其道而行之，在其他对手撤出地市级市场之后，他反而提出把战壕修到离客户最近的地方，在每个地市建立客户服务中心，加强在地市一级城市的营销服务网络，以前的华为销售经理转变为客户代表，也就是代表客户来监督提高华为的服务水平。

这样客户一有问题，就能在身边和华为的工程师沟通，“我们跟客户保持良好的关系，甚至在一些县市的电信局也有自己的办公室，随时给客户解决问题，而国际大公司在一个省可能就只有几个人，怎么能跟我们比？”华为河北和宁夏地区的一位销售代表说。每当省级以上公司集中采购时，往往需要地市公司这些使用单位提出需求和意见，显然，华为就成了最终使用单位的第一选择！

这就是“不打领带的关系”，让华为与基层客户的关系牢不可破；同时华为也在各地进行“咨询＋营销”，帮助运营商分析网络现状，以真正实力抢夺大客户，发展新业务。1999 年，华为帮郑州本地网做的网络分析和规划送到了河南省局高层的桌面上，获得了高度认可，省局还追问：“是谁做的？”

运营商在采购设备过程中，华为不光会提供一套完整的解决方案，而且还会告诉客户未来会有哪些方面的成本，包括显性成本与隐性成本。然后再告诉客户，华为的解决方案对降低这些显性成本和隐性成本都有哪些好处，使客户知晓这样的方案能比竞争对手带来哪些更大的价值。

华为“不打领带的关系”遍及华为全国、全球市场的每一个末梢。不像外资公司只瞄准决策者做工作，华为构筑的是决策者、技术人员、使用者、经营部门、财务部门等全方位的客户关系。

（资料来源：根据华为官网和其他网上资料整理）

案例思考题

1. 试分析华为“不打领带”的关系营销策略为何成功。
2. 试分析华为对内部客户的关系营销策略的成功之处。
3. 你所在的企业如何借鉴华为成功的关系营销策略？
4. 该案例对你的启发何在？

复习思考题

1. 关系营销策略分为哪几部分，具体如何操作？
2. 企业应该如何实施一对一营销？
3. 简述 RMF 模型的主要内容，这三个指标对企业的意义何在？

综合篇

总结现状　展望未来

第 11 章 CRM 绩效评估

导入案例

SW 公司 CRM 绩效自我评估

广东 SW 消防设备有限公司(以下简称 SW 公司)是一家专业生产消防器材的中小型制造企业。公司于 1993 年成立,在创业之初,它抓住机遇,迅速发展,9 年的时间就从一个十几个人的小作坊发展成为一个拥有员工达到 400 人的制造企业,成为消防行业的后起之秀。目前,公司具备产品科研设计、开发研制、开通调试的能力,能根据客户对各种使用方式、场所要求,进行产品设计、制造、安装、维护的一条龙服务。公司产品现有灭火器、消防箱、水气体灭火系统和电子产品四大类,产品年销售额 1.5 亿元。经过对 SW 公司采购工作实践进行分析和总结后,SW 公司采购管理工作主要存在以下的问题:①没有统一的处理业务的原则;②采购效率低;③内部协调不充分;④外部管理不足;⑤缺乏持续改进。

鉴于以上原因,SW 公司决定实施 CRM 系统,对 CRM 型采购管理方案进行评估,评估将分为评估指标体系的建立和评价方法两部分。

评估指标体系

SW 公司 CRM 型采购管理绩效评估指标体系既包括了部分传统指标,同时也增加了一些新的指标和要求。

评估方法

分析了 SW 公司现有采购工作管理水平,认为公司采购管理制度和流程尚不够完善,采购人员文化素质较低。因而,采购部门开始实施 CRM 肯定会遇到很多的困难,所以建立的评估体系的特点是重在激励,即鼓励部门员工主动学习利用先进理论,切实提高管理水平。因此对 CRM 型采购管理绩效分别进行定量和定性评估,以求较全面客观的对方案实施绩效进行评估。首先将为各指标设定权重,然后建立指标和权重的对应数量关系,作为对采购部门定量评估的主要方法;对定性指标评估来说,建议目前主要可以依靠公司高层或相关部门的定期指导、检查和监督,以及主动听取供应商和客户的反馈意见,积极改进的管理方法为主。

利用必要的控制手段来保障CRM按照既定目标实施，而绩效评估是对CRM执行结果的一种客观描述，是对CRM实施效果的综合评定。

（资料来源：根据网上资料整理加工）

11.1 CRM绩效评估的意义

著名的管理大师彼得·德鲁克(Peter F. Drucker)曾说过："如果你不能评价，你就无法管理。"在竞争越来越激烈的市场经济环境下，企业的经营绩效越来越成为企业追求的目标。企业实施CRM为的是提高企业的核心竞争力，提高其经营绩效。企业花费大量资金来建设CRM系统，实施CRM大型项目，涉及的投资100～200万，为的是通过实施该项目能有很好的回报。但是，目前企业在CRM建设时非常重视投入资金的获得，而往往忽略投入后的产出问题。学术界较少研究CRM的绩效评估，即使有所研究也多注重在用财务指标以评估成功与否①。CRM实施是一个整体，也是一个动态的、持续的发展过程，企业界迫切需要建立一个科学、全面的CRM战略评价体系，不仅要对CRM战略实施的有形的、无形的、目前的、潜在的价值创造进行评价，为CRM战略实施的"得"与"失"建立更加具体的准则，还要对CRM战略实施过程中的关键流程与企业行为进行有效评价与控制，以保证CRM战略目标的正确落实。

如何衡量CRM的绩效或成败，因为其衡量的复杂性，目前尚无统一的标准，学术界和企业界力图探询其中的衡量标准，皆无定论。

因此建立CRM绩效评价体系，不仅可以丰富CRM的理论体系，而且更重要的是帮助企业理性正视CRM实施过程中的成就和问题，更具有指导下一步完善与发展的前瞻性意义。

11.2 CRM绩效衡量的复杂性

CRM绩效衡量是一件非常复杂的事情。Vince Kellen(2002)认为由于下列原因使得CRM的衡量日益复杂：

(1) 多种不同的数字渠道与顾客交换信息；

(2) 通过数字技术分配全部或部分产品与服务的能力；

---

① Rajnish Jain, Sangeeta Jain, Upinder Dhar. Measuring Customer Relationship Management [J]. Journal of Services Research, Volume 2, Number 2, 2002 by Institute for International Management and Technology.

(3) 业务单位储存招致有差异的和非连接的技术以及人力过程；

(4) 产品的储存招致有差异的和非连接的技术以及人力过程；

(5) 公司之间在价值链上的日益增加的数据和过程整合；

(6) 顾客进行决策的不同方法；

(7) 不同的CRM衡量目的：影响合作的决策制定过程；指导正在进行的行为和预测未来状况。

笔者认为，由于CRM项目本身所具有的复杂性，导致其绩效评估的复杂性，体现在：

第一，CRM项目实施效果的时滞性和长期性。CRM作为一种通过优化客户价值和提炼企业价值来获取长期竞争优势的企业战略，追求的是一种长期效应。企业实施CRM项目，也许马上见出一些成效，但全部成效并不会立竿见影，需要一定的时间运营方能转化为成经济效益，方能形成企业的核心竞争优势。所以不能仅仅依靠近期的数据来衡量CRM的成败。另外，CRM的实施还会为企业带来很多隐形的效益。

第二，CRM项目涉及的部门和人员的多元性。CRM项目涉及企业内部很多部门、产品和服务流程。此外还涉及企业外部的客户感知价值，因此其评价标准是多元和复杂的。例如，对系统中呼叫中心的绩效评估，就涉及每一个呼叫的成本，就实施CRM前后进行对比来作为衡量其绩效的一个标准，这是聚焦其内部的评价。呼叫中心还需不断地调查客户满意度，这是一个聚焦外部的评价。

第三，CRM系统绩效的评估很多指标难以量化。如CRM实施引导企业建立以客户为中心的企业文化，增强了企业凝聚力，培训了员工的技能等绩效就无法量化。

第四，CRM系统的建立是一个持续改进的过程。CRM系统的建立并不是一蹴而就的事情，需要通过运行而不断改进，是一个持续的过程，在这个过程中又有投入，所以很难精确计算其阶段性的投入和产出。

第五，不同的行业、不同的企业、甚至是同一企业的不同业务单元其具体情况不同，对其进行绩效评估，要考虑到各种具体情况。

11.3 CRM绩效衡量指标文献回顾

对于CRM的绩效衡量指标学术界和企业界皆有探讨，学术界从不同的角度对此进行研究，企业界从实用的角度给出相应的指标，但CRM领域的现有研究没有提供衡量CRM效果的框架，也没有一个公认的评估标准。

Rajnish Jain, Sangeeta Jain 和 Upinder Dhar(2003)与服务行业的专家运用深度访谈技巧从130个因素中提炼出50个，后又筛选出33个，最终又将其归类为10

个因素对 30 个专家进行调研，然后将这 10 个因素[①]作为企业 CRM 绩效的衡量指标，它们是：①服务态度；②对顾客期望的理解；③感知的服务质量；④可靠性；⑤沟通；⑥顾客定制化；⑦认可；⑧承诺；⑨对顾客满意的审计；⑩顾客保留。

以上指标多从顾客维度进行考虑，顾客角度的指标皆是主观指标，偏重于顾客的感知，这些指标很难直接取得，需要对顾客进行问卷调研才能得到。这些指标对于企业而言很难操作，目前企业较为流行的衡量指标是：①销售量和销售额；②利润；③市场份额；④新顾客数量；⑤顾客流失率；⑥成本降低；⑦为顾客服务的时间；⑧顾客抱怨。

这些指标可从如下途径或用如下方法收集到：销售报表、平衡表、现场访问、联系中心等，它们皆可提供各种有用的信息以衡量整个营销的效率和效果。这些指标都是显性指标，易于收集，也容易理解和操作，但是 CRM 运营绩效的隐形指标如员工观念改变、企业文化创新、组织结构调整、企业协作精神和凝聚力增强等却得不到体现，而且很少从关系的另一方——顾客角度来衡量其绩效。

不同的商业模型和不同的企业业务单元对其 CRM 活动绩效的评估指标皆不同。如品牌经理衡量以客户为中心的活动绩效的指标就大大不同于现场服务经理衡量以客户为中心的活动指标。这恰似"盲人摸象"，每个企业或每个部门或每个管理者都从各自业务范围理解 CRM 系统绩效的评估。

另有学者（Vince Kellen，2002）从多个角度给出了 CRM 绩效衡量的框架：

(1) 品牌建设：品牌忠诚、品牌认知、感知质量、品牌联想。

(2) 顾客资产建设：顾客行为模型、顾客价值管理（顾客资产管理（价值资产、品牌资产和保留资产））。

(3) 面向顾客的运营，包括以下方面：营销运营绩效；销售人员绩效；服务中心运营绩效；现场服务运营绩效；供应链和物流运营绩效；网站运作绩效等。

(4) 领先指示器衡量：平衡计分卡、顾客知识管理。

在上述 CRM 绩效衡量框架中，笔者认为皆有偏颇或不完善之处，其指标体系要么偏重于顾客感知，要么偏重与企业的实际运营，各种衡量指标从一定程度上反映了 CRM 系统运营的绩效，但都不全面、客观，有失偏颇。

11.4 传统的 CRM 绩效评估

传统的财务会计衡量方法是当今广泛运用的营销衡量方法，其中包括净现值

---

① Rajnish Jain, Sangeeta Jain and Upinder Dhar. Measuring Customer Relationship Managemnt [J]. Journal of Services Research, Volume 2, Number 2 (October 2002-March, 2003).

法(NPV)、投资收益率(ROI)以及内部收益率(IRR)等。这些方法最基本的原理就是经济学原理:利润取决于收入与成本。也就是说对 CRM 绩效的评估就是要对实施 CRM 进行成本与收益的评估。评估框架如下:

1. CRM 成本分析

1) CRM 系统的成本及其构成

CRM 系统建设是一个规模大、复杂程度高的人-机系统。在现实的经济活动中,成本是一个应用十分广泛的概念,它反映了产品生产过程中所消耗的各项费用的总和,包括原材料、燃料和动力、折旧、工资、管理费用等开支。项目的成本分析有不同的方法,可以用两种方法划分和测算 CRM 系统的成本:一种是按信息系统的生命周期阶段划分,另一种是按开支的经济用途划分。

(1) 按 CRM 系统的生命周期阶段划分 CRM 成本(见图 11-1)。

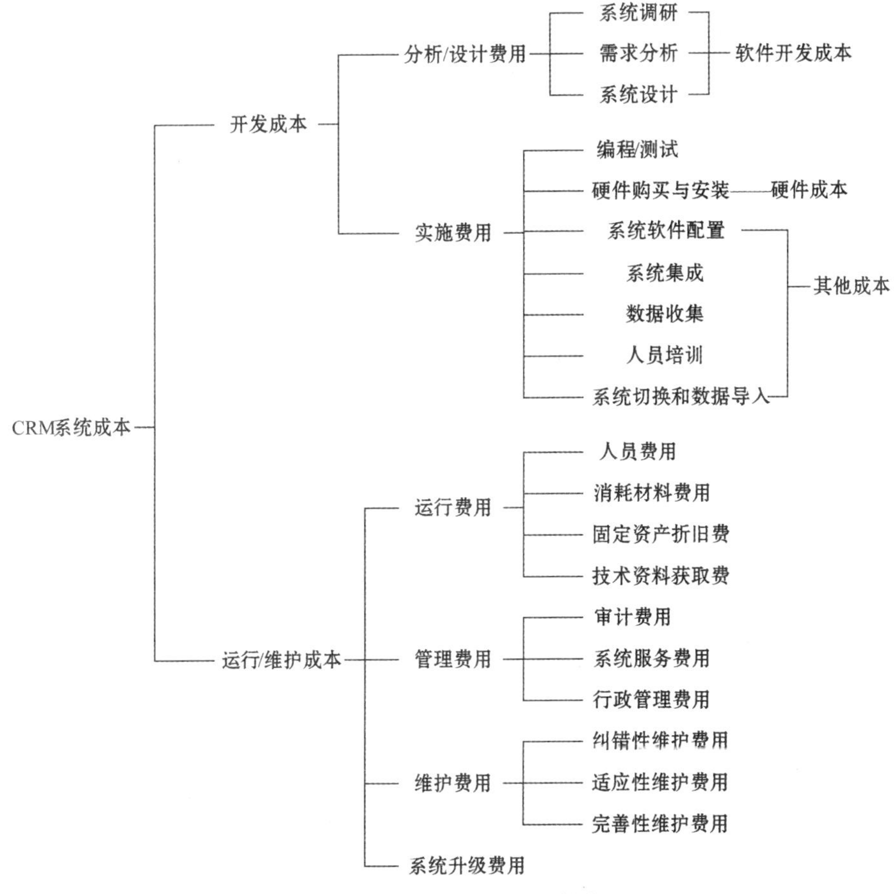

图 11-1　CRM 系统成本结构

(2) 按经济用途划分 CRM 项目成本。

➢ 硬件购置费用:主要指购买计算机和相关设备的费用;
➢ 软件购置费用:包括购买操作系统、数据库系统和其他应用软件费用;
➢ 基建费用:包括新建或改造机房及配置相关设置的费用;
➢ 通信费用:包括购置计算机网络设备、通信线路器材等;
➢ 人工费用:包括各类系统开发人员、操作人员和与系统有关部门的管理人员的所有工资费用;
➢ 消耗材料费用:主要用于购置打印纸张、磁盘等;
➢ 系统开发、运营及维护期间水电及维修费用;
➢ 管理费用:指办公费、差旅费和会议费等;
➢ 培训费用:包括 CRM 系统使用人员培训、有关技术人员或管理人员进修的费用;
➢ 其他费用:包括资料费、固定资产折旧费和咨询费等。

2) 顾客关系成本

从企业与客户的关系发展进程看,企业与客户的关系从启动关系、建立关系、维持关系到发展关系无不发生成本。其成本内容有:

(1) 获得新客户的成本:每次商务会谈的成本(促销,商机产生,电话销售),每笔销售的电话费用,每笔销售的访问费用,每个新客户的销售成本,每个新客户的总成本等;

(2) 维持老顾客的费用;

(3) 发展现有顾客的费用。

从成本内容看,包括如下成本:①直接成本;②假拟直接成本;③间接成本。

直接成本是指直接用于各客户的成本,如销售人员访问客户所消耗的时间、费用,假拟直接成本是指不直接用于客户,但仍直接用于类似客户群的成本。间接成本是指并不直接用于单个客户或客户群,但平均用于组织所有客户的成本。

2. 客户关系收入分析

客户关系收入包括很多方面:①获取新客户的收入;②保留老客户的收入,如重复购买收入、交叉购买收入、增量购买收入、推荐的客户的收入等;③重新获取流失客户的收入。以上各项收入的综合即为客户关系总收入。

这些评估方法的主要优点是适用于投资火爆的评估领域,其局限主要是它们仅注重现金流和财务标准的评价,而难以用来评价投资于某些领域的以期望获得无形的、间接的和战略的收益状况。[①] 而且企业过度使用财务指标会给企业带来

① Jonghyeok Kim Euiho Suh Hyunseok Hwang. A Model for Evaluating the Effectiveness of CRM Using the Balanced Scorecard[J]. Journal of Interactive Marketing, Volume 17/Number 2/Spring 2003.

很多弊端：

(1) 与当今的经营环境不符。当今的价值创造并不仅限于企业有形的、固定的资产，相反价值根植于企业内人们的理念、客户和供应商的关系、关键信息的数据库、革新和有质量的文化。

(2) 看着后视镜开车。因为财务指标为企业过去的绩效和事件作出了很好的总结，但对未来的预测毫无帮助。

(3) 倾向于强调职能部门。这种按职能部门编制的财务报表方法与当今的职能交叉的企业形式不相符。

此外，财务指标缺乏长远的思考、与企业的各个层次不相关等也是其过度强调财务指标的弊端。

11.5　CRM 评估指标的原则

为了实现对 CRM 绩效的有效评价，确定 CRM 评价指标体系至关重要。CRM 目标的实现程度如何，不仅关系到目前企业获得的经济效益水平，而且关系到企业未来如何发展、向何处发展、核心竞争力何在。因此，在建立 CRM 绩效指标测评体系时应该遵循以下原则：

(1) 指标必须与企业 CRM 目标一致。从制度经济学角度讲，在存在交易费用的情况下，不同制度安排将导致效率不同的资源配置。绩效评价指标，本质上是企业实施 CRM 过程中的一种制度安排，因此必须考虑它是否会引导做出与 CRM 目标相符的决策。

(2) 定量与定性相结合原则。此原则要求在测评指标体系中，既要包括定量的关于各项工作应该达到的目标水平指标，又要有经过一定方式量化了的和无法量化的定性指标，这类指标通常更多属于相应的工作与产出质量或软指标。

(3) 兼顾短期和长期利益。财务指标往往强调短期利益，所以应引入代表长期利益的若干其他指标，借以强调企业长期利益。

(4) 在财务指标与非财务指标间达成平衡。财务指标往往都是一种结果指标，它并不能评价达到这项结果的过程中各项行为的业绩，因此需要辅之以过程指标(往往是一些非财务指标)以及一些人性化的、能够反映人主观变化的指标。

(5) 关注客户与关注员工相结合原则。企业长期持续生存力的培养，不仅要依靠忠实、满意的客户群体的存在，同样离不开经过长期培养、训练有素和忠于企业的优秀员工群体的存在。因此，所设计的指标体系不能将员工与客户对立起来。

(6) 测评结果与指导方向相结合原则。一般来说，测评指标体系更多地被用来评定已经完成的工作状况，实际上，作为结果评定往往又成为奖励与惩罚的依据。鉴于指标的这一作用，在设计指标体系时，应该充分关注其一导向性作用的发挥。所设计的指标体系应使员工清楚企业提倡什么、反对什么。

(7) 战略目标与战术目标相结合原则。在指标体系中，应该既包括各项具体的操作指标，又包括反映企业战略目标的相关指标。

鉴于以上现阶段评价弊端以及评价的原则，本文推崇用平衡计分卡作为评价的工具来评价 CRM 绩效。

11.6 平衡计分卡与 CRM 绩效评估

11.6.1 平衡计分卡简介

平衡计分卡(Balanced Scorecard)简称 BSC，它是根据企业组织的战略要求而精心设计的指标体系，是 1992 年美国著名的管理大师卡普兰(Roberts Kaplan)和复兴方案国际咨询企业总裁诺顿(David Norton)在总结了 12 家大型企业的业绩评价体系的成功经验基础上，提出的一种划时代的绩效评估工具。用其创始人的话来说，“平衡计分卡是一种绩效管理的工具。它将企业战略目标逐层分解转化为各种具体的相互平衡的绩效考核指标体系，并对这些指标的实现状况进行不同时段的考核，从而为企业战略目标的完成建立起可靠的执行基础”。

经过不断发展，目前 BSC 成为一种协助企业战略实施的评价与控制系统。平衡计分卡的核心思想就是利用四个方面指标——财务(Financial perspective)、客户(Customer perspective)、内部业务流程(Internal Business Process perspective)、学习与成长(Learning and Growth perspective)之间相互驱动的因果关系(cause-and-effect links)来展现企业的战略轨迹，为企业管理人员提供了一个全面的框架、一种沟通的语言，向企业全体员工传播企业使命和战略。它以因果关系为纽带，对战略目标、过程、行为与结果进行一体化控制。它把企业的使命和战略层层分解、落实到四个纬度的目标、衡量指标以及行动方案上。通过阐明企业想要获得的结果和这些结果的驱动因素，使企业管理者能够汇集整个企业员工的能力和具体知识来实现企业长期的目标。

11.6.2 平衡计分卡的评价体系

平衡计分卡以信息为基础，分析哪些是完成企业使命的关键成功因素以及评价这些关键成功因素的项目，并不断检查审核这一过程，以把握绩效评价促使企业完成目标。它把企业的使命和战略转变为目标和衡量方法，这些目标和衡量方法分为四个方面:财务、客户、内部经营过程、学习与成长。该模型侧重企业长期目标的实现。它整合并构建了均衡财务与非财务指标的一种评价体系用于对企业业绩进行评价与控制。平衡计分卡实际上就是衡量企业在满足不同利益相关者(员工、供应商、客户、股东等)要求方面的业绩。其评价体系见图 11-2。

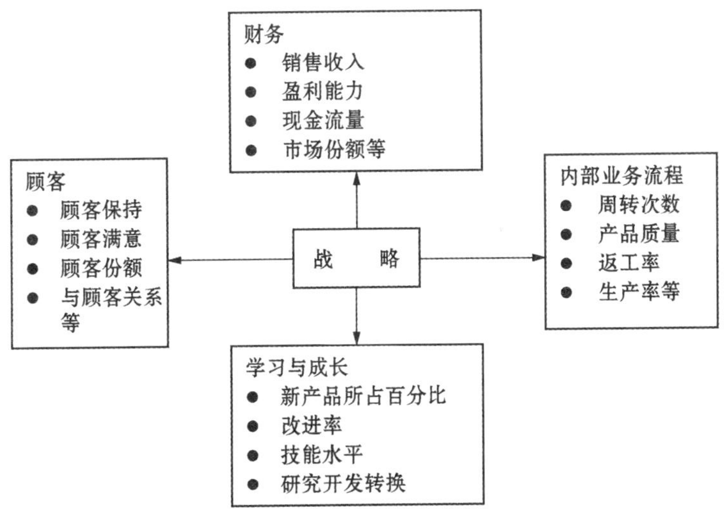

图 11-2　从四个角度平衡定义企业战略

之所以称此方法为平衡计分卡,也许正是因为这种方法通过财务与非财务考核手段之间的相互补充"平衡",不仅使绩效考核的地位上升到企业的战略层面,使之成为企业战略的实施工具,同时也是在定量评价与定性评价之间、客观评价与主观评价之间、指标的前馈指导与后馈控制之间、企业的短期增长与长期发展之间、企业的各个利益相关者的期望之间寻求"平衡"的基础上完成的绩效考核与战略实施过程。

11.6.3　平衡计分卡的因果关系

BSC 是根据公司的长远发展战略,由一系列的内在因果关系链贯穿而成的公司整体管理绩效评价体系。加拿大学者欧文·N. 诺(Olven Roy)和威特·N(Wetern)曾于 1999 年提出关于 BSC 因果关系链"Z 理论",其核心思想是:

(1) BSC 的四种计量观在企业整个生命周期内都是十分重要的;

(2) BSC 的四种计量观存在令企业成员易于理解的因果关系链,其关系详见图 11-3。

从图 11-3 中可得,这四个指标间有这样的因果关系链:企业学习与创新指标—内部企业过程指标—顾客指标—财务指标,包含着产出指标(滞后指标)与动

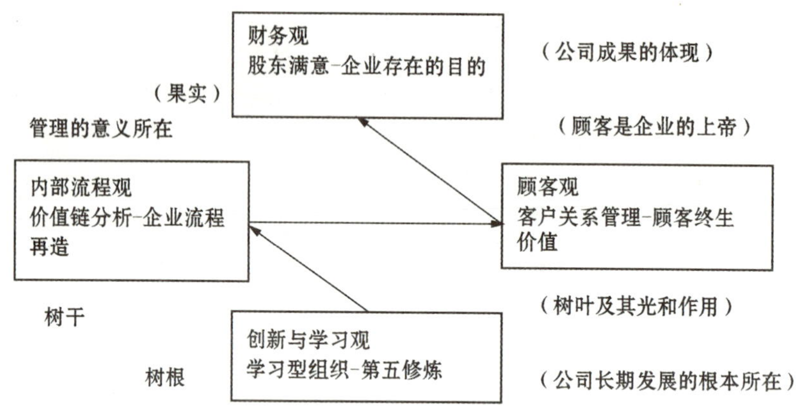

图 11-3 平衡计分卡因果链条

因指标(导向指标)。企业学习与创新是一切财务指标的源泉,它驱动着企业的内部流程和价值链上的价值增值,最后导致企业的盈利。这一因果关系链是平衡计分卡的精髓,即通过这四方面指标之间相互驱动的因果关系展现企业的战略轨迹,实现战略实施—绩效考核—绩效改进以及战略修正的目标。平衡计分卡中每一项指标都是一系列因果关系中的一环,通过它们把相关部门的目标同企业的战略联系在一起;而"驱动关系"一方面是指计分卡的各方面指标必须代表业绩结果与业绩驱动因素双重涵义,另一方面计分卡本身必须是包含业绩结果与业绩驱动因素双重指标的绩效考核系统。

11.6.4 平衡计分卡对 CRM 绩效评估的适用性和可行性

正如本研究第三章所述,目前国内外对 CRM 实施的绩效评估还没有统一的模式和方法,也没有一个公认的评估标准。本书采用"价值创造"作为衡量企业实施 CRM 的绩效指标,这一绩效指标包含 2 个方面内容:一是企业实施 CRM 为客户带来的价值创造,二是企业实施 CRM 为企业带来的价值创造,并在前述内容中分别对此进行了详细分析和研究。为了全面衡量 CRM 战略实施绩效,本书采用平衡计分卡模型进行综合分析。笔者认为 BSC 对 CRM 战略绩效评估的适用性和可行性体现在如下方面:

(1) CRM 战略是企业总体战略中的一部分,任何适用于评估战略的工具也适用于评估 CRM 战略。平衡计分卡是评价战略绩效的全新评价工具,也适用于评价 CRM 战略的实施绩效。

(2) CRM 战略、实施过程以及带给客户和企业的价值创造之间存在因果关系,可以采用 BSC 来分析他们之间的因果关系,从而展现 CRM 战略实施的轨迹,实现 CRM 战略实施—CRM 绩效考核—CRM 绩效改进—CRM 战略修正的目标。

(3) BSC 通过同时利用有形财务指标和无形财务指标全方位地衡量企业战略实施绩效,可以确保其能正确地评估 CRM 战略管理活动。

(4) BSC 是一种目标导向系统,可以兼顾各级目标并通过持续的方式对 CRM 进行评估。

(5) BSC 可以全面评价技术和业务领域的绩效,对战略实施绩效评估具有理论上的指导意义,是一种先进的指标评价体系。

11.7　利用平衡计分卡建立的 CRM 绩效评价模型

11.7.1　以往的评估模型

CRM 绩效评估应是一个对 CRM 有效性进行持续评估的过程,而且它也是一个与 CRM 战略实施流程相并行的系统工程。Jonghyeok Kim Euiho 与 Suh Hyunseok Hwang(2003)[①]给出了 CRM 评估模型。该模型中,企业 CRM 战略的实施与评估主要分为六个环节:

(1) 明确 CRM 战略目标和任务;

(2) 识别 CRM 战略实施的关键战略因素;

(3) 分析战略要素与战略实施目标之间的因果关系,识别主要评价活动和关键战略点;

(4) 制定战略评价与控制的指标体系;

(5) CRM 战略实施状况的分析与评价;

(6) 得出战略评价结果。

该评估模型给出了 CRM 的绩效评估指标:客户知识、客户沟通、客户满意和客户价值,并在此基础上进行了因果关系分析。

11.7.2　本书对以往评价指标的修正

本书在卡普顿等的 BSC 评价指标以及 Jonghyeok 等 CRM 评价指标基础上进行了如下修正,见表 11-1。

---

① Jonghyeok Kim Euiho Suh Hyunseok Hwang. A Model for Evaluating the Effectiveness of CRM Using the Balanced Scorecard[J]. Journal of Interactive Marketing, Volume 17/ Number 2/Spring 2003.

表 11-1 对 BSC 评价指标体系的修正

BSC 评价指标	战略要素	Jonghyeok 等 CRM 评价指标	战略要素	本书对 CRM 评价指标的修正	战略要素
财务观	为股东创造价值	客户价值	提高客户忠诚度	为企业创造价值	提高顾客忠诚度和顾客盈利率
客户观	为客户创造价值	客户满意	调查分析客户满意度,提高客户的全面满意	为顾客创造价值	提高顾客的感知价值、顾客满意度
内部业务流程观	提高内部业务流程的操作效率和效用	客户沟通	改善沟通渠道管理提高业务操作水平	与顾客互动	改善与顾客的互动,提高营销效率(多渠道整合和管理、个性化营销策略实施)
学习和成长观	通过持续改善保持企业的学习和创新能力	客户知识	提高客户信息的获取和分析能力	获取顾客知识	提高对顾客信息管理能力(获取、分析客户信息的能力、对客户进行细分、识别和定位)

11.7.3 CRM 绩效总体评估模型

1. CRM 战略要素和因果关系分析框架模型

从图 11-4 中可知 CRM 战略要素及其目标实现的因果关系。

(1) 获取顾客知识:其实这是一个有关顾客信息管理的过程。企业通过 CRM 系统的强大功能全方位收集顾客信息,并利用数据挖掘和统计技术将有相似需求特征的客户归类,形成商业智能,并为企业对目标市场的个性化营销策略的决策提供支持。

(2) 与顾客互动(多渠道整合和管理过程、营销策略实施过程):企业通过 CRM 系统中与顾客接触的各种界面、互动平台和工具以及营销活动与客户进行适时互动沟通。如销售自动化(SFA)、营销自动化(MA)、服务自动化(SA)以及集成了网络、传真等各种沟通渠道的呼叫中心(Call Center)等模块,分别完成以客户联系人管理、销售活动管理、销售机会管理、营销百科全书管理、个性化营销服务、营销费用管理、客户自助式服务、客户关怀、反馈管理以及客户服务流程自动化管理等为代表的业务操作和与客户之间的沟通与服务行为。这些执行活动如客户关系维持计划、客户满意度、忠诚度计划、目标客户营销活动、销售竞赛、与客户进行互动的渠道的管理与整合以及剥离无价值或负价值贡献的客户等。

(3) 为顾客创造价值:当企业实施 CRM 战略,成功地利用各种渠道和活动向目标客户提供了满足其个性消费需求的产品、服务,客户的感知价值增加,满意度提高,从而忠诚度也会提高。

(4) 为企业创造价值:由于企业实施 CRM 战略,为目标顾客提供了个性化的

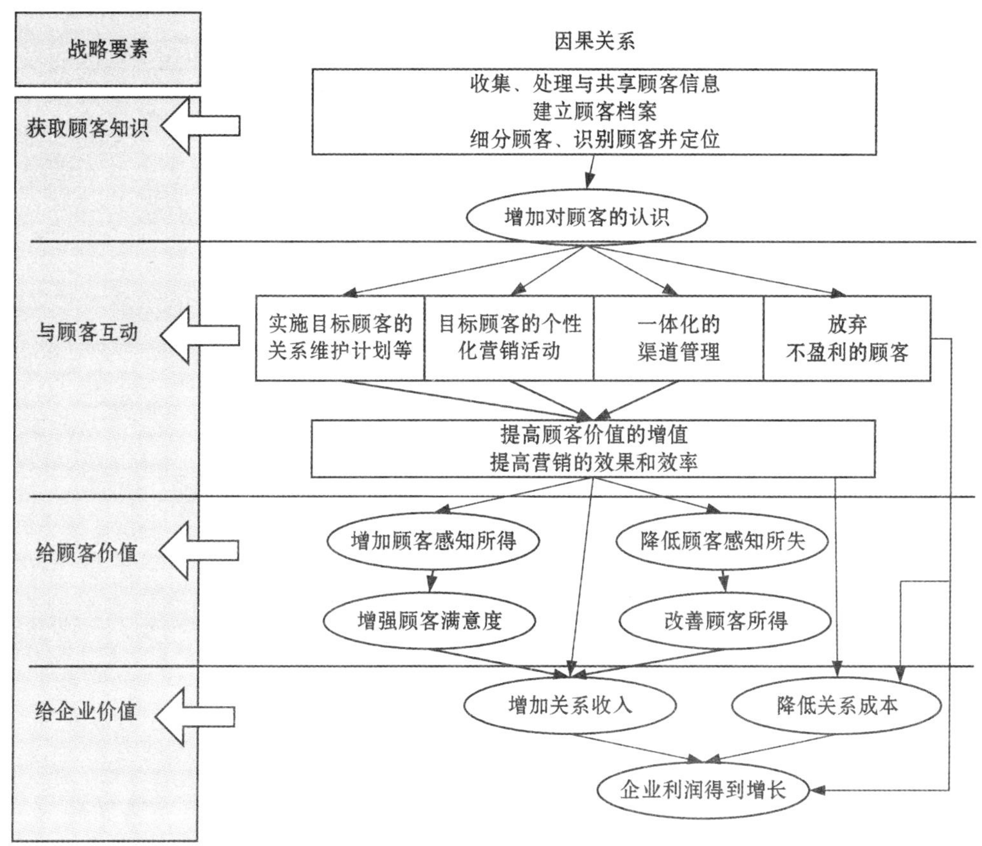

图11-4 CRM过程中的因果关系分析和战略要素

产品和服务，顾客获得了价值增值，因而提高满意度，进而提高忠诚度，也由于企业通过各种针对性的营销活动，节约了营销成本，增加了营销收入，从而提高了营销效率，因此顾客盈利率提高，也得到了增值的价值创造。

2. CRM绩效总评价体系模型

以上分析中的各要素及其对应关系见图11-5。

11.7.4 各评价指标的选取

在上述评价体系中确立了CRM评价的战略要素，然后对影响每一战略要素维度的因素进行分析研究，选取下一级评价指标。选取的原则如下：①与CRM战略相关；②有因果关系(对业绩有驱动作用)；③财务指标与非财务指标结合；④内部(企业)指标和外部(顾客)指标相结合；⑤滞后指标和前置指标相结合；⑥尽可能量化(如：将不可量化指标通过问卷或打分等方式尽量转换成可量化指标)；⑦可获

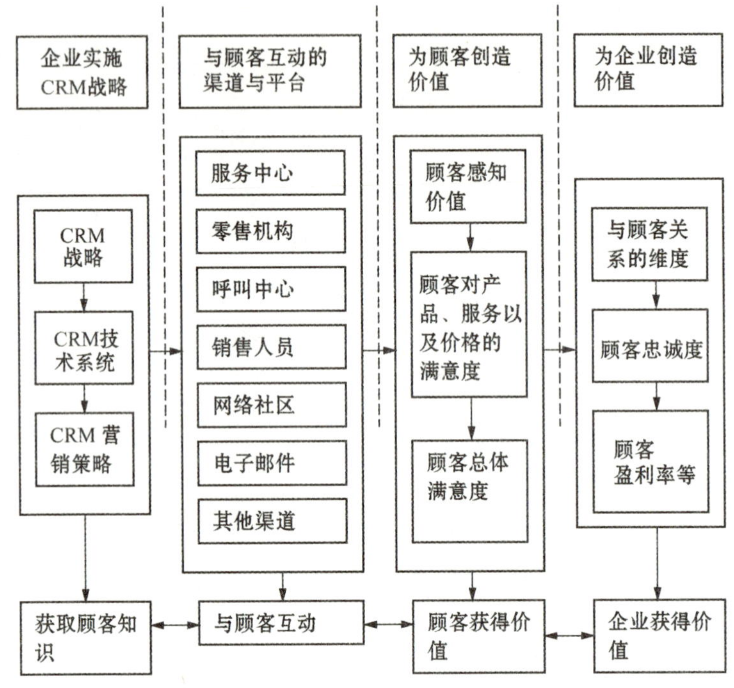

图 11-5 CRM 绩效总评价体系模型

得性;⑧易理解性。

在本书前述研究的基础上,结合上述原则对 CRM 绩效评价进行各战略要素的指标选取。

1. 获取顾客知识

顾客知识,顾名思义,就是有关顾客的知识。它包括顾客的消费偏好、喜欢接触的渠道、消费行为特征、顾客的未来需求趋势等。顾客知识其实与 BSC 模型中的学习与成长相对应。企业通过充分发挥 CRM 系统功能、不断提升员工的操作技能以及不断完善和维护 CRM 系统功能来获得顾客充分的信息,并通过系统的数据挖掘技术和数据仓库技术获得并使用顾客知识。

1) 指标分析

(1) CRM 系统性能评价。

优良的 CRM 系统性能是产生良好应用效果的前提和保证,因此,评价实施 CRM 战略的绩效首先应对系统性能进行较为全面的评价。此外,信息的安全性也是顾客非常关注的问题。顾客希望企业能正确使用这些信息并能保证交易过程的安全性。

(2) CRM 系统功能的发挥。

面对人数众多、需求不一的顾客群体，企业要了解每个顾客的兴趣和偏好是一件非常困难的事情。每一位顾客都希望企业根据自己的需求对其提供个性化的产品和服务。为了分析顾客的需求，企业要充分发挥 CRM 系统功能，利用系统中的数据挖掘工具和数据仓储技术来对客户需求进行分析和挖掘，通过分析顾客知识、保留、流失和获取情况来了解顾客的需求特征、消费偏好，通过 CRM 系统进行网站登录数据、每日网页浏览率、网上交易量、顾客定制产品或信息服务数量等分析。

(3) 员工对 CRM 系统操作技能的提升。

为了适应以顾客为中心的经营环境、充分获取、挖掘顾客信息、了解顾客需求，企业需要充分利用数据挖掘和数据仓储技术来获取对企业有用的数据，而数据挖掘的任务就是从大量的数据中吸取有用的信息。那么如何过滤、筛选、处理、分析和管理这些数据，以萃取与 CRM 活动相关的信息就成了主要问题。这对企业员工的能力提出了很高的要求。因此企业必须对员工培训，不断提升员工的操作技能和相关能力，确保员工熟悉系统功能知识并正确操作，这对于充分发挥 CRM 系统的功能非常重要。

(4) 完善和维护 CRM 系统的功能。

2) 指标选取

各细分指标的选取见表 11-2。

表 11-2　获取客户知识的指标

战略要素	衡 量 指 标
CRM 系统性能	人际交互的灵活性和方便性 系统响应时间与信息处理速度 输出信息的正确性 系统安全性 单位时间内的故障次数 故障时间在工作时间中的比例 系统故障诊断、排除、恢复的难易程度
CRM 系统功能发挥（收集、分析顾客信息）	潜在客户数量
	获取顾客数量
	网站浏览量
	网上交易量
	客户定制产品和服务量

（续表）

战略要素	衡 量 指 标
员工操作技能	员工人均生产力（人均销售额）
	员工培训费用
	专利技术数量
CRM 系统功能完善和维护（研发投资）	支持性研发投资（数据仓库、数据交换中心、数据挖掘、多维数据分析）
	服务研发投资（客户细分、客户推荐、网站服务和维护）
	客户特征研究

2. 与顾客互动

1）指标分析

此战略要素与平衡计分卡中的企业内部流程部分相对应。Stone，Woodcock以及 Wilson(1996)认为顾客的互动有如下方面：

（1）与公司员工的接触——前台和其他地方；

（2）外部接触管理——邮件、电话、销售访问以及分销；

（3）有形的服务环境；

（4）交易——价格、价值和谈判交涉。

Winer(2001)认为关系项目包括：顾客服务、忠诚计划、顾客定制、奖励计划以及社区建设。

笔者认为，在 CRM 系统中有许多与顾客互动的渠道。从接触界面上看，有有形的，如现场服务、销售拜访、服务中心；也有无形的接触点或面，如电话、呼叫中心、邮件、信件、传真、网站以及虚拟的因特网互动沟通渠道。有效和及时地管理互动沟通渠道对于成功实施 CRM 是非常重要的。

为了有效地管理多种互动沟通渠道，企业必须管理和控制好业务流程。业务流程包括：内部流程和外部流程。前者由企业内部控制，它决定了企业的运营水平；后者由供应商和顾客的互动决定，它决定了渠道管理的效率。

因此，与客户的互动指标包括如下内容：

（1）内部流程。

包括营销运作、销售、服务中心、现场服务和网站。

① 营销运作。CRM 系统的营销运作模块可以使企业进行营销计划、执行和跟踪其营销活动。其相关的评价指标包括：顾客参与程度、顾客响应率、顾客交易率、顾客获取成本等。

② 销售运作。CRM 系统中销售管理模块把所有的销售环节有机地结合起来，使企业各销售部门之间、异地销售部门之间以及销售与市场之间建立一条以顾

客为引导的流畅工作流程。它缩短了销售周期,提高了销售成功率,提高了销售人员的劳动生产率。其评价指标包括:销售总量、销售费用、成交率、交叉销售率等。

③ 服务中心运作。也叫呼叫中心(或称客户服务中心、交互中心)是 CRM 系统的重要组成部分,由于呼叫中心出现的时间较长,因此有关呼叫中心绩效的测量已经有很多评价准则,以下是一些常用的指标:呼叫数量和时间、平均等待时间、平均谈话时间、呼叫答复质量等。

④ 现场服务运作。现场服务运作包括许多与销售有关的活动。如服务合同管理、配置现场服务代表、内部服务的工作分配、问题跟踪和解决、现场服务的库存管理、零部件补充的物流管理等。主要评价指标有:响应时间、完成时间、修理备件时间、顾客满意分等。

⑤ 网站运作。随着因特网的普及,许多企业开始重视建设自己的网站,并将其作为销售、营销和服务支持的有效手段。其运作评价指标包括:访问量、独立访问量、网页点击量、停留时间、点击链接率等。

(2) 外部流程。

外部流程是指供应链和物流运作。供应链和物流管理对 CRM 的运营绩效颇有影响。一方面它们与 CRM 系统紧密相联,另一方面它们又互相独立。对于有实体产品或电子产品的企业,为顾客提供个性化的产品和服务是改善顾客满意的重要因素,企业如何在价值链上确保这些产品流动的快捷高效显得非常重要。供应链和物流运作的一些评价指标包括:完成率、准时装运率、退回订单量、顾客订单周期、现金周期等。

2) 指标选取

根据对"顾客互动"中的战略要素和各种驱动因素的因果分析,其评价指标选取见表 11-3。

表 11-3　与顾客互动的指标

内部流程	**营销运作** 顾客参与程度、顾客响应率、顾客交易率、顾客获取成本、总促销成本、对各产品类型的参与程度、顾客平均订单金额、顾客交易的频率
	销售 销售总量、销售费用、成交率、销售失败率、销售知识共享效用、交叉销售率、顾客价值分、销售配额、线索成功比率、电话数量、新客户的数量
	现场服务 响应时间、完成时间、修理备件时间、客户满意分、现场服务优先级
	服务中心(呼叫中心) 呼叫数量和时间、平均等待时间、平均谈话时间、平均处理时间、客服人员利用率、答复速度、呼叫答复质量、堵塞呼叫量、放弃率、平均放弃时间、一次呼叫平均成本

（续表）

内部流程	**网站** 访问量、独立访问量、网页点击量、停留时间、点击链接率、注册用户、中途失败率
外部流程	**供应链和物流运作** 完成率、准时装运率、退回订单量、客户订单周期、现金周期、供应链周期、完美订单准则、上游灵活性

3. 为顾客创造的价值

此指标对应于BSC模型中的顾客观。企业实施CRM战略，通过获取顾客知识，与顾客互动沟通，为顾客提供个性化的产品和服务，降低了顾客的感知成本，增加顾客的感知利益，从而增加了顾客的感知价值，顾客因而获得满意。

1）指标分析

由本书第六章所知，CRM为顾客的价值创造其关键环节为：顾客感知所得、顾客感知所失，两者决定顾客的感知价值。顾客的感知价值与顾客的预期相比较，就可知顾客是否满意。若感知价值超过顾客预期，顾客就会欣喜，若感知价值低于顾客的预期，顾客就会不满，感知价值等于顾客预期，则顾客就会满意。在顾客预期不变的情况下，顾客是否满意则取决于顾客感知价值的大小，也就是所取决于顾客感知利益和顾客感知成本的差值。而决定顾客感知利益的关键因素是产品和服务的质量、品牌等。

2）指标选取

见表11-4。

表11-4 为顾客创造价值的指标

战略要素	细分指标
顾客感知利益	**服务质量(SERVQUAL)** 有形性：设备完好率、工作人员精神面貌、其他服务提供设施的完好状况 可靠性：提供服务的及时性、承诺履行情况 响应性：雇员对提供服务的愿望和准备情况 保证性：店员用他们的知识和礼貌等能力唤起客户的信任和信心 移情性：提供服务的企业对客户的关心，使客户感受到具有个人色彩的特别关注
	产品质量 质量：如材料种类、产品寿命、可靠性、安全性、外观、包装、说明书 功能：如功能的适用性、适应性、方便性、完善性、兼容性、定制性、升级性、维护性 交付：如交付的及时性、可靠性 品种：如品种系列性、多样性 支付：如支付的灵活性、方便性
	品牌：品牌知名度、品牌美誉度、品牌风格、个性化、时尚感、身份感等

（续表）

战略要素	细 分 指 标
顾客感知成本	价格：性价比、价格弹性、安装费用、使用费用、维护费用等
	获取的方便性、获取费用、风险性等
	付出的时间、精力、心理成本等
顾客满意	服务满意度、产品满意度、总的满意度

4. 为企业创造的价值

此指标对应于 BSC 中企业的财务观。企业实施 CRM，为顾客带来价值，顾客因此满意，满意的不断累计就很可能导致顾客忠诚，其结果是顾客不断重复购买、或交叉购买，甚至是增量购买，或口碑传诵和推荐。企业因此增加关系收入，降低关系成本，从而增加顾客盈利率。

1）指标分析

企业实施 CRM，不仅给企业带来有形的价值，还为企业带来无形的价值。有形的价值可以定量计算，如顾客盈利率，无形的价值无法定量计算，但可以通过各种调研、问卷方法将定性问题转化为定量问题（如第 3 章中的顾客忠诚经济价值分析内容）。

2）指标选取

细分指标见表 11-5。

表 11-5　为企业创造价值的指标

战略要素	衡 量 指 标
顾客维持和发展	顾客保留率
	处理顾客投诉所花成本
顾客盈利率（顾客终生价值）	顾客关系成本
	顾客关系收入
	顾客关系生命周期
顾客忠诚	态度忠诚 对其偏好的程度 口碑传诵次数 向人推荐次数
	行为忠诚 重复购买、增量购买与交叉购买量

以上各战略要素的指标只是一个参考，由于在不同的行业、或同一行业不同性

质的企业中，CRM系统应用的范围、功能和目标不尽相同，因而其系统实施绩效评估的指标也不尽相同，而且每一指标赋予的权重也是不同的。

11.7.5 CRM价值创造评估模型的建立及其方法、步骤

以上评估CRM绩效的各级指标数量多，各级指标的性质也不一样，有定性的指标，也有定量的指标，而且各个指标的量纲、经济意义也不同，各表现形式差别很大，对总目标的作用趋向也大相径庭，因而不具有直接的可比性，需要将其指标进行无量纲处理以及指标价值量化后，才能计算其综合评价结果。

本书利用层次分析法建立模型，步骤如下：

(1) 选取各级指标，构建总的评价指标层次，并获取各级指标数据。

各级指标以上述分析为参考，并结合行业和企业实际。其指标的获取可以通过统计方法(客观指标)、问卷调查(主观指标)以及实测(如网站访问量)等。

根据上述评价指标体系得出：

一级指标有：$X=(X_1, X_2, X_3, X_4)$

二级指标有：$X_1=(X_{11}, X_{12}, \cdots)$；$X_2=(X_{21}, X_{22}, \cdots)$；…

…

(2) 对各级指标进行无量纲处理。

(3) 确定各指标层的权重(运用层次分析法)。①构造判断矩阵；②求矩阵特征值和特征向量；③进行一次性检验；④计算组合权重。

(4) 给每一指标评分(专家组评分)。

(5) 计算每一战略要素评价结果。

(6) 计算综合评价结果。

(7) 对评价结果分析、提出改进措施建议。

案例分析

平衡计分卡帮助K公司留住顾客

K公司是韩国著名的一家经营网上购物的零售企业，大约经营12类共3万多种零售商品，总营业额达到3000万美元。在韩国在线购物零售机构中排名第18位。K公司建立于1999年9月5日。并自始经营网上零售业务，相关伙伴厂商达480多家。近几年来，K公司的经营范围延伸到了门户服务领域，如网上社区、股票服务以及网上聊天等。

此案例研究的数据来源主要有以下几种：专家访谈、问卷调查以及网上数据分析等。有些时段性财务数据，如营业收入、销售收入以及销售成本等，经过了本案

例的调研者 6 个月的调查积累而获得(第 1 期:2002 年 2 月—2002 年 4 月,第 2 期:2002 年 8 月—2002 年 10 月)。具体的评价指标根据 K 公司的具体营运目标确定。整体评价结果如表 11-6 所示。某些评价指标是通过调查问卷的形式进行调查和分析的。供选择的答案选项从 1 点到 10 点依次代表了极度不满(1 点)到极度满意(10 点)。问卷共随机挑选了 K 公司的 240 名目标客户发放,得到 52 份问卷回复。

表 11-6　K 公司的 BSC 评价表

评 价 矩 阵	第 1 期	第 2 期	百分比变化率
1. 学习与成长(客户知识)			
客户获得	2 300	7 500	226%
客户数量	42 000	132 000	214%
每日平均网站浏览数量	25 000	50 000	100%
每日客户拜访量	5 000	11 000	120%
员工人均净销售额($)	290 000	350 000	21%
技术生产力(百万点击率)	1	1.5	50%
硬件升级频率(次/每年)	1	2	100%
研发投资额(万元$)	21	42	100%
顾客信息调研投资(RM)	4 000	2 000	−50%
网络安全水平(防火墙和 SSL 加密)	高	高	—
2. 财务观(客户价值)			
净销售额($)	2 300 000	9 700 000	322%
主营业务销售额($)	−850 000	490 000	142%
员工人均资产额($/人)	91 000	80 000	−12%
员工人均利润($/人)	−34 000	15 000	156%
渠道界面			
可用性	71	8.0	0.9
吸引力	6.2	7.6	1.4
浏览效率	7.5	7.8	0.4
内容搜索	8.6	8.4	−0.2
网站内容连续性	8.5	8.2	−0.3

（续表）

评价矩阵	第1期	第2期	百分比变化率
3. 内部业务流程(客户沟通)			
营销活动频率(次数/年)	4	12	200%
促销费用($/年)	2 000	6 000	200%
网站内容更新频率	1/天	1/天	—
付款方式	3	4	1
对客户询价的反馈渠道数量	1	4	3
渠道管理费用	2 000	3 000	50%
平均送货时间(时数)	3～5	3～5	—
对顾客询价的响应时限(时数)	1	2.5	1.5
会员交易量比例	3%	12.1%	9.1%
产品多样化程度	8.5	8.5	—
具体产品信息	8.5	8.2	0.3
普通商品的适销性	6.1	8.0	1.9
4. 顾客观(客户满意)			
品牌知名度	35%	53%	18%
服务响应率	100%	96%	−4%
每日顾客询价数量	3	71	68
顾客满意度			
保证性	6.1	8.1	2
可靠性	8.5	8.5	—
移情性	7.3	8.2	0.9
响应性	5.3	8.0	2.7
有形性	4.9	7.5	2.6

K公司首期BSC评价结果直观显示了K公司CRM系统中几处亟待改进的地方，如许多顾客对K公司的服务水平和渠道界面并不满意，尤其是对K公司对顾客的渠道响应迟钝或不响应最为不满。所有这些不满导致了顾客的回头率非常低。因此，通过BSC评价可以看出K公司的客户沟通这一环节的工作是其薄弱之处。由此可以得出：为全面与顾客接触与沟通，K公司应拓宽与顾客沟通的渠道数

量如付款方式的完善和响应渠道的数量。此外,调查还表明许多顾客对K公司的企业名称并不熟悉,而且K公司与顾客沟通的渠道界面使用率和吸引力评价得分也较低,这说明公司的渠道界面,如公司网页设计等,对顾客缺乏吸引力并且利用效率不高。这要求K公司需着手改善公司的网页设计并加大企业品牌知名度的市场推广力度以提高公司网站的利用效率、对顾客的吸引力以及公司的品牌知名度。最后,通过K公司的净销售额构成分析可以得出,尽管K公司在2002年的2月份到4月份期间的净销售额量比较大,但经过分析可以看出其中企业会员采购的数量比重和企业的网站浏览者采购的总量都很小。经过K公司的管理层对表11-6所述内容的分析和讨论,得出了K公司的在第1期(2002.2—2002.4),即在采取措施对CRM系统实施进行改善之前的关于CRM效用评价结果的分析图例,如图11-6所示。

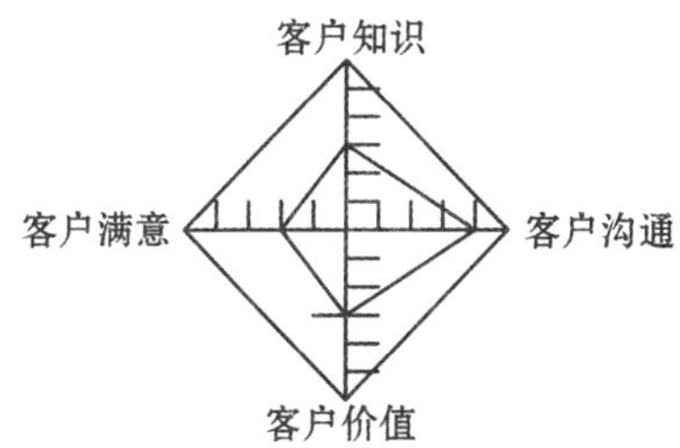

图11-6　K公司第1期CRM效用的四项评估内容评价图例

在此之前,K公司没有任何有效的分析工具来评估公司CRM战略和系统的有效性,更没有对相关的CRM所涉及的各领域内具有因果效应的活动环节进行分析。因此,K公司无法制定长期的战略计划并难以采取有效的具体措施提升组织绩效水平。K公司正是采用了具有CRM效用的BSC评价模型的评价内容和评价原则的评价体系。在对BSC评价所得结果进行了分析之后,可以得出K公司目前所面临以下问题并需要采取相应措施对其进行克服:

- 回头顾客比重低。措施建议:改善服务水平、提高网站内容的吸引力、更好网页界面、开发适当的网上社区。
- 企业品牌知名度低。措施建议:加大、完善市场推广力度、采取多种形式的促销计划、提高促销频率。
- 会员采购比重低。措施建议:提供顾客定制化产品、开展商品促销和宣传行动提高顾客忠诚度、改善交易流程。
- 缺乏有效顾客沟通或交易渠道。措施建议:拓宽与顾客的沟通渠道、提供完善、迅速的沟通与服务。
- 热销产品上市不及时。措施建议:提高市场调研力度。

➢ 系统登录速度缓慢。措施建议:提高系统硬件的升级、改善系统资源的配置。

表 11-6"第 2 期"栏中显示了采取以上管理措施之后再次进行 BSC 评价所得的分析结果。表中最后一栏"变化度"说明了"第 1 期"和"第 2 期"所得评价结果之间的差异状况。可以看出,"第 2 期"中许多评价指标的结果明显超过了"第 1 期"中相应的指标内容。而"第 2 期"中出现负增长的指标主要是由于网站内容的更新与增多导致暂时性的系统结构协调性下降、复杂性提高以及用户搜索内容的速度受到影响所致。图 11-7 显示了采取上述 CRM 系统完善措施之后的顾客相对满意水平评价图例。

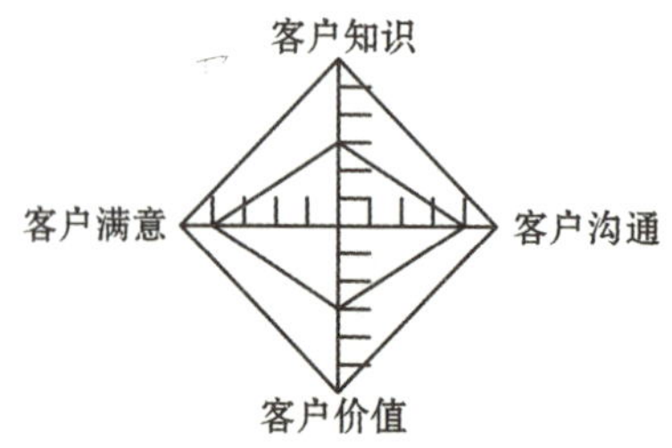

图 11-7 K 公司第 2 期 BSC 效用的四项评估内容评价图例

通过图 11-6 和图 11-7 的对比可以看出,K 公司对 CRM 有效性进行评价并采取措施完善 CRM 系统活动的前后状况是有着显著差别的。由此,可以得出 BSC 评价模型作为评价与控制企业 CRM 战略的工具是有一定的适用价值的。

(资料来源:根据 Jonghyeok Kim Euiho Suh Hyunseok Hwang, A Model for Evaluating the Effectiveness of CRM Using the Balanced Scorecard, Journal of Interactive Marketing, Volume 17/ Number 2/Spring 2003 整理)

案例思考题

1. 分析 K 公司利用 BSC 评价其实施 CRM 绩效的作用。
2. K 公司利用 BSC 方法评价企业实施 CRM 绩效的经验何在?

复习思考题

1. 企业为什么要进行 CRM 绩效评估?
2. 平衡计分卡对 CRM 绩效评估的要点何在?

第 12 章 CRM 应用现状及发展趋势

导入案例

传微软 1 亿美元收购 Parature

据相关消息人士透露，微软已经收购了客户服务 SaaS(Software as a Service)提供商 Parature，收购价在一亿美元。这起收购将为微软的 CRM 平台 Dynamics 带来好处，Dynamics 将拥有一个世界一流的自助服务技术，可以通过邮件、web、聊天或者社交媒体的方式来为其客户提供自助式的帮助服务。

Parature 的历史可以回溯到 2000 年康奈尔大学的一所宿舍内，在那里，还是学生的 Duke Chung 和他的室友一起开发了一个聊天式的在线帮助应用 Cyracle，后来他们又把名字改为了 Parature，取"Paradigm of the Future"(未来的范式)之意，而后将办公室搬到了 Reston。那以后公司就获得了 3 020 万美元的融资，如今已有 7 000 万的终端用户。

这起收购对微软而言，可以补足其客户服务方面的一个短板，现在越来越多的用户不会直接打电话到客服中心寻求帮助，他们更愿意靠自己动手来解决问题，而 Parature 正好有这种自助式客服的技术。Parature 的客服技术强大，有一个例子可以印证。当他们在为游戏公司 Playfirst 服务时，可以做到保持玩家在游戏状态而不扰乱用户，就是因为 Parature 的知识库可以帮助用户解答他们所有可能发生的潜在问题。

Parature 曾经重构过他们的知识库，使之具备情景感知、搜索、预测和学习的能力，并联系社交数据以为用户提供他们所需要的信息，可以更适应现代的市场需求，而相比之下市场上的其他玩家的知识库技术则都是有 10 年到 15 年历史的老古董了。

收购之后，Parature 仍然可以保持独立运行(至少暂时可以)，但其知识库技术将整合到微软的 Dynamics 平台中。有了 Parature，或许 Dynamics 就可以和联合了 MindTouch 的 Salesforce 一较高下了。

(资料来源：根据网上资料整理)

12.1 CRM 应用现状

12.1.1 CRM 的行业运用

CRM 的实施目标就是通过全面提升企业业务流程的管理来降低企业成本，通过提供更快速和周到的优质服务来吸引和保持更多的客户。作为一种新型管理机制，CRM 极大地改善了企业与客户之间的关系，实施于企业的市场营销、销售、服务与技术支持等与客户相关的领域。

由于实施 CRM 有重要意义和诸多优势，迄今为止，CRM 的行业运用非常广泛。CRM 适用于多种行业和企业。如：金融和银行业、房地产业、电信业、旅游和交通业、广告业、医药与生命科学研究、医疗保健业和制药业、航空航天业、汽车业、制造业、零售业、教育机构、政府机构等。

金融银行业：每个人都需要金融服务，每个人的实际财力也都不同，这样就需要通过 CRM 来详细地管理客户的资料和分级。金融服务领域正在快速扩张。投资银行、私人股权投资和其他财务机构都在拓展业务的同时管理客户关系。CRM 能帮助该行业中的公司降低成本、提高效率，管理并保持客户关系。CRM 能帮助银行保持客户组合。此外，它还提供了一种整体的客户视角，确保银行在适当的时间，向适当的顾客提供适当的服务。

电信业：针对这个行业需求定制的 CRM 解决方案可帮助降低客户流失率，生成新的销售机会，以及提高客户保留率。在现在这样的时代里，竞争对手的数量与服务种类一样繁多，还可帮助用户企业提供捆绑服务(bundle service)，从而降低成本和维护善变的客户群。

旅游和交通业：在根据该行业需求定制的 CRM 解决方案功能中，活动管理自动化和销售队伍自动化(SFA)可帮助整合客户数据并为顾客带来更舒适的体验，从而提高生产力、增加客流量和降低成本。

CRM 能帮助航空公司和旅行社节省时间与成本，在日常业务中，它提供了完善的客户数据处理能力。在该行业中实施 CRM 能协助公司建立并管理客户群体。

广告行业：对于广告行业，CRM 的运用可在如下方面作为：

(1) 提高客户的忠诚度，防止客户流失：客户详尽资料记录每个客户的关注点、广告理念及诉求点。可时刻把握客户的切实需求，做出最适合的综合广告服务。最大程度的提高客户的忠诚度，防止客户流失，即使员工离职也不怕挖墙脚。

(2) 注重销售过程化管理，达成任务目标：客户经理拜访客户及沟通的过程历历在目,每天的工作日志与计划对比情况让领导及时掌控。客户跟踪进展做到可知、可调、可控,每月的销售目标才能保质保量的完成。

(3) 创意文案、制作管理、知识积累:长期积累的广告创意文案无疑是广告公司最大的知识财富,对于后来者的学习、参考、借鉴提供了章法依据。大幅提升工作效率的同时,节约了高额的培训成本。

医药与生命科学研究:医药与生命科学研究行业与其他行业有所不同,它要求大量的数据与信息处理。对于大量临床实践数据,上游原料商、材料商的管理,下游销售部门、信息反馈部门的管理都是非常重要的;而且CRM能储存并提供大量的客户数据。

对于制药业,客户关系管理(CRM)应用系统可帮助提高销售演示技巧,更好地推广产品信息,以及促进与医生在产品市场统计方面的合作。

医疗保健业、保险业:CRM帮助数以百计的医疗保健公司达成了他们的市场目标。CRM能预测未来行业中的医药需求,为医院、公司和医师带来了显著的投资回报。该行业覆盖的人群面积非常的广,而且客户的数据在随时发生变化和增减。通过CRM可以更灵活地维护这些数据。

对保险公司而言,CRM能让他们向客户提供评估保单信息、检查保单状态等服务,同时,也能帮助客户解决实际问题。通过CRM数据反映客户群体的变化和趋势,以及从客户方面反映的各种针对产品的意见。

制造业、零售业:当我们谈及制造业时,通常第一印象就是该行业最需要大量的设备与厂房。同样,这一行业也需要借助CRM来把盈利最大化。CRM能让该行业中的公司直接或间接地向客户销售产品。制造业在实际运行过程中需要及时掌握市场需求和客户反馈的信息以迅速调整生产,CRM在这里很好地为企业传递了市场的及时信息。

相比其他行业,零售业与顾客的距离最近。CRM能帮助该行业的公司储存客户知识,全面研究客户行为与喜好,从而提高销售、盈利与客户保持率。

房地产业:随着地产行业竞争的加剧,地产中介与经纪人在客户问题上的困难日益凸显。CRM能帮助他们挖掘市场,促进销售和服务活动,并协助公司掌握并管理客户效率。此外CRM解决方案可通过以下方法改进客户关系:捕捉在线销售线索、增加高质量销售线索的数量、实施个性化的电子营销活动和把多个行政管理流程自动化(预测、报价和融资)。

汽车业:CRM能满足汽车制造商、分销商等在销售、市场与服务方面的要求。在该行业中实施CRM系统能为这些公司提供可用的客户信息,管理潜在客户,开发市场活动,并提高销售业绩。

教育机构:CRM可以帮助教育机构管理各种“客户”——在校学生、潜在学员、毕业校友,加强这些客户与学校的互动,提高其满意度、忠诚度,而且还可提高内部管理的效率。

政府部门:即便对于非营利性的、服务对象通常被称为"公民"而非"客户"的机构组织(其实,"公民"也是广义的"客户"),CRM 应用系统也可为其带来收益。总的说来,政府部门一直在努力改进"客户服务"质量和提高总体用户满意度。CRM 应用系统可以协助政府部门合并服务以及更快地做出响应。

12.1.2 CRM 实施概况

近些年来,CRM 已成为企业界关注的热点。国内 CRM 市场总体上目前处在典型的初期阶段,需要厂商、咨询公司、培训公司共同努力去培育和开发市场,同时由于国内企业的特点,除了金融类、电信类企业外,一般对 CRM 的支付能力比国外明显偏低,对功能的要求也较国外简单,更加追求实用的效果,这样的市场需求无疑为国内的软件企业提供了广阔的市场空间。

国际市场上对 CRM 的实施走在了前列。国内外 CRM 软件有很大的差距。要超越国外的水平,国内的厂商首先要向国外厂商学习。国外软件的优点:产品成熟,大多基于平台化架构;有大量的成功案例支持;软件分工明确,具有各自的技术特点;沟通方式与国内的不同;关注与其他产品的集成,一般都有数据集成工具或者接口。国内外的文化背景造成销售、市场、客户服务的不同,CRM 是客户文化的体现,企业文化不同必然导致软件应用的不同。而且,国内外互联网环境不一样,企业的信息化程度不同,对 ASP 应用模式的接受程度不一样,使国内外 CRM 产品差别很大。而国外强调的与通讯技术的有机结合、强大的分析功能等是国内 CRM 产品需要弥补的。

从产品的角度来看,国内的 CRM 产品相对而言还是处于一个逐步成熟的阶段,而暂时还不成熟的产品在实施时会遇到很多障碍,国内 CRM 软件厂商对于业务和行业经验还是缺乏足够地了解,不懂业务就使 CRM 实施变成了系统安装。目前国内的 CRM 应用还是偏重于强调技术应用,强调软件系统,还没有把 CRM 与 CRM 软件系统分离开来。无论是何种原因,企业是受害者,一个管理工程的效果总是在潜移默化中进行的,不会总是大刀阔斧然后焕然一新。急于求成的实施使很多基础的细节忽略了,造成 CRM 项目的泡沫。不上 CRM 项目,企业的流程也应该时时优化,而实施 CRM 项目,更应该进行流程优化。不进行优化的流程,将使 CRM 实施僵硬地前行。

从安装培训来看,在主流市场的价格竞争以及其他因素影响下,国内的 CRM 实施还有很大一部分是基于标准产品的安装培训服务,还只是依附于软件系统的服务,而没有成为真正的增殖服务。咨询实施服务的欠缺,是大多数项目竞争时定价的唯一要素，从而更加导致恶意价格竞争。

从项目定制的开发实施来看，在一部分中端市场，国内软件厂商为客户提供项目定制，但是由于平台的先天性不足，造成实施变为软件开发过程，项目实施的核心成为了软件研发，而将CRM项目演变为软件项目。

从咨询的角度看，一部分客户是比较成熟的，很多企业也开始先咨询后实施，逐渐接受了CRM解决方案不仅仅是软件解决方案，从而开始向CRM成功迈出了坚实的一步。但是国内大部分企业还不习惯接受咨询，然而只有咨询才能使企业真正建立起CRM的企业文化和流程体系，硬上系统只能错上加错。

总体而言，业界实施CRM不乏成功案例，但失败或者是效果不尽如人意的也很多。据IDC曾经对美国和欧洲300多家大型公司的调查研究，其中有65%的公司熟悉CRM技术，28%的公司正在开发CRM项目，有12%的公司正在使用CRM系统。越来越多的企业认识到了客户关系管理的重要性。然而，也有研究显示，目前在许多实施CRM项目的公司中，有70%的失败率。根据麦肯锡公司咨询师的一份报道："根据近来的调查显示，在已投资在CRM项目的公司中有三分之二的公司是失望的。"早在2004年，IBM一份全球的调研报告声称："在美国、欧洲和亚洲，公司不论大小，也不分行业，有85%的公司实施CRM不尽如人意。"国外的CRM有如此高的失败率，国内的CRM项目也不会好到哪儿去。

其实，CRM是渐进的发展，而非变革。当安装了CRM系统后，企业希望该系统马上高速运转的想法是不切实际的。有的用户急于求成，在没有培训或用户参与的情况下草率地实施了CRM系统。相关的报道比比皆是。据不完全统计，有60%～80%的企业深陷在这个麻烦里面。

12.1.3 国内CRM实施误区与分析

在回顾CRM实施现状时，我们也不得不正视国内CRM发展中的问题，正是这些问题造成了CRM实施中的很多困难和障碍。当前的CRM市场，存在很多现象，而这些现象大多是一些因为不透明的信息或者引导造成的误区：

1. 技术追星现象

在很多项目选型上都遇到过这种要求：J2EE架构、BS模式、目录支持等等。如果真按照这样的标准来选择，几乎没有一家可以满足，这也是大多数企业的CRM项目以IT部门为主导的原因。

有些企业在CRM选型时，过于追求先进的技术，如要求浏览器/服务器模式(B/S)、摒弃客户端/服务器模式(C/S)，要求J2EE架构，要求平台化产品等等。技术的确重要，可以支撑业务额实现，但是片面追求技术的先进，很容易把项目误导入失败的道路。一方面，这些严格的技术要求会大幅度的缩小选型的范围，把那些成熟的、历史悠久的CRM软件，拒在门外；另一方面，满足这些条件的产品，很多都是新生软件，功能、稳定性方面都不如那些久经考验的传统CRM软件。作为企业管理者来说，都不希望自己公司作为新生CRM软件的实验者。此钟现象的出现大部分是因CRM项目由IT部门主导，因为他们IT背景出身，就像车手一样，希望新车新技术。

另外，很多企业已经在CRM上投入了巨大的人力物力，然而就如同一个IT黑洞，钱砸进去却没有效果，甚至成为摆设和鸡肋，这值得后来的企业深思。

所以，企业在选型时，对那些号称采用了最前沿、最先进技术的CRM产品，企业要多长一个心眼。不要被这技术明星所蒙骗，不然，CRM会变成企业的一个装饰品，而无任何实际的效用。

2. 信息孤岛现象

信息孤岛是指由于企业各个部门之间的隔阂，有道无形的“柏林墙”，阻挡了各个部门之间信息的交流，各个部门之间成为了一座座孤立的岛屿。现在大部分企业都会有不同的信息系统，比如财务系统、业务系统、ERP系统以及当前部署的CRM系统，如何有效地整合而不至于使其成为一个个信息孤岛需要长远规划。

如企业上CRM项目时，如果没有考虑如何与现有的电子商务系统结合，如何与现有的ERP系统结合，如何与现有的财务管理系统结合，那么由于缺乏系统之间的结合，必然会使得许多工作要进行重复性的劳动，无形中降低了工作效率，增加了CRM项目的阻力。而且，由于各个系统之间数据没有同步，各部门用各自的系统进行统计时，数据会有时间差。

3. “追求时髦”

有些企业上CRM项目，不是为了解决企业的问题，而是看着自己同行都有了CRM系统，自己没有，好像很没面子，不管三七二十一，自己也要弄一套玩玩。

抱着这种“玩玩”的心态上CRM项目，是很危险的。CRM项目说小不小，说大不大，但是，项目的实施需要动员企业各个部门的力量，如销售、采购、生产、仓库、财务等各个部门都要参与进来，并且要梳理现有的流程，在一定程度上，还要对现有的流程进行调整。所以，CRM项目对企业的正常作业还是有蛮大影响的。

4. 对CRM不现实的期望

有些企业对信息化项目有盲目的崇拜，认为只要一上CRM项目，就百病俱消。由于这种对CRM系统过高的期待，在CRM项目实施过程中，会走到如下多种极端：

一是疏于管理，认为有了CRM就行。在CRM项目运作时，企业会认为有了CRM系统，一切都没有问题了，而把一些平时的监督作业都抛到一边了。要知道CRM软件不是上帝，它只是一个管理的工具，要让这个工具能够发挥效用，还是要企业加强对工具的管理，制定CRM这个工具的使用方法，并监督员工是否按照规则在使用CRM工具。只有如此，才能保障CRM系统的正常运行，不出轨。

二是认为有了CRM系统，就可以放弃现有的所有手工作业。其实不然。在CRM项目的初始阶段，不可能管理到企业的所有客户关系管理流程。根据20/80原则，只要抓住了企业20%的流程，就能够给企业创造80%的价值，而且每个企业都有自己的个性化内容，所以在CRM软件设计、实施时，都把重点放在这20%的关键流程上，剩余的流程只有在后续的完善上慢慢地规范、合并，一步步地通过CRM来进行管理控制，切忌一口想吃成大胖子。

5. 自力更生现象

一些企业基于自身的开发能力和需求，或者是节省的出发点，自力更生地研发和部署CRM。但是CRM毕竟不仅仅是软件，这样做不容易达到客户关系管理的高度，更多的只能是着眼于企业点的功能，而忽略了企业面的战略需求。

12.2　CRM的发展历程

CRM从起源到发展经历了60年代的大型机(Mainframe)、80年代的C/S、今天的SaaS和PaaS四个阶段。

1. 大型机阶段

此阶段曾有过辉煌的时代。1948年，IBM开发制造了基于电子管的计算机SSEC。1952年IBM公司的第一台用于科学计算的大型机IBM701问世，1953年又推出了第一台用于数据处理的大型机IBM702和小型机IBM650，这样第一代商用计算机诞生了，1956年，IBM又推出了第一台随机存储系统RAMAC305，RAMAC是“计算与控制随机访问方法”的英文缩写。它是现代磁盘系统的先驱。1958年IBM又推出了7090，1960年又推出7040、7044大型数据处理机。1964年IBM公布了360系统。此后，IBM于1965年又推出了701与702的后续产品704和705，成为计算机发展史上的一个重要里程碑。

2. 80年代的C/S阶段

在20世纪60—80年代信息处理主要是以C/S(主机系统+服务终端)为代表的，即大型机的集中式数据处理。那时，需要使用大型机存储和处理数据的企业也是寥寥可数。因为那时经济还没有真正实现全球化，信息的交流更不像今天这样普及。大型机体系结构的最大好处是无与伦比的I/O处理能力。虽然大型机处理器并不总是拥有领先优势，但是它们的I/O体系结构使它们能处理好几个PC服务器放一起才能处理的数据。大型机的另一些特点包括它们的大尺寸和使用液体冷却处理器阵列。在使用大量中心化处理的组织中，它们仍有重要的地位。主要用于大量数据和关键项目的计算，例如银行金融交易及数据处理、人口普查、企业资源规划等。

进入80年代以后，RSI更名为Oracle系统公司(Oracle System Corporation)，Oracle公司用产品名称为公司命名，帮助公司赢得了业界的认同，并在同一时间Oracle决定开发便携式RDBMS并推出便携式数据库。同一时代的SAP公司也不甘落后，公司还研发出了SAP R/3，该产品的推出成就了SAP R/3时代。微软公司是世界PC机软件开发的先导，创始于80年代，全球最大的电脑软件提供商。起步较晚PeopleSoft拥有一段不断创新改革的历史岁月。这家公司从80年代中期开始运作，当时公司的创办人DaveDuffield和Ken Morris制作出PeopleSoft第一套人力资源应用方案，他们将这套应用方案建构于一个主从式平台上，而非传统的主架构，并加入必要的弹性，从而将更多的控制权交付于使用者手上，而历史正重新上演：由主从式架构转换成网际网络架构的世代交替趋势，使企业机构大幅地加强他们与客户，伙伴和员工之间的互动。

随着PC机性能的极大提高和网络技术的普及，大型机的市场变得越来越小，很多企业都放弃了原来的大型机改用小型机和服务器。另外，客户机/服务器(Client/Server)技术得以飞速发展，也是大型机市场萎缩的一个重要原因。这种C/S模式使信息利用的难度大大降低，并很快在全球普及开来。而大型机却是每况愈下，有人还曾预言，大型机就要从地球上消失了。这时的大型机就像濒临灭绝的恐龙逐渐走向灭亡。C/S结构软件(即客户机/服务器模式)分为客户机和服务器两层，客户机不是毫无运算能力的输入、输出设备，而是具有了一定的数据处理和数据存储能力，通过把应用软件的计算和数据合理地分配在客户机和服务器两端，可以有效地降低网络通信量和服务器运算量。由于服务器连接个数和数据通信量的限制，这种结构的软件适于在用户数目不多的局域网内使用。

1984年，Sun公司的联合创始人John Gage说出了“网络就是计算机”的名言，用于描述分布式计算技术带来的新世界。

3. SaaS阶段

进入90年代后，经济进入全球化，信息技术得以高速的发展，随着企业规模的扩大与信息技术的发展，很多采用分散式运算模式的企业突然发现，其服务器的数量已经到了令人吃惊的地步，由此带来的是，复杂的管理模式、运算营运成本失控、关键型应用无法实现，因而迫使他们用大型机实现服务器的再集中。这就是今天的SaaS(软件即服务)。

SaaS是随着互联网技术的发展和应用软件的成熟，而在21世纪开始兴起的一种完全创新的软件应用模式。SaaS是Software-as-a-Service的编写，意思是软件即服务。它与“on-demand software”(按需软件)，“the application service provider"(ASP,应用服务提供商),"hosted software"(托管软件)所具有相似的含义。它是一种通过 Internet 提供软件的模式,厂商将应用软件统一部署在自己的服务器上,客户可以根据自己实际需求,通过互联网向厂商定购所需的应用软件服务,按定购的服务多少和时间长短向厂商支付费用,并通过互联网获得厂商提供的服务。

用户通过互联网来使用软件,不需要一次性购买软件、硬件,也不需要维护和升级。SaaS 运营商统一安装、升级、维护软件和硬件。SaaS 通常被用在企业管理软件领域,产品技术和市场以美国 Salesforce 为领头羊。国内类似的厂商以八百客、沃利森为主,主要开发 CRM、ERP 等在线应用。用友、金蝶等老牌管理软件厂商也推出了在线财务 SaaS 产品。国际上其他大型软件企业中,微软提出了 Software+SaaS 的模式;谷歌推出了与微软 Office 竞争的 Google Apps;Oracle 在收购 Sieble 升级 Sieble on-demand 后推出 Oracle On-demand;SAP 推出了传统和 SaaS 的杂交(Hybrid)模式。

4. PaaS 阶段

PaaS 是 Platform-as-a-Service 的缩写,意思是平台即服务,把服务器平台作为一种服务提供的商业模式。通过网络进行程序提供的服务称之为 SaaS,而云计算时代相应的服务器平台或者开发环境作为服务进行提供就成了 PaaS。PaaS 是随着互联网技术的发展和应用软件的成熟,而在 21 世纪开始兴起的一种完全创新的软件应用模式。

PaaS 是 SaaS 技术发展的趋势,实际上是指将软件研发的平台(计世资讯定义为业务基础平台)作为一种服务,以 SaaS 的模式提交给用户。因此,PaaS 也是 SaaS 模式的一种应用。但是,PaaS 的出现可以加快 SaaS 的发展,尤其是加快 SaaS 应用的开发速度。在 2007 年国内外 SaaS 厂商先后推出自己的 PaaS 平台。PaaS 能给客户带来更高性能、更个性化的服务。如果一个 SaaS 软件也能给客户在互联网上提供开发(自定义)、测试、在线部署应用程序的功能,那么这就叫提供平台服务,即 PaaS。Salesforce 的 force. com 平台和八百客的 800APP 是 PaaS 的代表产品。PaaS 厂商也吸引软件开发商在 PaaS 平台上开发、运行并销售在线软件。

PaaS 之所以能够推进 SaaS 的发展,主要在于它能够提供企业进行定制化研发的中间件平台,同时涵盖数据库和应用服务器等。PaaS 可以提高在 Web 平台上利用的资源数量。例如,可通过远程 Web 服务使用数据即服务(Data-as-a-Service:数据即服务),还可以使用可视化的 API,甚至像 800app 的 PaaS 平台还允许你混合并匹配适合你应用的其他平台。用户或者厂商基于 PaaS 平台可以快速开发自己所需要的应用和产品。同时,PaaS 平台开发的应用能更好地搭建基于

SOA 架构的企业应用。

此外，PaaS 对于 SaaS 运营商来说，可以帮助他进行产品多元化和产品定制化。例如 Salesforce 的 PaaS 平台让更多的 ISV 成为其平台的客户，从而开发出基于他们平台的多种 SaaS 应用，使其成为多元化软件服务供货商(Multi Application Vendor)，而不再只是一家 CRM 随选服务提供商。而国内的 SaaS 厂商 800app 通过 PaaS 平台，改变了仅是 CRM 供应商的市场定位，实现了 BTO(Built to order：按订单生产)和在线交付流程。使用 800app 的 PAAS 开发平台，用户不再需要任何编程即可开发包括 CRM、OA、HR、SCM、进销存管理等任何企业管理软件，而且不需要使用其他软件开发工具并立即在线运行。

上述是 CRM 发展的 4 阶段论，也有人提出 3 阶段发展论，即第一代产品为传统的预置型 CRM；第二代产品以云计算为特征，采用以 salesforce 为代表的 saas 服务模式；第三代产品以移动互联、云计算和社交网络为特征。

12.3 CRM 的发展趋势

据 Gartner 称，企业机构正在利用 CRM 作为数字举措作为增强客户体验的一个主要组成部分。Gartner 表示，对现代化的客户关系管理的需求正在推动着更新或者扩展集成，以及 CRM 软件使用的所有领域。CRM 的前景仍然很好，采购者们专注于能够实现在多通道环境中更有针对性的客户互动的技术。

“未来几年 CRM 将成为数字举措的核心。这是一定会得到资金支持的技术领域，因为数字业务对于保持竞争力是非常关键的。”Gartner 研究副总裁 Joanne Correia 表示。“CRM 投资的热门领域包括移动、社交媒体和技术、Web 分析和电子商务。”

Gartner 预计 CRM 市场增幅在 2014 年保持温和，之后三年将表现强劲。2014 年 CRM 软件收入预计将达到 239 亿美元，云收入占到 49%。基于 SaaS 或者基于云的 CRM 部署目前占到所有 CRM 部署的 40%多，预计 2015 年期间将达到 50%。

Gartner 副总裁、知名分析师 Ed Thompson 表示：“不出所料，高科技、银行、保险、证券、电信、医药、消费品、IT 制造和 IT 服务等垂直领域将继续是 CRM 支出最大的领域，因为这些领域都广泛采用了不同类型的 CRM 应用和技术。所有这些领域都加大了对新兴经济体的投资，进一步推高开支水平。”

客户关系管理的产生是现代技术发展到一定程度的产物，同理，其发展趋势也得益于各种先进技术的推动。目前 CRM 热门话题的主要推动力包括：云、社交、移动和大数据，现在又增加了第五个推动力：物联网，也就是传感器将事物连接到互联网，创建之前我们从未想到的新型服务。主要的发展趋势有如下三个：

1. 社交化

随着社交媒体的崛起，人们的沟通方式也悄然发生着改变。社交网凭借其快速传播的特点，受到用户的广泛青睐。CRM战略是以流程和技术为支撑的，其目的是管理客户关系，从整个客户生命周期内获取最大价值。这些战略一般注重于客户管理所需的运作响应能力。

企业需要以新的战略抓住这一变革机遇，即社交CRM，它的理念是企业要抛弃管理客户的做法，代之以推动客户看重的协同体验和对话。如今，社交网络大行其道，国外有Facebook、Twitter、YouTube，国内则有开心网、人人网、微博、优酷视频。数字化时代的到来不仅改变了人们的传统社交、生活习惯，更是让商家看到了无限商机，很多企业纷纷通过社会化媒体进行营销活动。在此背景下，社交CRM应运而生。

社交媒体的力量已经影响到了商业领域。在美国Twitter对于商业来说非常重要，商务社交网站LinkedIn更是不可或缺。很多公关公司都对企业客户表示，现在社交媒体几乎已经是唯一的重要媒体了。因此，CRM软件公司必须要善用社交媒体，否则将来就有靠边站的危险。这种需求为CRM界开辟了一个全新的市场，也就是所谓的“社交CRM”市场。Market and Markets的一份报告预测，社交CRM市场的规模现在大约在19.1亿美元左右，到2018年，这个市场的规模将增长至90亿美元。

企业对这个全球化的社交媒体现象有切身的体会，并感受到了巨大的压力。很明显，社交媒体是客户汇集而且企业希望进入的地方。社交媒体对于企业贴近客户具有无穷的潜力，通过社交媒体，企业有望提高收入、降低成本并提高效率。各企业都纷纷开展了社交媒体举措。有研究显示，近70%的高管认为，如果他们的企业不参与其中，就会被抛弃；而超过一半的人相信，他们的竞争对手正在通过社交媒体成功地赢得客户。

2. 移动化

移动终端数量的井喷，使得移动CRM展现出了不可逆转的发展态势。除此之外，移动和社交技术相糅合，更是达到了相得益彰的效果。社交趋于移动化社交网络的共享、微博和即时批准等特性，对用户来说让内部协作变得更加容易。那些没有带宽/设备工具来创建或分享内容的用户，被微软视为最关键的移动用户群，社交工具可以使移动用户的交流合作更加的畅通无阻。

随着3G移动网络的部署，CRM已经进入了移动时代。移动CRM，是利用无线网络实现CRM的技术。它将原有CRM系统上的客户关系管理功能迁移到手机。移动CRM系统具有传统CRM系统无法比拟的优越性。移动CRM系统使业务软件摆脱时间和场所局限，随时随地与公司业务平台进行沟通，有效提高管理效率，推动企业效益增长。

移动CRM系统就是一个集3G移动技术、智能移动终端、VPN、身份认证、地理信息系统（GIS）、Webservice、商业智能等技术于一体的移动客户关系管理产品。数码星辰的CRM产品就是典型的移动CRM产品。移动CRM它将原有CRM系统上的客户资源管理、销售管理、客户服务管理、日常事务管理等功能迁移到手机。它既可以像一般的CRM产品一样，在公司的局域网里进行操作，也可以在员工外出时，通过手机进行操作。移动CRM主要实现了经常出差在外，以便随时随地掌握公司内部信息的所提供的手机版管理软件，客户只需下载手机版软件，然后安装在手机上就可以直接使用了，同时账户就用电脑申请的组织名和账户名就能直接使用该系统，这样客户不仅可以随时查看信息，而且也可以通过手机给公司内容人员下达工作指示，同时也可以使用平台所提供的所有功能了。

作为SaaS服务的产业先驱和领军企业，近年来Salesforce也在向移动互联转型的过程中做了很多努力，Salesforce在2013年4月推出平台移动服务，以加快移动应用的开发速度并将前台软件与企业内部数据建立连接，还将企业社交平台chatter放到底层架构中。Salesforce这种将云计算、移动互联、企业社交整合起来的产品理念，正好跟移动CRM早在2011年设计的初衷不谋而合。

3. 平台化

如今，企业发展越来越快，信息化工具部署也越来越多，ERP、OA、CRM、SCM等系统各自为政，信息互不沟通，高科技的信息化工具成为企业管理负担与瓶颈。与非平台的系统相比，平台级别的软件可与企业其他系统实现无缝对接，企业信息沟通便捷，讯息一键可达。

12.4 社交化的CRM

12.4.1 为什么会有社交化CRM

Social CRM，简称SCRM，是最近几年在国外逐步流行的一个概念。Social CRM可以翻译成社交型CRM或社会化CRM，它与传统CRM的根本不同之处，就在于企业不是刻意地向客户营销，而是通过与客户的“社交”来保持与客户的关系，以及鼓励客户将品牌介绍给他/她的朋友。社会化CRM，顾名思义，就是建立在关系链上的客户关系管理，涵盖了从品牌参与互动、引导销售、舆论监控与引导以及客户服务等贯穿消费周期的方方面面。

社交化CRM是时代发展的产物。如今，社交网络大行其道，数字化时代的到来不仅改变了人们的传统社交、生活习惯，更是让商家看到了无限商机，很多企业纷纷通过社会化媒体进行营销活动。在此背景下，社交 CRM 也应运而生。

企业为什么要进行社交化的 CRM 呢？随着社会化媒体的诞生、发展，越来越多的消费者聚集在社会化媒体中，企业品牌的客户管理也随之发生了改变。

传统的企业与客户是一对一的交互关系，而随着社交媒体的产生，客户之间、客户与企业之间的关系错综复杂。传统的 CRM 需要适应这种变换。企业需要倾听客户、与客户交流。在社交媒体的关系中客户控制着主动权，企业无法用以往的方式来控制管理客户关系。同时，在社交媒体中的关系不再是简单的企业与客户的买卖关系，而是以客户为中心的，多维度的社交关系。企业渐渐意识到，以客户为中心的社交媒体策略对建立和提升客户忠诚度有很大帮助。企业通过客户在微博、博客等渠道分享的体验及口碑传播中可以获取更多的忠诚度。

为了监控和分析在这些媒体渠道中的客户反馈，企业就需要建立一套感知和响应系统。社交化 CRM 可以帮助企业迅速、便捷地对客户需求、观点以及他们在社交媒体中的行为特征进行确认和反馈。企业需要意识到，社交媒体不仅仅是维护和建立客户关系的一种渠道，企业需要利用综合的社交媒体工具和技术来寻找客户关心的话题、发掘客户对产品的兴趣，处理客户抱怨，并及时发现市场机遇。这一点在社交媒体运营中相当重要。

社交化 CRM 与社交媒体建立联系，精准掌握社交媒体上的情感诉求的方法，同时也帮助企业决策者通过数据分析，判断采取什么样的方式解决产品、服务以及客户支持中的问题。帮助企业尽可能听到客户的所有声音。

每个企业都有一定数量的客户，如果企业把“社交企业”的平台对自有客户开放，那么，客户就可以随时在上面分享使用企业产品的心得体会，及时联络到企业的销售、客服、市场等相关工作人员，甚至是对企业产品提出中肯的建议等等，这样就能极大地帮助企业节省维护客户的时间和成本，提高企业整体工作效率。

12.4.2　社交化 CRM 的意义、作用

很明显，社交媒体是客户汇集而且企业希望进入的地方。社交媒体对于企业贴近客户具有无穷的潜力，通过社交媒体，企业有望提高收入，降低成本，并提高效率。

数以万计的人登录社交网站来发表自己的想法，社交网站已俨然成为众人汇聚交流的中心。将社交化的 CRM 引入到企业管理中，能实现企业内部员工间高效、透明、便捷的沟通与协作。借助该平台，企业员工可上传个人资料、实时信息和状态更新，同时把应用程序和数据整合到平台当中。

在社交媒体时代下，社交化产品会帮助企业在口碑宣传、市场推广等方面取得

新突破。比如快速消费品企业可以在社交媒体上发布促销信息，能有效地带动产品销量，而制造行业则可以利用社交媒体做口碑宣传，提升客户的黏着度。但由于社交媒体信息传播速度快，企业在做社交媒体营销时，需要建立良好的问题追踪机制和危机处理机制，这样才能预防负面信息在互联网上扩散。

社交化 CRM，帮助企业在社交媒体中精准的把握客户需求、追踪客户行为特征，为企业决策提供可量化的科学依据。帮助企业达到社交媒体运营目标！

社交化 CRM 对企业的作用很大，概括而言有如下四点：

(1) 利用社交网与客户沟通，倾听顾客心声；

(2) 利用社交网，开发新的客户；

(3) 利用社交网，与客户互动，为客户提供服务，提升客户体验，增加客户满意度与忠诚度；

(4) 利用社交网，企业内部员工加强交流沟通，提高效率。

12.4.3 传统 CRM 向社交化 CRM 的演进

1. 传统 CRM 到 SCRM 的转变

随着社会化新媒体的出现及快速发展，消费者的习惯及需求也在发生变化。来自 Cone Business in Social Media Study(2008)的数据称 93%的美国民众更希望品牌能在社会化新媒体上出现，60%的人希望能在社会化媒体上实现与品牌的互动沟通。较于传统的 CRM 系统，SCRM 系统除了其依赖于网络关系链之外，在很多等方面都发生演变，使得 SCRM 有别于传统 CRM。

(1) Who(参与人员)。传统 CRM 系统的参与人员主要由特定的部门参与，有特定的人员通过搜集顾客的资料并对价值顾客进行定期的回访；而 SCRM 要求每个人参与其中，每个人都有任务为和企业的客户建立良好的关系做出努力。

(2) What(流程内容)。传统 CRM 系统的流程是以公司为中心进行设定的，结合公司当前的组织架构以及管理现状来设定流程保证流程的顺利实施；SCRM 系统的流程设定则以顾客为中心。

(3) When(时间设定)。传统 CRM 的时间设定以公司为中心，通常和公司的上下班时间一致；而 SCRM 的时间设定以顾客为导向，通常是 24 小时服务。

(4) Where(渠道)。传统 CRM 中沟通渠道是既定的；而 SCRM 中沟通渠道是顾客导向的灵活的渠道，不是一成不变的。

(5) Why(动机缘由)。传统 CRM 通常被用来招揽生意，增加收益；SCRM 则更注重企业与客户之间的交互作用，培养忠诚顾客，提升企业品牌形象。

(6) How(方式)。传统 CRM 的操作方式是企业对外发布信息，让顾客接收企业的相关信息，并做出判断，属于单向沟通；SCRM 中，企业在向外界传递信息的同时更加注重从顾客方面得到的反馈，属于双向沟通方式。

2. 社会网络环境下 SCRM 的运行过程

1) 社交网络与 CRM 之间的关系

社交网络环境的不断发展和变化会影响 SCRM 的作用方式，因此要了解社交网络环境下 SCRM 的运行机理，必须从了解社交网络与 CRM 之间的作用关系开始。

企业、媒体组织和顾客以社会化网络为彼此沟通的平台，他们之间有可能是朋友、同事或者伙伴，他们会找到志趣相投的群体，分享兴趣；同时，对于企业来说，这些人里面有些是现有顾客，有些是潜在顾客，通过在社交平台上的沟通，一方面可以争取潜在顾客成为公司的真正有价值的顾客，另一方面，公司可以维护住现有客户，并从现有顾客中得到关于产品、服务等等的反馈和意见，也可以挖掘真正有价值的顾客，形成一个良性循环的系统。

2) 社交网络环境下 CRM 的运行过程

对于企业来说，SCRM 不是简单的在社交平台上注册一个账号，然后定期发布微话题就可以的。成功的 SCRM 战略实施必须建立在完善的系统之上。首先需要建立 SCRM 的运作流程；其次要有 SCRM 的组织结构；同时需要有 SCRM 的相关绩效考核指标；最后要对 SCRM 系统进行持续不断的更新和维护。具体而言，涉及如下内容：

(1) 企业利用社会化媒体工具以及传统媒体工具召集一群和企业具有共同话题的人群，长期群居于虚拟搭建起来的网络。

(2) 企业通过搭建客户关系管理系统，一方面从社会化媒介获取对顾客的洞察力，另一方面也可以从传统的媒介上直接获取以下几个方面的内容：

数据。指企业与客户之间交易过程中产生的购买历史记录、退货、对电子商务网站的访问以及不同页面上停留的时间等信息。

简档。指个人信息，表现为他们在社区或社会网络对某事件的非结构化文字评论以及一些性格、爱好标识等。

客户体验图。研究客户在多种环境中的多个接触点进行的每一次交互，以及客户对各个结果的实际重视程度。

社会化网络分析。即分析谁是决策者、谁是影响者及他们之间如何交互。这是达成交易的关键，在 B2B 的环境中特别受用。

用户生成内容(UGC)。指客户被深藏的评论、评级、排名以及其他媒体内容，有助于企业更加了解客户的个性化需求。

(3) 构建全新的 CRM 团队。SCRM 不再是特定部门的单一任务，而是企业的全民运动，因此全新的 SCRM 团队应当是包括市场营销人员、顾客服务人员以及其他相关人员在内的全新团队。

(4) SCRM 团队利用 SCRM 工具要达成的目标有两个,一个是宏观范围的自动化操作,另一个是微观层面的个性化服务。

(5) 在 SCRM 运作流程的最后,结合企业业务操作模式及策略将结果反馈到前端社区平台,加以改进,形成一个良性循环的系统。

3. 社交网络环境下的 CRM 策略

SCRM 可以智能化管理从鉴别和评估消费者的价值和需求,接着选择合适的社会化媒体进行适合的交互,最终通过满足个体的个性化需求而实现社会关系的转变和忠诚的整个过程。社交网络的服务核心是人与人之间的沟通以及用户在社交平台上发布的各种话题,同样 SCRM 的核心主体也是人和话题,其本质是包含三个核心基础和四个应用模型:

1) 社交网络环境下 SCRM 的核心基础

社交网络环境下 SCRM 的核心基础是微信息、微网络和微价值:

(1) 微信息:它是核心主体人和话题的信息数据模型。处理的是主体的信息维度,并能够与业务系统的数据模型进行映射。

(2) 微网络:它是人或话题的社会化网络结构模型。强调跟随者和关注者的两个方向的网络分布结构,包括分布层级、人的数量和话题数量、节点强弱等。

(3) 微价值:它是社会化网络中人或话题的资产价值评估模型。评估人或话题的社会化媒体影响力的标准体系和模型。基于社会化网络的特点,主要从影响力分布、强度和集聚系数等进行评估。

2) 社交网络环境下 SCRM 的应用模型

在核心基础上,企业会根据自身的需求继续研发,从而衍生出 SCRM 的诸多应用模型,组成 SCRM 运行体系的基础。

(1) 微生命周期模型。可分为人的生命周期模型和话题的生命周期模型,社会化网络中的人与话题都有其生命周期阶段,分析并认清生命周期阶段并有效的进行延展和激活,可以更好地提升其整体的生命周期价值。

(2) 微管道模型。关注企业在社会化网络中的销售——营销——服务的管道路径,从分享、消费者感知、转化兴趣到内部的线索等不同阶段,并设计不同业务场景进行话题响应,从而形成一个社会化网络与内部 CRM 相融合的微管道。

(3) 微忠诚模型,将企业的客户和会员逐步引导到社会化俱乐部中,提供积分、激励、礼品、促销等,通过客户和会员的社会化网络进行分享和服务,并能够吸引和推荐更多的社会化网络中的消费者进入到企业的微管道。

(4) 微细分模型。微博本身具有一定的市场细分功能。基于人和话题的信息进行分类,有不同的分类方法:如价值分类、行为特征分类、生命周期分类及关系网络分类。按 Forrester 的分类方法分为创造者、会话者、评论者、收集者、参与者、围观者和休眠者七类。

综上所述，社交网络环境下的 SCRM 的本质是以个体导向的微资产为中心，以人和话题为主体，以微信息、微价值和微网络为核心基础，并在核心基础上衍生出符合企业实际需要的多个模型，作为其运行机制的基础模型。

12.4.4　社交化 CRM 的路径

从 Social CRM 的工具或系统应用上看，目前有如下几个方向可向 SCRM 发展。

(1) 传统的 CRM，如 Oracle，Salesforce.com，SugarCRM 等，他们往往是在传统的 CRM 中加入了与社交媒体的整合。例如，在客户联系信息中，加入 Twitter、Facebook 和 LinkedIn 的信息，这样你可以更好地了解这个客户。还有一些全新的 Social CRM，一开始就建立用户 P2P 的支持社区等功能。已经建立市场地位的 CRM 厂商也许可以向现有客户推广 Social CRM 的概念，但限于其产品架构，难于做太多的根本性改变。

(2) 媒体监测工具：如 Radian6 等，他们原来是监测博客，论坛等，发现和统计与品牌相关的信息。现在也监测微博等社交媒体，加入了互动，聚合等功能。这些工具对刚涉足社交媒体的大品牌有用，但局限于分析，而不是在分享，所以很多已经卖给更大的公司。

(3) 用户社区系统：如 Jive，Lithium 等，他们原来提供用户社区的解决方案，现在重新定位成 SocialCRM，买了媒体监测工具，也提供对内的员工社区，对外的客户或合作者社区等。从而向企业提供全面的社会化商业的解决方案。他们当中会在明年中出现几家上市公司。

(4) 微博客户端，聚合管理工具：如 Hootsuite，Cotweet，这些公司往往是从微博客户端起家，现在聚合多种社交媒体，提供管理，分析，统计等企业功能。这些客户端工具有广泛的(免费)用户基础，可以作为高级个人用户或中小企业的低端工具。

(5) P2P 社区：这是让用户自发成立的社区，如 Get Satisfaction 等，用户可以相互讨论产品，企业可以进驻帮助用户。这是一个全新的概念，但除了 Twitter，Facebook，用户是否愿意到另一个社区讨论？企业是否愿意放弃控制权？

(6) 整合 Email 和社交媒体的工具，如 Xobni，Gist 等。这些 Email 的 Plugin 整合了 LinkedIn，Facebook 的社交媒体的数据，使得 Email 更加 Social。做 Email 的 Plugin 依附于 Email 的提供商，也许最好的归宿是像 Xobni 卖给微软。

随着社交网络的发展，特别是近年来社交网站屡创奇迹，越来越多的企业开始意识到社交型 CRM 客户管理系统已成为一种不可忽略的趋势。

企业社交市场未来的发展空间很大，而且现在竞争也很激烈，但是对于厂商来说，更重要的是积累客户。在国外，微软、谷歌、Salesforce 等软件巨头都已经先后推出了企业社交化产品，并在积极的宣传和推广，已经获得了客户的认可，而反观国内，八百客、用友、金蝶也都在这方面做足了文章。

12.4.5　社交化 CRM 的现状

根据 Nucleus 2012 年 3 月的研究：社交化 CRM 让销售人员更加具有生产率，总体效率提升 11.8%。21%的社交 CRM 用户称销售效率提升了超过 20%，37%的人称效率提升了 10%～20%。相比之下，只有 7%的人没感到销售效率的提升。

1. 采用虽高，困惑仍在

将近 4/5 使用 CRM 软件的公司使用了一些社交 CRM 技术，其中最普遍的做法是将 CRM 应用与外部网络进行了整合，见表 12-1 所示。

表 12-1　最近利用技术提升社交化 CRM 能力的应用

社交化 CRM 实现方式	所占比例(%)
外部社交整合，例如：LinkedIn 或者 Facebook	47
内部社交型网络	36
整合当前的社交监测和即时通讯	25
推送更新信息，如活动摘要或者是聊天内容	22
什么也没有	19

从表 12-1 可知，将 Facebook 或 LinkedIN 等外部社交网与现有的 CRM 应用进行整合的占 47%，其他被采用的技术还包括内部社交型的网络(36%)，整合社交监测和即时通信(25%)，以及推送状态更新如活动信息(22%)。

尽尽管如此，很多 CRM 用户仍然对社交 CRM 感到困惑，16%的人称他们不知道这究竟是什么，只有 8%的人认为他们对这些技术应用很好。这些用户可能还有时间慢慢熟悉，至少当说到使用社交 CRM 去响应社会化媒体上的客户服务时，来自 OVUM 2012 年 3 月的调查显示，在发达国家只有 10%的用户使用社交媒体获取客户服务，而新兴市场则有 32%。

2. 移动 CRM 提升效率

同时来自 Nucleus 的报告还显示，移动访问 CRM 的价值甚至超过社交，移动技术提升 CRM 销售效率达 14.6%。有 3/10 的移动 CRM 用户称他们的生产效率提升超过 20%，46%的人则提升了 10%～20%，意味着 3/4 的移动 CRM 用户销售效率至少提高了10%以上。相比,只有2%的人称没有从移动CRM中获益。

最流行的移动销售自动化设备是iPhone(67%),然后是Droid(48%)和iPad(46%)。

最常见的移动设备选择是管理层决定应该使用哪种设备(40%)。

以上Nucleus的研究数据基于223名CRM决策者的调查,包括中小和大型使用CRM的企业;Ovum的数据基于4 000名用户的调研,涵盖4个发达国家(美、英、法、德)和4个发展中国家(巴西、俄罗斯、印度和中国)。

12.4.6　如何建立社会化CRM

那么如何建立社交化的CRM呢?有如下步骤:

(1) 确定你的市场目标。弄清楚你想要实现的目标。企业都想获得更多的客户和盈利,但是要考虑的是达成这些的步骤。合理的在线营销方式可能包括网站流量的引入、竞价排名、引导客户在社交网络上交流等。

(2) 将当前的市场渠道与社交媒体进行整合。将原有的客户渠道最大限度的集成到社交媒体中,例如,你可以直接通过邮件等方式,添加你的微博或其他社交媒体主页链接。如果企业通过昂贵的报纸、电视等媒体刊登广告,但没有达到想要的效果,那么是否应该开始考虑社交媒体?

(3) 确定你的受众。这点非常重要,关系到你的计划是否能够精准的送达到你的目标群体,而且要尽可能考虑的具体、详细,比如产业、性别、年龄、购买习惯、收入水平、教育程度,等等。

(4) 选择合适的平台。确定你的客户在哪,如果你的目标用户正在使用微博或者视频网站,那么这些平台就是你应当重点关注的。对于小型企业来说,没有过多的精力维护所有的社交媒体,那么就抓住客户最喜爱的两个媒体吧。

(5) 积极主动地参与互动。如果你只说不听,那么没人愿意与你"交朋友"。在社交媒体中,消费者希望自己得到企业品牌的关注,当他们感受到自己在"被关注"的情况下,更愿意与企业建立联系。

(6) 评估与监控。当然,在这些的背后,完善的评估监控系统是必不可少的,这会对你的策略决策提供有力的,更科学的依据。

案例分析

Salesforce进行社交化CRM的实践

在所有的SAAS提供商中,Salesforce无疑是一颗耀眼的星星。目前的市盈率也已经达到了惊人的160+。

作为企业SaaS服务的标杆企业，Salesforce早几年就在其客户关系管理服务中整合社交元素，并为此投入大笔资金。据搜狐2012年8月14日消息，据国外媒体报道，Salesforce证实已经完成对社交媒体营销平台Buddy Media的收购。此前2个多月，Salesforce宣布与Buddy Media达成了价值6.89亿美元的收购协议。

2012年6月Salesforce宣布收购Buddy Media时称交易价值"约6.89亿美元，其中包括现金和股票"，但它在向美国证券交易委员会提交的文件中称收购Buddy Media的总成本高达7.45亿美元。这是当时社交媒体营销领域最大的一笔收购。

Salesforce高管马赛尔·勒布朗(Marcel LeBrun)解释说，这一交易是对社交媒体对营销产业影响的反应。

Buddy Media创立于2007年，主要业务是帮助惠普、玩具生产商美泰(Mattel)、福特汽车及其他100多家公司在Facebook、Twitter、Linkedin和Google+等社交网站以及YouTube和谷歌(微博)等站点上维持存在。收购Buddy Media的交易符合Salesforce最近以来的一贯战略，后者正在进军社交领域。去年，Salesforce以3.26亿美元的价格收购了社交媒体监控公司Radian6。Salesforce的其他软件产品包括Chatter、Rypple、Stypi和Jigsaw等。

近来社交媒体营销领域的收购非常活跃，Salesforce曾在2013年以3.26亿美元的价格收购了社交媒体监测公司Radian6，2014年Oracle击败Salesforce，以3亿美元的价格成功收购了Vitrue，Adobe2014年早些时候也收购了Efficient Frontier。Buddy Media的产品帮助企业市场部门管理在Facebook、Twitter等社交媒体上的营销活动，根据AllThingsD的报道，Buddy Media在Saleforce和Google同时发出的收购要约中选择了业务更加专注于企业级市场的Salesforce(当然出价也更高)。

Buddy Media与Salesforce的关注重点非常一致，那就是专注于社交媒体工具。Buddy Media拥有自己的企业社交网络——Chatter，2013年底还收购了社交媒体绩效评估软件平台Rypple。Salesforce的新任执行副总裁，目前领导Rypple项目的John Wookey表示：社交网络工具正在帮企业变得更加敏捷和透明。

Salesforce对Buddy Media的收购意味着CRM正在超越传统的销售流程范畴。今天，CRM更多意味着品牌管理、社交媒体互动和用户推广。这也是Radian6和Buddy Media获得成功的原因。在收购了这两家公司后，Salesforce将能帮助其企业客户的销售流程扩展到社交网络，通过社交数据获取更多销售机会。

过去，Buddy Media的社交媒体工具能帮助品牌客户管理Facebook推广活动，最近Buddy Media将其产品覆盖的社交媒体范围扩大到Twitter、LinkedIn和Google+。本月初，Buddy Media宣布在2012年第一季度帮助客户管理了1 280

亿次社交媒体展示，而去年第一季度这个数字是30亿次，其业务规模增长速度让人吃惊。

在Salesforce收之前，业界普遍预测Facebook或广告巨头WPP集团会收购Buddy Media，前者与Buddy Media是非常紧密的合作伙伴，而WPP则不但是Buddy Media的投资方之一，最近还宣布其所有Facebook广告投放都将通过Buddy Media进行。在被Salesforce收购前，Buddy Media共融资9000万美元，在当时的一轮融资中估值5亿美元，其早期投资者包括Facebook的支持者皮特·泰尔(Peter Thiel)和Zynga创始人马克·平卡斯(Mark Pincus)，以及罗恩·康维(Ron Conway)和罗杰·伦伯格(Roger Ehrenberg)等天使投资人。

Salesforce董事长兼首席执行官马克·本尼奥夫(Marc Benioff)发表声明称："Salesforce现在已经拥有社交收听和营销市场上首屈一指的从业者，也就是Radian6和Buddy Media。在未来五年中，首席营销官在科技领域中的支出将会超过首席信息官；在这种情况下，我们在'营销云'(Marketing Cloud)领域中占据的领导地位将允许我们利用这种庞大的机会。"

在这项交易中，Buddy Media的"排他性金融顾问"是CODE Advisors，后者是一家由摩根大通提供支持的金融服务公司，是在2010年由哥伦比亚广播公司(CBS)互动部门前首席执行官昆西·史密斯(Quincy Smith)和音乐行业资深交易人士弗莱德·戴维斯(Fred Davis)联手创立的。

Salesforce公司在社交化CRM领域的努力获得了很多客户的认可，它为很多知名公司提供了社交化CRM产品和服务，其典型的成功案例举例如下：

从T台时装表演到零售商店，巴宝莉不断增强与客户的联系

很少有几个行业像时尚界一样注重"品牌"。巴宝莉首席执行官Angela Ahrendts十分了解这一点："你必须和所有接触你的品牌的人保持十足紧密的联系。"利用网络和社交媒体，这个具有标志性的、饱受人们喜爱的时尚品牌不仅扩大了品牌辐射范围，而且以全新的方式与客户和热衷者保持联系。

巴宝莉已有150多年的经营历史——目前，Ahrendts和巴宝莉的创意总监Christopher Bailey正在努力对公司进行改革，以确保巴宝莉在未来数十年保持良好势头。"当今社会，你必须建立一个社交企业。你必须这么做。否则，我难以想象今后五年你将处于什么样的业务模式。"

一个世纪以来，时尚产业主要依靠传统媒体进行宣传和推广。而现在，巴宝莉不仅利用传统媒体，更将开拓新的社交媒体。这个品牌在Facebook上拥有1000多万关注者，并使用salesforce. com的技术为Burberry World提供支持。Burberry World被称为"巴宝莉品牌的极致表现"，可以让访问者"参与、娱乐和互

动，并享受最极致的在线奢侈品购物体验”。

巴宝莉的草图是由 salesforce.com 的首席执行官 Marc Benioff 在一张餐巾纸上绘制的，当时他正在纽约一家宾馆与 Ahrendts 及巴宝莉首席技术官(CTO)John Douglas 进行商谈。他们创设的目标是：全面整合公司及其员工、客户和至关重要的品牌。

“我们的愿景是让客户能够随时随地使用任何设备全面了解巴宝莉”，Ahrendts 说，“并且他们对巴宝莉品牌和文化的体验并不会因为设备原因而有所不同。每个人都可以进入 Burberry World，了解巴宝莉当下的旅程。”

GE Capital 的社交群体有助于建立更紧密的客户关系

“我们不仅仅是银行家，我们更是建设者。”GE Capital 在推动和支持经济发展方面享有丰富的经验并引以为傲。目前，该公司正在利用新的社交技术来进一步推动它的使命——为其客户的资产发展提供资助和专业知识。

在 GE Capital 转型为社交企业的过程中，我们也在经历新型的发展模式。例如与客户建立更紧密更深入的联系，提高员工参与度，加强员工协作等等。置身于新的更具社交性的业务领域，GE Capital 迅速地意识到与客户群体建立联系的重要性。“在 B2B 环境下运营的社交企业的优势在于：可建立企业与客户之间的切实联系，并通过日常互动无法实现的方式为他们带来价值。”GE Capital 美洲地区的首席信息官 Sigal Zarmi 说。

由于 GE Capital 想在近期举办一场客户活动，因此开始建立一个名为“Access GE”的协作社区。由于该社区使用了 Force.com 平台和灵活的开发方式，GE Capital 得以在五周内就将其发布，恰好赶上了由 GE Capital 首席执行官主持的美国中端市场峰会(National Middle Market Summit)。

Access GE 是一个欣欣向荣的协作社区，各中端市场的首席执行官和首席财务官可在此深入了解同行以及 GE Capital 员工的专业知识。各主管可通过 Chatter 与具有相似需求或相同经历的同行联系，并就有关共同利益的话题展开讨论。Access GE 上进行的动态社交对话提高了客户获得所需答案或信息的速度。

“我们正迅速有效地在 GE Capital 和客户以及客户之间建立社交性联系，从而与重要客户建立更深入的关系。”Zarmi 解释道，“这就是社交网络的力量。”同时，社交技术也可加强公司员工之间的协作。公司商业销售团队的 3 100 多名员工通过 Chatter 进行联系，以分享销售策略，寻找内部专家并发掘交叉销售的机遇。

塔克商学院协力为学生提供一对一的就业帮助

面对竞争激烈的就业市场，商学院的学生非常希望学校能够尽力帮助他们找到实习以及研究生就业机会。位于达特茅斯的塔克商学院是十佳商学院中规模最小的学院之一,它的特色在于教职人员和职业发展中心与学生之间建立了十分紧密的关系。作为社交企业,塔克商学院利用 Salesforce Chatter 与数百名学生以及数千名校友进行协作,为他们提供更具个性的职业规划,让他们更具竞争优势。

职业发展主任 Rebecca Joffrey 表示:"之前,我们使用业务通讯的方式与校友和学生们进行沟通,这样每个人获得的信息都是相同的。"利用 Chatter,我们可以自定义与每个学生沟通的方式,并满足更特定的信息需求。"

塔克商学院通过创建 Tuckjobs 开始转型为社交企业,这是一个用于提供就业和社交网络信息的学生门户。该门户目前仅允许在校生进行访问,很快还将对上千名校友开放。这一完全集成的私有社交网络(基于 Salesforce Chatter)帮助塔克商学院的职业中心与学生进行联系,并分享与求职意向最相关的信息。学生在入学指导前就初次体验了 Chatter,这有助于新生了解学院可提供的职业服务。职业发展办公室还利用 Chatter 直接向合适的人群(例如营销社团成员、会说西班牙语的学生,或寻求海外职位的学生)提供特定的信息和机遇。Joffrey 认为:"人际互动是塔克商学院的特色。当我们开始使用 Chatter 时,有人担心这项技术会逐渐消除人际接触。然而,我们发现 Chatter 帮助我们进一步深化了人与人之间的互动。"

Saleforce 还帮助学生对来自达特茅斯大型社区的海量信息进行筛选,以便找到感兴趣或与自身相关的信息。职业发展办公室还创建了自定义"播放列表"网页,集中罗列了有关特定领域的信息,包括行业概述、相关资源、职位空缺、校友联系信息等。Joffrey 解释道:"我们要让学生轻松地调查就业市场,以便他们选择适合自己的职业道路,并获得真正想要的职位。"

科罗拉多州利用社交技术与市民联系并促进商业发展

科罗拉多州立互联网门户机构("SIPA")的执行总监 John D. Conley 说随着智能手机和社交网络的普及,我们与朋友、家庭、公司,甚至政府部门的沟通方式也在不断改变。当科罗拉多的市民、企业以及当地机构希望通过在线渠道与当地政府沟通时,该州政府会确保他们快速轻松地与适当的人员取得联系。"我们的政府会跟随市民的脚步,而不是强制他们来找我们。该机构旨在为当地政府和州立机构提供集中的技术支持。

当需要跟踪数百位内部客户时,SIPA 首先利用的是 Sales Cloud。初次实施的结果非常成功,于是该机构将科罗拉多州政府的许多其他职能也转移到 Saleforce 中,其中包括艺术拨款、商业招募、交通部拨款以及州长的通信和日程安排。

现在,科罗拉多州利用 Salesforce 提供对各级政府的在线访问。市民和各类机构可以通过桌面计算机、智能手机或平板电脑向 www. colorado. gov 提交请求。例如,州长办公室每月处理的请求数翻了一番,而且无一遗漏。Conley 表示:“现在,我们有更多的时间来处理需要更多接触的关系。”

以前,SIPA 会使用多个自定义应用来处理诸如发展经济、振兴旅游业和创造就业机会等需要持续更新的事务。利用 Salesforce 平台,以前需要 6 个月才能实施完毕的应用现在仅用 6 周时间就搞定了。Conley 表示“Salesforce 灵活多变,可满足我们的各种需求。即使在财政受限的环境下,我们也可以进行快捷高效地研发和生产。”该机构甚至转售了所开发的应用来帮助当地企业取得成功。

科罗拉多州的经济发展和贸易办公室(“OEDIT”)注意到了 SIPA 的高效办公模式,于是利用 Sales Cloud 管理引进的商机,这是吸引国内和国际企业落户该州的一项措施。Conley 表示“利用 Salesforce,我们正向世界展示科罗拉多是一块适合经商的宝地。

类似于上述 Salesforce 的社交化产品帮助客户成功的案例枚不胜举,该公司能在 CRM 领域占据全球领先的市场地位,在于其与时俱进,对客户及其需求的深刻理解和洞察,并在此基础上提出创新的解决方案。我们可从该公司的中国区销售总监王刚在 51 Call center BPO 大会上连续三年的发言题目上得到印证:2012 年,演讲主题是“欢迎来到社交企业的时代”;2013 年的主题是“欢迎来到客户企业的时代”;2014 年是“欢迎来到客联网时代”。

案例思考题

1. Salesforce 是如何根据客户需求的变化为客户提供创新的解决方案的?
2. Salesforce 社交化的 CRM 产品的特点和功能如何?
3. 你所在的企业是否使用社交化的 CRM? 如果是,是如何运用的? 如果否,为什么? 是否适合使用社交化的 CRM?
4. 该案例给你何启示?

复习思考题

1. 试从环境变化的角度分析 CRM 变化发展的趋势。
2. CRM 软件企业该如何与时俱进地满足其客户进行客户关系管理的需求?

第13章 微信与CRM

导入案例

微信开启粉丝经济

央广网北京2013年9月13日消息，据经济之声《天下公司》报道，目前陈坤的微信公众账号内，用户可以通过微信支付方式购买价值18元、50元、100元、168元四个级别的会员卡。拥有会员特权的用户，将能享受到阅读陈坤书籍、欣赏陈坤私房音乐、查看陈坤私房照以及定制陈坤语音问候等特殊一些功能。微信平台推出第一天，700万会员费入陈坤口袋。

陈坤的微信跟杨幂的微信不同，已经升级成一个依托微信的站点。通过陈坤的微信，不仅可以看到有关陈坤的新闻、写真、书籍、音乐、语音回复，更重要的是还可以与其他的粉丝交流有关偶像的话题。

你只要缴纳18块钱，就可以成为陈坤微信平台的月度会员。只要168块，就可以成为陈坤微信平台的年度会员。成为会员以后，不仅可以阅读"行走"系列书籍、陈坤的私房音乐、查看陈坤的私房照，还能提到陈坤的语音给你说晚安、早安。当然不止这些，你还可以在会员讨论区中参与讨论。成为陈坤粉丝团的成员，你将会获得与偶像近距离接触的机会。168，这一切只需要168，如果我是陈坤的粉丝，我肯定会连夜充一个会员，的确太超值了。

前段时间，《逻辑思维》的罗胖子破天荒开微信自媒体会员制之先河，半天卖出5 500个会员，卷走160万。而在知名度和影响力，罗振宇是不能和陈坤同日而语的。我不妨做个假设，陈坤在微博上有着5 600万的粉丝基数，陈坤在微信上获得100万粉丝并不是什么难事。在这100万粉丝中，只要有10%的粉丝买了陈坤的会员，那陈坤光在微信平台上至少能够获得1 680万的收入。

当然，陈坤需要这1680万吗？1 680万，对待普通人来说是天文数字，但对陈坤来说却不是最重要的。那么，陈坤在微信平台上将会获得什么呢？

(1) 获得铁杆粉丝。在没有微博和微信之前，明星也知道自己人气高，有粉丝拥戴。但是粉丝在哪里、都是什么人，就没人知道了。而拥有了微信平台以后，这个问题就不是问题了，谁缴纳了会员费，谁肯定是铁杆粉丝了。掏多少钱并不说明对偶像有多喜爱，但至少表明了一种态度，就是你肯为你的偶像买单。通过微信平台，一个偶像的影响完全可以被量化，也可以很轻松地货币化。——细分粉丝市场：靠会员费来分辨普通与铁杆粉丝。

(2) 获得全新的宣传渠道。一个明星，当拍了新电影、新电视剧，需要马不停蹄地上通告、做宣传，听说赵薇在《致青春》上映的时候，一晚上跑了北京十几个电影院。可见，一个明星做宣传是一件费力劳神的事情。当有了微博和微信这些新平台以后，明星只要发几条微博，发几条微信，大部分的粉丝都会知道偶像拍了新戏，肯定会第一时间来支持偶像。线上新媒体的营销，虽然还不能完全把线下的营销完全取代，但的确大大提高了效率，减少了明星宣传的工作量。

(3) 获得经营偶像衍生品的机会。在陈坤的微信平台上，此次陈坤推出了自己《行走的力量》系列书籍，这可以说此书就是偶像陈坤的衍生产品。原来出版一本书有多难，要采写、编辑、校对、出版、发行，还要不停地去各地签售。而有了微信平台，书很轻松地就跟会员一起打包卖了。除了书籍之外，明星还可以通过微信平台，出售T恤、纪念品等偶像衍生品，获得演艺生涯额外的收入。

(资料来源：闽西新闻网 http://www.mxrb.cn，2013-09-14)

13.1 微信概述

13.1.1 微信简介

微信(英文名：wechat)是腾讯公司于2011年1月21日推出的一个为智能终端提供即时通讯服务的免费应用程序，微信支持跨通信运营商、跨操作系统平台通过网络快速发送免费(需消耗少量网络流量)语音短信、视频、图片和文字，同时，也可以使用通过共享流媒体内容的资料和基于位置的社交插件"摇一摇"、"漂流瓶"、"朋友圈"、"公众平台"、"语音记事本"等服务插件。

微信提供公众平台、朋友圈、消息推送等功能，用户可以通过"摇一摇"、"搜索号码"、"附近的人"、扫二维码方式添加好友和关注公众平台，同时微信将内容分享给好友以及将用户看到的精彩内容分享到微信朋友圈。

从以下数据可见微信的迅速发展：2012年3月29日，微信用户破1亿，2012年9月17日，微信用户破2亿，2013年1月15日，微信用户达3亿，2013年7月25日，微信的国内用户超过4亿；8月15日，微信的海外用户超过了1亿。截至2013年11月注册用户量已经突破6亿，是亚洲地区最大用户群体的移动即时通讯软件。

13.1.2　微信的特点

微信是一种方便快捷的即时通讯工具。其主要特点如下：

(1) 借助移动互联网。截至 2013 年 12 月底，中国移动互联网用户数达 5 亿。如此庞大的用户基数为微信的快速发展提供了丰富的用户资源。

(2) 支持主流智能手机平台。据美国市场研究公司 IDC 的最新研究显示，安卓和 iOS 仍然是全球智能手机系统最主流的两大操作系统，两大系统 2013 年在全球出货量份额达到 93.8%。

(3) 传播方式多样化。微信平台几乎整合了近 20 年来移动通讯和网络通讯所有的传播方式。不同的传播方式包括有：朋友圈，二维码，视频，语音短信，图片，文字，漂流瓶，LBS(Location Based Service 基于位置的服务)以及微名片等。

(4) 资费低，省流量。微信是一个免费软件，发生费用的仅仅是来自应用时产生的流量。用户只需要付很少的流量费用给移动运营商。如此低廉的通讯费用不能不说是对移动运营商是一个极大的冲击。越来越多的用户几乎放弃了短信，尽量少用电话，因为微信的即时语音聊天的确是一个很好的替代品。

13.2　微信功能在 CRM 中的体现

微信的功能如表 13-1 所示。

表 13-1　微信的主要功能

微信基本功能	点对点的互动式即时沟通
	朋友圈
	游戏娱乐
	银行卡绑定
	其他插件功能
微信公众平台具有的特色功能	订阅号和服务号
	在线支付购物

13.2.1　微信基本功能在 CRM 中的体现

随着微信的快速发展，微信在企业 CRM 中的应用也应运而生。微信与 CRM 的结合，体现在微信的各种功能上。

(1) 借助于点对点的即时沟通功能，企业可以及时地与客户沟通，从而提高客户满意度。例如生产电脑的企业处理客户投诉。以前,客户的电脑如果出现问题想要投诉基本靠打企业的投诉电话。而接电话的服务人员往往不懂技术,所以需要记录下客户信息反馈给相关技术人员,经过如此往返几次的沟通客户的问题才能得到解决,整个处理流程最快也得几个工作日。而如果企业借助于微信平台,则可以大大改善这样的状况。当客户与微信平台上的服务人员联系时,服务人员可以将该投诉转给相关技术人员,让客户与技术人员直接沟通,省去了之前工作人员的信息中转时间,提高了工作效率,同时也缩短了整个处理过程的时间,提高了客户的满意度。该项功能非常有助于老客户的维护以及新客户的开发。

(2) 朋友圈对企业推送的有价值信息的二次或多次转发可以给客户带来价值。例如春节前夕联通上线的免费赠送"国内 500M 流量红包"活动。流量红包的领取时间仅为 11 天,但是活动期间朋友圈对这条信息的转发次数相当多,以至于只要在活动期间阅读朋友圈信息的用户,都不会错过这条信息。客户对这类有价值的信息从来都是持相当满意的态度的。这一点从客户的高转发率和点评率就可以得知。二次或者多次转发同时也可以吸引新客户的关注,有利于开发新的客户。

(3) 游戏娱乐对于客户满意的提升是不言而喻的。用户玩游戏的目的就是为了让疲惫的身心得到放松。对于一些上班族来说,吃完午饭,玩一些轻松的手机游戏,让忙碌了一上午的自己休闲一下,同时也为下午更好地工作调整一下状态,一张一弛。

(4) 银行卡绑定给客户带来的价值非常明显。除了免费的消费金额即时提醒,过节时的红包派发,还可以实现随时随地的微信银行转账等。尤其在一些偏远地区或者在一些特殊情况下,使用互联网不是很方便,假如供应商要求付款或者用户需要进行一些临时购买,微信的银行卡绑定可以省去很多烦恼,提升老客户的价值。同时,简单便捷的使用条件非常容易吸引新客户的关注,便于开发新客户。

(5) 通过 8 秒的微视,企业可以发布一些优惠活动的宣传推广,一些健康生活的善意提醒等一些与企业自身产品或服务相关且对客户有价值的信息。美国著名太阳眼镜生产商雷朋,曾经在 YouTube 上发布过一部名字叫 *Super Chameleon*(超级变色龙)的短视频。其极具创意性的拍摄使得该视频在短短两个月内观看次数超过 100 万次,不少人更是将视频转到了自己的博客里,与大家一起分享。通过该视频的推广,雷朋太阳眼镜在夏天火爆热销,还曾一度脱销。当然,8 秒的时长对企业的要求则更高了,必须是浓缩的精华才能获得老客户的认可,同时也可以吸引新客户的关注。

(6) 漂流瓶,看似很简单的操作,但是如果运用得好,也是可以为微信公众平台凝聚不少客户。比较知名的成功微信营销案例——招行"爱心漂流瓶"正是很好地运用了这一功能。用户回复捡到的招行漂流瓶,招行便会给自闭儿童捐赠积分购买培训课程。借助于公众对公益事业的热心，招行很快便为自己的微信公众号吸引了许多粉丝。既提升了品牌知名度，吸引了新客户，又满足了用户行小善的心理需求。

(7) 附近的人，这一插件也被应用得很广泛。一些用户会利用签名在附近寻找志同道合者。还有一些企业主通过签名档为自己的产品做免费广告。只要处在人流量比较大的地方，"附近的人"使用者特别多，这个广告效应不比那些广告牌的效果差。如果用户加企业主为好友，企业主还可以及时和客户互动。这种与客户一对一的交流更容易获得新客户。

(8) 扫一扫及二维码。通过扫一扫产品、海报或者名片上的企业二维码，用户可以很方便地联系到企业，有任何问题也可以随时沟通。不会出现像以前那样用户需要四处寻找企业的联系电话，用户投诉无门，用户和企业之间缺乏有效沟通等等现象。因此，对老客户价值以及客户满意度的提升起到了很大的促进作用。

13.3.2　微信特色功能在 CRM 中的体现

微信的订阅号、服务号有所不同(见表 13-2 所示)，但都可以向客户推送有价值的信息。除此之外，服务号由于可以自定义菜单，所以其更主要的服务目标是创造更好的客户体验。例如 7 天连锁酒店的微信服务号"7 天会"已经在微信平台上实现微信订房、支付、搜索查找分店以及在线客服等服务。7 天酒店会员可以 24 小时通过微信平台预订。与以前的网上订房相比，微信订房只需要移动数据网络，对于订房的时间、地点、环境都没有要求，给客户带来更大的便利性。微信账号的自定义服务菜单可以让客户在喝水聊天的同时完成操作，极大地提升了老客户的价值，同时也吸引了新客户的关注。

表 13-2　订阅号和服务号的区别

	订　阅　号	服　务　号
服务方向	为用户提供信息和资讯	为用户提供服务
所处位置	在用户的通讯录中，被放入订阅号文件夹中	在用户的通讯录中，被放入服务号文件夹中
设置自定义菜单	不可以	可以
推送信息	每 24 小时一次	每 30 天一次
消息显示位置	被折叠到"订阅号"文件夹中	在用户的聊天列表中

在线支付购物的引入意味着用户可以在微信公众账号获取产品信息，直接完成购买到支付整个流程。麦当劳成为第一个尝试此功能的公众账号。用户只需关

注麦当劳的公众账号,然后根据所提供的链接点击"会员卡特权"的页面就可以在线购买产品,两种支付方式财付通和银行卡都可以使用。

手机已经不再是一个简单的接听电话,发送短信的通讯工具,它已经深入地渗透到了人们的生活中。当人们出门在外时,最可能随身携带的移动设备就是手机。与传统电商相比,微信购物克服了时间与空间的局限性,开启了移动购物新模式,用户的购物行为带有明显的碎片化特征。用户可以在上下班途中、茶歇时间或者等人的时候完成在微信平台上的购物。其购物的便利性极大地增加了用户购物的机会和可能性。今天的消费者是精明的,不仅希望物美价廉,还希望能够节约时间,基于微信平台的移动电商很好地满足了客户的期望需求。

企业通过恰当地运用微信平台的这些功能,将产品的价值传递给用户,从而形成客户满意,进而转化为客户忠诚,这是企业利用微信平台进行客户关系管理的核心。只有为客户创造了价值,才有可能形成客户满意,从而最终转化为客户忠诚。之所以有如此多的用户选择微信平台,是因为微信的使用方便便捷,功能丰富,将各种服务集中于一个平台,真正实现了"一机在手,出门无忧",这其中蕴含的价值是不言而喻的。此外,通过此平台,企业还可以开发新客户,维护老客户,并可发展老客户的价值。

13.3 微信在 CRM 中的应用现状分析

13.3.1 不同类型的企业公众平台应用现状

微信于 2012 年 8 月正式推出公众平台,深受各类媒体、企业、政府服务机构等欢迎。据腾讯微信产品副总经理张颖透露,截至 2013 年 11 月,微信公众平台的注册账号已有 200 多万,并且每天仍以 8 000 个的速度增长。短短一年多的时间,就能取得如此大的反响,除了微信庞大用户群的吸引,微信不断丰富的公众平台功能也是让各路公众账号主动跟风的主要原因之一。目前微信公众平台的主要功能有:整体信息推送、定向信息推送、点对点互动、自定义菜单开发以及智能客服等。结合运营主体和运营内容特征,目前的微信公众平台可细分为以下一些类别:新闻阅读类、综艺明星类、科技数码类、生活购物类、影音娱乐类、社区交友类、文化教育类、地方政务类、公共名人类等。总体上说,目前微信上的企业公众平台主要分为四大类:媒体,品牌客服,电商以及公共服务(见表 13-3)。

表 13-3　不同类型的企业对微信公众平台的应用

	类　别	特　点
媒体类	门户网络类，如搜狐、新浪、腾讯等	每天推送图文信息，内容以各自擅长的报道、资讯、专题为主
	电视报纸杂志等传统媒体类，如央视新闻、湖南卫视、扬子晚报等	界面功能丰富，且有自己的特色，跨其运营主体格调一致
	独立科技媒体类，如虎嗅网、爱范儿、极客公园等	进驻微信时间较早，运营策略较为成熟，对于推送内容和与用户互动都有自己的一整套方法
	自媒体类，如鬼脚七、程苓峰的云科技	靠卖微信广告赚钱，但成功者凤毛麟角
品牌客服类	以杜蕾斯、星巴克为代表	更注重与用户的互动，从而达到品牌传播的效果
	以招商银行信用卡中心，南方航空为代表	将自身企业的服务系统与微信平台相结合，不做营销，只做沟通和服务
电商类	以麦当劳、当当网为代表	全面接入微信支付和财付通服务
公共服务类	以“廉洁广州”、“上海发布”、“壹基金”为代表	以信息发布，方便民众查询及公众监督为主

1. 媒体类

媒体类是目前公众账号中最为活跃的一类。根据运营主体的不同，媒体类公众平台大约可分为四类：

1）门户网站

例如搜狐、新浪、腾讯等，以腾讯为代表。这类账号每天会推送一到两次的图文信息给用户，信息内容以各自擅长的报道、资讯、专题为主。以腾讯科技为例，每天上下午会各推送一次，每次都推送四条精选科技新闻。推送信息的界面一般占手机屏幕的四分之三，非常方便用户的阅读。而搜狐新闻的信息推送则不同：大部分时候推送信息的界面会超出整个手机屏幕，每天推送的次数和时间都不定，内容更多以娱乐新闻为主。对于用户而言，如果各媒体类公众账号每天推送的新闻报道相互之间有重叠，那么用户的关注度会下降。所以各家微信公众平台都有自己专注的领域以求提供给客户不同的资讯。产品的差异化才能使各家微信账号同时受到用户的关注。

2）电视、报纸、杂志等传统媒体

例如央视新闻、湖南卫视、扬子晚报等。这类账号界面功能相对比较丰富，且都很有自己的特色，跟其运营主体格调一致。以扬子晚报为例，其主要界面分为三块：微声代，微悦读以及微互动。微声代里面包含了说天气、谈美食、购物、看世界以及教南京话等各类热点分类。微悦读里面则包括最新新闻、八卦娱乐、读心解码、轻松一刻以及珊珊 Topic，点击任何一类都会有相关精选新闻可供阅读。而微互动板块则有福利会、我型我秀、晶晶 E 起乐以及 Young 社区等互动项目。一个小小的微信账号，设计得非常贴心到位，包含了众多分类。“扬子晚报”微信平台有一个比较独特的项目，就是每天早晨 7 点左右会进行“丹丹说天气”的语音推送，赶在人们出门前播报当天南京的天气预报。并且对于用户而言，语音的方式比图文的方式更加便利，因为用户可以边做其他事情边听天气预报，省去了阅读时间。这样的微信账号很容易吸引用户的眼球。这类媒体的微信公众平台的运营其实是浓缩了其运营主体的精华。相对于其运营主体，微信公众平台的发挥空间相对比较小，因此必须挑选其中最为精彩的部分来引起用户的关注。同时，用户们通过微信平台就能提前了解当晚湖南卫视的节目主要内容，从而可以做出合理的安排。给用户们提供周到的信息服务，节约了用户们的时间。对于这类媒体而言，微信平台的运营也是对主体运营的一种补充。

3）独立科技媒体

例如虎嗅网、爱范儿、极客公园等。这类公司都比较新，属于创新型的科技媒体。正因为此，这类公司对互联网的新鲜事物有很敏锐的嗅觉，能够紧跟潮流，善于捕捉和满足用户不断变化的需求。由于进入微信公众平台较早，有些在内测阶段就已经进驻运营了，他们在信息推送，精准订阅方面做了大量尝试，对于如何为用户创造价值以及如何满足不同用户的个性化需求有着丰富的实战经验。这类具有较强互联网属性的公司对于如何运营微信公众平台已经有了较为成熟的运营策略。不论是对推送内容的把握上，还是与用户的互动，都有自己的一整套方法。以虎嗅网为例，其推送的内容以商业新闻及评论为主，正如虎嗅网自己宣传的那样，他们关注的核心是众多企业的潮起潮落、产业发展的动力以及什么样的商业值得投资。虎嗅网将累积的数据、信息等分门别类，当用户输入一些关键词时，虎嗅网可以立刻将与此关键词相关的内容打包，以信息推送的形式发送给用户。例如发送信息“互联网”至“虎嗅网”，用户可以立即收到与互联网相关的分析文章等。力求满足每个用户在商业信息方面的个性化需求是虎嗅网的目标。

4）自媒体

比较知名的如鬼脚七、程苓峰的云科技。在传统媒体摸爬滚打了多年，程苓峰在 2012 年 8 月选择辞职，在互联网上专做个人媒体。几个月后，程苓峰主笔的自媒体云科技（“孕峰”）开始在微信上卖广告赚钱，一天一万。程苓峰的成功让一度被冷落的自媒体再次受到热捧。众多自媒体从业者热血沸腾，程苓峰的成功为他们指明了一个方向，那就是靠卖广告赚钱。然而，众多的微信自媒体从业者在运营了数月后发现，像程苓峰那样靠做自媒体养活自己的简直是凤毛麟角。自从微信 5.0 版本把自媒体公众账号折叠至订阅号内，自媒体的生存空间遭到极大挤压，大量微信自媒体类公众账号被迫出逃微信平台。2014 年 3 月 13 日腾讯方面进行的大规模封号事件更是以自媒体为目标，腾讯方面称此次大规模封号系用户举报。在信息泛滥的微信公众平台，推送优质内容的自媒体仍是稀罕物，遍地开花的自媒体运营水平也是良莠不齐。不能给客户带来价值的无用信息、垃圾内容自然会被用户所摈弃。满屏的未读信息被折叠在订阅号内，这对用户来说一种负担。用户选择取消关注一些不能提供任何价值的微信公众账号也是情理之中的事。没有用户的点击率、缺乏用户关注的自媒体也就没有无法在用户当中产生影响力，没有影响力的自媒体自然也就吸引不了广告商，当然也就无法在微信平台存活下来。

2. 品牌客服类

微信一对一私密性的沟通方式，给知名品牌提供了很好的客户服务平台。同时，考虑到微信的巨大影响力，目前很多知名品牌在微信公众平台上进行运营的尝试，例如杜蕾斯、星巴克、招商银行信用卡中心、南方航空等。但是在具体的运营上，企业会根据自身产品的特性而策略有所不同。总的来说目前有两类：

1）以杜蕾斯、星巴克为代表

这类企业更注重与用户的互动，从而达到品牌传播的效果。星巴克曾经在 2012 年推出自然醒音乐微信互动活动。用户发送微信表情到星巴克微信账号，星巴克则会根据用户发送的表情，选用《自然醒》专辑中的音乐回复用户。该活动成功的利用微信与用户进行大量的互动，曾经被奉为微信公众平台的经典营销案例之一。一年多过去了，现在自然醒音乐已停，星巴克微信平台会偶尔推送一些产品或者活动的介绍给用户，推送频率不定，短则几天，长则二十几天，这是该公众账号目前唯一的功能。

星巴克自然醒音乐活动其实与人们快节奏的生活完全违背的。早晨的时间对于忙碌的用户们来说是非常宝贵的。闹钟响，挣扎着起床，洗漱，吃早饭，换衣服出门。没有多少用户有那份闲情逸致在每天醒来后先给星巴克发送表情，然后等待那极其短暂的自然醒音乐。该活动之所以在刚开始时能够吸引到不少用户的关注，主要是利用了用户的好奇心理。然而好奇心难以持久，如果不能把客户的好奇变成客户的习惯，那么这类活动都不具有可持续性。

2）以招商银行信用卡中心、南方航空为代表

这类企业将自身企业的服务系统与微信平台相结合，不做营销，只做沟通和服务。2013 年初，被腾讯称为“整个行业的样本”的南航微信在国内首创推出微信值机服务。随着初步尝试的成功，南航微信又慢慢开发了许多新的功能：机票预订、办理登机牌、航班动态查询、里程查询与兑换、出行指南、城市天气查询、机票验真等服务。截止至 2013 年 11 月 11 日，南航微信平台的关注用户数已超过百万。从查询机票到在线支付，这样的一站式服务都可以在手机上瞬间完成，使用户获得了

真正意义上的便利。

南航微信公众平台之所以能够发展得如此快速，是因为它及时关注用户们不断变化的生活习惯和服务需求，与时俱进，适时开发出创新型的服务产品来满足用户。早在2009年，南航决定从“以产品为中心”向“以客户为中心”转型，并建立了一个围绕旅客旅行过程的“全行为链”服务网络。南航微信平台的出现无疑是该服务网络的一个很好补充。让许多原来只能通过线下才能享受的服务可以通过微信平台提供给客户。

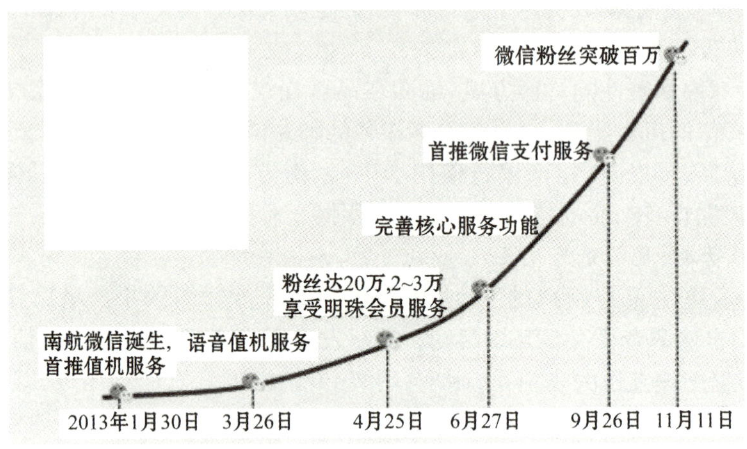

图 13-1 南方航空微信平台发展历程图

资料来源：网易旅游：南航微信运营坚持以客户为中心

3. 电商类

在微信开通支付平台之前，电商类微信平台主要以引导流量、提供售后服务或者维护客户关系等为主。从微信试水在线支付购物平台到现在，短短几个月，已经先后有麦当劳、大众点评网、当当网、七天会等一些电商接入该平台。当当网于2013年11月全面接入微信支付和财富通服务。用户在当当网选择商品，如果想用微信支付，只需在结账时选择“微信支付”，然后扫描当当网系统自动生成的二维码，直接买单就行。同时当当网微信平台还提供相关信息推介及自助服务。在自助服务栏目中，用户可以享受订单查询、物流查询、手机充值等服务。

对于像当当网等电商类企业而言，创造好的用户体验是关键。快节奏的都市生活让用户不愿意花整片的时间去PC端或者实体店完成购物。如何让用户利用碎片时间享受简单便捷的购物服务，微信公众平台帮助企业实现了这一目标。轻轻松松动一下手指，掌上就能完成购物。

2014年3月4日，微信宣布全面开放其支付接口接入的权限，通过微信认证的服务号都可以自助申请。此前，只有部分微信特邀商户享有微信支付功能，如麦当劳、滴滴打车、易迅、七天会等。支付权限的开发让更多希望借助于微信平台开展电商业务的企业能够美梦成真。

3月10日，距离微信全面开发支付接口仅仅6天之后，腾讯公司宣布入股京东，获得了京东IPO前的15%股份。对于整个电商行业来说，腾讯与京东的联姻影响重大，为电商企业在微信公众平台的运营增加了太多的变数。攀上豪门的京东会有来自微信的庞大流量基因转入，加上微信给予京东的所谓"一级入口"则弥补了京东的移动端短板，使得京东在与阿里的竞争中更有底气，且能傲视国美、当当等对手。

4. 公共服务类

政府、公共机构、非营利组织、高校等越来越多的公共服务机构也开通了微信公众账号。代表性的主要有"廉洁广州"、"上海发布"(上海市政府新闻办官方微信)、"上海便民信息"、"壹基金"、"上海交通大学"等。以上海便民信息数据库为例，用户只要回复主菜单，就可以获得关于交通、社保、教育等多个领域的信息列表，然后输入相应的代码就可以收到看到及时更新的相关信息。

"廉洁广州"于2013年11月开通并试运行，被称为全国首个"手机纪检"平台。目前，该平台主要实现两项功能：一是建设农村党务村务财务"三公开"信息查询服务模块，方便村民随时随地对本村"三公开"情况进行查询；二是建设行政执法结果查询模块，实现行政相对人实时查询执法案件的处理结果，并反馈评价意见。

通过微信，公共服务机构可以与更多的民众进行交流，听到更多来自群众的真实的声音以及存在的问题，有助于这些公共服务机构及时地做出相应改善，有利于疏导社会矛盾，保障民众安定，构建和谐社会。

政务微信公众号的短时间内激增让人不经想到当年的政务微博，在如雨后春笋般涌现过后，很多都成了"僵尸"微博。据相关调查显示，目前部分政务微信也已经沦为"僵尸"。

13.3.2　存在的问题

1. 对微信平台认知不够，定位模糊

微信如何定位？腾讯公司在推出微信时曾经说过，微信应该成为一种服务型工具，而非营销型工具。

一些企业微博账号成功推动了企业的品牌传播，让企业决策者们意识到社会化媒体的影响力。于是乎，当微信迅速崛起，并慢慢侵蚀微博的地盘时，企业迅速跟风，纷纷建立起自己的微信公众号。然而，建立公众账号仅仅是帮企业在微信平台上获得了一个自媒体空间。如何提高账号的知名度，影响力和转化率，帮助企业吸引新客户，留住老客户，则主要依赖于推送信息的内容和与客户间的沟通。

与微博等其他社交网络平台不同的是，微信是对等的社会化关系网络，用户之间的关系才是构建该网络的核心。而微博是非对等的社会化信息网络，信息是构建该网络的核心。虚拟的人际关系网是微信赖以沟通的基础。微信是一个注重个人的信息网络。无论是朋友圈的分享还是个人信息的发布，都带有浓重的个人色彩。这个信息网络需要用户之间互加为好友才能实现信息的沟通。这就进一步保证了微信企业账号的粉丝更加具有针对性。

对于企业而言，微信更多时候只是一个服务平台，能够及时的与客户沟通与交流，收集客户的反馈信息；同时针对客户反馈的问题，提供快速的解决方案。由此建立起良好的品牌口碑，通过用户的口口相传，更有利于提升客户的忠诚度。如此，企业对微信平台的应用则是非常成功的。

2014 年 2 月泰康人寿悄然在微信平台开展“1 元钱求关爱”活动。用户只要关注“泰康在线”微信公众账号，花 1 元钱就可以购买一份保额为 1 000 元的癌症保障，支付成功后，把“求关爱”页面发送至朋友圈，好友为其每支付 1 元，18～39 岁客户的保额就会增加 1 000 元，40～49 岁客户的保额就会增加 300 元，保障时间为一年。用户在“微互助”投保时，只需姓名和身份证号便可以投保。尽管 1 元钱是很低的门槛，但是这种微互助的求关爱营销模式对亲情、友情的绑架之嫌也越来越受到公众的质疑。就像其产品宣传中所说的那样，“老友相投，情义也有‘价’”。部分用户认为，如果有朋友求关爱，尽管自己不一定愿意，但是也会碍于情面为他增加保额，不花那 1 元钱就说明不爱，有一种亲情、友情被绑架了的感觉。更是有对这种朋友圈营销排斥的用户表示，“不就是卖保险先卖亲戚朋友这群人吗!”

泰康人寿负责人称该产品不是为了赚钱，只是为了在互联网上找到一条通道。虽说 1 元钱只是小钱，但是这样的营销方式让朋友圈之间的社交关系变成了经济关系，用户对此方式的反感根本不能维持这条互联网通道的长期性。归根结底，微信只是一个服务平台，并非营销平台。微信产品总监曾鸣公开表示“微信公众平台不是营销工具”。

当下微信的热火朝天，并不意味着所有企业都应该跟风建立微信企业账户。如果不能很好地运营该账户，反而会对品牌自身产生负面影响。盲目跟风只能给企业带来更多麻烦。

2. 没有很好地推广

建立一个微信企业账户非常容易，然而建立账户之后如何能够做到有效推广则不是一件容易的事。按照规定，微信公众账号认证至少需要 500 个粉丝。靠企业自己去找人加好友，刷二维码可能需要一定的时间。基于这一商机，于是一些专门帮企业批发粉丝的代理公司在网上频频叫卖。“玩微信、屯粉丝”，“微信粉丝，20

元 500 个"。打开淘宝网站,微信刷粉的广告可谓铺天盖地。

然而,这种通过"僵尸"粉丝来进行认证的方法是极具风险的。微信不允许企业公众账号用微博的那一套。微信对刷粉这一举动有着很严格的管理措施,一旦发现,企业公众号会面临粉丝清零,甚至封号的危险。2012 年 11 月微信就曾有过一次大规模的封号行动,原因就是要彻底杜绝这种"涨粉"业务。

即使买粉成功,这也只解决了微信公众账号认证的问题。而建立企业账号的真正目的是向精确的目标用户通过传递企业产品和服务的相关信息,以及为客户服务,获得这些用户的关注和认可。显然这些"僵尸"粉丝是不能成为企业的目标用户的。如何将微信公众号直接推广到目标用户那里,成为企业运营微信账号所面临的首要问题。

3. 流于形式,缺乏互动

跟微博公众账号一样,很多企业建立微信公众账号后,还只是一味地传播内容,局限于单向交流。或者用户试图与微信公众账号沟通时,而得到的仅仅是一些机械的自动回复。这样的沟通方式并没有好好利用微信作为一个好的交互平台。机械的回复会让用户觉得企业不真诚,很无趣,不能吸引用户的注意力,丧失了用户对该公众账号的信任。久而久之,这样的公众账号带给企业的只能是负面影响。用户可能会取消对该公众账号的关注。而一味的单向交流则不能得到用户的及时反馈,不知道用户到底在想什么。所以也不能及时改进企业的产品和服务以满足客户的需求,提升客户满意度。这样看来,微信公众账号根本没有起到建立和维护客户关系的作用。

同时在推送的内容上,大部分企业并没有从用户的需求角度来考虑,而是一味地像媒体广告一般。用户如果对推送的内容没有兴趣,也就没有进一步的互动交流。持续一段时间之后,用户的关注度会下降,企业公众账号甚至会掉粉。

例如传统企业先声药业开通微信公众账号"先声药业集团"已有好几个月了,但是其公众账号的运营更像是挂了一个牌牌,告诉大众说:瞧,我也有微信账号了,我也紧跟互联网发展了。除了偶尔的不定期信息推送,与用户没有任何形式的互动。用户如果有问题想咨询,有投诉建议,也无法通过该企业的微信公众平台来与企业进行沟通。信息推送的内容也是从企业的角度出发,基本都是企业自身的一些新闻介绍。很难想象用户会对这样的公众账号产生兴趣,恐怕都懒得去阅读其发送的信息。于企业而言,微信账号更像是装点门面的一个工具,而非与用户沟通的平台,不能给用户带来任何有价值的服务。

4. 推广后,运营没有合理规划

2012 年的微信营销十大经典案例早已经被各大媒体吹了无数遍了。然而大多数案例就像昙花一现,推广之后就又回归到单一化了。

如今星巴克“自然醒”音乐早已经没有了，“星巴克中国”的微信号基本上只行使推送信息的职能，隔几天给用户们推送一些产品信息和优惠活动的介绍。像星巴克这样的问答式营销，除非有足够多的品类以保证无重复，否则用户刚开始可能有新鲜感，时间一久，用户会觉得了无生趣。这样的营销方式从长期来说是不具有可行性的。

飘柔刚开始微信营销的有五个栏目可供用户选择：“勇敢爱”微电影、“飘柔微信会唱歌”、“星座”、“小飘我要聊天”、“轻松一下”。这样的设置看似非常人性化，栏目选择比较多，内容丰富且与用户有互动。但是作为依靠用手指进行操作的手机这样的小屏幕来说，这些栏目的操作相对而言有点繁琐。同时设置也不是很合理，在微信上看视频，尤其还是在小屏幕上，这样的栏目设置很难引发用户的长期关注。而且小飘陪聊的方式需要大量人工，人力成本太高，推广的越好需要的人工就越多。这种方式无法长期维持。现在的飘柔公众账号所做的基本就是隔上好几天给用户发个推送信息。

微信的本质是互动和沟通。一些企业在做企业微信账号的初期推广时会挖空心思想一些妙招吸引用户。然而推广后在营销策略上没有可持续性。当用户的好奇不能转化为用户的习惯，直接后果就是用户对企业微信号的关注度会减少。之前费劲脑汁吸引来的新客户没法留住。

5. 信息泛滥，用户阅读率较低

微信公众平台现已分为服务号和订阅号两种。根据目前使用的微信 5.2 版本，微信公众账号被默认为订阅号。所有的推送信息被折叠在订阅号这个二级目录里。并且订阅号的信息将不再直接出现在微信列表中，不显示信息的更新数字。用户需要打开订阅号后才能了解到更新信息。如此一来，用户对某具体企业订阅号推送信息的打开率则更低了。此举更是弱化了用户黏性，降低了用户对企业公众账号的关注度。

每天一条的推送看似不多，但是当用户关注了很多账号后，每日一条的推送对用户而言更像是一种负担，用户很有可能不会看，到最后可能会对此类信息产生厌烦感。因为对用户而言，这些未读信息更像是一堆堆垃圾充斥在微信的储藏室内。以订阅号为例，目前很多企业的订阅号已被批准每天推送两次信息，按每次推送有 5 条信息来算，每天一个订阅号就有 10 条信息。如果用户微信里关注了 20 个订阅号，这样一天就会有 200 条信息。而用户每天花在微信上的时间是有限的。根据速途网站的研究结果显示(见图 13-2)：登陆社交网站的用户中，有 17.92%的用户使用时长在 2～4 小时内，40%的用户使用时长在 1～2 小时，39.74%的用户使用时长是小于 1 小时的。在登陆微信的有限时间里，用户的大部分时间是在朋友圈和点对点的私密沟通上，那里吸引了用户更高的关注度，因为人脉关系才是用户们坚持使用微信的主要原因。用户只有很少的时间是用来看订阅号里折叠信息的，所以对推送信息的阅读率就可想而知了。

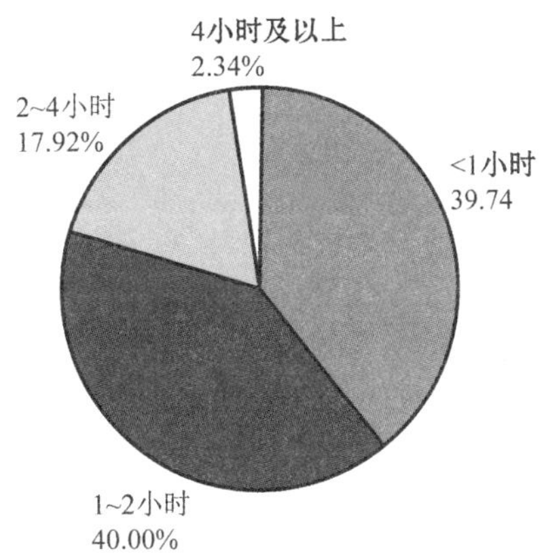

图13-2　每天使用社交网络的时长分析

资料来源：速途网站，2013年4月

6. 应用不广泛

微信刚刚推出三年，作为一个新生事物，目前在企业中的应用还不广泛。虽然有几个标杆企业在微信上取得成功，但是离应用广泛还很远。对于企业而言，微信不仅仅只是一款推送信息的工具，更多的功能等着企业去开发利用。

例如在电商这块，目前也仅仅只有屈指可数的几家企业与微信支付打通平台，比较有名也只有当当网了。对于一般的传统企业而言，由于他们对互联网缺乏比较全面的认识，同时微信公众平台给他们企业带来的优势不那么明显，所以他们会认为应用微信显得没什么必要。最大的问题是，他们也缺乏这方面的专业运营人才。市场上的微信运营代理虽然很多，但是代理更多的只能解决技术问题，未必能满足企业的个性化需求。例如机械行业内的企业开通微信公众账号的则比较少，比较有名的如"三一重工"到目前为止都没有创建微信公众账号。其主要原因是因为该行业的客户属于企业客户，与客户的沟通更多是面对面的详细交流，以免中间环节出错造成重大损失。因而对他们而言，应用微信公众平台对于客户关系的管理起不到多大作用。另外，进入微信公众平台之前企业需要一番规划，战略上，技术上都需要。对于一些中小型企业而言，这需要投入一定的人力，财力，能不能获得一定的投资回报还是未知。并且一些急先锋进入微信平台运营的企业最后都以失败告终，使得还没应用微信平台的企业不得不先思考一番再说。近日微信自媒体被大规模封号，意味着企业彻底失去了之前辛苦建立起来的客户关系，之前的投入血本无归，让许多打算利用微信管理客户关系的小企业主们不禁打起了退堂鼓。

7. 运营方式单一

除了几个成功的经典微信管理客户的案例外，绝大多数微信公众账号的运营方式基本类似，仅是一些功能的基本应用，毫无创新。微信作为一款手机应用软件，其产品自身的信息检索、分类、呈现方式就很单一。微信的应用是统一模块，统一形式，而每个行业每个企业自身的情况不同。如果不能根据企业自身的情况对微信公众平台做出个性化的创新式应用，那么呈现给用户的也只能是单一化。久而久之，用户会对单一化审美疲劳。被折叠在订阅号里的公众账号数量很多，没有特色没有吸引力的订阅号很难获得用户的点击。没有点击，没有阅读，用户也就没有必要继续关注那些微信公众账号了。一方面，企业会为没有点击率而烦恼，没有动力进行创新式的运营；另一方面，用户会因为厌倦了单一化而懒得关注企业公众号。

对于订阅号，大部分公众账号如“欧莱雅中国”、“名品导购网上海站”仅有的运营方式就是进行一些与产品相关的信息推送，再无其他。而对于服务号，以我们大家熟知的“六神”为例。这样一个家喻户晓的品牌，其服务号既没有做一些自定义菜单的设置，也没有其他任何方式的与用户互动。关注“六神”微信公众平台，只会收到一条微信信息：你好，欢迎关注。如果用户想要互动，发送信息，则不会收到回复。这样的企业微信公众账号形如摆设，给用户的印象只能是负面的。出现这样的现象部分原因是由于某些企业如“六神”品牌知名度比较高，产品比较大众化，在客户关系管理方面更多时候是通过线下一些促销活动来提高客户满意度，或者是通过企业内部的CRM系统进行客户关系的管理，而很少用到移动互联网这样的工具。

8. 缺乏专人管理

和之前的微博一样，一个企业同时拥有几个微博号，且管理无序，微信也出现了一个企业拥有许多个微信号，且都是认证的。当用户想查找一个企业时，输入名称，跳出好几个同样的微信号，且介绍都差不多。哪个是真的呢？面对这样的情况，用户无所适从。

以达芙妮品牌为例，打开查找公众号的界面，输入“达芙妮”，会出好几个相同认证的公众账号。面对长相一样的微信号，该如何做出选择，这对消费者来说是一个很大的难题。如果说是同一个公司，不同的部门开设的这些许多相同的微信号，那还算是幸事，至少用户找到了该企业，所需要的可能只是多转几个部门，转几个弯也有可能解决用户的问题。如果说这其中有一些浑水摸鱼的非企业微信号，那后果就不可知了。如果用户的问题不能得到及时地解决，以微信朋友圈及关注好友的传播速度，对企业的形象会带来负面的影响。该问题的产生可能的原因是：企业对自身微信公众账号的管理不够严格，以至于外人可以浑水摸鱼。企业应该时刻关注跟企业名称 LOGO 相关的微信账号，发现可疑情况要立刻处理；这其实从侧面反映了部分企业由于对微信公众平台的认识不到位却忙着赶时髦注册微信公众号。殊不知微信公众账号是本着为客户服务而设立的。而如果每个部门都设立一个企业公众账号不仅浪费了企业的内部资源，也违背了为客户提供良好服务的初衷。毕竟对于用户而言，无论是企业的哪个部门，最终代表的都是该企业。用户没兴趣了解企业的内部架构，只需要该企业能够为其提供好的产品和服务，满足用户的需求，这才是企业设立微信公众账号的核心任务。

13.4　企业运用微信进行 CRM 的建议

鉴于微信的迅速流行以及如此庞大的客户群，现在越来越多的企业已经意识到利用微信平台进行客户关系管理的重要性，并且很多企业也已经着手微信平台的应用开发。但是很多企业在这方面的尝试效果欠佳。针对上述问题，我们给出相关的可行性建议如下：

1. 及早规划，抢占市场

看到微信如此火爆，并且拥有庞大的用户群，很多企业在没有很好的规划时便急急忙忙冲了进去，结果正如我们所看到的那样，大部分没有任何效果。其实大部分企业仅仅是跟风而已。看到别家企业有了微信公众账号，为了所谓的装门面，或者企业对外的宣传，于是乎不管对企业是否有用，先建一个微信公众账号再说。而有些企业便认为不必着急，等别人实验过了看到效果，再进入也不迟。

其实不然。对于企业而言，进驻微信公众平台越早越好，当然前提是有长远的合理规划。进得越晚，成本越高。时下新媒体可谓是日新月异，时尚的事物总是会变数很大。新浪微博红火了不到两年，就被微信以更为强劲的势头超越了。新媒体刚刚出现时，最先进驻的企业账户所发布的信息活动往往更能够抓住用户，吸引用户的关注。等其他企业尤其是同行们纷纷涌入时，类似的信息发布，重复的活动类型，用户早已对此种种审美疲劳，关注度已大大不如从前了。例如招商银行，其快速创新、事事第一的形象早已深入到用户们的心中，尽管现在许多银行纷纷跟风建立微信银行，其知名度和影响力实在难以和招商银行相提并论。因此及时做好规划，快速进入微信公众平台对于吸引新客户还是非常必要的，同时也可以尽早与老客户进行近距离地沟通，为他们提供便捷的在线服务。

2. 挖掘精准用户

1）QQ 群用户挖掘

企业建立微信号后，首要的任务便是寻找潜在客户或者让潜在客户找到你。QQ 群是一个很不错的发现平台。腾讯多年来积累的 QQ 账号用户体系为 QQ 群提供了庞大的用户基础。根据企业自身的行业属性，在QQ群里进行关键词查找。得到的搜索结果往往是更为精准的潜在用户群。而且在相关的QQ群内做微信号的推广也是非常便利的。例如，某外语培训机构如果想要挖掘精准用户，可以在QQ上查找“外语培训”的群分组，通过在这些群内做微信号的推广，可以挖掘到需要该机构服务的精准用户们。QQ账号与微信已经打通，大大便利了QQ用户向微信平台上的转化。通过QQ邮件，好友邀请，或者在群内发布微信号，二维码等，都可以实现QQ用户的导入。

2）微博群，行业网站及论坛用户导入

同样已经积累了多年用户体系的行业相关微博群，专业的行业网站或是专业论坛，也是企业微信号挖掘精准用户很好的平台。这些平台和QQ群一样，用户要么来自相同的行业，要么对此类行业很感兴趣，相同的背景或爱好使得他们更乐意关注此类行业的一些企业微信号。例如上海的某餐饮企业可以到微博群里找到上海美食相关的群，那里面聚集着一群爱好美食的人，企业可以在那里做关于企业微信号的宣传。通过在这类平台上做企业微信号的推广，可以获得一定的用户转化率，而且这类用户的忠诚度相对会很高。

3）结合传统媒体的推广宣传

除了通过企业寻找潜在客户的途径，还可以通过一些渠道让潜在客户主动来找企业。通过将企业微信号印制到企业人员名片上；设置相关海报，例如多个与艺龙旅行网合作的酒店、机场就曾放置艺龙的微信公众号二维码海报，同时给予新加入的用户一定优惠，此举吸引了大量的新订阅用户；企业宣传单发放，将微信公众号以及二维码等相关信息印制到宣传单上；喷涂二维码信息在产品包装上，方便用户在看到产品的同时可以订阅微信公众号；在传统媒体例如报纸杂志等刊物上做广告宣传，可以同时附上企业的微信公众号，二维码等相关信息。对于那些线下有店面的企业和商家，结合传统媒体的推广方式则能够更好地吸引客户提高二次购买率。通过微信公众号与客户沟通交流，信息分享，同时配以一些优惠的活动，客户的忠诚度也会大大增加。

4）朋友圈，好友分享

企业微信公众号在推广初期，吸引到感兴趣的用户加入后，及时推送一些有价值的信息，并与用户进行一些互动，获取他们的信任，以此来增加他们的关注度以及对推送信息的二次转发率。这样做也是可以带来更多的用户的。俗话说得好，物以类聚，人以群分。用户的好友中必定会有一些和他们志同道合的人。他们在朋友圈的分享，或者给好友的推荐同样也是可以导入一些新的用户。例如一些美食爱好者在品尝过某餐饮企业的菜后，认为菜品很不错，在朋友圈中分享该餐饮企业的信息，看到此类信息部分好友便会关注这类企业，并有尝试的可能性。这种口碑式的宣传推广很容易吸引一些新客户的关注。

3. 注重与用户互动

微信的本质是沟通平台，单向的传播内容而无沟通交流，这肯定不是成功的社交媒体运营。互动才是社交网络的精髓之所在。通过与用户之间的互动，企业能够及时地得到用户的反馈，从而改善产品和服务，更好地服务于用户。

现在很多官方公众号都在使用机器人自动回复，简单快捷。微信运营了一段时间，会有一些素材的积累，利用这些素材建立起丰富易查的关键词回复系统是非常便捷和高效的。但是如果仅仅依赖于纯粹的机器人回复只会让用户觉得很无趣，企业没诚意，搞不好还会掉粉。所以企业微信公众号如果能够加入辅助性的人工互动，是一个很好的补充。这一点非常有必要。

同内容一样，互动应该是有计划的，有目的的。为了打造属于企业自身的特色互动，企业微信公众号的互动运营需要遵循以下规则：①设立行为指导守则，包括有规范用语、互动禁区、回复速度、转发和评论要求、关注与被关注指导、私信原则、搜索监测等；②搭建动态互动资料库，如竞争对手库、产业专家库、媒体库、粉丝库等，必要的时候通知和互动；③积极互动，提高账号曝光度，如主动与互动资料库里的账号对话和沟通，或者进行思想上的碰撞，主动关注相关用户，参与热点话题讨论等；④主动发起话题和活动，吸引用户的注意，提高他们的参与度，强化用户的体验感；⑤整合互动资源和渠道，如与其他企业微信公众号建立起联合运营，开展合作推广等[12]。

在整个微信平台企业公众号的运营过程中，互动是最考验运营执行力的。人工互动非常需要耐心，因为在微信平台与用户是一对一的沟通，如若不能和用户进行及时有效的沟通，用户会抛弃你，会取消对你的关注。反之，企业则可以获得更大的回报，因为口口相传的速度在互联网上是非常快的，口碑好与坏往往就在一念之间。

4. 专注服务

和很多其他媒体不一样，在微信的平台上和企业对话，用户掌握了更多的主动权。用户可能一时高兴加了企业微信账号，也有可能一生气取消对该企业微信账号的关注。所以企业微信账号在运营时，一定要注意每次的信息推送，每次的与用户互动。任何一个不经意的失误就可能会失去某些用户的关注。因此，企业必须通过做好服务来提升用户的满意度。然而，行业不同，服务的侧重点也就不同。

1）消费品等传统行业，要做好售后

这类行业的产品同质化日益严重，和用户的日常生活息息相关，售后服务的好坏已经成为众企业能否争夺消费者心智的关键指标。并且，良好的售后服务是促成重复购买和推荐购买的重要因素，是提升客户满意度和客户忠诚度的主要方式，也是树立企业良好口碑，传播企业品牌的重要渠道。

许多消费者都对目前的售后服务不满意。“反应慢，投诉难”是众多消费者对售后服务的普遍印象。目前的售后服务基本是靠售后服务电话完成的。而且有些企业的售后服务电话并不是7天24小时全天候开通的。而微信平台则是企业与客户一对一的沟通交流，免去了打电话时的等待时间。从快速有效的沟通角度来说，电话效果肯定不如微信公众平台。而且微信公众平台可以在任何地方使用，跟电话售后服务只能在公司使用相比，微信平台为企业做好售后服务提供了更加便利的条件，可以随时随地为客户提供服务。

2）酒店等旅游行业，要注重分享

在酒店、机票、旅游等旅游行业，有些企业对微信的应用已经非常成熟了。比如南方航空，机票一站式服务都可以微信平台上实现了。7天连锁酒店也已经和微信合作，从订房到支付一步到位。艺龙酒店也于2014年1月接入微信支付。用户可以通过微信支付在艺龙客户端预订酒店。艺龙是在线旅游代理商里第一家尝试用微信支付订酒店的企业。对于该行业大多数还没有和微信合作的企业而言，做好用户的体验分享是非常重要的。微信用户外出旅行喜欢在朋友圈晒各种旅行照片。这种朋友圈内的分享本身就是对旅游景点、酒店的一种宣传。而且朋友圈之间的宣传可信度更高，因为好友之间的信任度高。同时好友对照片的二次转发也可以构成二次宣传、推荐。如果商家能给一些优惠给分享者，就像当初微博一样，“发照片，赢奖品”，更可以激发用户的分享意愿。又或者商家可以利用LBS（Location Based Service基于位置的服务）给分享者提供一些有价值的信息。比如当地的天气，附近饭店宾馆商店的介绍，景点的介绍等等。这种方式也可以增加人气。

3）餐饮、KTV等服务业，O2O微信点单系统方便了客户

餐饮、KTV虽然都适用于O2O微信点单系统。但是由于行业的特性迥异，所以其运营方式也不尽相同。

餐饮业的企业差异化比较大，针对饭店的规模不同，微信账号的运营方式也应有所不同。对于很小的类似只有八张桌子的饭店，可以利用在每张桌子上贴上含有饭店微信号和二维码的塑料贴纸。每次向客户做一些微信账号推荐，同时搞一些优惠给客人，比如送汤打折之类的。这样的小饭店可以不用申请公众账号，用普通账号可以更加便利。因为小饭店的客人大多以回头客、附近居民为主。用普通账号在微信朋友圈上做一些饭店或产品信息的相关宣传，这些关注的熟客也可以进行互动。而且这样的营销方式不会引起别人的反感，因为这些都不是垃圾信息，大家都是相关人士。这样的小型饭店也可以通过微信与客人沟通送外卖。对客人来说，少走了路，不用排队，节约了时间。

对于大一些的餐厅来说，在客人点餐后或者客人在排队等候时，可以通过在店内设置易拉宝或者在桌上放上宣传牌向客户宣传餐厅的微信公众号。同时提供一些优惠，比如加微信关注，送汤送点心之类的。餐厅服务员要主动向客人推荐微信账号。然后在微信平台推送餐厅的相关服务，比如外卖相关信息。对于上班族而言，这是非常有价值的信息。同时上班族之间的口口相传又可以给饭店树立良好的口碑，带来新客户。

而对于一些在使用IT技术上比较成熟的大型饭店，则可以考虑一些新的模式。引入微信支付，同时在微信公众平台上提供点单系统。提供从用餐时间，用餐人数，点单，桌号，包房号，微信支付整个一站式服务。方便了客户，节约了时间，同时也可以合理有效地利用饭店的资源。

KTV由于本身对IT技术的使用已经很成熟，所以做O2O点单系统相对简单。同样也是接入微信支付接口，将KTV自身的订单系统和微信平台打通。客人可以直接在微信系统上进行包房的选择，时间段，人数，最后转入到微信支付。这样下班之后就可以直接去KTV报房间号开始唱歌了，不用浪费等待的时间。

5. 增加用户关注度

1) 推送信息的时间策略

订阅号里面信息排列的顺序是这样的：最后推送的一条信息会被排在最上面。在主界面，最后一条被推送的公众号信息也会显示在订阅号界面上。并且由于规定了企业公众号一天只能推送一条信息给用户，且用户微信订阅号里面的推送信息数量之多以至于大部分用户不会阅读完所有的推送信息，所以企业在推送时间上得好好规划。

总体来说，一天中用户阅读几率最大的三个时间段分别为：早上8点左右，大部分人在上班路上，这对乘坐地铁，公交，或者班车等等的用户们而言是最佳的阅读时间；中午11点半到12点半，这是大部分人的午饭及午休时间，用智能手机阅读一些资讯，打发一下休闲时光。晚上8点到9点，这个时间点大部分人都已经吃完晚饭，正在休息，散散步打发无聊时光。这几个时间点上进行信息的推送，更有利于引起用户的有效阅读。

对于推送的时间，企业应该结合自身产品的特点，站在用户的立场上去考虑。而且每天的推送时间最好固定下来，让用户形成阅读习惯。

2) 推送信息的内容要以用户需求为出发点

一天一次推送信息的机会还是很宝贵的，所以在内容上必须精耕细作。无价值的发布类似养生保健方面的信息在微博时代就已经过时了。纯粹的广告发布也必然会引起用户的普遍反感。

对于企业而言，在微信公众号上推送的信息必须是有计划，有目的的，而不是杂乱无章的，即兴的。企业在微信公众号上发布的信息会直接影响到企业的形象，所以推送信息的内容需要好好规划。

一般来说，内容规划的工作思路是：

(1) 明确内容的构成，如企业及其产品信息、推广活动信息、行业相关信息、产品相关信息、用户关注领域的信息，生活服务及娱乐休闲等；

(2) 建立内容资料库，根据内容分类网罗相关信息，提前准备好推送信息相关素材；

(3) 设立推送内容规则，比如规范撰写内容、内容推送前进行审核、丰富推送形式、推送时机等；

(4) 重视跟踪反馈，密切关注推送信息的传播度以及用户反馈，及时优化推送内容，从而吸引用户提高阅读率。由此不难发现，内容规划是一项非常严谨的工程，但是真正到推送内容时，则不应该太严肃，很少有微信用户喜欢一本正经的推送内容，略带幽默，诙谐，且有亲和力的推送内容则更容易被用户所接受。

一个陌生的微信公众号能打动用户的只有它的主页和内容。所以，让内容具有更高的可接受度，同时传递给用户价值是极其重要的。好的推送内容不仅可以强化用户体验，而且可以更好地服务企业以至于提升企业的品牌价值。

6. 关注竞争对手的微信

俗话说得好，“他山之石可以攻玉”。竞争对手是最好的老师！关注竞争对手的微信，主要有两点好处：

(1) 通过观察竞争对手的微信，可以学到各种对方在品牌推广、活动策划、提供互动体验等方面的优势或者是好点子，稍加改进，可以留作己用。如果你关注了100个竞争对手的微信，就等于有100位老师在教你如何做微信平台。

(2) 密切留意竞争对手的状态，适时调整自身企业的策略，不至于在社会化媒体的平台上被对手甩开太远。例如浦发银行推出微信银行是在2013年10月份。虽说比招商银行晚了3个多月，但是其功能的设置和开发都是紧跟招行。对于竞争对手而言，你们竞争的是同一块市场，需要努力争取的是同样的客户群。所以要时刻关注竞争对手的一举一动。

7. 充分利用微信的游戏平台，植入企业品牌，给客户以虚拟体验

随着智能手机的普及，手机游戏越来越火爆。地铁里，班车上以及各种场所的等候区都能见到玩手机游戏的人。企业可以和微信游戏团队合作，借助微信的游戏平台，在微信的手机游戏里植入企业品牌，除了产品的名称之外，还可以辅助些设计，给客户一些虚拟体验。例如手游《爸爸去哪儿》和“伊利”的深度植入合作，在《爸爸去哪儿》游戏中，伊利品牌以道具等形式植入游戏。这种植入式广告因为游戏的娱乐功能弱化了用户的逆反心理。比较容易获得用户的认同与好感。让品牌传播在不知不觉中进行。手游的主要用户群是白领。工作的压力使得他们对于这种轻松的品牌传播方式更容易接受。但是需要注意的是,必须在不干扰用户体验的前提下适度植入这样的广告。大多数社交网站的热门游戏中都有植入式广告,广告的呈现方式轻松有趣,使得用户更容易对一些品牌产生好感。最重要的是广告的投放方式必须非常有创意。

8. 专人运作

跟互动最紧密相关的,就是由谁来运作企业公众号—那个可以直接接触客户的个人或团队。专人负责的好处有以下几点:①专人专职,可以及时处理用户发出的信息,让用户有种被重视的感觉,从而使用户加深对企业品牌的好感;②专人负责,从企业员工的角度来说,经过长时间的积累,更容易沉淀出客户的相关属性特征,对将来建立客户数据库有很大帮助;③可以确保回答客户问题的前后一致性,延续性。如果用户对某些之前一些问题的回复有疑问,想再次咨询,而运营公众号的团队一直在换,那么很有可能后来者和之前的员工回答不一致,给用户留下不好的印象。微信公众号是企业对外的一扇窗口,客户不在乎回答问题的人具体是谁,是什么职位。因为在客户看来,回答她们问题的人都是一样的,是平等的,这些员工代表着这家企业。

案例分析

招商银行利用微信进行CRM

招商银行介绍

招商银行于1987年成立,总行设在深圳,是我国第一家完全由企业法人持股的股份制商业银行。经过20多年的发展,招商银行已经从当初只有30多人的区域性小银行,发展成为了一家员工超过5万人的中国第六大商业银行。招行的业务网络辐射全国,同时面相海外。目前,招行在中国大陆的110多个城市设有网点,在香港设有一家分行;在美国、伦敦和台北均设有代表处。

自成立以来,招商银行一直遵循“因势而变、因您而变”的经营服务理念,以客户为中心,不断创新产品和服务,提供个性化的产品和服务,以此满足客户的期待与梦想。为了更好地服务客户,近年来招商银行实施了一系列的改善措施:

(1) 创新服务细节。为了能够给客户提供更加专业快捷的服务,招商银行重视服务细节,深入推广五个一:迎声、送声、起身、问候、微笑。服务人员的热情微笑和亲切问候,让客户有宾至如归的感觉。同时,招行还推出“老人、孕妇、残疾人士优先服务窗口”,充分显示了银行对弱势群体的殷切关怀。

(2) 建立完善的服务管理体系。在招行的服务网点,功能区域被科学的划分,且每块均设有明显的指示牌。功能区域的细分为客户提供优质的服务奠定了基础。同时,在制度的建设上,招行从服务环境、服务行为、服务礼仪、服务技能等方面着手,制定了相关的管理办法。部分网点还举办了"服务明星""微笑天使"等多项服务竞赛活动,激励和表彰表现突出的员工。服务激励机制形成了良好的服务管理氛围,提升了整体的服务水平。

(3) 加强服务团队的培训管理。除了良好的硬件设施配置、完善的服务管理体系和高效的服务流程,一群拥有积极服务意识的员工队伍对于提供优质的客户服务也是必不可少的。为了打造专业性强、服务素质高的服务团队,给客户提供高效率、高满意度的服务,招商银行建立了服务长效培训机制,每年都为员工制定详细的服务培训计划。培训根据层级来组织划分,培训的形式多种多样。培训的内容则是以服务为中心。通过多角度、多层级的服务培训,提升了员工的服务意识和服务技能。

(4) 聆听客户,提升服务。聆听客户的声音,了解客户的需求,才能不断创新产品和服务。招商银行通过设置客户投诉电话、客户意见簿等多种方式对其自身服务进行监督,同时还制定了一系列的标准。采取专人负责那些来自不同客户群的投诉。对于投诉的响应时间也有相应的制度标准。为了更好地服务于客户,招商银行还推出了专业的投诉管理系统。该系统的使用,更加规范了投诉管理的处理流程,同时也让投诉的处理更加及时高效。

招商银行运用微信平台的历程

1) 谋出路,尝鲜微信平台

要问起国内哪家银行的服务好,大家都会不约而同地想到招行。优质的服务带来的是源源不断的客户和银行卡的巨大发行量。从 2008 年开始,招行信用卡呼叫中心的业务量每年以 40%～50%幅度增加,同时,招商银行总行要求信用卡呼叫中心的坐席人员规模不能增长。由此带来的严重后果就是 2012 年的上半年招行呼叫中心的服务水平跌至史上最低。这显然与招商银行一直所奉行的"以客户为中心,以服务为本"的理念相冲突。一面是被优质服务吸引而增加的客户,一面是因不堪重负而服务打折的呼叫中心。被逼无奈之下,招行的高层管理者们开始思考另谋出路。

一直谋求客户服务转型的招商银行希望能够搭建一个基于互联网的沟通渠道平台。而 2012 年微信的兴起引起了招商银行的关注。和微信的合作,对于双方而言,都是从零开始尝试。为了保证安全,微信单独为招商银行拉了一根专线,以做到点对点的连接。其实在刚开始,招商银行同时跟微信和 360 均有接触,但是微信团队对于做产品的执着和专业打动了招商银行，遂决定选择微信，放弃360。

2012年12月，招行推出了微信客服试运行版本。鉴于当时的技术，试运行版本的功能比较简单，客户只能查询银行卡的账单、额度、积分等。经过多次磨合和内测后，招商银行在2013年3月28日正式推出其微信公众账号“招商银行信用卡中心”。其功能主要是智能客服加上消费微信。消费微信是指，持卡人绑定招行微信号后，每次消费金额的信息都会被发送到微信上。微信客服的主要目的是为客户建立一个服务成本低廉且服务方式灵活的沟通渠道。微信的用户主要集中在20～40岁这样一个年龄段，而招行信用卡的主要用户也在这样一个年龄段内。用户如果有问题想咨询，可以直接在微信上发信息提问。招行的微信客服会通过搜索智能知识库系统进行匹配，然后迅速回复。这一切都是由智能机器人自动完成。它能够即时调动智能知识库系统里的几万条知识，对客户进行回复。这种智能机器人匹配答复率可以高达98%。对于那些智能机器人不能回复的问题，则会被转到自动人工服务台。

招行“微信客服”的推出，从一定程度上解决了呼叫中心坐席人员人手不够的问题，缓解了银行与用户之间的矛盾。客户关系管理的关键在于满足客户需求。如果客户的期望需求得不到满足，客户自然会对招行的服务不满意，从而导致客户转投至其他家银行，造成客户流失。

招行前行长马蔚华曾经说过，这个世界进入了全新的移动互联网时代，这是刚刚兴起的，所以应该在这个时候进行创新。等到它变成全社会皆知的现实时，创新就已经毫无意义了。创新要早，要快。这次对智能客服平台的全新尝试，是招商银行所作的又一次自我超越。以成熟的硬件系统作为基础，基于创新的服务理念，为客户打造一个快速便利的服务沟通平台。

2) 做推广，借力漂流瓶

招商银行在推出微信公众号后，新的问题又摆在面前：关注的用户数很难在短时间内达到数量级。因为当时微信公众平台的功能刚刚推出不久，用户们对公众账号的关注度也不是很高。同时，当时微信是个新鲜物，企业对于如何在微信平台上做推广还处于摸索阶段。

所幸当时被企业开发利用的功能还不多，所以当招商银行想到用“爱心漂流瓶”这个活动方案来吸引用户时，还真的奏效了，因为对于用户来说这很新奇。活动期间微信用户只要通过“漂流瓶”功能捡到招商银行扔的漂流瓶并回复，比如通过微信给自闭症儿童说一些祝福的话语，招商银行便会通过壹基金的“海洋天堂”计划来给自闭症儿童提供帮助。每收到一次用户的回复，招商银行便会捐出一个积分，每500积分就可送给自闭的孩子一个课时的专业辅导训练。根据观察，活动期间用户每捡10个漂流瓶基本上有一个会是招行的爱心漂流瓶。应该说捡到招行爱心漂流瓶的几率还是挺大的。一方面可能的原因是当时用户扔出的漂流瓶还不太多,而另一方面可能的原因是微信官方可能对这类的慈善活动是支持的,所以可以为招行提供一定的参数调整,让其可以扔出足够多的漂流瓶。

人们对公益活动的参与度还是蛮高的,毕竟举手之劳就可以帮助别人,何乐而不为呢?所以招商银行想要增加用户关注度的目的达到了。很容易就达到了数量级。

微信平台“爱心漂流瓶”的推广方案之所以能成功,部分原因是因为打了公益的旗号,投大众所好,所以得到广大用户和微信官方的支持。根据人性的五大需求来看,贡献是人类最高层次的需求。每个人都希望在帮助自己和家人朋友以外,还能够给予别人一点帮助,对社会有所贡献。贡献不论大小,不论高低。像李嘉诚那样有足够的资源做出贡献的毕竟是少数。更多的芸芸众生,都只能做到尽自己的绵薄之力。如何满足客户的贡献需求呢?捡一个瓶子,回复一些祝福的话语,这些对于大众而言都是举手之劳,却可以帮助到自闭症儿童。如此简单而又新奇的满足客户需求的方式当然更能获得客户的认可,让客户满意。部分原因是因为这是一次创新之举。虽然漂流瓶并不是新鲜物件,早在QQ时代就已经存在了。但是从来没有企业想到用这样一个爱心回报的方式来吸引人气,所以这是一个技术型与创意性俱佳的微信营销方案。由此也成了微信营销案例的经典。

3) 求创新,推出首家微信银行

招商银行有一句品牌口号:山因势而变,水因时而变,人因思而变,招商银行,因您而变。这句市场认同度很高的广告词,并非来自广告公司的杰作,而是出自前招行行长马蔚华之手。变是唯一的不变,变的过程就是一个创新的过程。一路走来,招商银行始终把“创新”二字贯穿于发展之中。

互联网刚开始进入中国市场的时候,招商银行抓住机遇,在全国最早实现通存通兑。紧接着在1995年的时候,招商银行又推出了基于客户号管理的一卡通。从存折到一卡通,这样的转变被称为中国银行业发展的一块里程碑。招商银行也从此走上了发展零售业务的道路。1999年,招行适时地推出网上银行。2002年,招行一卡双币信用卡问世。2002年开始,招行推出了个人理财业务——金葵花理财。2008年,招行率先在国内成立小企业信贷专营机构的小企业信贷中心。这是招行在创新发展过程中实现的又一个突破。小企业融资难的问题受到了全社会的重视,但是长时间以来,市场上一直没有相关的改革出现。招行看中小企业在中国市场的发展潜力,及时制定了一些针对性强的适合小企业的贷款制度,开发了“易速贷”、“贸易融资贷”、“特色贷”等五大系列30多种产品。招行的这一系列创新举措,不仅满足了市场需求,同时也给招行带来了新的利润增长点。

2013年7月2日,在推出信用卡微信客服后不到三个月,招商银行推出了国内首家"微信银行"。其创新的速度,让同行业者们难以望其项背。

升级后的招商银行微信平台,由原本单纯的智能客服和消费微信服务转变为多功能综合性服务平台,旨在为用户提供轻松便捷的掌上金融服务。3月份推出的微信客服服务范围仅限于信用卡。而7月份推出的微信银行的服务范围则拓展为集借记卡、信用卡业务为一体的全客群综合服务平台。招商银行之所以重视微信,是看中它与用户之间的"强关系"特征和高成长性,正好与招行和用户之间的"强关系"特征相对应。从用户结构上,招行的用户群和微信用户群的重合度也比较高。

从网上银行、电话银行再到手机客户端,微信银行是又一个为客户提供便捷金融业务的服务渠道,是招商银行手机银行的延伸。它借助于移动互联网,与用户实现点对点的连接,使得用户真正享受到智能化的一对一服务。同时也省去了传统服务的排队等候的麻烦,不受时空的约束,给客户提供了便利。

微信银行的出现,颠覆了招商银行传统的经营模式和服务模式。与其他的社会化媒体运营方式不同,招行与微信的合作已经不是单纯的信息服务,而是已经提升至金融交易服务层面。下面笔者将从运行机制、服务方式和业务功能这三大块来剖析招行微信银行的主要特点如表13-4所示。

表13-4 招商银行微信银行的特点

运行机制	a. 专注客户体验
	b. 闭环交流提供安全保障
	c. 建立点对点的即时沟通方式
服务方式	a. 普通的便捷服务
	b. 涉及资金的相关业务
业务功能	a. 办理信用卡功能
	b. 理财产品服务功能
	c. 特色金融服务功能
	d. 信息查询服务功能
	e. 网点查询功能
	f. 银行客服功能

(1) 运行机制。

微信银行是以招行银行系统为基础、智能手机为载体,借助于微信平台的电子银行。就具体操作而言,微信银行就是招商银行首先在微信平台上注册公众账号,而后招行用户关注招行的微信账号，并且绑定招行卡，用户就可以通过该账号的自定义菜单、智能客服或人工客服，在线咨询或办理银行相关业务。从本质上说，微信银行就是招商银行通过微信公众平台所建立的智能化客户关系管理工具。具体的运作机制则是招商银行注册微信公众账号，招行客户关注该账号并绑定银行卡，招行微信账号主要通过自定义菜单，辅以智能客服或人工客服回复客户信息等方式为客户提供服务。

① 专注客户体验。招行微信账号在设计界面、栏目架构和功能引导时，都是从客户体验的考虑出发。招行公众账号的功能设计让简单服务通过自助、复杂服务则通过人工来解决。通过不同的服务框架来实现不同种类的服务。简单自助满足了客户的大众需求，个性化服务则满足了客户的特殊需求。比如对于一些简单查询类的服务，招行则应用了比较直观的微信框内展现。用户查询除了使用文字以外，还可以使用最新加入的语音服务。所谓语音服务是指持卡人可以对着微信“小招”说：“查一下我的账单。”这时候系统会自动将语音翻译成文本识别，然后对应给用户提供积分查询等服务。语音服务让客户的使用变得更加方便，语音的辨识率也已经从40%提升到90%。

② 闭环交流提供安全保障。鉴于招商银行是微信银行的“吃螃蟹”者，所以在做数据接口时，微信跟招行采用一根DDN专线做点对点连接，而不是通过互联网，以保证信息安全。招行微信银行采用的是手机银行的安全保障机制。在微信银行中，凡涉及客户私密信息的功能，均将在招行手机银行后台进行办理，招行手机银行采用SSL安全协议进行高强度的数据加密传输，即使网络传输的数据被截获，也无法解密和还原。同时，为了确保客户资金与信息的安全，招商银行采用了双重密码、图形验证码等全方位安全措施。因为需要输入登录名和密码才能登录，所以即使操作手机的不是持卡人本人，没有密码也是无法登录的。用户一旦退出手机银行或关闭手机浏览器后，银行后台系统会自动删除手机内存中临时存储的账号密码等信息，手机上不会有记忆。对于打开的手机银行，如果超过一定的时间未操作，系统也会自动注销这次登陆[18]。

③ 建立点对点的即时沟通方式。微信银行其实是招商银行与客户线上沟通实时解答和业务咨询，招商银行按照客户的要求办理业务。在沟通层面上具有点对点的特性，在时间上具有同步双向性。另外，用户在进行刷卡消费时，微信智能客服可以提供即时提醒服务，为持卡用户提供了安全保障。

(2) 服务方式。

目前，招行的微信银行可以提供除取现外的几乎所有服务。按照银行卡的绑定与否来分，可分为两类：

① 一类是普通的便捷服务。这类服务不需要绑定银行卡，用户只需关注招行

微信公众账号即可享受此类服务。从本质上来说，这类服务都是由微信客服来提供的。包括有业务咨询、网点查询、服务预约、优惠活动信息资讯、金融信息查询等。

② 一类是涉及资金的相关业务。这类服务主要针对的是招行持卡人，用户只有绑定了银行卡，才可以享受此类业务。这类业务包括有：账户查询、转账汇款、无卡取现、预约办理、理财产品购买、水电煤等生活缴费、信用卡还款、额度调整、账单分期付、积分查询、贷款申请、办卡申请等。其操作过程主要通过跳转至网上银行或手机银行界面办理实际业务。首先，微信用户在招商银行微信公众平台将自己的微信号与招行借记卡或者信用卡进行绑定，在弹出的页面输入个人身份证、护照等证件信息。其次，用户根据菜单提示信息进行操作。此外，招行信用卡中心的微信平台还可以提供周边优惠活动的查询、办卡推荐、汽车分期、掌上生活、微商城和出行易等服务。

(3) 业务功能。

① 办理信用卡功能。招行微信银行在微信营业厅内设置了信用卡系列功能：除了相应的信用卡账单查询、账单分期、积分查询等功能，还设置了快速还款通道。通过跳转至手机银行页面就可以实现快速还款。

② 理财产品服务功能。登录微信银行，选购合适的理财产品，用户可以通过微信直接购买招商银行的理财业务品种。招商银行用户只需打开招行微信银行的自定义界面，点击“一卡通”功能下的“理财产品”，便可以跳转至手机银行页面，里面有理财产品的详细信息，用户可以在做进一步了解后再购买理财产品。

③ 特色金融服务功能。招行微信银行设置了转账汇款和我要贷款功能，在具体操作上，两者的不同之处在于转账汇款服务是直接跳转到手机银行页面完成的，而我要贷款则是用户直接在微信平台填写个人信息，之后招行会有专门的工作人员直接联系有贷款需求的用户。

值得关注的是，招行最近升级了微信银行，增加了无卡取现功能。用户只需绑定招行借记卡，点击“特色服务”中的无卡取款，便会收到系统回复的微信，按照提示输入具体的金额，便会看到预约成功的微信提示，同时用户的手机会收到来自招行的短信授权码，借助于“招商银行”周边 ATM 的查询功能，可以知道离用户最近的 ATM 机的具体信息。用户可在有效期内，前往招行任意 ATM 机，凭手机号、授权码及取款密码进行取款操作，不需要再插入银行卡。微信的无卡取款功能，可以让客户免除携带大额现金的烦恼，在未携带银行卡时实现应急取现。给客户带来轻松的金融便捷服务。

④ 信息查询服务功能。通过微信银行，招行持卡人可以对信用卡需还款金额、借记卡账户余额进行查询。另外，从 2014 年 2 月 12 日起，招行信用卡不再为

小额消费(单笔300元以下)提供免费短信提醒。而用户只需关注招商银行的微信账号,即可获得微信免费提供的即时消费信息通知,并且该项服务不设门槛。

⑤ 网点查询功能。在招行微信银行的“特色服务”一栏里,用户可以查询附近的招行营业网点。用户只需选定城市、输入位置关键词,系统会自动提供附近招行网点的位置、营业时间、排队人数、与用户所在位置的距离等信息。

⑥ 银行客服功能。以前用户如果需要办理业务咨询、银行卡挂失、处理ATM机吞卡等银行业务时,首先会想到通过电话银行寻求帮助。微信银行给客户与银行提供了另一种沟通方式。招行微信银行提供了智能客服和人工客服两种方式。招行微信账号的自助查询回复命中率高达98%,是靠着强大的知识库系统来支撑的。招行积累的十多年的客户服务数据,构建了庞大的智能客服知识库系统,智能机器人可以随时调动知识库里的信息为客户做即时服务。对于智能机器人无法解决的特殊问题,微信账号则会自动转到人工服务。

从一开始,招商银行给微信平台的定义就是为持卡人服务平台,给持卡人提供好的用户体验。微信的渠道方便实用,能满足用户的一些简单功能和服务需求。为了做好微信银行,招商银行的主机系统、通知平台、网络都为了配合微信服务平台而做了大量调整和改动。比如最初招行在发送消费微信提醒给用户时会称呼用户的全名,与手机短信通知的模型一致。然而在微信界面则容易让用户有一种隐私被触犯的感觉。因此招行把消费微信提醒中的全名称呼改成只称呼姓。这样一个小小的变化,开发团队做了大量的姓名分解工作,开发了新的负责代码,测试了

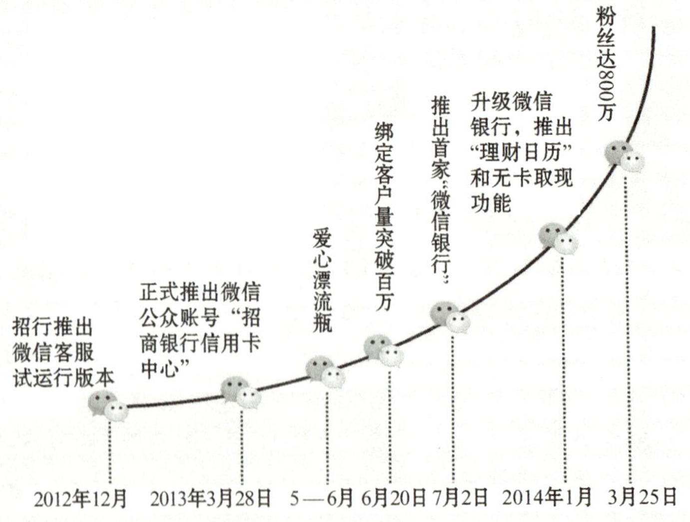

图13-3 招商银行微信平台发展历程

近半个月。

招行"微信银行"的推出，彻底颠覆了传统银行的业务模式，开创了银行业互联网应用的先河。这种新业务模式产生的根本原因是客户的需求发生了变化。智能手机和移动互联网的普及，使得客户希望自己的问题能够随时随地的得到解决，服务不受时间和空间上的限制。不仅如此，如今快节奏的工作生活已经让大多数客户不能花上整片时间拨打银行电话进行咨询，银行的业务模式必须满足客户的碎片化时间和随机性的使用场景。客户关系管理的核心在于了解客户需求变化的新趋势，努力调整企业自身的产品和服务，紧跟客户的节奏。招商银行正是认识到了这一点，在业务模式上做相应的改变。"微信银行"能够及时地帮助客户解决问题，消除了时间空间上的限制，减少了客户麻烦，节约了客户的时间，在很大程度上提升了客户满意度和客户忠诚度。

案例思考题

1. 微信平台给招商银行带来了哪些价值？招商银行利用微信平台有何风险？
2. 招商银行是如何利用微信进行CRM的？
3. 该案例对银行业利用微信进行CRM有何借鉴意义？
4. 你所在的企业是否在利用微信进行CRM？若是，是如何进行的？若不是，你建议如何利用？
5. 该案例给你何启示？

复习思考题

1. 利用微信企业可以进行哪些客户关系管理活动？
2. 要想利用微信成功进行客户关系管理，企业应该考虑哪些关键要素？

参考文献

[1] Adrian Payne & Pennie Frow. A Strategic Framework for Customer Relationship Management[J]. Journal of Marketing Vol. 69 (October 2005), p. 167-176.

[2] Adrian Payne & Pennie Frow. A Strategic Framework for Customer Relationship Management[J]. Journal of Marketing Vol. 69 (October 2005), p. 168.

[3] Arun Sharma R. Krishnan. Value Creation in Markets, Industrial Marketing Management [M]. 30, p. 391-402, 2001.

[4] Bradley T. Gale. Managing Customer Value[M]. Preface, The Free Press, 1994.

[5] Christian Gronroos. The relationship marketing process: communication, interaction, dialogue, value [J]. Journal of Business & Industrial Marketing, Volume 19, Number2. 2004.

[6] Darrell K Rigby, Frederick. Phil Schetter. Avoid the Four Perils of CRM [J]. Harvard Business Review, Feb. 2002.

[7] E. F. Cold. Providing OLAP to User Analysis[R].

[8] IBM Business Consulting Services, CRM done right[OL]. Retrieved on January 7, 2005 from http://www-1. ibm. com/services/us/index. wss/ rs/bcs/a1002689.

[9] Jacoby, J. and Kyner, D. B(1973). Brand loyalty vs. Repeat purchasing behavior [J]. Journal of marketing research, February,.

[10] Jill Griffin and M. W. Lowenstein(2001). Customer Winback: How to recapture Lost customers-and keep them loyal [J]. San Francisco: Jossey-bass, p. 23.

[11] Lars Grϕnholdt, 1 Anne Martensen & Kai Kristensen. The relationship between customer satisfaction and loyalty: cross-industry differences[R].

[12] Richard Feinberg; Rajesh Kadam. ECRM Web service attributes as determinants of customer satisfaction with retail web sites[J]. International journal of service industry management; 2002; 13, 5: 432.

[13] Roger Hallowell(1996). The relationships of customer satisfaction, customer loyalty, and profitability: an empirical study[J]. International journal of service industry management, Vol 7. No. 4, 1996, p. 27-42.

[14] Susan M. Kcaveney. Customer Switching Behavior in Scrvice Industries: An Exploratory Study[J]. Journal of Markcting, Vol 59(April 1995), P78.

[15] The Website of SAS Institute Inc[OL]. http: //www. sas. com.

[16] The one to one Future Revisisited Peppers and Rogers Group Consulting[R]. White Paper2003.

[17] W. H. Inmon. Building the Data Warehouse[R].

[18] Yi, Y. (1990). A critical review of customer satisfaction, in Zeithaml, V. (ed.)[J]. Review of marketing, 1990, Americal marketing Associate, Chicago, Il, p. 68-123.

[19] Zeithaml, V. A. (1988). Consumer perceptions of price, quality and value: a means-end model and synthesis of evidence[J]. Journal of Marketing, Vol. 52, July, p. 2～22.

[20] Anupam Agarwal, David Harding, Jeffrey R. Schumacher. 改善组织结构以发挥CRM的效益[R]. 麦肯锡公司研究报告，2004.

[21] CRM软件供应商的选择[N]. 中国计算机用户.

[22] Derek Allen, Morris Wilbur. 满意度的价值[M]. 武永红，等，译. 大连：东北财经大学出版社.

[23] Oracle公司. 大胆假设，合理求证——Oracle建言亚洲银行的CRM建设[R].

[24] 辞海(缩印本)[M]. 上海：上海辞书出版社，1999：787.

[25] 厄尔・诺曼，斯蒂文・H. 霍廷顿. 以客户为中心的六西格玛[M]. 北京：机械工业出版社.

[26] 金高军，舒晓楠. 论企业组织结构重整与CRM的成功实施[J]. 商业研究，2004(1).

[27] 罗纳德. S. 史威福特. 客户管理管理[M]. 北京：中国经济出版社，2004.

[28] 孟凡强，王玉荣. CRM行动手册——策略、技术和实现[M]. 北京：机械工业出版社，2001.

[29] 屈云波. 关系营销[M]. 北京：企业管理出版社，1996.

[30] 屈云波，郑宏. 数据库营销[M]. 北京：企业管理出版社，1999.

[31] 唐璎璋，孙黎. 一对一营销[M]. 北京：中国经济出版社，2002.

[32] 唐雯. 直复营销及在我国的发展前景[J]. 改革与战略，2004(4)：21-23.

[33] 田同生. 客户关系管理的中国之路[M]. 北京：机械工业出版社，2001.

[34] 王广宇. 客户关系管理方法论[M]. 北京：清华大学出版社，2004.

[35] 汪莹，李林. 浅议企业文化与CRM战略实施的融合[J]. 山西青年管理干部学院学报，2003(3).

[36] 魏想明. CRM系统的实施与企业文化重塑[J]. 集团经济研究，2006(1).

[37] 夏俊. 直复营销管理[M]. 北京：中国发展出版社，2000.

[38] 徐作宁，康杰. 业务流程重组是成功实施CRM的关键[J]. 经济体制改革，2002(2).

[39] (美)亚瑟・M. 休斯. 数据库营销：策略与案例[M]. 北京：机械工业出版社，2004.

[40] 杨龙，王永贵. 顾客价值及其驱动因素剖析[J]. 管理世界，2002(6).

[41] 野口吉昭. 客户关系管理实施流程[M]. 北京：机械工业出版社，2003.

[42] 余郁，王成钢. 基于CRM的企业流程再造[J]. 山西科技，2005(1).

[43] 中国大百科全书・哲学卷[M]. 北京：中国大百科全书出版社，1987：345.

[44] 周洁如. 顾客忠诚的经济价值[J]. 上海管理科学，2002(5).

[45] http://erp.newmaker.com.

[46] http://tech.sina.com.cn.

[47] http://www.c800.com.

[48] http://www.eceb.com.cn.

[49] http://www.edu.cnki.net.
[50] http://www.emkt.com.cn.
[51] http://www.hollycrm.com.
[52] http://www.turbocrm.com.
[53] http://www.wecrm.com/.
[54] http://202.121.226.3.